THE QUESTION
CONCERNING TECHNOLOGY
IN CHINA

ゲンロン叢書 | 012

中国における技術への問い

宇宙技芸試論

AN ESSAY IN
COSMO-
TECHNICS

ユク・ホイ
伊勢康平 訳

genron

中国における技術への問い

宇宙技芸試論

［凡例］

・本書は Yuk Hui, *The Question Concerning Technology in China: An Essay in Cosmotechnics* (Falmouth: Urbanomic, 2016) の全訳である。底本には二〇一八年の第二版を用いたが、二〇二一年の第三版の修正も反映している。

・本文の（ ）および引用文中の [ ] は著者の補足を、〔 〕は訳者の補足を表す。

・［★］は原注、［☆］は訳注を表す。

・本文の太字は原文の斜体に相当する。

・英訳された日本語文献が引用されている場合、旧字と旧仮名をあらためたうえで原文を記載した。議論の便宜上、英訳者が独自に追加した文やフレーズを残している箇所がある。該当箇所にはその都度注記している。

・英語以外の文献の原文が英訳とあわせて引用されている場合、必要に応じて原文から訳出した。

・中国語の表記は繁体字を用いている。

・本文中のあきらかな誤記や書誌情報のまちがいは、著者に確認のうえ訂正した。

現代人が孤独を訴えるのを耳にするとき、
その身にはなにが起こっているのだろうか。
私にはわかる。かれらは宇宙《コスモス》をうしなったのだ。

——D・H・ローレンス『黙示録論』

かりに中国の共産主義が国を統治することになれば、
中国がテクノロジーにとって「自由」な国になるには
そのような道しかないのだろうと推察できる。
ただその過程には、はたしてなにがあるのだろうか。

——M・ハイデガー『黒表紙のノート』

ベルナールへ

目次

第1部　中国における技術の思想を求めて

日本語版へのまえがき

大学でエンジニアリングを学び、のちに技術哲学の研究をしていたころから、私はある問題に頭を悩ませていた。なぜ技術という概念は、西洋的な伝統の観点からのみ定められ、論じられるのか？　西洋の思想家によれば、ほかの文明もそれぞれ技術を発展させてはいるが、それらは（たとえばスプーンの柄《え》にいろいろな長さや装飾があるように）「機能の美学」において異なっているだけであり、こうしたちがいがあっても原則として同種のものと理解できるという。非ヨーロッパ的な思想は、その使用に規律を与える倫理や宗教でしかないと考えられてきたのだ。だからいまやあちこちで、テクノロジーについての道家的な倫理や儒家的な倫理、アメリカインディアン的な倫理などが――まるで哲学はそれ以上なにも提供できないかのように――議論されているのである。テクノロジーがこのように受け止められるとき、それはなによりまず普遍的な概念として扱われており、そしてとくに植民地化と近代化以降は、普遍化の手段として使われてきた。

イギリスの歴史学者であるアーノルド・J・トインビーは、一九五二年に行なったＢＢＣの「レイス記念連続講義」のなかで興味深い問題を提起した。なぜ中国人と日本人は、一六世紀にはヨーロッパ人を拒んだのに、一九世紀には入国を許可したのだろうか？　かれの答えはこうだった。ヨーロッパ人は、一六世紀には宗教とテクノロジーの両方を極東へ輸出しようとしていたが、一九世紀になるとキリスト教ぬきでテクノロジーだけを輸出するほうが効果的だと理解したからである。東アジア諸国は、テクノロジーとは非本質的かつ道具的なものであり、自分たちは各自の本来的な思想や精神によってその使い方を決められる「使用者」だという考えをすんなり受け入れた。じっさいこの時期、中国・日本・韓国では、「中体西用」「和魂洋才」「東道西器」という、じつによく似た知的運動のスローガンが掲げられている。

トインビーは続けてこう語っている。「テクノロジーは生活の表層で作動するものだから、自分たちがすっかり支配されてしまう危険をおかすことなく、外国のテクノロジーを取り入れることは可能だろう。こういった、テクノロジーを受け入れる際に被る負担はわずかなものだという考えは、もちろん、誤算なのかもしれません」［☆1］。トインビーが言っているのは、そもそもテクノロジーはまったく中立的ではなく、むしろ使用者に服従を強制するような、特定の知や実践の形式を伝えるものであるということだ。しかし、ひとはテクノロジーについて十

☆1　A. Toynbee, *The World and the West* (New York and London: Oxford University Press, 1953), 54-55.〔アーノルド・J・トインビー『世界と西欧』、吉田健一訳、現代教養文庫、一九五九年、八二頁。訳は英文より。〕

分に検討しない一方で、それを単なる道具的なものに貶め、二元論的なアプローチを取ってしまう。いまになって思えば、私たちは結局こうした二元論者が望んできた方向とは逆向きに突き進んできた。もっとも、この誤算（あるいは過失）は、二〇世紀には欠かせないものとなっていたわけだが。

二〇世紀には、テクノロジーが地球の表面を覆い、ピエール・テイヤール・ド・シャルダンの言うような、収斂してゆく「精神圏」〔noosphere〕を構成していった。つまりテクノロジーの競争が地政学と歴史を規定したということだ。日露戦争（一九〇四－〇五年）で日本がロシアに勝ったとき、ドイツの反動的な思想家であるオスヴァルト・シュペングラーは、東洋にテクノロジーを輸出したことこそ、世紀の替わり目に白人が犯した最大のあやまちであったと嘆いたという――かつては学ぶ側だった日本が、いまや教える側に立ったわけだ。このような「テクノロジーへの意識」は二〇世紀をつうじて存続し、原子爆弾や宇宙探査において、また現在では人工知能において表面化している。近年では、よりバランスの取れたテクノロジーの発展によって、**新しい枢軸時代**が幕を開けたと明言する評論家もいる。要するに、テクノロジーにかんする東洋の業績が、西洋から東洋への一方通行だった動きを逆転させたのではないかということだ。だがこれもまた、昨今の西洋で見受けられる新反動主義的な感情の原因となっているのだろう。

新しい枢軸時代をめぐる言説からもう一歩踏み込んで、これをテクノロジーと地政学の未来について深く考えるための決定的な瞬間としてあらたに位置づけてみてはどうだろうか？　このような重大な判断を下すためには、テクノロジーの問いを**開きなおす**ことが必要だ。それはまず、テクノロジーの概念を複数化させることで、より広げることを意味している。また、それによって私たちが新しい思考のかたちや方法論、そして新しい未来への可能性を切り開くという意味でもある。

過去の数世紀にわたって、テクノロジーに対する誤解と無知があったように思う。その理由のひとつは、テクノロジーが単に道具的で非本質的なものだと考えられていたからである。だがより重要な原因は、テクノロジーが均質的で普遍的であることだ。その普遍性のために、ある特定の技術の歴史が優先されてしまっている。その歴史は根本的に近代的なものなのだ。私は、この試論のなかで以下のふたつのことを示したい。ひとつは、哲学や人類学、技術史におけるテクノロジーの解釈のされ方には議論の余地があること。もうひとつは、テクノロジーに対する異なる理解を手に入れ、そこから見える別の未来について深く考えることが私たちにとって**喫緊の課題**であるということだ。これこそ、私が二〇年以上前に着手し、二〇一六年に本書によって具体化させた「宇宙技芸」〔cosmotechnics〕というプロジェクトにほかならない。

マルティン・ハイデガーの読者なら知っているように、「集立」〔Das Ge-stell〕と名づけられ、のちに「技術への問い」に結実した一九四九年のブレーメン講演において、ハイデガーはギリシア人の言うテクネー〔technē〕と近代のテクノロジーを区別した。もしもポイエーシス〔poiesis〉、つまり「こちらへと-前へと-もたらすこと」〈Hervorbringen〉として理解されたテクネーに、存在〈Sein〉の隠れなさのひとつの形態があるならば、近代のテクノロジーにはもはやポイエーシスはなく、むしろ「集立」がその本質をなしている。これはいわばすべての存在者を用象、つまり搾取すべき資源として集め立てることだ。ハイデガーにとって、近代のテクノロジーは近代科学のあとに到来し、とりわけ産業革命以降に重要性をもちはじめた。だがもしテクノロジーやその概念を歴史的に理解する、それも事実や時系列だけにもとづくのではなく、その精神的な面――ハンス・ブルーメンベルクの言う「技術の精神史」〈Geistesgeschichte der Technik〉――からも理解する必要があるのなら、さまざまな文化や文明にいくつもの技術の歴史があることがすぐさま明らかになるだろう。じっさい、インドや中国、日本、あるいはアマゾンにはさまざまな技術を見いだせるが、それらはギリシア的な存在と関係があるのだろうか？　ギリシア的な技術をあらゆる技術の起源と考えてしまうなら、それは完全な方向の喪失《ディスオリエンテーション》／東洋の消失だといえる――そして不幸なことに、これこそいま起こっていることにほかならない。

古生物学者のアンドレ・ルロワ＝グーランの挙げる事例が歴然と示しているように、技術の人類学では、（しばしば労働や実践といった用語のなかに含まれる）道具の発明と使用が、ヒト化の背景にある決定的なプロセスだと考えられている。ルロワ＝グーランの解釈によれば、技術とは身体器官の拡張であり、記憶の外在化である。このような解釈においては、技術は人類学的に普遍のものとなっている。たしかに、そうした拡張や外在化がルロワ＝グーランの言う「技術的傾向」に由来すると考えるかぎり、かれの解釈はまちがいではない。けれども私たちは、地域や文化ごとに異なるという「技術的事実」についても説明するべきだろう。この技術的事実が、単なる文化的差異への、また場合によっては偶然性への無頓着な還元にとどまらないのなら、そこには一体なにが込められているのだろうか？

技術史の分野においては、生物化学者で中国学者のジョゼフ・ニーダムがきわめて印象深い問いを提起している。かれは一六世紀**以前**の中国では科学と技術が大いに発達していたことを示しつつ、なぜ中国やインドでは近代的な科学とテクノロジーが発展しなかったのかと問いかけたのだ。ニーダムの探求に呼応するかたちで、世界のさまざまな地域の技術発展を比較する重要な研究が行なわれている。それらの目的は、たとえばある地域が、製紙技術や冶金術においてほかの地域よりも進歩していたと示すことにある。だが、これはニーダムの問いを歪めてしまっている。かれの議論は、じつは中国の科学や技術を西洋のものと直接比較することはできないと示唆するものだった。両者は異なる思考の形式にもとづくからである。ではこうした意味で、あらためて中国と西洋のちがいを明確に論じなおすにはどうすればよいだろうか？この探求からはじめることもまた、典型的な唯物論的アプローチを超えてより豊かな技術の概念に、つまり私の言う宇宙技芸にたどり着くために必要なことである。宇宙技芸の「宇宙」〔cosmo-〕という接頭辞が意味するのは、宇宙論が技術に原動力を与え、その条件を規定すること、そして技術が宇宙と人間世界の道徳のあいだを媒介するということだ。本書において、中国はあくまでこのような宇宙技芸の探求の**一例でしかない**。

宇宙技芸の概念を発展させようという私のねらいは、おそらくふたつの角度から要約できる。まず、これはいまあるテクノロジーの概念――とくにハイデガーが設け、普及していったテクネーと近代テクノロジーの区別――をさらに広げようという試みである。私たちは、プロメテウスの神話にはじまり、現代のデジタルテクノロジーに帰結する単一のテクノロジーではなく、多様な宇宙技芸について考えるべきなのだ。もしテクノロジーの概念がこれほどにも偏狭なままであれば、そのありうる未来への想像力は非常に限られたものになってしまうだろう。

もうひとつの点を述べよう。私は本書で、哲学をするための独特の方法を提唱したい。つまり、テクノロジーという観点から考えることで、非ヨーロッパ的な思想に、ここではとくに中国思想に新しい役割を与えたいのである。伝統的な思想においては、中国の技術哲学は一切主題にならなかった。だから本書は、すでに詳しく論じられている中国の技術思想をただ紹介するのではなく、こうした思想を再構成し、その可能性を問うものになっている。くわえて、私は自分が完成された理論を提供していると言い張るつもりはない。本書で行なったのは、むしろ中国の技術思想を知るためのいくつかのエピソードを提示することだ。

私は、いまやテクノロジーをつうじて思考しないかぎり、非西洋の哲学を現代的な価値のあるものにすることは不可能だと考えている。さもないと、その思想は形而上学的ファシズムに陥るか、文化的な観光産業の一環となるしかないからだ。それもあって本書では、アレクサンドル・ドゥーギンによるユーラシア主義のプロジェクトが、イデオロギー的で保守的なものにとどまっていることを示している。その原因は、かれがテクノロジーの問いを無視して、ロシア的な真理へ回帰しようとしていることにある。そうした真理が本当に存在するのなら、可能性はひとつしかないだろう。その最終的な帰結は、まさにいま私たちが目のあたりにしている戦争なのだ。のちに本書の読者は、一部の京都学派の哲学者が似たような批判を受けていることに気づくだろう。もっとも、私はいまでもかれらの思考の独自性や文化に対する深い分析を高く評価してはいる。

テクノロジーの問いを開きなおすという試みは、根本的に脱植民地化のプロジェクトだといえる。だがこれは非ヨーロッパの人々だけに託されたものではない。それどころか、このプロジェクトはヨーロッパ人にとっても不可欠な、喫緊の課題なのである。近代化は、時間にまつわるふたつの様相を前面に押し出した。ひとつは同時性である。これはテクノロジーによる知の同期と均質化を特徴としている。もうひとつはその結果として起きる、ある内的必然性にしたがった知の発展、つまり進歩である。グローバル化としての近代化とは、異なる歴史的な時間を単一のグローバルな時間軸に収斂させ、特定の知を主要な生産力として優先させるような同期のプロセスなのである。

この意味でも、ハイデガーが「哲学の終わりと思考の課題」（一九六四年）のなかでつぎのように述べた理由を理解できるだろう。「哲学の終わりは、科学的かつテクノロジー的な世界の操作可能な編成や、そうした世界にふさわしい社会秩序が勝利を収めることを示している。哲学の終わりとは、西欧的な思考にもとづく世界文明のはじまりのことなのだ」［☆2］。哲学の終わり――それはサイバネティクスに特徴づけられる――が示すのは、世界の文明と地政学が、ヨーロッパ的な思考に支配されているということである。だからもし哲学にふたたび未来が訪れるとすれば、それは「ポストヨーロッパ哲学」となる必要があるのだ。その哲学はどんなすがたをしているのだろうか？

テクノロジーを単なる生産力や、剰余価値を増加させる資本主義的な機構とみなすやり方では、もはやそこに脱植民地化の可能性も、技術多様性〔technodiversity〕を発展、維持させる必要性も見いだせなくなってしまう。テクノロジーを開きなおすという試みにおいては、たとえば「存在論的転回」を遂げる人類学者が自然という概念によって行なおうとしているように、いまあるテクノロジーの概念から目を背けてはならないのである。

本書にくわえて、私は「再帰性」の概念に焦点を当てた書籍を二〇一九年と二〇二一年に刊行し、そこで宇宙技芸というプロジェクトについて詳しく論じている。むろん、この二冊をそれぞれ独立したプロジェクトとして読むことも可能ではある。そこで私が述べているのは、**思考の個体化**（この問題については二〇二一年の『芸術と宇宙技芸』で論じている［☆3］）、つまり思考の再構成について考えられるようになるためには、まず前近代－近代－ポストモダン－アポカリプスと規定されていく直線的な歴史の時間から私たちを解放する**断片化**が必要であるということだい。（こちらは二〇一九年の『再帰性と偶然性』のひとつの主題である〔☆4〕）。

宇宙技芸が示すのは、人類史上のさまざまな地理的領域における技術の多様性だけではない。異なる思考のかたちや、人間と環境の複雑な一連の関係もそうである。私たちは、ここで言及したような人類学や哲学の研究から出発しつつ、さらに問いを深めていかねばならない。技術多様性という考えは、こんにち私たちにとってどんな意義をもちうるのか？　各地域のさまざまな技術や思考や関係性は、前近代あるいは非近代の時代遅れなものとして保護されるのではなく、近代的なテクノロジーに新しい枠組みを与えるきっかけになりうるだろうか？　そのためには、テクノロジーの問いを開きなおし、ソーシャルネットワークであれ人工知能であれ、近代的なテクノロジーに潜む存在論的、認識論的な仮定を疑っていくことが必要だ。この

☆2　M. Heidegger, 'The End of Philosophy and the Task of Thinking', in *On Time and Being*, tr. J. Stambaugh (New York: Harper & Row, 1972), 59.〔ハイデッガー「哲学の終末と思索の課題」、『思索の事柄へ』、辻村公一、ハルトムート・ブフナー訳、筑摩書房、一九七三年、一一三頁。訳は英文より。〕

☆3　Y. Hui, *Art and Cosmotechnics* (Falmouth: e-flux, 2021).

☆4　Y. Hui, *Recursivity and Contingency* (London: Rowman and Littlefield International, 2019).〔ユク・ホイ『再帰性と偶然性』、原島大輔訳、青土社、二〇二二年。〕

課題は、共生の条件としての多様性――生物多様性、精神多様性〔noodiversity〕、そして技術多様性――をより体系的に説明するにあたって、中心となるものである。

＊＊＊

私は『中国における技術への問い』が日本語に翻訳されることをとても光栄に思います。そして、本書が日本の読者のあいだに共鳴を起こせるよう、心から願っています。というのも、日本には技術多様性の問いについて考えるための、また別の資質があると信じているからです。以前から私は、日本に滞在してテクノロジーの問いについてより学びを深めたいと思っていました。いつかそれが実現することを願ってやみません。最後になりますが、この場を借りて、行き届いた翻訳をしてくれた伊勢康平さんと、本書を刊行してくれたゲンロンの東浩紀さん、上田洋子さんに感謝いたします。

ユク・ホイ
二〇二二年　春
香港

まえがき

この本を書くにあたって、私は一〇代のときに残したノートをいくつも見返した。そのころ私は、宋明理学の宇宙生成論にも現代の天体物理学にも夢中だった。夏になるといつも、兄のベンと毎週欠かさず九龍《ガウロン》の中央図書館へ行き、物理学や形而上学の本を山のように借りて家まで運び込んで、日がな一日読み漁っていたのをいまでも覚えている。それらは私の身の丈を越えていたし、当時はまだ使い道もわからないものだった。それでも、私は文芸と書道の先生だった黎広鵬《ライクォンパン》博士と何度も議論を交わすなかで学びを深めてゆくことができた。これは幸せなことだった。新儒家の哲学者・牟宗三《ぼうそうさん》（一九〇九－九五年）の思想を私に紹介してくれたのも黎先生だった。牟宗三は、黎先生の博士課程の指導教官だったのである。

やがて西洋の哲学、とくに現代思想を学びはじめたとき、私は大きな困難に直面した。それは、異国趣味に彩られた浅はかな比較論にとらわれることなく、これまで自分が学んできた東洋のことがらと西洋の哲学を融合させるにはどうすればよいかというものだ。二〇〇九年、私はハイデガーにかんする西谷啓治やベルナール・スティグレールの仕事に出会い、時間の問いという観点からこうした異なる哲学体系にアプローチする道筋を得た。より最近になってからは、人類学者のフィリップ・デスコラや中国の哲学者・李三虎《りさんこ》の著作を読んでいくなかで、ひとつの具体的な問いを立てはじめた——もし複数の自然の概念が存在することを認めるなら、複数の技術について、つまり単に機能的で美学的な面だけでなく、存在論的かつ宇宙論的な面でもそれぞれ異なっているような技術について考えることはできないだろうか？　これは、本書のなかでもっとも重要な問いである。私は、テクノロジーとその歴史についての問いを切り開くための試みとして、「宇宙技芸」〔cosmotechnics〕というものを提唱している。二〇世紀をつうじて、この問いはさまざまな理由によって閉ざされてきたのだ。

本書で提示できたのは、この宇宙技芸というプロジェクトの概略図でしかない。それに、長大な歴史に触れているため、中国思想における主題のいくつかには十分な説明がなされていない。それらについては、今後補足していく必要があるだろう。

ここで多くのひとに感謝の意を表したい。まずは寛大にもこの研究プロジェクトを率いて、議論をしてくれたエーリッヒ・ヘール教授に。そして、この本の刊行を支援してくれた中国美術学院や、議論をしてくれた高世名《こうせいめい》教授、管懐賓《かんかいひん》教授、黄孫権《こうそんけん》教授、並びにジョンソン・チャン〔張頌仁〕、盧叡洋《ろえいよう》、魏珊《ぎさん》、姜珺《きょうくん》、姚雨辰《よううしん》、張順仁《ちょうじゅんじん》、周浄《しゅうじょう》に。それからエピヌイユ＝ル＝フルリエルの哲学学校「パルマコン」のメンバーであるアンヌ・アロンベール、サラ・バランゾーニ、アナイス・ノニー、パオロ・ヴィニョーラ、ポール＝エミール・ジョフロワ、ミシェル・クレボワジエ、フランソワ・コルビジエ、アクセル・アンデルソン、カロリーヌ・スティグレール、エルザ・スティグレール、オーギュスタン・スティグレール、そしてパウル・ヴィッレマルクに（かれはルドルフ・ベームの仕事も紹介してくれた）。また、刺激的な議論をしてくれた同僚や友人であるハワード・ケイギル、スコット・ラッシュ、ジャン＝ユーグ・バルテレミー、ヴァンサン・ボンタン、ルイ・モレル、ルイーズ・ピグエ、トリスタン・ガルシア、ヴィンセント・ノーマンド、アデーナ・メイ、レグラ・ビューラー、ナタリー・スカットロン、ジェオ・スカットロン、アレクサンドル・モンナン、ピーター・レメンス、アルミン・ベーヴェルンゲン、マルセル・マルス、マルティナ・リーカー、アンドレアス・ブレックマン、ホルガー・ファース、セシル・デュパキエ、そしてジェフリー・ショウに。

それから、ロビン・マッカイとダミアン・ヴィールにも感謝したい。かれらの編集の仕事はすばらしく、的を射たコメントや非常に重要な提案をいくつもくれた。最後にベルナール・スティグレールに。かれはここ何年にもわたって、寛大な心で私との議論につきあい、刺激を与えてくれている。

ユク・ホイ
二〇一六年　夏
ベルリン

年表　本書に登場する東西の思想家

※邦訳にあたり、日本の京都学派を追加するなど、若干の変更を加えた。

有史以前

伏羲《ふっき》
女媧《じょか》
神農（炎帝、烈山氏とも）

前1766-前1122：殷

前1122-前221：周・春秋戦国

老子（生年未詳-前531）	ソロン（前640-前558）
孔子（前551-前479）	タレス（前624-前546）
墨子（前470-前391）	アナクシマンドロス（前610-前546）
孟子（前372-前289）	ヘラクレイトス（前535-前475）
荘子（前370-前287）	パルメニデス（前515-前450）
荀子（前313-前238）	ソフォクレス（前497／496-前406／405）
	ソクラテス（前470／469-前399）
	プラトン（前428／427-前348／347）
	アリストテレス（前384-前322）
	ユークリッド（前300ごろ）
	キプロスのゼノン（前334-前262）
	クレアンテス（前330-前230）
	アルキメデス（前287-前212）
	ソロイのクリュシッポス（前279-前206）

前221-前207：秦

前206-後220：漢

劉安（前179-前122）	キケロ（前106-前43）
董仲舒《とうちゅうじょ》（前179-前104）	セネカ（1-65）
司馬遷（前145-前90）	クラウディオス・プトレマイオス（100-170）
鄭玄《じょうげん》（127-200）	マルクス・アウレリウス（121-180）

220-589：魏晋南北朝

三国時代（220-280）	
晋（265-420）	アレクサンドリアのパップス（290-350）
南北朝（439-589）	ディオゲネス・ラエルティオス（3世紀）
王弼《おうひつ》（226-249）	アウグスティヌス（354-430）
郭象《かくしょう》（252-312）	ボエティウス（480-524）

581-618：隋

618-907：唐

弘忍《こうにん》(601-674)
神秀《じんしゅう》(606-706)
慧能《えのう》(638-713)
韓愈(768-824)
柳宗元(773-819)

907-960：五代十国

960-1279：宋

北宋(960-1127)
南宋(1127-1279)
邵雍《しょうよう》(1011-1077)
周敦頤《しゅうとんい》(1017-1073)
張載(1020-1077)
程顥《ていこう》(1032-1085)
程頤《ていい》(1033-1107)
朱熹(1130-1200)

バースのアデラード(1080-1152)
トマス・アクィナス(1225-1274)

1271-1368：元

1368-1644：明

王陽明(1472-1528)
宋応星(1587-1666)

ニコラウス・クザーヌス(1401-1464)
バルトロメオ・ザンベルティ(1473-1543)
ニコラウス・コペルニクス(1473-1543)
ティコ・ブラーエ(1546-1601)
フランシスコ・スアレス(1548-1617)
ガリレオ・ガリレイ(1564-1642)
ヨハネス・ケプラー(1571-1630)
ルネ・デカルト(1596-1650)
バルフ・スピノザ(1632-1677)
アイザック・ニュートン(1642-1727)

1644-1912：清

王夫之《おうふうし》(1619-1692)
戴震(1724-1777)
段玉裁(1735-1815)

ゴットフリート・ヴィルヘルム・ライプニッツ(1646-1716)
イマニュエル・カント(1724-1804)

章学誠(1738-1801)
龔自珍《きょうじちん》(1792-1841)
魏源(1794-1856)
厳復(1854-1921)
康有為(1858-1927)
譚嗣同《たんしどう》(1865-1898)
呉稚暉《ごちき》(1865-1953)
王国維(1877-1927)

ゲオルク・ヴィルヘルム・フリードリヒ・ヘーゲル(1770-1831)
フリードリヒ・ヴィルヘルム・ヨーゼフ・フォン・シェリング(1775-1854)
フリードリヒ・ヘルダーリン(1770-1843)
エルンスト・クリスチャン・カップ(1808-1896)
フリードリヒ・ヴィルヘルム・ニーチェ(1844-1900)
エトムント・フッサール(1859-1938)
アンリ・ベルクソン(1859-1941)
フリードリヒ・デッサウアー(1881-1963)
ジグムント・フロイト(1856-1939)
マルティン・ハイデガー(1889-1976)
ヘルベルト・マルクーゼ(1898-1979)
アンドレ・ルロワ＝グーラン(1911-1986)

1868-1912：明治

西田幾多郎(1870-1945)
田辺元(1885-1962)
高坂正顕(1900-1969)
西谷啓治(1900-1990)
高山岩男(1905-1993)
鈴木成高(1907-1988)

1912-1949：中華民国

陳独秀(1879-1942)
熊十力《ゆうじゅうりき》(1885-1968)
張東蓀《ちょうとうそん》(1886-1973)
張君勱《ちょうくんばい》(1887-1969)
丁文江《ていぶんこう》(1887-1936)
胡適(1891-1962)
許地山(1893-1941)
馮友蘭《ふうゆうらん》(1895-1990)
牟宗三《ぼうそうさん》(1909-1995)
張岱年《ちょうたいねん》(1909-2004)
于光遠《うこうえん》(1915-2013)
労思光(1927-2012)
李沢厚(1930-2021)
余英時(1930-2021)
陳昌曙《ちんしょうしょ》(1932-2011)
劉述先(1934-2016)
杜維明(1940-)

ジャック・エリュール(1912-1994)
ジャン＝ピエール・ヴェルナン(1914-2007)
ジルベール・シモンドン(1924-1989)
ジャン＝フランソワ・リオタール(1924-1998)
ユルゲン・ハーバーマス(1929-)
ジャック・デリダ(1930-2004)
アラン・バディウ(1937-)
ペーター・スローターダイク(1947-)

1949-：中華人民共和国

ベルナール・スティグレール(1952-2020)

序論

一九五三年、マルティン・ハイデガーは「技術への問い」という有名な講演を行なった。そこでハイデガーは、近代的なテクノロジーの本質とはテクノロジー自体にまつわるものではなく、むしろ集立（Ge-stell）であると述べている［★1］。集立とは、すべての存在者を「用象」もしくは「在庫」（Bestand）の身分に、つまり測定され、計算され、搾取されうるものに還元してしまうような、人間と世界の関係の変容のことである。ハイデガーによる近代テクノロジー批判は、テクノロジーがもつ力にかんするあらたな意識を切り開いたわけだが、そうした意識はエルンスト・ユンガーやオスヴァルト・シュペングラーといった、当時のドイツの書き手たちがすでに問いかけていたものであった。（普通は一九三〇年ごろに起きたとされる）ハイデガーの思想における「転回」（die Kehre）以降に書かれたもの、とくにこの「技術への問い」のテクストは、ポイエーシスつまり**こちらへと‐前へと‐もたらすこと**（Hervorbringen）としてのテクネーから集立としてのテクノロジーへ、という転換を描きだしている。それらのテクストでは、この転換は西洋の形而上学の必然的な帰結であり、新しいかたちの思考（つまり存在の真理の問いにかんする思考）を必要とする、ひとつの運命であるとみなされている。

ハイデガーのテクノロジー批判は、東洋の思想家のあいだで好意的に受けとめられた［★2］。もっとも顕著な例は京都学派の教義のなかに認められるが、道家による技術的合理性への批判にも同様に見いだせる。そこではハイデガーの「放下《ほうげ》」（Gelassenheit）が、古典的な道家思想で言う「無為」の概念と同一視されているのである。こうした受容は無理もないことだった。それにはいくつか理由がある。ひとつめの理由は、近代のテクノロジーの力や危険性にかんするハイデガーの見解が、戦争や工業化、そして大量消費主義がもたらした荒廃によって立証されたように思われたからだ。この点は、たとえばジャン＝ポール・サルトルの二〇世紀なかばの著作にあるように、ハイデガーの思想を一種の実存主義的なヒューマニズムとみなす解釈を生みだすきっかけとなった。こうしたハイデガー解釈こそが、近代の中国で産業やテクノロジーの急速な変容によって引き起こされた不安や疎外感と深く共鳴したのである。もうひとつの理由は、ハイデガーの想念が西洋文明の衰退にかんするシュペングラーの主張と響き合っていたからである——といっても、前者はより深遠な調べではあったが。つまり東洋の思想家は、「東洋的」価値を肯定するための口実としてハイデガーの思想を取り上げることができたのである。

ところが、そのような肯定こそが、技術やテクノロジーの問いにかんするあいまいで問題のある理解をもたらし、東洋におけるこの主題についてのほんとうの意味で独自な思考の出現を完全にさまたげてしまったのだ（ポストコロニアル理論は例外かもしれないが、これにも議論の余地がある）。というのも、こうした肯定が意味するのは、技術やテクノロジー〔★3〕にはただひとつの種類しかないという考えを

★1　M. Heidegger, 'The Question Concerning Technology,' in *The Question Concerning Technology and Other Essays*, tr. W. Lovitt (New York and London: Garland Publishing, 1977), 3-35.〔マルティン・ハイデッガー「技術への問い」、『技術への問い』、関口浩訳、平凡社ライブラリー、二〇一三年、七－六六頁。〕

★2　本書では「東洋」という言葉で、東アジア（中国、日本、韓国など、儒教や仏教にくわえ、ある程度は道教の影響も受けた国々）を広く指すことにする。

——これは技術やテクノロジーが人類学的に普遍であり、さまざまな文化にまたがって共通の機能をもつ以上おなじ言葉で説明されなければならないということだ——暗黙のうちに認めてしまうことだからである。ハイデガー自身も、テクノロジーや科学を「国際的」なものとして、思考という「国際的」でない固有の「故郷的」なものと対比して理解する傾向の例外ではなかった。近年出版された『黒表紙のノート』のなかで、ハイデガーはつぎのように書いている。

「科学」は、テクノロジーや工業専門学校がそうであるように、必然的に「国際的」なものである。国際的な思考は存在しない。ただ、唯一の源泉に由来する普遍的な思考があるだけだ。とはいえ、思考がその起源の近くにありつづけるならば、それは固有の故郷［Heimat］と民族［Volk］のうちに宿命的［geschicklich］に住むことを要求するため、庶民的な利益にかなう思考や、単なる民族の「表現」になってしまうことはない。そして土着性における、各自にとって唯一の宿命的な故郷とは、いわば根づくことであり、それだけが普遍的なものへの発展を可能にするのだ。［★4］

この発言にはより踏み込んだ分析が必要だ。まず、ハイデガーの思想のなかで思考と技術がもつ関係を浮き彫りにしなければならない（詳細は第7節と第8節を参照）。それからテクノロジーへの敵対としての、哲学の「故郷回帰」という問題系を検討する必要がある。だがここでハイデガーが、テクノロジーを文化的源泉から切り離せるもの、つまりすでに「国際的」なものとみなしており、またそのため「思考」によって乗り越えるべきものと考えているのは明らかである。

『黒表紙のノート』のなかでハイデガーは、中国共産党の勝利を予見しつつ［★5］、中国におけるテクノロジーの発展について意見を述べている。その見解は、党が権力の座についたのち、数十年間にわたって中国における技術への問いが手つかずのままになることを仄めかしているように思われる。かりに中国の共産主義が国を統治することになれば、中国がテクノロジーにとって「自由」な国になるにはそのような道しかないのだろうと推察できる。ただその過程には、はたしてなにがあ

★3 本書では技術《テクニックス》、テクネー、テクノロジーという語の用法を区別する。**技術**とは、あらゆるかたちの制作や実践の一般的なカテゴリーを指している。**テクネー**はこの技術のギリシア的な概念であり、ハイデガーがポイエーシスあるいはこちらへと－前へと－もたらすことと理解しているものを指す。また、**テクノロジー**はある根源的な転回を指している。それはヨーロッパの近代に起こり、たえず増大しつづける自動化《オートメーション》へと発展してゆき、その結果ハイデガーの言う集立を導いたのである。

★4 '»Wissenschaften« sind, wie die Technik und als Techniken, notwendig international. Ein internationales Denken gibt es nicht, sondern nur das im Einen Einzigen entspringende universale Denken. Dieses aber ist, um nahe am Ursprung bleiben zu können, notwendig ein geschickliches Wohnen in einziger Heimat und einzigem Volk, dergestalt, daß nicht dieses der völkische Zweck des Denkens und dieses nur »Auscruck« des Volkes-; das jeweilig einzige geschickliche Heimattum der Bodenstädigkeit ist die Verwurzelung, die allein das Wachstum in das Universale gewährt.' M. Heidegger, *GA 97 Anmerkungen I-V* (*Schwarze Hefte 1942-1948*) (Frankfurt am Main: Vittorio Klostermann, 2015), 59-60, 'Denken und Dichten.'

★5 ＧＡ97〔全集第九七巻の意〕は一九四二年から一九四八年のあいだに書かれた。共産党が権力を握るのは一九四九年になってからである。

るのだろうか。［★6］

テクノロジーにとって「自由」な国になるということは、テクノロジーについて反省したり、それを変容させたりする能力をなくしてしまうほかに、いったいなにを意味しているのだろうか？　じっさい、東洋にはテクノロジーの問いにかんする反省が欠如しており、それが東洋の諸文化に起源をもつあらゆる真の批判の出現をさまたげてしまった。このような欠如はまさに、ハイデガーが一九四〇年代のヨーロッパで記述したものとよく似た、思考とテクノロジーの切り離しの徴候にほかならない。とはいえ、かりに中国がこの問題を扱うなかで、ハイデガーが行なったような技術の歴史にかんする根本的に西洋的な分析に依拠するならば、私たちは袋小路に入ってしまうだろう――そして不幸なことに、この袋小路こそ、私たちがいま立っている場所なのだ。

では、近代化する以前に存在していた非ヨーロッパの諸文化にとって、技術への問いとはいったい何だろうか？　そのような非ヨーロッパ的な技術への問いは、近代化する以前の西洋における技術への問い、つまりギリシア的なテクネーについての問いとおなじものだろうか？　また、ハイデガーが西洋形而上学の存在忘却〔Seinsvergessenheit〕から存在の問いを回復させ、こんにちでもベルナール・スティグレールが西洋哲学の長きにわたる技術の忘却〔oubli de la technique〕から時間の問いを救い出しているのなら、非ヨーロッパの人々はなにをめざすべきだろうか？　こうした問いが提起されることとすらないのなら、中国における技術哲学は、ハイデガーやエルンスト・カップ、フリードリヒ・デッサウアー、ヘルベルト・マルクーゼ、ユルゲン・ハーバーマスといったドイツの哲学者や、カール・ミッチャムやドン・アイディ、アルバート・ボルグマンといったアメリカの思想家、そしてジャック・エリュールやジルベール・シモンドン、ベルナール・スティグレールといったフランスの思想家の仕事に完全に依存しつづけることだろう。それでは前進はおろか、後退さえできないはずだ。

私は、中国における技術哲学を構想し展開することは急務であると考えているが、それは歴史的な理由と政治的な理由の両方によるものだ。前世紀をつうじて、中国は「イギリスを追い抜き、アメリカに追いつく」(「超英趕美《チャオインガンメイ》」。毛沢東が一九五七年に掲げたスローガン)ために、自国の近代化を進めてきた。この近代化が大国を自任できる水準にまで達したことで、中国はいま分岐点に立っているように思われる。それと同時に、中国がこのまま盲目的な近代化を継続してゆくわけにはいかないという感情も広く存在している。この数十年間に生じた大いなる加速は、さまざまなかたちで、文化や環境、社会、政治の破壊をもたらしてきた。地質学者が述べているように、いまや私たちは、およそ一八世紀の産業革命とともに始まった新しい地質時代——つまり人新世の時代に生きている。人新世を生き延びるためには、近代そのものを乗り越えるべく、近代から受け継がれた諸実践を反省する(あるいは変

★6 'Wenn der Kommunismus in China an die Herrschaft kommen sollte, steht zu vermuten, daß erst auf diesem Wege China für die Technik »frei« wird. Was liegt in diesem Vorgang?' Ibid., 441.

容させる）ことが必要になるだろう。本書に概要を示した中国における技術の問いの再構築は、こうした課題にかかわっている。そして、技術の概念をその複数性において展開することをめざすとともに、ほんとうの意味でグローバルな世界史をあらためて切り開くことで、近代化のプログラムの解毒剤《アンチドート》の役割を果たすこともめざしている。要するに本書は、まずハイデガーの技術の概念に応答し、それから正しい意味で**中国的な**技術の哲学を構築しうる道を描こうとするものなのだ。

1　プロメテウスの生成

中国に技術の思想はあるだろうか？　いっけん、これは容易に退けられそうな問いである。技術をもたない文化などないからだ。技術という概念が人工的な生産物を作るための技能を意味すると考えるなら、たしかに技術は何世紀にもわたって中国に存在してきた。だが、より十分なかたちでこの問いに答えるには、そもそも技術の問いのなかでなにが問題になっているのかをより深く理解する必要があるだろう。

工作人《ホモ・ファーベル》としての人間の進化において、手の解放という瞬間は、体系的で伝達可能なもの作りの実践のはじまりを示している。そうした実践はまず生存の必要性から生じる。つまり火をおこし、狩りをし、住居を建てるといったことだ。その後、生活環境の改善のためにいくつかの技能が徐々に習得されていくにつれて、より洗練された技術の開発が可能になる。フランスの人類学者で古生物学者のアンドレ・ルロワ゠グーランが論じているように、手の解放という瞬間において、身体器官や記憶の外在化および人工器官の内在化としての進化の長い歴史が幕を開けたのである〔★7〕。この普遍的な技術的傾向のなかで、いまや私たちは、人工物がさまざまな文化のうちで多様化しているのを目にしている。この多様化はそもそも文化的な特殊性によって引き起こされるが、同時に、ある種のフィードバックループによって文化的な特殊性を強化するものでもある。ルロワ゠グーランは、こうした特殊性を「技術的事実」と呼んでいる〔★8〕。

技術的**傾向**が必然的であるのに対し、技術的**事実**は偶有的である。ルロワ゠グーランが書いているように、それは「傾向と環境における無数の偶然の出来事との出会いから」結果として生じるものだからだ〔★9〕。たとえば、車輪の発明はひとつの技術的傾向だが、車輪にスポークがつくかどうかは技術的事実の問題である。もの作りの技術の黎明期においては、技術的傾向が大部分を占めている。つまり人間の活動——たとえば原始的な車輪の発明や火打ち石の使用——のなかであらわになるの

★7 A. Leroi-Gourhan, *Gesture and Speech*, tr. A. B. Berger (Cambridge and London: MIT Press, 1993).〔アンドレ・ルロワ゠グーラン『身ぶりと言葉』、荒木亨訳、ちくま学芸文庫、二〇一二年。〕

★8 A. Leroi-Gourhan, *Milieu et Techniques* (Paris: Albin Michel, 1973), 336-340; *L'Homme et la Matière* (Paris: Albin Michel, 1973), 27-35.

★9 Leroi-Gourhan, *L'Homme et la Matière*, 27.

は、最適で自然な効率性である。文化的特殊性や技術的事実がよりはっきりと介入してくるのは、それよりもあとになってからのことだ［★10］。

このようにして、ルロワ゠グーランによる技術的傾向と技術的事実の区別は、さまざまな文化における技術的発明の類似点や差異を説明しようとする。かれの区別は、発明に含まれる技術的傾向や、技術的な装置をつうじた人間の身体器官の延長を特徴とする**ヒト化**のプロセスについての普遍的な認識から始まっている。けれども、世界におけるテクノロジーの多様化を説明してゆくうえで、またさまざまな文化のなかで発明が進行する速度のちがいを説明するうえで、このモデルはいったいどれほど有効なのだろうか？　私は、まさにこの問題を考慮して、宇宙論や形而上学の次元を議論にもち込もうと思う。それはルロワ゠グーラン自身はめったに論じなかったものだ。

以下が私の仮説である。読者のなかには、かなり驚くべきものだと感じるひとがいるかもしれない。**中国には、こんにち私たちが理解している意味での技術は――少なくとも何人かのヨーロッパの哲学者が定義するような技術は――存在したことがなかったのではないか**。一般的に、すべての技術は等しく、どんな文化に由来する技能も人工的な生産物もすべて「テクノロジー」という単一のものに還元できるという思い込みがある。じっさい、技術を身体の延長あるいは記憶の外在化として理解できるということを否定するのはほとんど不可能だ。とはいえ、おそらく技術は、異なる文化のなかでもおなじように**知覚**されたり、反省されたりはしないのだ。

別の言い方をすると、人間の一般的活動としての技術は、アウストララントロプス〔アウストラロピテクス〉の時代から地球上にあらわれていたが、それでも哲学的な技術の概念が普遍性を装うことはできないということだ。ここで言及している技術とは哲学の主題となっているもので、いわば哲学の誕生によって可視化されるものである。そのように哲学的なカテゴリーとして理解するならば、技術は哲学史の影響下に置かれ、哲学史特有の問いの観点から定義されることになる。厳密に言うと、本書で「技術哲学」という言葉が意味するのは、ドイツで「技術哲学《テヒニクフィロゾフィー》」として知られるもの、つまりエルンスト・カップやフリードリヒ・デッサウアーといった人物と結びつけられるものではない。私の言う「技術哲学」とはむしろ、古代ギリシア哲学の誕生とともにあらわれ、哲学の中心的な探求のひとつを構成しているものだ。これから論じていくように、存在論的なカテゴリーとして理解された技術は、より大きな概念配置とのかかわりのなかで、つまり技術が出現してくる文化に固有の「宇宙論」とのかかわりのなかで問われなければならない。

　タレスやアナクシマンドロスの思考に示されるように、古代ギリシアにおける哲学の誕生が、神話と哲学を段階的に分離してゆく合理化のプロセスであったことはよく知られている。神話体系はヨーロッパ哲学の源泉であり本質的な構成要素である。だがヨーロッパ哲学は、神的なものを自然によって説明し、合理性を補完するものとして統合することで、神話体系から距離を取った。合理主義者な

★10　Ibid.

らば、神話体系に依拠するのは例外なく退行であり、哲学はみずからの神話的な起源から完全に解放されていると論じることだろう。だがそのような哲学があるというのは疑わしいし、今後あり得るかも疑問である。もちろん、アテナイのアカデメイアでは、ミュトス〈神話〉とロゴスの対立は明白なものだった。アリストテレスはヘシオドス派の「神学者たち」に非常に批判的であり、またかれ以前にも、プラトンが神話に反対する議論を容赦なく展開している。たとえば『パイドン』（61a）のなかで、プラトンはソクラテスの発言をつうじて、ミュトスは自分の関心事ではなく、むしろ（『国家』では欺瞞者として描かれた）詩人のすることだと述べている。にもかかわらず、ジャン＝ピエール・ヴェルナンがはっきり示したように、プラトンは「その著作のなかで、厳密な哲学的言語の彼方にある事物と、その手前にある諸事物の両方を表現する手段として、神話に重要な地位を与えている」のである［★11］。

哲学とは、因果的必然性に盲目的にしたがう言語ではない。むしろそのような必然性を語ることを可能にすると同時に、それ自体を超えていくものである。哲学の力動は、合理性と神話の弁証法的運動によって構成される。この力動がなければ、実証科学しか存在しなくなってしまうだろう。一八世紀の終わりにかけて著作を行なったロマン派やドイツ観念論者は、このような哲学と神話の問題含みな関係性に気づいていた。そこで、「ドイツ観念論最古の体系プログラム」——一七九七年に匿名で出版されたが、著者はヘルダーリン、ヘーゲル、シェリングという、テュービンゲン神学校で友人同士だった三人か、少なくともかれらと関連のある人物ではないかと考えられている——にはつぎのような言葉がある。「人々が合理的になるために、神話は哲学的にならなければならず、哲学者を感性的にするために、哲学は神話的にならなければならない。そうなれば、永遠の統一がわれわれを支配するだろう」［★12］。偶然とは思えないが、この洞察がもたらされたのは、おもに非常に影響力のあったかれら三人の著作によって、ギリシア悲劇への哲学的な関心が再燃していたときだった。この言葉が意味しているのは、ヨーロッパでは、みずからを神話から切り離そうとする哲学の試みが、まさに神話によって条件づけられているということだ。つまり神話が、そのような哲学的思索の方法の初期形態を明らかにしているのである。哲学の条件が、神話という決して完全に離れることのできない起源によって定められている以上、すべての脱神話化には再神話化がともなう。とすると、技術の問いのなかで問題となっている事柄を追求するには、西洋哲学が拒絶しつつも拡大させ、そして私たちへと受け継がれてきたテクノロジーの起源にかんする支配的な神話へと向かわなければならないだろう。技術をある種普遍的なものとみなせるという誤解は、グローバルなテクノロジーの条件一般を、とりわけそれが非ヨーロッパ文化に突きつける難題を理解するにあたって、ひとつの巨大な障害と

★11 J.-P. Vernant, *Myth and Society in Ancient Greece*, tr. J. Lloyd (New York: Zone Books, 1990), 210-211.
★12 G. W. F. Hegel, 'The "Oldest System-Programme of German Idealism",' tr. E. Förster, *European Journal of Philosophy* 3 (1995), 199-200.〔G・W・F・ヘーゲル「ドイツ観念論最古の体系プログラム」、『ヘーゲル初期論文集成』、村岡晋一、吉田達訳、作品社、二〇一七年、二六三―二六六頁。引用箇所は二六六頁。訳は一部変更した。〕

なっている。この問題を理解しないかぎり、私たちは近代的なテクノロジーの均質的な生成に圧倒されて、まったく途方に暮れつづけることになるだろう。

近年のある著作では、「プロメテウス主義」なるものの再生が試みられている。それは、資本主義への社会的な批判をテクノロジーに対する中傷から切り離し、近代のさまざまな制約や矛盾から私たちを解き放つようなテクノロジーの力を肯定するものだ。このプロメテウス主義という学説は、しばしば「加速主義」の概念と同一視されるか、少なくとも緊密に関連づけられている［★13］。だがもし、こうしたテクノロジーや資本主義への反応が、まるでプロメテウスが普遍的な文化的人物像であるかのようにグローバルに適用されるなら、それはより巧妙なかたちの植民地主義を永続化させるおそれがある。

それでは、プロメテウスとはいったいだれであり、プロメテウス主義はなにを意味しているのだろうか？［★14］プラトンの『プロタゴラス』のなかで、ソフィストは、人間の創造者とも言われる巨人プロメテウスの物語を語っている。プロメテウスは、ゼウスからすべての生物に技能を分配するよう依頼される。その仕事はかれの弟のエピメテウスが引き継ぐのだが、すべての技能を分配したところで、エピメテウスは人間に技能を配り忘れていたことに気づく。プロメテウスは、弟であるエピメテウスの過失を埋め合わせるため、火と鍛冶の神ヘパイストスから火を盗みだし、人間に与えたのだった［★15］。

ヘシオドスは、『神統記』のなかでこれとは別の、わずかに内容の異なる物語を語っている。そこでは、この巨人が生け贄の献納をごまかしてゼウスの万能性に挑戦するのである。これに対し、ゼウスは人間から火と**生活手段**を隠すことで怒りを表現し、プロメテウスはその仕返しに火を盗む。そしてプロメテウスは、ゼウスから罰を受けてしまう。かれは断崖に鎖でつながれ、昼はヘパイストスのもとからやってきた鷲に肝を啄《ついば》まれ、夜には再生するよう仕向けられたのだ。この物語の続きは『仕事と日』で語られる。そこではプロメテウスの嘘（apatē）ないしは詐欺（dolos）に怒ったゼウスが、人間に災いを与えることで復讐を果たしている。

この災いあるいは詐欺《ドロス》はパンドラと呼ばれる［★16］。パンドラ――「すべてを与える女」という意味の名前をもつこの人物は、二重の性質をもっている。パンドラはまず豊穣さを象徴している。ヴェ

★13 以下を参照。R. Mackay and A. Avanessian (eds.), *#Accelerate: The Accelerationist Reader* (Falmouth and Berlin: Urbanomic/Merve, 2014)、とりわけ R. Brassier, 'Prometheanism and its Critics,' 469-487.

★14 ウルリッヒ・フォン・ヴィラモヴィッツ＝メーレンドルフによれば、プロメテウスにはふたつの正体がある。(1) イオニア－アッティカ的プロメテウス。これは火の産業の神であり、プロメテイアの祭りのなかで崇められる陶器職人にして金属加工職人である。(2) ボイオティア－ロクリス的プロメテウス。かれが受けた罰は神々の異なる世代間の軋轢という大きな主題の一部をなす。以下を参照。J.-P. Vernant, *Myth and Thought among the Greeks*, tr. J. Lloyd and J. Fort (New York: Zone Books, 2006), 264.〔ジャン＝ピエール・ヴェルナン『ギリシア人の神話と思想――歴史心理学研究』、上村くにこ、ディディエ・シッシュ、饗庭千代子訳、国文社、二〇一二年、三七一頁。〕

★15 Plato, 'Protagoras,' tr. S. Lombardo and K. Bell, in J. M. Cooper (ed.), *Plato Complete Works* (Indianapolis: Hackett, 1997), 320c-328d.〔プラトン「プロタゴラス」、藤沢令夫訳、『プラトン全集8』、岩波書店、一九七五年、一三六－一五二頁。〕

★16 ヴェルナンは、プロメテウスとゼウスの行為がいずれも詐欺《ドロス》であることを強調している。以下を参照。Vernant, *Myth and Society in Ancient Greece*, 185.

ルナンによると、古代の別の記述には、彼女がアネシドラ、つまり大地の女神という別名をもつと書かれている［★17］。それから、パンドラは怠惰と放埓《ほうらつ》の象徴でもある。というのも、彼女はガステール〔gastēr〕、つまり「満足することを知らずに、生命《ビオス》や、男たちが労働によって獲得した食糧すら貪り食ってしまう胃袋」であるからだ［★18］。

プロメテウスがあらゆる技術の父にしてあらゆる工作の師（didasklos technēs pasēs）となるのは、アイスキュロスにおいてだけである［★19］。そこでプロメテウスは、火を盗んだ者となる以前に、火をオオウイキョウの茎のなかに隠している［★20］。プロメテウスが技術を発明するまでは、人間は分別のある存在ではなかった。なぜなら、当初ひとは見ることなく見て、聞くことなく聴き、無秩序と混乱のなかに生きていたからだ［★21］。アイスキュロスの『縛られたプロメテウス』のなかで、この巨人は「死すべき者がもつあらゆるテクネーはプロメテウスに由来する」と宣言する。はたして、これらのテクネーとは厳密には何なのだろうか？　この語のありうるすべての意味を汲み尽くすのは難しいだろうが、それでもプロメテウスの言葉に注意を払う価値はある。

> それから、とりわけすぐれた知恵ともいうべき数〔arithmon〕を見つけてやった、また文字を書き綴ることも。これはすべてを記憶するもの、ムーサイの母なる働き者。［★22］

普遍的なプロメテウス主義を仮定することで、ひとは当然のようにすべての文化がギリシアに起源をもつテクネーから生じるものと考えてしまう。しかし中国には、人間の創造や技術の起源にかんする別の神話体系があるのだ。そこにプロメテウス的な人物はいない。その代わりに、中国の神話では、いにしえの氏族（先民）の指導者だった伏羲《ふっき》・女媧《じょか》・神農《しんのう》という三人のいにしえの皇帝が語られる［★23］。女性の神であり、半人半蛇という姿で描かれる女媧は、粘土から人間を創造した［★24］。女媧の兄でのちの夫でもある伏羲は、八卦《はっけ》——陰陽の二元的な構造にもとづく、三本の線で構成された

★17 Vernant, *Myth and Thought among the Greeks*, 266.〔ヴェルナン『ギリシア人の神話と思想』、三七四頁。〕

★18 Vernant, *Myth and Society in Ancient Greece*, 174.

★19 Vernant, *Myth and Thought among the Greeks*, 271.〔ヴェルナン『ギリシア人の神話と思想』、三八〇－三八一頁。〕

★20 Ibid., 265.〔同書、三七三頁。〕

★21 Ibid.〔同上。〕

★22 Aeschylus, *Prometheus Bound*, tr. C. J. Herrington and J. Scully (New York: Oxford University Press, 1989), 441-506〔アイスキュロス「縛られたプロメーテウス」（伊藤照雄訳）、松平千秋ほか編『ギリシア悲劇全集　2』、岩波書店、一九九一年、三三頁。〕; quoted by D. Roochnik, *Of Art and Wisdom: Plato's Understanding of Techne* (University Park: Pennsylvania State University Press, 1996), 33.

★23 この三人の皇帝が誰なのかについてはさまざまな説が存在する。ここに列挙したのは、もっともよく使われる名前である。

★24 粘土の使用については、異なる内容の物語が存在している。たとえば『淮南子』によると、人間の創造は女媧だけの仕事ではなく、ほかの神々との共同作業であったという。「黄帝は陰と陽を生みだし、上駢の神は耳と目を生み、桑林の神は肩と腕を生んだ。これによって、女媧は七〇回の変化を重ねた」。L. An, King of Huainan (ed.), *The Huainanzi: A Guide to the Theory and Practice of Government in Early Han China*, tr. J. S. Major, S. A. Queen, A. S. Meyer, and H. D. Roth (New York: Columbia University Press, 2010), 17:50.〔劉安編「淮南子」（戸川芳郎、木山英雄、沢谷昭次訳）、『淮南子　説苑（抄）』、戸川芳郎、飯倉照平ほか訳、平凡社、一九七四年、二四五頁。訳は英文より。〕中国語ではつぎのように書かれる。「黄帝生陰陽，上駢生耳目，桑林生臂手，此女媧所以七十化也」。

八種類の文字――を発明した、半人半龍の人物である。いくつかの古典のテクストは、とめどなく氾濫する水や手に負えないほど燃えさかる火を止めるために、女媧が五色の石を用いて天空を修繕したいきさつを書き残している［★25］。

神農の正体はじつにあいまいだ。これは、神農がしばしば炎帝《えんてい》や烈山氏《れつざんし》というほかのふたつの名前にも結びつけられるからである［★26］。神農は、文字通りには「神聖な農夫」を意味するが、それと同時に火の神でもあり、また死後には厨房の神となる（「炎」という文字は「火」を意味する文字を二段重ねにすることで成り立っている。歴史学者は、その由来としてもっともありうるのは太陽崇拝ではなく家庭での火の使用だと認めている）［★27］。神農は、その名のとおり、農耕、医薬やその他の技術を発明した。紀元前一三九年以前のある時期に淮南《わいなん》王劉安（前一七九－前一二二年）の宮廷で行なわれた一連の学術討論をもとにした、古代中国のテクストである『淮南子《えなんじ》』によれば、神農は食べられるものと毒があるものを区別するために無数の植物を試し、みずから毒にあたる危険を冒したという。また、女媧が修繕せねばならなかった壊れた天空は、炎帝の子孫である火の神・祝融《しゅくゆう》と水の神・共工《きょうこう》の戦いの結果生じたものであった［★28］。

ここで以下の点に注意しておこう。まず、こうした農耕と火の神は異なる神話体系に由来している。それから、神と呼ばれてはいるものの、かれらは死後になってはじめて神と認識されており、もとは太古の氏族の指導者だった。ギリシア神話では、巨人が人間に火と生活手段を授け、動物以上のものに引き上げることで、神々に反乱を起こしていた。他方、中国の神話体系にはそういった反逆も授けられた超越もない。人間への授与は、むしろ太古の賢者たちの慈愛によるものとみなされているのである。

ヴェルナンとの対話のなかで、フランスの中国学者のジャック・ジェルネは、ギリシア的な合理性の発展に不可欠だった神々の世界と人間の世界との根源的な切り離しが、中国では起こらなかったと述べている［★29］。やがてギリシア的な思想の型は中国にも到来したのだが、それはなにかを形成するほどの影響を及ぼすにはあまりに遅かった――中国人はすでに「神的なものを自然化していた」［★30］のである。これに対しヴェルナンは、ギリシア文化に特徴的な対立概念――神々／人間、見えないもの／見えるもの、永遠なる者／死すべき者、つねに変わらないこと／変わりゆくこと、力ある者／力

★25 以下を参照。'Surveying Obscurities,' 6.7, *The Huainanzi*, chapter 6.〔同書、八一頁。〕

★26 李桂民，「神農氏、烈山氏、炎帝的糾葛與遠古傳說的認識問題」，《理論學刊》，二〇一二年第三期，第一〇八－一一二頁。

★27 Ibid., 109.

★28 繰り返すが、中国の神話体系においては、神農と女媧のどちらが最初にあらわれたか、また祝融は神農と黄帝のどちらの子孫なのか、ということについてさまざまな説が存在する。ここではもっともよく知られているものを述べている。

★29 Vernant, *Myth and Society in Ancient Greece*, 86.

★30 ジェルネはまた別のところで、ユダヤ教やキリスト教の神と中国文化の天の差異について意見を述べている。〔ユダヤ教的、キリスト教的な〕前者は牧夫たちの神であって、語り、命じる者である。他方で中国の天が語ることはなく、「この神は四季を生み、季節感応力にしたがっていつまでも働きつづければよい」。以下を参照。J. Gernet, *Chine et Christianisme: action et réaction* (Paris: Gallimard, 1982), 206, cited also by F. Jullien, *Procès ou Création: une introduction à la pensée des lettrés chinois* (Paris: Seuil, 1989), 45.〔ジャック・ジェルネ『中国とキリスト教――最初の対決』、鎌田博夫訳、法政大学出版局、一九九六年、一九七頁。〕

なき者、純粋なもの／混合したもの、確実なもの／不確実なもの——が中国にはなかったと応答し、またこの点が、ほかでもないギリシア人が悲劇を発明したわけをある程度説明しているのだろうと語っている［★31］。

私の意図は、中国や日本、インドやその他の地域には創造と技術にかんする別の神話体系があるというあたりまえの事実を、ただ単に示すことではない。重要な点はむしろ、これらの神話体系が、それぞれの事例のなかで、神々や技術、人間、そして宇宙のさまざまな関係に対応しつつ、技術に異なる起源を与えているということだ。諸文化間の実践の差異を論じるためになされた人類学上の努力を除き、技術やテクノロジーにかんする言説のなかでは、こうした関係は無視されてきたか、あるいはその影響を考慮されてこなかった。そこで私はつぎのように提唱したい——私たちは、技術性［★32］の発生にまつわるさまざまな記述をたどることによってはじめて、異なる「生活形式」について、また技術との異なる関係について語るときに、自分たちがなにを言おうとしているのかを理解できるのである。

技術の概念を相対化する努力は、異なる文化のさまざまな時代における個々の技術的対象もしくは（ベルトラン・ジルの言う意味での）技術システムの先進性を比較するような技術史の研究だけでなく、既存の人類学的なアプローチに対しても異議を唱える［★33］。科学的かつ技術的な思考は、もろもろの宇宙論的な条件のもとであらわれる。そうした条件は、人間と環境のあいだの決して静的ではない関係のなかで表現されるものだ。だから私は、このような技術の概念を**宇宙技芸**〔cosmotechnics〕と呼びたいと思う。中国の宇宙技芸のもっとも特徴的な例のひとつは中国医学だ。それは「陰陽」や「五行」、「調和」といった、宇宙論とおなじ原理や用語を使って身体を記述するのである。

2 宇宙・宇宙論・宇宙技芸

技術的事実にかんするルロワ＝グーランの分析は、さまざまな技術性をもう十分に説明しているの

★31 Vernant, *Myth and Society in Ancient Greece*, 98-100.

★32 「技術性」はジルベール・シモンドンから借りてきた術語だ。シモンドンによると、技術発展は、絶え間ない分岐をもつひと筋の系統として理解すべきであり、その系統の起点は人間社会の魔術的段階にある。

★33 フランスの技術史家、ベルトラン・ジル（一九二〇－八〇年）は、かれの言う「技術システム」にしたがって技術の歴史を分析するよう提案している。*Histoire des Techniques* (Paris: Gallimard, 1978) の一九頁で、ジルは「技術システム」をつぎのように定義する。「すべての技術はさまざまな程度で互いに依存しあっており、それぞれのあいだには一貫性がなければならない。すべての構造や、すべての集合、すべての手続きといった水準の異なる一貫性からなるこの総和は、技術システムと呼びうるものを組成しているのだ」。技術システムは、たとえば中世（一二、一三世紀）、ルネサンス（一五世紀）、産業革命（一八世紀）の時期に生じた技術革命に直面して変化を被った。研究者の姚大志とペル・ヘグゼリウスは、ジルの分析が西洋中心主義だと非難している。なぜなら、ジルはヨーロッパ的な技術システムを第一の参照項としており、約二〇〇〇年前には中国の技術がヨーロッパよりも進んでいたようだというジョゼフ・ニーダムの見解を無視しているからである。この論争については、以下を参照。D. Yao and P. Högselius. 'Transforming the Narrative of the History of Chinese Technology: East and West in Bertrand Gille's Histoire des Techniques,' *Acta Baltica Historiae et Philosophiae Scientiarum* 3:1 (Spring 2015), 9-26.

ではないか？　読者のなかにはそう尋ねるひともいるだろう。たしかに、ルロワ＝グーランがその仕事のなかで、技術の進化のさまざまな系統や、道具やものの製作に対する環境の影響を記録しつつ、もろもろの技術的傾向と技術的事実の多様化とを見事に示したのは事実だ。しかし、ルロワ＝グーランの研究はある限界を抱えている（たとえその限界が、同時にかれの研究の強みや独自性を作り上げているとしても）。

おそらくこの限界は、さまざまな文化に適用可能な技術の系譜学にして階層的体系となるものを構築するため、研究の焦点を技術的対象の個体化に置いていることに由来している。このような見方をすれば、かれがあえて道具の発展の研究にもとづいて技術の発生を説明するにとどまった理由が分かる。『人間と物質』の初版から三〇年後に書かれたあとがきのなかでかれが嘆いたように、たいていの古典的な民族誌は第一章でもっぱら技術を扱うものの、それは残りの章で論じられる社会的、宗教的側面へただちに向かうためでしかないのである［★34］。他方ルロワ＝グーランの著作では、技術がある種の「レンズ」として機能しており、その意味で自律的なものとなっている。つまり技術をつうじて、人間や文明、文化の進化を見て取れるというわけだ。けれども、技術的事実の特異性が「環境」だけに起因するとは考えづらい。やはり私には、**宇宙論**の問いを、それゆえ**宇宙技芸**の問いを避けられるとは思えないのだ。

この問いをカント的なアンチノミーのかたちで提示してみたい。(1) 技術は人類学的に普遍である。技術とは身体機能を延長し記憶を外在化することにあるのだから、異なる文化のあいだに生じた差異は、実際の状況が技術的傾向を屈折させた程度に応じて説明できる［★35］。(2) 技術は人類学的に普遍ではない。異なる文化のさまざまな技術は、それらの文化がもつ宇宙論の理解に影響され、ある特定の宇宙論的背景のなかでのみ自律性をもつ——技術はつねに**宇宙**技芸である。このアンチノミーに対する解答を模索することが、私たちの探求にとってのアリアドネの糸となるだろう。

　ここで、宇宙技芸について予備的な定義をしておこう。宇宙技芸とは、技術的な活動をつうじた、宇宙の秩序と道徳の秩序の統一である（ギリシア語のコスモス〔kosmos〕が秩序を意味する以上、宇宙の秩序《コズミックオーダー》という語そのものが同語反復的ではある）。宇宙技芸の概念は、とりもなおさず、ある概念上の道具を与えてくれる。それによって、技術と自然という型にはまった対立を乗り越えられると同時に、哲学の課題とはこの両者の有機的統一を追求し肯定することだと理解できるのだ。この序論の残りの部分では、ジルベール・シモンドンという二〇世紀の哲学者や、ティム・インゴルドなど現代の人類学者の著作のなかに、この宇宙技芸の概念を探っていくことになる。

『技術的対象の存在様態について』（一九五八年）の第三部で、シモンドンは技術性の思弁的な歴史を描きだしている。それにくわえて、かれは、ただ単にさまざまな対象の技術的な系統を調査するだけでは不十分であり、さらにその系統が「思考や、世界における存在様態の**有機的**な特質」［★36］を示

★34 Leroi-Gourhan, *L'homme et la Matiére*, 315.
★35 Ibid., 29-35.
★36 G. Simondon, *Du Mode d'Existence des Objets Techniques* (Paris: Aubier, 1989), 213.

すことを理解しなければならないと主張している。シモンドンによると、技術性の発生は「魔術的」な段階から始まる。そこには、主体と客体が分割される以前の原初的な統一が見られる。この段階の特徴となるのは、図と地の分離と結合だ。シモンドンは図と地という語をゲシュタルト心理学から取っているが、そこでは図と地は不可分であり、地がものの形態を付与する一方、形態も地に制約を課すとされている。

魔術的段階における技術性は、シモンドンの言う「鍵となる点」(points-clefs)——たとえば山や巨岩、古い樹木といった高い地点——にしたがって網目状に展開された諸力の場と考えることができる。原始的な魔術的局面は、いわば宇宙技芸の原初的な様態であり、やがてそれは技術と宗教のふたつに分岐してゆく。そのとき宗教は、統一性を得ようと絶えず努めるなかで、技術とのあいだに均衡を保つ。こうして技術と宗教には、理論的な部門と実践的な部門が生みだされるのである。それは、宗教では倫理(理論的)と教義(実践的)として、技術では科学(理論的)とテクノロジー(実践的)として知られるものだ。魔術的段階という様態においては、宇宙論と宇宙技芸のあいだにほとんど区別がない。このとき宇宙論は、日々の実践の一部をなす場合にだけ意味をもつからである。それらが区別されるのは近代になってからなのだ。近代では、テクノロジーの研究と(天文学としての)宇宙論の研究が異なる分野とみなされるからである——これが意味するのは、技術が宇宙論から全面的に切り離され、明確な宇宙技芸の概念も軒並み消滅しているということだ。

だからといって、現代には宇宙技芸がまったくないと言うならば、それは正しく**ない**だろう。こんにちでも宇宙技芸はたしかに存在する。それはフィリップ・デスコラの言う「自然主義」だ。これは文化と自然の対立のことであり、一七世紀の西洋で勝利を収めたものだ[★37]。自然主義という宇宙技芸のなかでは、ハイデガーの言う世界像(Weltbild)にしたがって、宇宙が搾取可能な用象とみなされる。ここで明言しておくべきなのは、シモンドンにとっては、現代のための宇宙技芸を再発明する可能性がいくらか残っているということだ(かれは宇宙技芸という語を使ってはいないけれども)。とある機械学《メカノロジー》にかんするインタビューのなかで、シモンドンはTVアンテナについて語りながら、そこで起きている(近代的なテクノロジーと自然地理学の)収斂がどのように見えるかを華麗に描写している。私の気づいたかぎり、シモンドンはこれ以上この主題には関与しなかった。だとしても、かれが言おうとしたことをよりさきへと進めることは私たちの課題になるだろう。

テレビについているこのTVアンテナを、あるがままに眺めてみましょう[……]それは動けませんが、方向性はもっています。さらに、それが遠くを眺めると同時に、離れたところにある送信器から(信号を)受け取れることが分かります。私にとって、このアンテナはひとつの象徴以上

★37 P. Descola, *Beyond Nature and Culture*, tr. J. Lloyd (Chicago and London: University of Chicago Press, 2013), 85.〔フィリップ・デスコラ『自然と文化を越えて』、小林徹訳、水声社、二〇二〇年、一三二–一三三頁。〕

のものとしてあらわれています。それは何らかの身振りや、志向性のもつほとんど魔術的な力を、また魔術の現代的なかたちを表象するように思われるのです。もっとも高い位置と結節点が出会うのは高周波を発信する地点であり、そこには人間のネットワークとその土地の地形の、ある種の「共自然性」が存在します。ここには、ある意味作用や、意味作用同士の出会いにかかわる次元だけでなく、ひとつの詩的な次元があるのです。[★38]

いまになって考えれば、シモンドンの主張は、数年後に出版された『野生の思考』(一九六二年)のなかでレヴィ＝ストロースが立てた魔術と科学の区別とは相容れないように思える。レヴィ＝ストロースによれば、魔術あるいは「具体的なものの科学」は、技術や科学の進歩のひとつの局面ないし段階には還元できない[★39]。反対にシモンドンにとっては、すでに見たとおり、魔術的段階は技術性の発生の第一段階を占めている。レヴィ＝ストロースによると、具体的なものの科学は出来事によって駆動され、記号指向であるのに対し、科学は構造によって駆動され、概念指向である。そのためレヴィ＝ストロースにとっては、両者のあいだに非連続性がある。とはいえ、おそらくこの非連続性は、非ヨーロッパの神話的思考をヨーロッパの科学的思考と比較する場合にのみ正当化されるだろう。他方シモンドンにおいては、魔術的なものは科学やテクノロジーの発展との連続性を保持しているのである。

私は、シモンドンが『技術的対象の存在様態について』の第三部で示唆しているのはまさに「宇宙技芸」なのだと言いたい。魔術的／神話的なものと科学の対立や、両者のあいだに起きる進歩を主張するのではなく、宇宙技芸の概念を受け入れること。そうすれば、「感性的な観点からなされる感性的世界の思弁的な組織化および活用」［★40］とされる魔術的／神話的なものが、科学との関係においてかならずしも退行ではないことが分かるのだ。

近年のいくつかの著作では、非西洋文化の細やかな考察によって存在論と宇宙論の多元性が証明されるため、そこに近代の苦境からの抜け道が示されるという考えが述べられてきた。フィリップ・デスコラやエドゥアルド・ヴィヴェイロス・デ・カストロなどの人類学者は、ヨーロッパにおける自然と文化の分割を脱構築するために、アマゾンの文化に目を向けている。同様に、フランソワ・ジュリアンやオギュスタン・ベルクといった哲学者は、単純な図式で簡単には分類できない深い多元性を描きだし、近代を乗り越えようとする西洋の試みの数々を再解釈するために、ヨーロッパと中国や日本の文化を比較しようと試みている。

『自然と文化を超えて』という画期的な著作のなかで、デスコラは、西洋で発展した自然と文化の分

★38　G. Simondon, 'Entretien sur la Mécanologie', *Revue de Synthèse* 130:6, no.1 (2009), 103-132: 111.
★39　C. Lévi-Strauss, *The Savage Mind* (London: Weidenfeld and Nicolson, 1966), 13.〔邦訳はクロード・レヴィ＝ストロース『野生の思考』、大橋保夫訳、みすず書房、一九七六年、一七－一八頁。〕
★40　Ibid., 16.〔同書、二一頁。訳は一部変更した。〕

割は普遍的ではないと示唆するにとどまらず、それはむしろ周縁的な事例なのだと断言している。デスコラは、自然主義（自然と文化の分割）、アニミズム、トーテミズム、アナロジズムという四つの存在論を描いている。これらの存在論のそれぞれが異なる仕方で自然を記述しており、ヨーロッパ近代以来自明視されてきた自然と文化の分割が、非近代的な実践のなかでは成り立っていないと気づかされるのである［★41］。デスコラは、社会人類学者のティム・インゴルドの見解を引用している。それは、哲学者は「人間を特殊な類いの動物にしているものは何か」とはめったに尋ねてこなかったし、かれらが好む典型的な自然主義についての問いは「人間と動物の、類としての差異は何なのか」であるというものだ［★42］。デスコラが指摘するとおり、これは哲学者だけに当てはまることではない。民族学者もまた、人間の唯一性を強調する自然主義のドグマに、そして文化という手段によって人間は他の存在者から差異化されているという仮定にはまり込んでいるからである［★43］。自然主義では、内面の非連続性と身体の連続性が見いだされ、アニミズムでは、内面の連続性と身体の非連続性が見いだされる［★44］。ここに、デスコラによる四つの存在論の定義を書き写しておこう（五八頁）。

こうしたさまざまな存在論が示すのは、異なる自然の概念や「融即」〔participation〕のかたちである。デスコラが指摘するように、自然主義における自然と文化の対立は、ほかの「自然」の概念のなかでは拒絶される。デスコラが自然について述べていることは、おそらく技術についてもいえるはずだ。ところが、かれの著作では技術は「実践」として抽象化されている——これは技術と文化の区別を避ける術語だ。技術を「実践」と呼んでしまうと、その役割があいまいにされてしまう。私たちが宇宙論よりも宇宙技芸を語る理由は、まさにここにあるのだ。

「宇宙技芸」に類する用語を使ってはいないが、インゴルドはこの概念の要点をはっきりと把握している。かれはグレゴリー・ベイトソンに依拠しつつ、実践とその環境のあいだには統一性があると述べている。この点が、人間と環境の情動的関係にしたがって成立し、機能する「感性生態学」[★45]の提唱につながるのである。かれは狩猟採集社会にかんする一例を挙げており、それはかれの言う「感性生態学」が意味するものをはっきりさせる助けになる。インゴルドが言うには、狩猟採集者による環境の知覚は、その実践のなかに組み込まれている[★46]。かれの指摘によると、カナダ北東部のクレーの人々は、自分たちがトナカイを難なく殺せるのは、動物たちが「狩猟者への善意や、ひいては愛の精神をもって」その身を進んで捧げてくれるからだと説明しているという[★47]。つまり動物と狩猟者の出会いは単に「撃つべきか撃たざるべきか」の問題ではなく、むしろ宇宙論や道徳にか

★41 デスコラ『自然と文化を越えて』のとくに第三部を参照。
★42 Descola, *Beyond Nature and Culture*, 178.〔デスコラ『自然と文化を越えて』、二〇二〇年、二五一頁。〕
★43 Ibid., 180.〔同書、二五四頁。〕
★44 Ibid., 122.〔同書、一七七頁。〕
★45 T. Ingold, *The Perception of the Environment: Essays on Livelihood, Dwelling and Skill* (London: Routledge, 2011), 24.
★46 Ibid., 10.
★47 Ibid., 13.

類似した内面性 相違した身体性	アニミズム	トーテミズム	類似した内面性 類似した身体性
相違した内面性 類似した身体性	自然主義	アナロジズム	相違した内面性 相違した身体性

かわる必然性の問題なのである。

目と目があう重大な瞬間において、狩猟者は動物の圧倒的な存在を**感じた**。かれは、まるで自身の存在がどういうわけか動物の存在と結ばれ、または混ざりあっているように感じた――それは愛にも等しい感覚であり、また人間的な関係の範囲でいえば、性交のなかで経験されるような感覚であった。［★48］

ハンス・ヨナス、ジェームズ・ギブソン、モーリス・メルロ＝ポンティを援用し、視覚や聴覚、触覚などの感覚を再考しながらインゴルドが示そうとしているのは、いまいちど感覚の問いを研究すれば、近代テクノロジーの発展のなかで完全に無視されているこの感性生態学を取り戻せるということだ。とはいえ、こうした人間と環境の捉え方のなかでも、環境と宇宙論の関係はそれほど明らかになってはいない。そのうえ、生物を環境とあわせて分析するこうした方法には、ベイトソン流のサイバネティクス的なフィードバック・モデルへの還元が生じ、それによって絶対的かつ圧倒的で偶然性をもった宇宙の役割が切り崩される危険性がある。

シモンドンは、図と地としての人間と外的世界の関係について、似たような見解をもっている――図が地を限定し、地が図に力を与えるのだから、これは宇宙技芸が機能するときのひとつのモデルになる。図と地が分離されると、宗教では地がもはや図によって限定されず、そのため無限定な地が神のような力と考えられる。他方、技術では逆に図が地を凌駕し、両者の関係を転覆させるのである。そこでシモンドンは、哲学的思考の課題とは、図と地の統一を再肯定するような収束をもたらすことだと述べる[★49]。それはまた、ひとつの宇宙技芸の探求としても理解できるだろう。たとえば、ポリネシア人の航海術――近代的な装置をまったくもたずに無数の島々のあいだを進む能力――を宇宙技芸として考察することで、ひとつの技能としてのこの能力にではなく、むしろこの技能を予示する図と地の関係に注目できるはずだ。

インゴルドや他の民族学者、そしてシモンドンの仕事を比較することによって、中国における技術への問いにアプローチするふたつの方法が示される。ひとつは、社会的で政治的な生活を条件づける宇宙論を理解するというものだ。そしてもうひとつの方法では、近代社会における専門分化の進行によって図と地の関係がますます離れてきているように見えるなか、哲学的思考が図にとっての地の探

★48 Ibid., 25.
★49 Simondon, *Du Mode d'Existence des Objets Techniques*, 217-218.

求として再構成される。古代中国の宇宙技芸やその歴史をつうじた哲学的思考の発展は、まさにこうした図と地の統一をもたらそうとする絶え間ない努力を映しだしているように思われるのだ。

中国の宇宙論のなかでは、視覚や聴覚、触覚とは異なる感覚が見いだされる。それは「感応」と呼ばれ、文字通りには「感じること」や「反応」を意味する。そして（マルセル・グラネやアンガス・グレアムといった中国学者の著作では）しばしば「相関的思考」と理解されているのだが［★50］、私は、ジョゼフ・ニーダムにしたがって**共鳴**と呼ぶほうがよいと考えている。その感覚は「道徳的感情」をもたらし、さらに（社会的かつ政治的な用語でいえば）「道徳的義務」を生みだす。この義務は、単に主観的観想から生じる以上に、天と人間の共鳴からあらわれるものである。なぜなら、天は道徳の根拠（＝地）だからだ［★51］。このような共鳴の存在は、人間と天の統一（天人合一）という前提にもとづいている。そのため「感応」は、すべての存在者の同質性にくわえ、部分と部分の、また部分と全体の関係がもつ有機性を含意している［★52］。この同質性は、すでに『周易』の「繫辞伝下」［★53］に見受けられる。そこでは、いにしえの包犠《ほうぎ》（伏義の別名）が、同質性をつうじたすべての存在者のつながりを表すために八卦を創造したとされる。

大昔、包犠が王として天下のすべてを治めていた頃、仰いでは空に示された輝かしい**形象**を観察し、俯いては地に示された**理法**を観察した。またかれは、鳥獣の**文様**や土壌の（さまざまな）**適性**を観察した。それから、手近なところではかれ自身のなかに、遠いところでは事物一般のなかに考察すべきものを見いだした。ここから包犠は八卦を考案し、それによって霊的かつ知的なもの（密かに機能するもろもろの作用）の属性を遺憾なく示し、万物の性質を分類しようとしたのである。〔★54〕

「形象」や「理法」、「文様」といった語は、天と人間のいろいろな共鳴を理解するうえで不可欠なものだ。これらの単語は、（ジョゼフ・ニーダムのような書き手が提示する有機体論的な読解によれば）ギリシアのも

★50 A. C. Graham, *Yin-Yang and the Nature of Correlative Thinking* (Singapore: National University of Singapore, 1986).

★51 道徳的秩序の起源について、たとえばアンリ・ベルクソンの『道徳と宗教の二つの源泉』のなかに説明を見いだすのは難しい。ベルクソンはふたつの種類の道徳を区別している。ひとつは社会的な義務と習慣にかかわる閉じられた道徳で、もうひとつはかれが開かれた道徳と呼ぶものであり、それは「英雄の呼び声」〔appel du héro〕にかかわっている。後者においては、ひとは圧力に屈することはないが、魅力には屈するのである。ベルクソンによれば、これら二種類の道徳は共存しており、どちらも純粋なかたちで存在しているわけではない。たしかに、ベルクソンの道徳の概念や、それが本書で素描を試みている中国的な宇宙技芸に対してもつ影響をより詳しく検討するのは有益だろう。もっとも、道徳にかんするベルクソンの理解は、西洋とりわけギリシアの伝統にかなり制限されているように見受けられる。じっさい、中国では宇宙こそが決定的な役割を演じるのだから、どんな英雄的行為も天との調和でしかありえないといえる。

★52 黄俊傑，《東亞儒學史的新視野》（台北：國立臺灣大學出版中心，二〇一五年），第二六七頁。

★53 歴史的資料によれば、中国には『易経』の三つの版本が存在していたという。だが、そのなかのひとつである『周易』だけが保存され、流通してきた。『易経』については、「易伝」として知られる七つの古典的注釈があり、つづく箇所で引用した繫辞伝もそれにふくまれている。合計して、これら一〇のテクストが「十翼」として知られている。

★54 *Xi Ci II*, tr. J. Legge, URL=http://ctext.org/book-of-changes/xi-ci-xia/ens〔『易経　下』、高田真治、後藤基巳訳、岩波文庫、一九六九年、二五七頁。訳は英文より。〕強調は引用者。

のとは異なった、中国における科学への態度を示している。というのも、中国ではこの共鳴こそが規則や法に権威を与える一方で、ヴェルナンが頻繁に指摘するように、ギリシア人にとって法（nōmoi）は幾何学と密接にかかわっているからである。だが、どうすればこの共鳴を感じ取れるのだろうか？

儒家も道家も、ある宇宙論的な「心」ないし「精神」（第18節以降で検討する）を仮定している。それは（たとえば『孟子』で言われるように）他の存在者や、また（『春秋繁露《しゅんじゅうはんろ》』におけるように［★55］）外部の環境と共鳴する能力をもっているのだ。のちに私たちは、どのようにしてこの感覚が、天人合一のなかに表現される中国の道徳的宇宙論あるいは道徳的形而上学を発展させてゆくのかを見ることになる。ここで私たちの議論にとって重要なのは、技術の文脈では、このような統一が器《チィ》（文字通りには「道具」と訳される）と道《ダオ》（よく「タオ」とも表記される）の統一としても表されることだ。たとえば、儒家において器は、儀礼や宗教的な式典のなかで実際に示される人間と自然の関係にかんする宇宙論的な意識をともなっている。第1部で論じるように、『礼記』という儒家の経典には、「礼器篇」という長い節がある。これは礼を実行するなかで技術的対象がもつ重要性を記したもので、そこでは道徳は礼器の正しい使用によってのみ保たれるとされている。

第1部の課題は、中国におけるこの「相関的思考」について、また器と道の動的な関係について詳しく論じることである。宇宙技芸の概念によって、私たちは異なる技術性をたどってゆけるだろう。さらにこの概念は、技術・神話体系・宇宙論の関係の複数性を切り開くうえで――またそれによって、異なる神話体系や宇宙論から受け継がれた人間と技術のさまざまな関係を受け入れるうえでも

——役に立つはずだ。

たしかに、プロメテウス主義はそのような関係のひとつではあるが、それを普遍的なものとみなすことには大きな問題がある。といっても、ここで私は、何の類いであれ文化の純粋さを支持しようとか、起源としてのそれが汚染されないように保護しようなどと提案しているわけではない。技術はさまざまな民族集団のあいだの伝達手段という機能を果たしてきた。その事実は、どんな絶対的な起源の概念に対しても、ただちに疑問を投げかけるのである。このテクノロジーの時代では、テクノロジーが——空間のなかで働く収斂の力と、時間のなかで働く同期の力という意味で——グローバリゼーションの原動力となっている。しかし、異質性が生じる余地を残し、それによって伝統的な形而上学のカテゴリーにもとづくさまざまな「エピステーメー」を発展させるためには、ある根源的な他性を主張しなければならないだろう。この課題によって、地域性にかんする真の問いへの道が切り開かれるのだ。

私は、エピステーメーという用語をミシェル・フーコーを参照して使っている。フーコーにとってこの語は、物事の選別のための一連の規準として機能し、真理の言説を規定するような、社会的かつ科学的な構造を示している[★56]。『言葉と物』のなかで、フーコーはルネサンス・古典主義・近代と

★55 この作品の著者は、漢代の重要な儒家である董仲舒《とうちゅうじょ》（前一七九–前一〇四年）だと伝えられている。かれについてはのちに論じる。

いう西洋における三つのエピステーメーによる時代区分を導入している。のちにかれは、エピステーメーという用語を導入したために袋小路に入ったことに気づき、より一般的な「装置」という概念を展開することになった［★57］。エピステーメーから装置への移行は、より内在的な批判へと向かう戦略的なものであり、フーコーはそれをより現代的な分析に応用することができたのである。『性の歴史』の刊行時期にあたる一九七七年のあるインタビューのなかで、フーコーは当時を振り返りながら、エピステーメーを装置の一種として、つまり「『これは真である』あるいは『これは偽である』と発言できるような［……］科学性の領域において、ありうるすべての言表作用のなかから受け入れられるものを選別することを可能にする、戦略的な装置」として定義することを提案している［★58］。

ここで、私なりにエピステーメーの概念をあらためて定式化しておきたい。私にとってエピステーメーとは、近代的なテクノロジーに直面するなかで、生活形式を再導入し、地域性をふたたび活性化させるために、伝統的な形而上学のカテゴリーにもとづいて再発明されるひとつの装置である。このような再発明は、たとえば中国では各時代に生じた社会的、政治的、経済的な危機のあとに見られる（ほかの文化にもきっと類例を見いだせるはずだ）。具体的には、周王朝（前一一二二−前二五六年）の衰退や、中国への仏教伝来、そしてアヘン戦争における中国の敗北などがそうだ。私たちは、こうした危機のさなかにエピステーメーの再発明を目のあたりにする。そしてこのエピステーメーが、翻って美学的、社会的、政治的な生活の条件を規定してゆくのである。デジタルテクノロジー（たとえば「スマートシティ」や「モノのインターネット」、ソーシャルネットワーク、大規模な自動化システム）によって勢いづけられ、形成の途上にあるこんにちの技術システムは、人類と技術の均質的な関係――つまり徹底した数量化と管理――をもたらす傾向にある。しかしこの傾向は、さまざまな文化にとって、均質的かつ「グローバル」で「包括的」なエピステーメーに同期されることなくデジタルテクノロジーを取り入れるため、自分たちの歴史や存在論について反省するということをより重要でさし迫った問題にするだけなのだ。

近代中国史における決定的な瞬間は、一九世紀なかばの二度のアヘン戦争とともに訪れた。この戦争で清王朝（一六四四―一九一二年）はイギリス軍に全面的に敗北する。そして中国は西洋列強の準植民地と化し、近代化へと駆り立てられていったのである。中国人は、敗北のおもな理由のひとつはテク

★56 M. Foucault, *The Order of Things: An Archeology of the Human Sciences* (New York: Vintage Books, 1994), xxi:「私が明るみに出そうとしているのは認識論的な領域だ。それはいわば、知が、理性的価値や客観的諸形態を参照するすべての規準から切り離されたものとして思い描かれることで、みずからの実定性《ポジティヴィテ》を基礎づけるとともに、それによってひとつの歴史を明らかにするようなエピステーメーなのだ。この歴史とは、完成へと向かってゆくものではなく、むしろみずからの可能性の条件の歴史である。この説明のなかであらわれるべきなのは、さまざまなかたちの経験科学をもたらした知の空間の内側にある構成である。」〔ミシェル・フーコー『言葉と物』、渡辺一民、佐々木明訳、新潮社、一九七四年、二〇―二一頁。訳は英文より。〕

★57 M. Foucault, 'Le Jeu de Michel Foucault (Entretien sur l'Histoire de la Sexualité)', in *Dits et Écrits III* (Paris: Gallimard, 1994), 279-329: 301.〔ミシェル・フーコー「ミシェル・フーコーのゲーム」（増田一夫訳）、『ミシェル・フーコー思考集成VI』、小林康夫ほか編、筑摩書房、二〇〇〇年、四一三―四一四頁。〕

★58 Ibid.〔同書、四一四頁。訳は英文より。〕

ノロジーの競争力がなかったからだと考えた。そのため、かれらは中国と西洋列強の不平等な関係を終わらせたいと願いつつ、とにかくテクノロジーの発展をつうじた急速な近代化が必要だという焦燥感を抱いていた。ところが中国は、当時有力だった改革主義者が望んでいたような仕方では、西洋のテクノロジーを吸収できなかったのである。それはおもに、テクノロジーに対する無知と誤解のためだった。改革主義者たちは、テクノロジーを単なる道具と理解し、そこから中国の思想――つまり精神――を切り離すことができるだろうという、いま考えるとかなり「デカルト的」に見える信念を抱いていたのだ。言い換えれば、それはテクノロジーという「図」を輸入、実装しても、中国思想という「地」は影響を受けず無傷のままでいられるという信念である。

だがその反対に、結局テクノロジーはその手の二元論を残らず打ち砕き、みずからを図というより地として構成してきた。アヘン戦争からはもう一世紀半以上が経過している。中国は、体制の変化や種々の実験的改革によって生じたさらなる破局や危機の数々を生き延びてきた。そのあいだ、テクノロジーと近代化の問いにかんして多くの反省があったし、思考する精神と技術的な道具という二元論を維持する試みが失敗だったことも明らかになった。ただより深刻なのは、この数十年にわたり経済とテクノロジーの急発展に直面するなかで、そうした反省のすべてが無力化されてしまっていることだ。その代わりにある種の忘我と熱狂が生じ、中国を未知の方向へと押し進めているのである。やがてまったく唐突に、この国は、自分がまるで大海の真ん中に置かれたきり、その果ても行き先も見えなくなっているような状況にあると気づくのだ――これは『悦ばしき知識』のなかでニーチェが描いた苦境だが、いまでも現代人の厄介な状況を示す痛切なイメージとなっている〔★59〕。ヨーロッパでは、この状況からの想像上の脱出路に名前をつけるため、「ポストモダン」や「ポストヒューマン」などさまざまな概念が発案されてきた。しかし、テクノロジーの問いに真正面から取り組まないかぎり、出口を見つけることなどできないだろう。

ここまでに挙げたすべての問いを念頭に置きつつ、本書がめざすのは、プロメテウス主義を基礎的な前提にはしない、近代テクノロジーへのあらたな探求を開始することである。本書は2部構成になっている。第1部では、中国における「技術の思想」についての体系的かつ歴史的な概説を、ヨーロッパでそれに相応するものと比較しつつ行ないたい。この作業は、本書で問題となっている事柄をよく理解し、またこの研究の緊急性について反省するためのあらたな出発点としての役割を果たすだろう。そして第2部は、近代のテクノロジーにかんする歴史的かつ形而上学的な諸問題の研究である。そこでは中国、とりわけ人新世の中国が抱える、テクノロジーの問いが潜む暗闇にあらたな光を投げかけることをめざしている。

★59　F. Nietzsche, *The Gay Science*, tr. J. Nauckhoff (Cambridge MA: Cambridge University Press, 2001), 119 (§124).〔フリードリッヒ・ニーチェ『悦ばしき知識』、信太正三訳、ちくま学芸文庫、一九九三年、二一八頁。〕

3 テクノロジーによる断絶と形而上学的統一

すでに概略を述べた宇宙技芸の概念が示すとおり、本書におけるテクノロジーおよび技術についての記述は、歴史的、社会的、経済的な次元にかぎったものではない。形而上学的統一をふたたび構築するためには、そうした次元を超えてゆかねばならないのだ。「統一」という言葉が意味するのは、政治あるいは文化の同一性《アイデンティティ》ではなく、むしろ理論と実践の統一である。より正確にいえば、それは共同体の（かならずしも調和とは言わずとも）まとまりを保つ**生活形式**のことだ。ヨーロッパ諸国と非ヨーロッパ諸国の双方で生じている生活形式の断片化は、おもに理論と実践が齟齬をきたしている結果である。しかし東洋では、この不一致は単なる逸脱ではなく、むしろハイデガーの記した「根こぎ」(Entwurzelung)——つまり全面的な断絶——というかたちで現れている。近代のテクノロジーがもたらした諸実践の変容が、かつて適用されていた古代のカテゴリーを凌駕してしまっているのだ。たとえば第1部で論じるように、中国人は、ギリシア人がテクネーやピュシスと呼んでいたカテゴリーに相当するものをもっていない。そのため中国では、テクノロジーの暴力が理論と実践の形而上学的統一を解体し、断絶をもたらした。そしていまもなお、その統一が望まれているのである。もちろん、これは東洋だけで起きたことではない。ハイデガーが記したように、西洋では「テクノロジー」

というカテゴリーが発生したが、それはもはやテクネーと本質を共有していない。技術への問いは、究極的には存在の問いに取り組むための動機づけの役割を果たすべきである。またこう言ってよければ、新しい形而上学を、より正確には新しい宇宙技芸を創造するための動機づけとして機能するべきなのだ［★60］。

現代においては、この統一または無差別は、なにか基礎を与えるものの探求としてではなく、元底（Urgrund）および無底（Ungrund）として示される。無底だというのは、それがさまざまな他性に開かれているからであり、また元底だというのは、それが同化に抵抗するひとつの根底だからだ。そのため元底と無底は、まさしく存在と無のように、統一性をもつものとして考えられる必要がある。そしてヘーゲルがシェリングとフィヒテにかんする論文のなかで主張しているように、統一性の探求とは、正確にいえば哲学の目的《テロス》なのだ［★61］。

★60 ハイデガーはこのような主張をはっきりと行なってはいないが、ニーチェにかんする評論のなかでは、形而上学のことをすべての存在者を見下ろす統一化の力と呼んでいる。もっとも、ハイデガーによる西洋形而上学の歴史の読解が、単にひとつの可能な解釈でしかないことは心に留めておく必要がある。以下を参照。M. Heidegger, *GA 6.2 Nietzsche Band II* (Frankfurt am Main: Vittorio Klostermann, 1997), 342-343.〔マルティン・ハイデッガー『ハイデッガー全集 第6-2巻 ニーチェII』、圓増治之、ホルガー・シュミット訳、創文社、二〇〇四年、三五四-三五六頁。〕

★61 G. W. F. Hegel, *The Difference between Fichte's and Schelling's System of Philosophy*, tr. H. S. Harris and W. Cerf (Albany: State University of New York Press, 1977), 91.〔G・W・F・ヘーゲル「フィヒテとシェリングの哲学体系の差異」、『ヘーゲル初期論文集成』、村岡晋一、吉田達訳、作品社、二〇一七年、二四頁。〕

これから見ていくように、中国における技術への問いに答えるというのは、経済や社会の側面から技術発展の詳細な歴史を伝えることではなく――これはジョゼフ・ニーダムのような歴史学者や中国学者が、いろいろと見事なやり方ですでに行なっていることだ――むしろ器というカテゴリーの、道との関係における変化を記述することである。この点についてより正確に述べてみよう。技術《テクニックス》とテクノロジーは、中国語では普通、技術《ジイシュ》と科技《クアージイ》と翻訳される。ひとつめの単語は「技巧」や「技能」という意味で、ふたつめは「科学」を意味する科《クアー》と、「技巧」ないし「応用科学」を意味する技《ジイ》の二文字で構成されている。ここで問題なのは、こうした翻訳が西洋の単語の意味を十分に表しているかどうかではない（これらの訳語が新しく造られた言葉であることには注意する必要がある）。問題はむしろ、そうした翻訳が、中国の伝統のなかにも西洋の技術と等しいものがあるという錯覚を作りだしてはいないかということだ。こうした中国語の新造語に表れている「自分たちにもそういう用語はある」と示そうとする熱意は、究極的には、技術をめぐる真の問題を見えづらくしてしまう。

だから私は、混乱を招く可能性がある新造語に頼るのではなく、器と道といういにしえの哲学的カテゴリーから出発して、両者が切り離されたり再統一されたり、はたまたすっかりないがしろにされてしまうような転換点の数々をたどりながら、技術の問いを再構築しようと思う。正確に言うと、器と道の関係は中国における技術的思考の特徴であり、またひとつの宇宙技芸のなかで起こる道徳的思考と宇宙論的思考の統一でもある。器と道を結びつけるなかで、技術の問いははじめてその形而上学的な根底へ到達するのだ。くわえて器は、道との関係に入り込むなかではじめて道徳的宇宙論に関与し、その発達に応じて形而上学的体系へと介入するのである。
そのため本書は、器と道の関係が、中国思想史をつうじてどのように変化してきたかを示すことになる。その変化は道と器の再統一（道器合一）という絶えざる試みの結果として生じたもので、それぞれに異なる細部や帰結があった。具体的には、器が道を明かす（器以明道）、器が道を載せる（器以載道）、器が道に仕える（器為道用）、道が器に仕える（道為器用）といった関係性がある。以下（第1部）では、孔子や老子の時代から現代中国にいたるまでの道と器の関係をたどってゆく。最終的には、浅はかで還元主義的な唯物論の強制が、いかにして器と道を完全に切り離してしまったのかを示す。おそらくこの出来事は、伝統的体系の崩壊とみなしうるだけでなく、ひいては中国自身の「形而上学の終わり」と名づけることもできるだろう。

論点の繰り返しになるが、ヨーロッパの言語で「metaphysics」と呼ばれるものが、通常の中国語訳である形而上《シンアルシャンシュエ》学と等しくないことは強調しておくべきである。形而上という語は、実際には「形を超えるもの」を意味し、『易経』では道の同義語となっている。とすると、ハイデガーの言う「形而上学《メタフィジックス》の終わり」は決して形而上《シンアルシャンシュエ》学の終わりではない。ハイデガーにとって近代の科学技術をもたらすのはほかでもない形而上学《メタフィジックス》の完成であったが、そもそも形而上《シンアルシャンシュエ》学は近代テクノロジーを生みだすことができないからだ。というのも、なによりまず、形而上《シンアルシャンシュエ》学はギリシアのメタフュシカ〔metaphysikā〕とおなじ根源をもっていない。そのうえ、以下で詳しく説明するように、新儒家の哲学者である牟宗三《ぼうそうさん》（一九〇九－九五年）にしたがえば、中国思想はつねに現象よりも本体に優位性を与えており、まさしくこのような哲学的態度のために中国では異なる宇宙技芸が発展してきたからである。

けれども、伝統的な中国の形而上学が十分なものであり、単純にそこへ回帰すればよいなどと主張するのは私の目的ではない。私が述べたいのはむしろ、断定的プロメテウス主義やネオコロニアル批評とは異なる仕方で地球規模のテクノロジーの覇権について思考し、なおかつそれに挑戦するためには、単に伝統的な形而上学を復活させるだけでは不十分だが、そこから**出発する**ことはきわめて重要だということである。究極の課題は、道器の関係を歴史上に位置づけつつ、どうすればこの思考の路線が、新しい中国の技術哲学を構築するときだけでなく、テクノロジーのグローバル化の現状へ応答するときにも有益となるのかを問いかけること、またそれによって道器の関係そのものを再発明することなのだ。

この課題はまた、「ニーダムの問い」と呼ばれるあのきわめて印象的な難問にも応答せざるをえないだろう。ニーダムの問いとは、なぜ中国では近代的な科学やテクノロジーが出現しなかったのかというものだ。一六世紀には、ヨーロッパ人は中国に魅了されていた——その美学や文化だけでなく、進歩した技術にも魅了されていたのである。たとえば、ライプニッツは中国の文字《エクリチュール》や記号のとりこになっていた。とりわけ、『易経』〔の八卦〕がまさにかれ自身の提唱していた二進法の体系にしたがって組み立てられているという発見に夢中になっていた。そのため、ライプニッツは中国のエクリチュールのなかに「結合法」の先進的な様態を見つけだしたと信じていたのである。ところが、一六世紀以後になると、中国の科学と技術は西洋に追い抜かれてしまった。有力な見解にしたがうなら、この変化の原因となっているのは、一六世紀および一七世紀におけるヨーロッパの科学と技術の近代化にほかならない。こうした説明は、ある断絶や出来事に依拠しているという意味で「偶有的」なものだ。だがこれから詳しく論じるように、形而上学の観点から見れば、また別の説明もありうるだろう。

近代的な科学やテクノロジーが中国には出現しなかったわけを問うなかで、私たちはニーダム本人や、中国の哲学者である馮友蘭《ふうゆうらん》（一八九五－一九九〇年）および牟宗三による暫定的な答えを検討することになる。牟の答えは、なかでもいちばん洗練されており、思弁的である。かれの提示する解答は、ふたつの形而上学的体系の再統一を求めるものだ。ひとつめの体系は、本体的世界について思弁し、その世界を道徳的形而上学の核たる構成要素にするもので、もうひとつの体系は、みずからを現象の水準に限定する傾向をもち、それによって高度に分析的な活動のための領域を提供するものである。この読解は明らかにカントの影響を受けており、じっさい牟はカントの語彙を頻繁に用いている。ある回想のなかで牟は、はじめてカントを読んだときに、カントの言う本体が中国哲学の核心にあり、また中国とヨーロッパの形而上学の差異が、それぞれ本体か現象のどちらかに重点を置いているという点にあらわれていることに衝撃を受けたと語っている［★62］。中国哲学は、本体にかんする思弁に耽りつつ、知的直観の活動を推進する傾向がある一方で、現象世界をあまり扱おうとはしない。いわば「形而上」へと到達する足がかりにするためだけに現象世界に注意を払うわけだ。そこで牟は、伝統的な中国思想を復活させるには、本体的存在論と現象的存在論のはざまに、もういちど接点を作りださなければならないと主張する。このつながりは、中国の伝統そのものの外からもたらされてはならない。というのも、結局のところ牟の主張が意味しているのは、このつながりによって、近代的な科学とテクノロジーを発展させるのは伝統的な中国思想**にも可能**であり、ただそのための新しい方法が必要なだけであると証明されるということだからだ。第二次世界大戦以後に台湾と香港で発展した「新儒家」［★63］の課題はこの点に要約されるわけだが、これについては第1部（第18節）で議論しよう。ただ、牟の提案は観念論的なものにとどまっている。かれは「心」あるいは本体的主体を究極の可能性と考えているからだ。もっとも牟によると、それは自己否定をつうじて、（現象的）認識の主体になるべく降りてゆけるという［★64］。

本書の第2部は、牟のアプローチへの批判として機能するとともに、この観念論的なビジョンに代わる（あるいはむしろ補完する）案として、「技術的対象そのものへ」帰ることを提案するものである。

4 近代性・近代化・技術性

本書では、牟の観念論を避けつつ、中国思想と西洋思想の接点にかんするかれの主張を考え抜くよう試みる。これによって、第2部では、そこで中心となっているのは技術と時間の関係であることが明らかになるだろう。ここでは、ベルナール・スティグレールが『技術と時間』のなかで、技術性の問いにしたがい行なった西洋哲学史の再定式化に目を向けよう。けれども、中国哲学にとって時間が**ほんとうの**問題であったことはいちどもなかった。中国学者のマルセル・グラネやフランソワ・ジュリアンがはっきり述べたように、中国人が時間の問いをほんとうの意味で詳しく論じたことは決してなかったのだ［★65］。とすると、スティグレールの仕事のひそみにならうなら、ここには中国における技術と時間の**関係**にかんする研究の可能性が開かれているといえる。

ルロワ＝グーラン、フッサール、ハイデガーの仕事にもとづいて、スティグレールは**テクノロジーに対する無意識**を特徴とする近代性に終止符を打とうと試みる。テクノロジーへの意識とは、ひとの有限性や時間にかんする意識であり、またこの有限性と技術性の関係についての意識でもある。スティグレールが説得力ある仕方で示すのは、プラトン以来、いかに技術と想起《アナムネーシス》の関係があらかじめうまく打ち立てられ、魂のエコノミーの中心に据えられてきたかということだ。魂は、過去の生で

★62 牟宗三,《現象與物自身》,《牟宗三先生全集》第二一巻（台北：聯經出版，二〇〇三年），第二〇―三〇頁。
★63 宋と明の時代に全盛をきわめた形而上学的運動である宋明理学〔Neo-Confucianism〕と、二〇世紀前半にはじまった新儒家〔New Confucianism〕という運動を区別することが必要である。
★64 牟自身は、心は精神とは異なるので、自分は観念論者ではないと主張している。つまり心は精神以上のものであり、精神よりも多くの可能性を提供するというわけだ。
★65 F. Jullien, *Du «Temps»* (Paris: Le Livre de Poche, 2012).

獲得した真理の知識を輪廻ののちに忘却してしまう。そのため真理の探求とは、根本的に想起または回想の行為であるとされる。よく知られるように、ソクラテスは『メノン』のなかでこのことを論証した。そこでは、少年奴隷が技術的な道具の助けを借りて（つまり砂のうえに線を引いて）、事前の知識を一切もっていなかった幾何学の問題を解いてみせたのだった。

しかし、東洋における魂のエコノミーには、このような想起的な時間の捉え方と共通するものがほとんどないのである。私たちはこう言わなければならない——たとえいろいろな文化の暦にまつわる装置が似たものに見えても、そうした技術的対象のなかには、異なる技術の系統だけでなく異なる時間の解釈も見受けられる。日々の生活のなかでは、そうした時間の解釈が技術的対象の機能や知覚を構成するのだ。中国では、時間の解釈はおもに道教と仏教の影響によって生じた。これらは儒学と結びついて、牟宗三が西洋文化の「理性をきわめる分析的精神」（分解的尽理之精神）と対比して「理性をきわめる総合的精神」（綜合的尽理之精神）と呼ぶものを生みだした［★66］。後者が含意する本体的経験のなかには、端的に**時間が存在しない**。より正確に言うと、そこでは時間も歴史性も問いとして生じないのである。

ハイデガーにおいて歴史性とは、現存在と技術の有限性に条件づけられた解釈学のことである。それは外在化された記憶を世代から世代へと受け渡していくことで、現存在の過去把持の有限性を無限化する。牟は、ハイデガーの『カントと形而上学の問題』におけるカント批判を評価している。そこでハイデガーは、超越論的構想力を根源化し、時間の問いに作り変えていた。ところが牟は、ハイデガーによる有限性の分析を限界とみなしてもいるのである。なぜなら牟にとっては、本体的主体としての心こそが「無限化」しうるものだからだ。

牟は、技術の問いをほとんど考慮していなかったので、技術と心の物質的関係を一切定式化しなかった。かれにとって技術は、「良知の自己否定」(良知的自我坎陷)がもたらすひとつの可能性でしかないのだ。思うに、新儒家が近代化の問題や歴史性の問いに応答できなかった要因は、まさにこのような技術の問いにかんする反省の欠如にある。けれども、この欠如を**積極的な**概念に変えることは可能であり、また必要なことだ。以下で検討するように、この課題はジャン＝フランソワ・リオタールが取り組んだものにとても近い。

日本の京都学派の哲学者であり、一九三〇年代にフライブルクでハイデガーのもと学んでいた西谷啓治(一九〇〇－一九九〇年)は、中国の形而上学では時間性が軽視され、歴史性をめぐる言説も一切存在しないことに注目していた。西谷にとって、東洋哲学は時間の概念を真剣に扱っておらず、そのため歴史性——すなわち「歴史的存在」として思考する能力——などの概念を説明できなかったのである。じつのところ、これはもっともハイデガー的な問いのひとつだ。じっさい、ハイデガーは『存在と時間』第二篇のなかで、個人の時間と歴史性〔Geschichtlichkeit〕との関係について論じていたのだ

★66 牟宗三,《道德的理想主義》,《牟宗三先生全集》第九巻(台北:聯經出版,二〇〇三年),第一九二－二〇〇頁。

から。

とはいえ、東洋と西洋をともに思考しようという西谷の試みにはふたつの問題が生じており、同時に〔故郷回帰という〕ジレンマもあらわれている。ひとつめの問題は、ニーチェやハイデガーの著作がそうであるように、この日本の哲学者にとっても、テクノロジーは「虚無」への道を開いてしまうということだ。その一方、西谷が支持する仏教では、空は虚無の超越をめざしており、そのような超越においては時間があらゆる意味を失うのである［★67］。ふたつめの問題は、歴史性、さらにいえば世界史性〔Weltgeschichtlichkeit〕は、ある過去把持のシステムがなければ成立しえないということだ――このシステムとは、スティグレールが『技術と時間』の第三巻で示すように、技術のことである［★68］。これはつまり、現存在と技術性の関係について意識的にならなければ、そもそも現存在と歴史性の関係について意識的にはなれないということである。言い換えれば、歴史的意識はテクノロジーへの意識を必要とするのだ。

第2部で論じるように、近代性はテクノロジーに対する無意識にしたがって機能する。この無意識は、ニーチェが『悦ばしき知識』で記述するように、ひとが自分の限界を忘却することから成り立っている。つまり「身の自由を感じたのに無限というこの鳥籠の壁につきあたっている、哀れな鳥よ！　そこにはさらに多くの自由があったとでもいうように、陸地への郷愁がお前を襲うとしたら、いたましいことだ――もう『陸地』はどこにもないのだ！」［★69］。この苦境はまさに、手許《てもと》にある器具やその限界および危険に対する意識の欠如から生じるのである。近代性は、テクノロジーへの意識の台頭とともに終わりを迎える。これはテクノロジーがもつ力への意識と、人間のテクノロジー的な条件への意識を意味している。西谷と牟宗三が提起した問いに正面から取り組むためには、新しい領域を切り開き、本体的存在論と現象的存在論を架橋する思考を探求するべく、時間と歴史の問いを技術の問いに結びつけなければならないのだ。

しかし、中国的な技術哲学に対して、このポストハイデガー的（スティグレール的）な視点を採用するよう求めることには、またしても西洋的な視点を単に押しつけてしまうという危険性があるのではないか？　かならずしもそうではない。というのも、こんにちにおいてより根本的なのは、世界史の新しい捉え方を追求することであり、また技術的対象や技術システムと共存する新しい方法を与えてくれる宇宙技芸的な思考を追求することだからだ。そのため私たちは、牟や西谷による分析をただ切り捨てるのでもなく、またそれを単にスティグレールによる分析に置き換えるのでもなく、つぎのような問いを提起しよう。技術を、東洋と西洋どちらかの存在論に吸収させるのではなく、むしろこのふ

★67　K. Nishitani, *Religion and Nothingness*, tr. J. V. Bragt (Berkeley: University of California Press, 1982).〔原著は西谷啓治『宗教とは何か』、創文社、一九六一年。〕
★68　B. Stiegler, *Technics and Time, 3: Cinematic Time and the Question of Malaise*, tr. S. Barker (Stanford: Stanford University Press, 2010).〔ベルナール・スティグレール『技術と時間3——映画の時間と〈難‐存在〉の問題』、石田英敬監修、西兼志訳、法政大学出版局、二〇一三年。〕
★69　F. Nietzsche, *The Gay Science*, 119.〔ニーチェ『悦ばしき知識』、二一八頁。〕

たつの存在論を**つなぐもの**として理解できないだろうか？
西谷にとっての問いは、絶対無は、近代性を自分のものにすることで、西洋的な近代性に制限されていないあらたな世界史を構築できるのかというものだった。また牟にとっての問いは、近代的な科学やテクノロジーの可能性のなかにすでに含まれている中国的な思考の再構成をつうじて、科学とテクノロジーをそこに取り込めないかというものだった。西谷の答えは、近代を超克する戦略としての総力戦の提案へといたる。近代の超克とは、第二次世界大戦に先立って、京都学派の哲学者がスローガンとして取り上げた言葉だ。これこそ、私が形而上学的ファシズムと呼んでいるものである。それは近代の問いに対する誤った診断から生じるもので、私たちはあらゆる代償を支払ってでもこれを回避しなければならない。一方で牟の答えは、第1部で確認するように、たとえ中国の知識人から広く疑問視されていたとしても、肯定的かつ積極的なものであった。

　とはいえ、私の考えでは、牟も西谷も（そしてかれらの学派およびかれらの生きた時代もろとも）近代を乗り越えるのに失敗している。そのおもな理由は、かれらがテクノロジーの問いを十分真剣に扱わなかったからだ。しかし、そうした諸問題を明確にするためにも、やはりかれらの仕事を通ってゆかねばならない。いまここではっきりと言えるのは、近代のテクノロジーがもたらした形而上学的体系の断絶から回復するにあたって、私たちはどんな思弁的観念論の思考にも頼れないということである。そうではなく、（生産物《エルゴン》としての）技術の物質性を考慮することが必要なのだ。これは古典的な意味での唯物論ではなく、物質の可能性を限界まで押し進めるような唯物論である。

この問いは思弁的であると同時に政治的なものだ。一九八六年にジャン゠フランソワ・リオタールは、ベルナール・スティグレールの招きに応じてパリのポンピドゥー・センター内のＩＲＣＡＭ〔フランス国立音響音楽研究所〕でセミネールを行なった。これはのちに「ロゴスとテクネー、あるいは電信」というタイトルで出版されている［★70］。このセミネールのなかで、リオタールはこう問いかけた――あらたなテクノロジーが、過去把持のための装置にはならず、むしろ一三世紀の日本の禅僧・道元の言う「明鏡」を思考する新しい可能性を切り開くことは可能だろうか？「明鏡」が東洋の形而上学的体系の核心を根本的な仕方で構成している以上、リオタールの問いは牟や西谷の分析と共鳴している。講演を終えるにあたり、リオタールはつぎのような結論を述べている。

これが問いの全体です。すなわち、通行すること〔passage〕は可能でしょうか。この通行は、あらたなテクノロジーの特徴となる新しい書き込みや記憶化の様態とともに可能となるのか、それともその様態によって認められるのでしょうか。そのテクノロジーは総合を、それも以前のどんなテクノロジーによるものよりはるかに深いところで魂に生じる総合を強いてはいないでしょう

★70　J.-F. Lyotard, *The Inhuman: Reflections on Time*, tr. G. Bennington and R. Bowlby (London: Polity, 1991).〔ジャン゠フランソワ・リオタール『非人間的なもの――時間についての講話』、篠原資明、上村博、平芳幸浩訳、法政大学出版局、二〇〇二年。〕

か。とはいえ、まさにそのことによって、新しいテクノロジーは私たちの想起的抵抗力を向上させる助けにもなるのではないでしょうか。真剣に受け取るにはあまりに弁証法的なこの漠然とした希望のうえで、私は立ち止まろうと思います。こうしたすべてのことは、依然として考えつづけられるべきもの、試行しつづけられるべきものなのです。［★71］

リオタールはこのような提案をしておきながら、これは真剣に受け取るにはあまりにも弁証法的で漠然としていると言って、そこから撤退してしまう。なぜかれはそうしたのだろう？　リオタールはいわば、牟や西谷とは反対の方向からおなじ問いにアプローチしていた。つまりかれは、西洋から東洋へ通行する道を探し求めていたのだ。ところが、東洋にかんするリオタールの知識は限られていたので、かれがさらにさきへ進み、世界史性の問いに向かうことはかなわなかったのである。

　リオタールは、とくにブルーノ・ラトゥールら多くの同時代人とならんで、近代性を乗り越えようとするヨーロッパ知識人の二度目の試みを代表する人物のひとりである。一度目の試みが起こったのは第一次世界大戦の前後であった。その当時、知識人は西洋の没落を意識しており、また文化（オスヴァルト・シュペングラー）、科学（エトムント・フッサール）、数学（ヘルマン・ヴァイル）、物理学（アルバート・アインシュタイン）、および力学（リヒャルト・フォン・ミーゼス）の各領域であらわれつつあった危機にも気づいていた。

　これと並行して、東アジアでは新儒家の第一世代（牟の師の熊十力《ゆうじゅうりき》や、梁漱溟《りょうそうめい》）や、梁啓超《りょうけいちょう》、張君勱《ちょうくんばい》といった知識人が登場し、やがてかなりドイツ化された京都学派が、さらに一九七〇年代には新儒家の第二世代があらわれた——かれらはみなおなじ問いを提起しようとしていた。ところが、新儒家の第一世代がそうだったように、京都学派も新儒家の第二世代も、近代化に対する自分たちの観念論的なアプローチに依然として鈍感であり、テクノロジーの問いに対しても、それに見合った固有の哲学的な身分を与えることができなかったのである。

いまや私たちは、ヨーロッパにおいて、デスコラやラトゥールといった人類学者による三度目の試みを目のあたりにしている。かれらは、存在論の多元性を切り開くため、人新世という出来事を近代を乗り越える機会として利用しようと試みている。並行して、アジアでも、ヨーロッパの言説に頼らずに近代性を理解する方法を模索する学者たちの努力が見られる——ジョンソン・チャン〔張頌仁〕やその他の人々が主導する「亜際書院」はその重要な例だろう〔★72〕。

★71　Ibid., 57.〔同書、七六 - 七七頁。訳は英文より。〕
★72　以下を参照。URL=http://www.interasiaschool.org/〔二〇二二年七月現在、リンクは切れている。〕

5 何のための「存在論的転回」か？

リオタールにとって、かれの提起した問いは、西洋形而上学の産物である圧倒的なテクノロジーの覇権に対する可能な抵抗をめぐる問いでもある。これこそが、ポストモダンのもつ、その美学的表現を超えた課題なのだ。ラトゥールやデスコラといった、ポストモダンを敬遠している思想家は、この課題に取り組むにも、ポストモダンではなく「非近代」に惹かれている。だがたとえどう呼ぶとしても、リオタールの問いはいまいちど真剣に取り上げる価値のあるものだ。くわえて、のちに〔第2部で〕見るように、この問いは西谷や牟、スティグレール、ハイデガーの探求とも合致している。もし非近代的な思考の諸様態を詳しく説明するために自然の人類学を語ることが可能であり、また必要であるのなら、おなじ操作が技術に対しても可能なはずだ。まさにこの点において、私たちは近代を乗り越えるというプログラムにかかわるヨーロッパ現代思想に参入できるし、そうしなければならないのである。ピエール・モンテベロの近著『宇宙形態的形而上学——人間的世界の終焉』では、このことが明らかに、また徴候的に例示されている［★73］。

モンテベロが示そうとしているのは、現代人類学の「存在論的転回」と手を取りあっているポストカント的な形而上学の探求が、いかにして私たちを——少なくともヨーロッパ人を——近代性が仕掛けた罠の外へ導けるのかということだ。モンテベロが述べるように、カントの形而上学はいくつかの限界にもとづいている。カントは『純粋理性批判』のなかですでに、思弁的理性の狂信〔Schwärmerei〕ないし「ファナティシズム」に警鐘を鳴らしており、また純粋理性のもつ限度を言い表そうとしていた。カントにとって「批判」という語には消極的な意味はなく、むしろ積極的な、つまり問われている主体の可能性の条件——その内側で主体が物事を経験しうるような限界——を露呈させるという意味がある。

このような限界の設定は、カントによる現象と本体の分割や、かれが知的直観ないし物自体の直観をもちうる人間にかんする考察を拒否していることについて考えるとき、ふたたびあらわれてくる〔★74〕。カントにとって、人間は現象に対応する感性的直観しかもっていない。モンテベロは、ホワイトヘッドやドゥルーズ、〔ガブリエル・〕タルド、ラトゥールの思想を例とする、ポストカント的な形而上学の生成を定式化している。それは限界の形而上学を乗り越える試みにすべてをゆだねており、そのため必然的な無限化を提唱するのである。カント的な遺産がもつ政治的な危うさは、人間がますます世界から切り離されてしまうことだ。ブルーノ・ラトゥールは、そのプロセスをこのように定式化

★73 P. Montebello, *Métaphysiques Cosmomorphes: La Fin du Monde Humain* (Dijon: Les presses du réel, 2015).
★74 Ibid., 21.

している。「物自体はアクセスできないものとなり、その一方で、これと対をなすように、超越論的主体は無限に世界から離れていく」[★75]。牟宗三のカント批判は、この点ではモンテベロの批判と一致している。といっても、牟は無限化について考える別の方法——中国哲学より引きだされた観点から、カント的な知的直観を再発明すること——を提唱しているのだが。

モンテベロは、カンタン・メイヤスーの仕事は近代性の限界（ここでは限界の形而上学というカント的な遺産と同義語である）への挑戦として突出していると述べている。メイヤスーは、自身が異議を唱えているこの限界の中心をなす特徴を「相関主義」と呼んでいる。相関主義とは、認識のあらゆる対象は、それが主体に対して現出するときにしたがう条件との関係においてのみ思考しうるという規定のことである。メイヤスーによれば、このパラダイムは二世紀以上にわたり、ドイツ観念論や現象学といった西洋哲学を支配してきた。メイヤスーの問いは単純につぎのようなものだ。はたして理性はどれほど遠くにまで及ぶのか？　また理性は、たとえば人類の登場に先立つ祖先以前的時代の対象を思考することで、理性そのものが存在しなくなるような時間性に到達しうるのか？[★76]　モンテベロはメイヤスーの仕事を認めてはいるものの、同時にかれとアラン・バディウを、「数学的な無限」に頼り有限性を逃れようという失敗した試みの典型例として戦略的に描いている。ここで「数学」と言うとき、モンテベロが意味しているのは数への還元だ。かれは、（この意味での）数学と相関主義を結びつけ、ともに糾弾するのである。

ふたつの頭をもった怪物が、人間なき世界——数学的で、氷のように冷たく、不毛で、生活不可能な世界——と、世界なき人間——取り憑くような、亡霊的な、純粋精神——を同時に肯定する。数学と相関性は、対立しあうどころか、まるで葬儀のような婚礼のなかで互いに結ばれているのである。［★77］

バディウとメイヤスーに対するモンテベロの判断を吟味するのは、ここでの課題ではない。私たちが関心を寄せるのはモンテベロが提示する解決のほうであり、それは〈数学的な無限ではなく〉「世界のなかに私たちを位置づける関係の多様性」を肯定することにある［★78］。私の理解では、これは数学的合理性にもとづく思考への抵抗であり、しかもそこでは宇宙論の歴史が考慮されている。この宇宙論の歴史は、幾何学の進歩という観点から分析できるだろう。つまりそれは、神話との離別にはじま

★75 B. Latour, *We Have Never Been Modern*, tr. C. Porter (Cambridge MA: Harvard University Press, 1993), 56, cited by Montebello, *Métaphysiques cosmomorphes*.〔ブルーノ・ラトゥール『虚構の「近代」——科学人類学は警告する』、川村久美子訳・解題、新評論、二〇〇八年、一〇一頁。〕

★76 Q. Meillassoux, *After Finitude: An Essay on the Necessity of Contingency*, tr. R. Brassier (London: Continuum, 2010).〔カンタン・メイヤスー『有限性の後で』、千葉雅也、大橋完太郎、星野太訳、人文書院、二〇一六年。〕

★77 Montebello, *Métaphysiques cosmomorphes*, 69.

★78 Ibid., 55.

り、天文学において最終的完成にいたるということだ。

私には、こうした種類の関係的思考が、古代から生き延びてきた実体主義的思考に代わるものとして、ヨーロッパで出現しつつあるように思われる。それは、いわゆる人類学の「存在論的転回」——たとえばデスコラによる関係の生態学の分析——においてあきらかなことだ。これは哲学でも同様であり、いまやホワイトヘッドやシモンドンの反実体主義的な関係の思考はますます注目を集めている。そこでは、実体の概念が関係の概念によって分解され、諸関係の統合体となるのだ。これらの関係は、絶えず互いに織り合わさって、私たちと他の存在者の関係のみならず、世界という織物をも構成しているのである。

これらの多種多様な関係は、デスコラやヴィヴェイロス・デ・カストロ、インゴルドなどの人類学者の著作が証明しているように、多くの非ヨーロッパ文化のなかに見受けられる。そうした関係のなかにあるのは、異なる宇宙論に則った新しいかたちの融即だ。この意味で、モンテベロが提唱するのは擬人化ではなく**擬宇宙化**について考えることだといえる——それはつまり、人間《アントロポス》を超えて思考し、宇宙《コスモス》にしたがって私たちの実践を再構成することである。

さきに見たように、自然主義とは、アニミズムやアナロジズム、トーテミズム、そしてヴィヴェイロス・デ・カストロの言う「パースペクティヴィズム」といったさまざまな宇宙論とならぶ、ひとつの宇宙論にすぎない。「パースペクティヴィズム」とは人間と動物の視点《パースペクティヴ》の交換のことである（たとえばペッカリー〔イノシシに似た雑食動物〕は、自分を狩る側とみなしているが、その逆に〔人間に〕狩られる側とみなされることもある)。ヴィヴェイロス・デ・カストロは、ドゥルーズ&ガタリの「強度」の概念を用いて「他者への生成変化」という新しいかたちの融即を描いている。これはポスト構造人類学の可能性に光を投げかけるものだ。ヴィヴェイロス・デ・カストロの貢献の重要さは、レヴィ=ストロースの構造人類学の遺産に制限されない、新しい人類学の方法を導入している点にある。かれの目から見れば、西洋の相対主義(たとえば多様な存在論の承認)が公共的な政治学としての多文化主義をともなうのであれば、アメリカ先住民のパースペクティヴィズムは、宇宙的な政治学としての多自然主義をもたらすことができる[★79]。自然主義とはちがって、こうした別のかたちの宇宙論は、文化と自然の非連続性ではなく連続性(たとえば強度や生成変化)にしたがって作動する。私は、ヴィヴェイロス・デ・カストロとおなじ理由で、A・C・グレアムやB・I・シュウォルツといった中国学者が形成した構造主義人類学的なアプローチを採用せずに、中国における技術的思考について探求しようと思う。

モンテベロは、より深遠な自然哲学へ回帰することで、**相互共存在**や**共存在**が新しい方法となって再生し、それによって近代性の象徴である人新世を乗り越えられると主張する。そのような自然の概念は、自然主義のなかに見られる文化と自然の分割に抵抗するものである。

★79 E. V. de Castro, *Cannibal Metaphysics: For a Post-Structural Anthropology*, tr. P. Skafish(Minneapolis: Univocal Publishing, 2014), 66.〔エドゥアルド・ヴィヴェイロス・デ・カストロ『食人の形而上学――ポスト構造主義的人類学への道』、檜垣立哉、山崎吾郎訳、洛北出版、二〇一五年、五三頁。〕

ところで、モンテベロがデスコラやヴィヴェイロス・デ・カストロから借りてくる実例は、道の概念と強く共鳴している。のちほど論じるように、宇宙論的かつ道徳的な原理としての道は、人間と天の共鳴（や統一）にもとづいている。この共鳴にもとづく中国の宇宙論は、究極的には道徳的宇宙論である――まさにこの宇宙論的な見方が、人間と世界の相互作用を、天然資源と文化実践（家族の階層秩序、社会的政治的秩序、公共政策、人間と非人間の関係）の両方の観点から定義するのだ。じっさい、デスコラの著作では中国の文化がときおり参照されているのである。おそらく、これはジュリアンとグラネの著作に由来している。たとえばデスコラは、グラネを読むことで、ヨーロッパのルネサンスのときには自然主義よりアナロジズムが有力な存在論であったことを発見している[★80]。この意味で、自然主義は近代の産物にすぎない。それは「脆弱」で「古代のルーツをもたない」のである[★81]。

けれども私は、この種の「自然」の概念への回帰やその再発明、あるいはいにしえの宇宙論への回帰といったものが、近代性を乗り越えるのに十分なのかについては懐疑的である。この懐疑論は、認識論的であるとともに政治的なものだ。モンテベロは、自然が「前個体的」なものであり、そのためあらゆる個体化の基礎となっていることを示すため、シモンドンを援用している。たしかに、シモンドンがつぎのように語っているのは事実だ。

この前個体的な実在は個体の内部に含まれている。［またこれを］自然と名づけ、それによって「自然」という言葉のなかに、かつてソクラテス以前の哲学者が与えた意味を再発見することもできるだろう〔……〕自然は人間と対立するものではない。自然とは存在の第一の段階である。第二の段階は個体と環境の対立だ。〔★82〕

とはいえ、シモンドンにとって「自然」とは何だろうか？　私が別の箇所で示したように〔★83〕、シモンドンの受容をめぐって分離したふたつの動向があるのは、やはり問題である——具体的には、『形相と情報の概念に照らした個体化』と『技術的対象の存在様態について』というかれのふたつの学位論文にもとづいて、自然哲学者としてのシモンドンと技術哲学者としてのシモンドンという受容がされている。これが問題なのは、シモンドンが実際に行なおうとしたことが自然と文化と技術の非連続性を乗り越えることだったからである。つまりここで問われているのは、シモンドンの解釈だけでなく、むしろ「自然」そのものなのだ。それに、「自然」とグローバルなテクノロジーの状況との緊張関係は、「存在論的転回」の物語を与えたくらいでは消滅しないだろう。

このような見解をつうじて、私たちはグローバルな技術‐政治の次元にたどり着く。私は、この次

★80　Descola, *Beyond Nature and Culture*, 206-207.〔デスコラ『自然と文化を越えて』、二八八‐二八九頁。〕

★81　Ibid., 205.〔同書、二八六頁。訳は英文より。〕

★82　Simondon, *L'individuation à la Lumière des Notions de Forme et d'Information* (Grenoble: Jérôme Millon, 2005), 297.〔ジルベール・シモンドン『個体化の哲学——形相と情報の概念を手がかりに』、藤井千佳世監訳、法政大学出版局、二〇一八年、五〇四頁。訳は英文より。〕

★83　Y. Hui, *On the Existence of Digital Objects* (Minneapolis: University of Minnesota Press, 2016).

元を存在論的転回という言説につけ加えたいと思う。ヨーロッパの哲学者のなかには、このように考えるひともいるだろう——ヨーロッパがどうにかして近代性から距離を置きさえすれば、その他の文化は中断された自分たちの宇宙論を回復させられるだろうから、ヨーロッパの思想をほかの存在論へと開いてゆくなかで、自分は西洋の技術的思考への従属から他者を救ってもいるのだと。こうした考えも理解はできる。だがここには盲点がある。モンテベロたちが、ヨーロッパ的な自然主義は珍しく、おそらくは例外的な事象だと認めるとき、かれらはそれが近代的なテクノロジーと植民地化をつうじて、どれほどほかの文化に浸透してしまっているかを考慮していないように思われる。過去数世紀にわたってヨーロッパによる植民地化と戦わねばならなかったそれらの文化は、もはやグローバルなテクノロジーの状況が自分たちの運命と化すほどの多大な変化や変容を遂げてしまったのだ。こうしたものの見方の「転倒」を踏まえれば、「自然への回帰」など、せいぜいどれも疑わしいものでしかない。

本書の望みは別の立脚点を提供することだ。その際、近代の「ほかの側面」を記す一例として中国を用いつつ、可能であれば、デジタル化と人新世の時代における「近代の乗り越え」や「近代のリセット」といった昨今のプログラムに対して、いくつかの洞察を示したい。もちろん、いにしえのカテゴリーに回帰して宇宙技芸の概念を立ち上げるといっても、「真理」や「真相解明」としてそこに回帰するわけでは断じてない。こんにちの科学的知見は、かつての考え方の多くが誤解に満ちていたことを確証している。またそれを根拠に、ある種の科学主義が存在の問いや道の問いの考察すらも拒否してしまうかもしれない。だがあらためて言っておくと、私のねらいは、本書が縁取る道筋を伝ってひとつの**宇宙技芸**を再発明することであって、ただ単に宇宙論への信仰に回帰することではない。くわえて私は、多くの人々がイオニア派や道家の哲学を自然哲学として読むような意味で、自然へ回帰しようとしているのでもない。むしろ、シモンドンがその技術性の発生にかんする論文のなかで提唱したように、技術と自然を調和させようとしているのだ。

6　方法にかんする諸注意

実際に探求へ乗りだすまえに、方法論にかんしていくつか言い添えておくべきことがある。私は、本書で器道の関係の歴史的な変化を概説するよう試みるが、その複雑さがここに提示できる単純な概略図をはるかに超えているのは承知のうえである。そもそもこのようなひかえめな試論のなかで、その力学を論じ尽くすことなど不可能だからだ。また本書では、物事の一般化や型破りな読解を余儀なくされる。そこに限界や先入観があることは認めざるをえないが、かといってそれらと折りあいをつけずにこうしたプロジェクトを遂行するすべはない。それでもやはり、私は以下で展開する議論が、ヨーロッパと非ヨーロッパ双方の視点から技術への問いに取り組みたいと考えている学者たちの刺激になればよいと思う。私は、このような取り組みはますます必要となってきていると信じている。

ここでは、形式ばった方法論を提示するのではなく、むしろ本書で**避ける**ように努めた三つの物事を説明したい。ひとつめは概念の対称性だ。この発想のもとでは、ヨーロッパ哲学と中国哲学の概念を対応させることから議論が始まる。たとえば、テクネーやピュシスに相当するものを中国文化のなかに特定するのがそうだ。たしかに、数十年にわたる翻訳と文化交流の進展を経て、西洋哲学の用語におおよそ対応する訳語が、中国語のなかに見受けられるようになったのは事実である。けれども、それを対称関係とみなすのは危険だ。なぜなら、対称性を追求すると、最終的には同一の概念の使用を、より正確にいえば、異なるふたつの知識や実践をあらかじめ定義された概念のもとに包摂することを強いられるからである。

非対称性は差異の肯定も意味する——ただし関係性のない差異（鏡像、反射、蜃気楼など）ではない——まずはこの点から始めて、それから差異によって条件づけられた収束をめざすべきなのだ。だから、中国における技術の問いを探求するなかで、私が技術《テクニックス》という単語を使っていても、読者は言語的な制約を意識しておくべきであり、自身を異なる宇宙論的かつ形而上学的な体系に開いてゆく心づもりをしていなければならない。こうした理由から、私はテクネーを工《ゴン》（作業）や技《ジィ》（技能）とする通常の訳語を使用しない。それらの訳語は、この探求を単なる経験的な例証に変えてしまうだろう。私はむしろ器《チィ》と道《ダオ》をめぐる体系的な見方から始める。器と道という語もおなじく、生産物（エルゴン）や魂（プシュケー）という語には還元できない。本書では、このような非対称性が前提となり、方法論的に活用される。読者は、ときおり私が類似性を引きだそうとしていることに気づくかもしれないが、それはただ、根底にある非対称性を可視化するために行なっているにすぎないのである。

おなじことは、二元論や唯物論といった学説を翻訳するときにも当てはまる。たとえば、ヨーロッパで二元論という語を使用するのとおなじ意味で、陰陽を二元論だと理解するのは正確ではないだろう。一般的に二元論という言葉は、精神と身体、文化と自然、存在と無など、対立しあうふたつの非連続的な実体を指している。中国では、この種の二元論は有力ではなく、また陰陽もふたつの非連続的な実体とは捉えられていない。そのため、中国の形而上学では、すでに道家の古典のなかで述べられているように、無から有が生じてくると認めてもほとんど何の問題もないのである。一方ヨーロッパでは、無からの創造は神の力によるものと決まっている。それは科学的に不可能だからだ。つまり「無からはなにも生じない」〔ex nihilo nihil fit〕というわけである。のちにハイデガーが存在の意味を説明するものとして取り上げた「なぜなにもないのではなく、なにかが存在するのか」という問いをライプニッツが提起するまでは、西洋哲学のなかで存在の問いはそれほど明確化されていなかったのだろう。

より一般的な観点からいえば、中国的な思考は連続性にかかわり、非連続性にはさほどかかわらない傾向にある。そうした連続性は、たとえば天と人間や楽器の組み合わせ、月と花などの共鳴のうちに見られるような関係によって構築されている。すでに言及したとおり、これはしばしば「相関的思考」と呼ばれるものだ［★84］。この言説は、グラネや、のちにA・C・グレアムによって展開される。

だが、かれらは構造主義人類学を利用して、陰陽のような照応しあうふたつの実体を、対立するものとして定式化してしまう。私自身は「相関的」思考ではなく「関係的」思考と呼びたい。なぜなら、いま言及した構造主義人類学に刺激を受けた中国学者の描く相関的思考は、静的な構造を最終的に提示するべく、つねに体系化の試みに動員されているからである［★85］。

じつのところ、関係的思考はもっと動的なものなので、その字面が示す以上に開かれている。たしかに、そこには相関的な連合様態——五行のように諸物に分け与えられる宇宙論の共通カテゴリーにしたがって、ある自然現象をほかの自然現象に関連づけること——が含まれている。だが、それは政治的でもありうるのである。たとえば春に罪人を処刑するのは避けるべきだというように、（天の意志の表現としての）季節の変化と国家の政策のあいだに相関関係があるわけだ。そして最後につけ加えておくと、この関係的思考は、精妙で詩的なものでもありうる。つまり人間の心は、道へ到達するために、自然現象のあいだの精妙な共鳴を察知する能力をもつということだ。この点は、とりわけ宋明理学の心学に当てはまる。

本書で避けようとしたふたつめの点は、まるで静的なカテゴリーであるかのように分離された概念から出発することである。これは多くの中国学者が実践している方法だが、ある種の文化本質主義を無意識に押しつけてしまうため、じつに問題があると思われる。概念は決して独立して存在できず、つねにほかの諸概念との関係のなかにあるのだ。さらに言うと、概念はそれ自体の内部や、あるいはより広範な諸概念の体系のなかで、時間をかけて変形していく。これは中国的な思考のなかではとくにそうだ——すでに述べたように、中国的な思考は根本的にひとつの関係的思考なのだから。なので私は、ふたつの概念を比較するのではなく、むしろある体系的な見方を取り、その体系のなかに概念の**系譜学**を探しだす可能性を開こうと思う。のちに見てゆくように、道と器の関係に注目するにあたっては、歴史上に生じた両者の切り離しと再統一をひと筋の系統とみなし、それをつうじて中国における技術哲学を構想できるようにしなければならない。私は中国の事例が、ここまで語ってきたような差異を説明する実例として役に立ち、そして技術性の多元論に貢献しうることを望んでいる。

三つめの点として、私はこの著作をポストコロニアル批評から遠ざけておきたいと考えている。といっても、ポストコロニアル理論を考慮しないわけではまったくない。本書のねらいはむしろ、この理論が軽視しがちな事柄をおぎなうものを提供することである。ポストコロニアル理論の強みは、私の考えでは、権力の力学の問いを物語《ナラティヴ》として効果的に再定式化し、その結果ほかの、もしくは異なる物語を主張することにある。ところが、その点はこの理論の弱みでもあると考えられる。ポストコロニアル理論はテクノロジーの問いを無視する傾向にあるからだ。これから論じていくように、この

★84 Graham, *Yin-Yang and the Nature of Correlative Thinking* の第二章を参照。

★85 構造主義的読解がどのように遂行されるかに興味のある読者には、B. I. Schwartz, *The World of Thought in Ancient China* (Cambridge MA: Belknap. 1985) の第九章 "Correlative Cosmology: The "School of Yin and Yang"" が参考となる。そこでシュウォルツは、レヴィ＝ストロースの原始的な「具体的なものの科学」に類似した方法を用いて陰陽学派の分析を行なっている。

問いは数ある物語のひとつには還元できない。それどころか、このような還元を試みるのは危険なのだ。そこには、物質的条件をその物質的意義を理解せずに容認することが含まれるからである——まさに清末以後の中国における社会や政治の変革期をつうじて、器は道にとって本質的ではないと考えられたように（第14節を参照）。

そのため、本書で採用するアプローチは、ある種の唯物論的批判へと進むために、ポストコロニアル批評のアプローチとは袂《たもと》を分かつ。もっとも、ここで言う唯物論は、精神と物質を対立させるものではない。むしろ伝統的なものと近代的なもの、ローカルなものとグローバルなもの、そして東洋と西洋の関係にかんする宇宙論的で歴史的な理解を得るために、物質的な実践や構造を前面に出そうとするものである。

第1部

中国における技術の思想を求めて

7 道と宇宙——道徳の原理

イオニア派が活動した時期（前七七〇－前二二一年）には、中国人はすでに、もっぱら技術の問いを論じた古典のテクストを書き残していた。そこには、車輪作りや家屋の建造といったさまざまな技術の細部についての記述だけでなく、技術にかんする最初の理論的な言説も見られる。『考工記』（前七七〇－前四七六年）というその古典には以下の言葉がある。

天より時宜が与えられ、地が気をもち、素材が良質であり、技術が巧みであること。この四つのものが合わさることで、よいものがもたらされる。

このテクストによると、物の産出を規定する四つの要素が存在する。最初の三つの要素は自然から与えられ、それゆえ制御不能である。四つめの要素である技術は制御可能だが、ほかの三つの要素、すなわち時宜と気と素材に**条件づけられて**いる。人間は最後の要素にあたり、そのあり方は状況に左右される。くわえて、技術は与えられるものではない。それは学習され、改良されなければならないものである。

もちろん、アリストテレス派にも形相因、質料因、作用因、目的因という四原因がある。かれらにとって、産出は形相(morphē)から始まり、形相が質料(hylē)のなかで実現するとともに終わる。けれども中国思想は、「エネルギー」(気、文字通りには「気体」を意味する)の問いに到達するため、形相の問いを事実上跳び越してしまっているのである。また、技術は気を規定する要因ではなく、それを促進させるはたらきをもつ。このようなエネルギー的世界観では、諸存在は、それらすべてに共通する意識をつうじて伝わる宇宙的秩序のなかで互いに結ばれる。そして技術は、この宇宙的秩序――のちに見るように、それは究極的には**道徳的**秩序だ――と共鳴するものを「巧み」にまとめ上げる能力にかかわっているのだ。

「技術への問い」でハイデガーは、アリストテレスの四原因を論じなおし、作用因を「あらわにすること」の可能性に関連づけた。四原因にかんするハイデガー的な考えのなかでは、技術はそれ自体が(産出および詩作としての)ポイエーシスである。こうした技術の概念は、中国のものと似ているように思われるかもしれないが、そこには根本的な違いがある。宇宙の「道徳的な善」を実現するものという中国的な技術の概念とは異なり、ハイデガーはアリストテレスの言う技術を、「真理」(alētheia)すなわち存在の隠れなさを明らかにするものだと解釈している。もちろん、ハイデガーが真理として理解していたのは論理的なものではなく、むしろ現存在とその世界の関係、つまり世界が手前的存在者として知覚されるなかで通常は無視されるような関係をあらわにすることだった。といっても、道徳の追求と真理の探求は、やはり中国哲学とギリシア－ドイツ哲学の異なる傾向を特徴づけている。ギリシアも中国もみずからの宇宙論をもっており、そうした宇宙論が、翻ってそれぞれの宇宙技芸的な性質にかんする目印を残しているはずだ。哲学者の牟宗三《ぼうそうさん》（一九〇九－一九九五年）が強調するように、中国の宇宙論は道徳的存在論であり道徳的宇宙論である。それはつまり、中国の宇宙論は自然哲学として起こったのではなく、むしろ『易経』文言伝の「乾」で述べられているように、道徳的形而上学として起こったということだ。

大人《たいじん》というものは、天地とその徳を同じくし、太陽や月とその明るさを同じくし、四季とその秩序を同じくし、鬼や神とその吉凶を同じくする。［★1］

儒家の宇宙論のなかで「道徳」が意味するものは、他律的な道徳法則と何ら関係がなく、創造（これがまさしく乾の意味だ）および人格の完成にかかわっている。こうした理由から、牟は中国の道徳的形而上学〔moral metaphysics〕を道徳の形而上学〔metaphysics of morals〕と区別している。なぜなら、道徳の形而上学は単なる道徳についての形而上学的解明にすぎないが、牟にとって形而上学は、そもそも道徳という基盤のうえではじめて可能になるからだ。

ソクラテス以前および古典期のギリシア哲学と比較すると、歴史上のおなじ時期の中国では、存在の問いもテクネーの問いも哲学の核心をなさなかった。儒家と道家の教えに共通していたのは、「存在」の問いというより「生」の問いだった。これはいかに道徳的な、あるいは善い生をもたらすかという意味である。フランソワ・ジュリアンが『生の哲学』で示そうとしたように、この傾向は中国においてまったく異なる哲学的精神性を育むことになった［★2］。古代の中国、とくに道家思想や、そ

★1 「夫大人者，與天地合其德，與日月合其明，與四時合其序，與鬼神合其吉凶」，《易經・乾・文言》，牟宗三引用，《宋明儒學的問題與発展》（上海：華東師範大學出版社，二〇〇四年），第一三頁。〔『易経 上』、高田真治、後藤基巳訳、岩波文庫、一九六九年、九六頁。訳は一部変更した。〕

★2 F. Jullien, *Philosophie du Vivre* (Paris: Gallimard, 2011). このように言われてきたとはいえ、私は何らかの正当化が必要であることを承知している。こうした議論によって、西洋哲学史の解釈にかんするさまざまな異議が生じるのは避けられないからだ。たしかに、本書で私が形而上学の歴史についてハイデガーが行なった読解を論じているのは事実である。しかし、（キュニコス派、エピクロス派、ストア派といった）ヘレニズムの諸学派やそのローマにおける継承者のなかに、生の技術〔technē tou biou〕――フーコーの言葉を用いるなら「自己のテクノロジー」――をめぐる完全な伝統が存在したことを無視したいとは思わない。(M. Foucault, 'Technologies of the Self,' in L. H. Martin, H. Gutman and P. H. Hutton [eds.], *Technologies of the Self: A Seminar with Michel Foucault* [Amherst, MA: University of Massachusetts Press, 1938], 16-49.)〔ミシェル・フーコー「自己のテクノロジー」、フーコーほか『自己のテクノロジー――フーコー・セミナーの記録』、田村俶、雲和子訳、岩波書店、一九九〇年、一五-六四頁。〕（ヘレニズム諸学派が自己への気配り《ケア》を強調しているのは、『存在と時間』のなかでハイデガーが関心《ゾルゲ》と呼ぶものと共鳴しているように思われる。じっさい、ハイデガーは第42節で関心《クーラ》について語る際にセネカの『道徳書簡集』を引用しているのである。ただヴィクトール・ゴールドシュミットの議論によれば、ハイデガーのいう物理的な時間と生きられた時間の区別は、ストア派には適用できない。それは両者のもつ自然《ピュシス》の概念が異なっているからだ。この点については、のちに〈第10・3節で〉取り扱うことになる。以下を参照のこと。V. Goldschmidt, *Le Système Stoïcien et l'Idée du Temps* [Paris: Vrin, 1988], 54.）ハイデガーがいとも華麗にヘレニズム哲学の輪郭を描いておきながら、ローマ時代の哲学を単なる古代ギリシア哲学の貧しい翻訳によって成立しているとみなすのを目にするたび、私はいつも困惑してしまう。ハイデガーがそう考えるのは、はたしてヘレニズム期の思想家に存在の問いが現れていないからなのか、あるいはこの時期が単にかれのいう存在の歴史と適合しないからなのか？　さらに思弁を進めれば、ストア派の宇宙技芸とハイデガーによるテクネーの定義とのあいだにはある種相容れないところがあるといえるのかもしれない。こうした諸問題は、より厳密な細部にわたって取り組まれるべきものだ。したがって、本節の目的のために、いまは技術にかんするハイデガーの論考を背景とした、形而上学的な探究についての議論にとどめておこうと思う。とはいえ、第10・3節ではこの問いに引き返し、ストア派と道家を扱うことになる。

の「技術的」な発展形である煉丹術〈鉱物等の錬成を通じ、不老長生の霊薬＝丹の作成を試みる術〉のなかに、ある種の自然哲学があったことは否定しがたい。だがこの自然哲学は、タレスにアナクシマンドロス、エンペドクレスやその他のように世界の基本的な物質的元素をめぐる思弁に耽ることはなく、有機的ないし総合的な生の形式を論じたのである［★3］——ここで有機的と言うのは、宇宙を諸関係の総体として捉えるような相互的因果性によって、生の形式が左右されるという意味だ。

儒学では、道《ダオ》は宇宙論的秩序と道徳的秩序の統合として認識される。この統合は自然《ズーラン》と呼ばれ、しばしば「nature」と英訳される。現代中国語では、自然という語は所与の環境や野生の動植物、河川などを意味するが、気取ることなく自己にしたがって行動し振る舞うことや、物事をありのままにしておくことも意味する。もっとも、この自己はタブラ・ラサではない。むしろ道というある種の宇宙の秩序から出現し、それによって養われつつも制約されているものである。その一方で、道家思想では「自然は道の法である」〈道法自然〉ということが、スローガンであるとともに自然哲学の原理になっている［★4］。

儒家の道と道家の道というふたつの概念は興味深い関係にある。慣習的な読解にしたがえば、両者は緊張関係にあるように見える——〈老子〈?－前五三一年〉や荘子〈前三七〇－前二八七年〉のテクストにおける〉道家思想は強制されたあらゆる秩序に対してきわめて批判的だが、儒学はさまざまな種類の秩序を肯定しようとする。だが同時に、まるで儒家が「なにか」と問いかけ、道家は「どのように」と問いかけているかのように、両者は補完しあっているようにも見えるのである。あとで論じるように、道家も儒家も私の言う「道徳的宇宙技芸」を体現している。これは宇宙と人間をめぐる関係的思考であり、そこでは両者の関係が技術的存在者によってつながれるのだ。そのため私のねらいは、道と存在者の関係を自然哲学とみなすのではなく、むしろ儒家と道家の双方にわたる可能な技術哲学として理解することなのである。儒家と道家を並行させるこの読解のなかでは、中国哲学における道は存在者の至高の秩序を意味しており、技術はその最高の境地へ達するために道と合致していなければならない。したがって、この最高の境地は**道器合一**と表現される。序論でも触れたように、近代的な意味で言うと、器《チィ》は「道具」や「用具」、またより一般的に「技術的対象」を表す。老子や荘子といった初期の道家は、「万物」は道をつうじて出現すると考えていた。老子はつぎのように書いている。

> 無という道は有という一を生みだし、一は天地という二を生みだし、二は陰陽の気が加わって三を生みだし、三は万物を生みだす。〔★5〕

★3 中国の創世神話では、盤古《ばんこ》という巨人が斧によって原初的な混沌を天と地に切り分けたことで宇宙が形成され、その死後に肉体の各部位が山（骨）や川（腸）に変容したとされる。

★4 ステファン・アッディスとスタンレー・ロンバードによるこの箇所の翻訳は「道はそれ自身の性質に法《のっと》る」〔Dao follows its own nature〕となっている。「道法自然」をこのように理解することは可能ではあるが、しかし議論の余地もある。なぜなら、かれらの訳でいう「性質《ネイチャー》」は「本質」という意味を示しているが、そもそも道には本質がないからである。以下を参照。Lao-Tzu, *Tao Te Ching*, tr. S. Addiss and S. Lombardo (Indianapolis: Hackett, 1993), 25.〔『老子』、蜂屋邦夫訳注、岩波文庫、二〇〇八年、一一五－一二〇頁。〕

そのため道は、徳《デュア》として万物のなかに現前する。徳というかたちを取るので、道が存在者から切り離されることはない。道は内在的なのだ。とはいえ、徳を「virtue」とする通常の英訳には議論の余地がある。なぜなら、『道徳経』（つまり『老子』）のなかでは、徳《デュア》は徳《ヴァーチュー》や道徳的完全性という含意をもたず、むしろ宇宙の生産力がもつ原初的な調和を意味するからである［★6］。荘子が述べたように、道はあらゆるところに、そしてあらゆる存在者のうちに現前している。存在者を創りだすものは、存在者そのものから切り離されない（物物者與物無際）からだ。荘子にとっては、存在における道の現前は「気」というかたちを取る（すでに述べたように、この語は文字通りには「気体」を意味するが、しばしば「エネルギー」とも訳される）［★7］。道と存在、あるいは道と気のこのような関係は、魏晋南北朝時代の学者・王弼《おうひつ》（二二六－二四九年）によって明らかにされた。かれの『老子』の注釈書は、近年になって最初期の版本が発見されるまで、十数世紀にもわたって道家研究の基礎として役立った［★8］。王弼は、それぞれ似通った関係にあるとされる四つの類比的な対を導出している。それは(1)道と器、(2)無と有、(3)中心と周縁（本末）、(4)本体と用具（体用）である［★9］。それぞれの対の統一性は、中国哲学がもつ全体論的なものの見方を体現している。もしそこに、たとえば道と器のあいだに差異があるとしても、ふたつの実体のように両者を切り離すことはできない。この点についてはすでに合意が生まれている。

『荘子』知北遊篇のなかで、荘子はまるでスピノザのように、道はいたるところに現前していると告げる。

東郭子《とうかくし》が荘子にたずねた。「道というものは、どこにあるんだい」
荘子「どこにだってある」
東郭子「具体的に言ってほしい」
荘子「ケラやアリのなかにある」
東郭子「そんなつまらんものにあるのかい」
荘子「稗《ひえ》のなかにある」
東郭子「なんと、ますますつまらんものになってきた」
荘子「瓦のなかにある」
東郭子「なんと、ますますひどいものだ」

★5 Ibid., 42.〔同上、二〇二－二〇五頁。〕

★6 銭新祖,《中國思想史講義》(上海：東方出版中心, 二〇一六年), 第一二七頁。銭の議論によると、『道徳経』の第五五章において老子が「徳を豊かにそなえているひとは無垢な赤ん坊にたとえられる」と言うとき、「徳」は道徳ではなく自然を表している。

★7 陳鼓應,「論道與物關係問題：中國哲學史上的一條主線」,《台大文史哲學報》, 二〇一五年第六二期, 第八九－一一八、一一〇－一一二頁。

★8 より古いふたつの版本が発見されたのは、馬王堆《まおうたい》（一九七三年）および郭店《かくてん》（一九九三年）という考古学的な跡地からであった。郭店の竹《ちく》簡《かん》〔紙の発明以前の書記媒体。竹の札をつなげて使う〕は、現存する最古の版本とされており、王弼版とはいくつか異なる箇所がある。

★9 Ibid., 113.

荘子「糞尿のなかにある」
東郭子は黙ってしまった。［★10］

これを受けて、道に対するこうした考え方には一種の自然哲学があると結論づけるひともいるだろう。さらに言うと、驚くべき時代錯誤に見えるかもしれないが、おそらくこの自然哲学はイオニア派の哲学について知られている事柄よりも、そのはるかのちのカントやシェリング、その他初期ロマン派のうちにあらわれたもの――つまり有機的形式をめぐる思考――とより親和性があるのだ。『判断力批判』第六四節のなかでカントは、アプリオリなカテゴリーへの機械的服従とは異なる有機的形式の問題にかんする、あらたな探求に着手した。前者とは異なり、有機的形式は存在者の部分と全体の関係や、その関係の相補的な性質を強調する。カントは、当時の自然科学にかんする自身の研究によってこの問題に注意を向けることになった。そして有機的形式の概念は、初期ロマン派の人々によって受け継がれ、さらに発展していくことになる。しかし、生命、自然、そして宇宙を有機的存在者として捉える考え方は、道家的な思考のそもそもの始まりからあらわれており、あらゆる存在者の原理として機能していたのである。

くわえて、道は特別な対象ではなく、なにか特有の種類の対象にとっての原理でもない。道はすべての存在者のうちにあらわれているが、一切の対象化から逃れ去るものでもある。道は「無条件者」〔das Unbedingte〕であり、その点で体系の絶対的基礎、いわばまったく自己にしか依存していない第一原理（Grundsatz）を見いだそうとした一九世紀の観念論者のプロジェクトと共通している。フィヒテにとってその原理は自我だった。また、自我とはそのような無条件者の可能性でもあった。一方シェリングの初期の自然哲学では、無条件者は自我（シェリングがいまだフィヒテの追随者であった一七九四－九七年）から（一七九九年の『自然哲学の体系の第一構想』において）自然へと移行してゆく。『第一構想』のなかでシェリングは、スピノザによる能産的自然〔natura naturans〕と所産的自然〔natura naturata〕の区別を取り上げ、前者を自然の無限の生産力として、後者をその産物として理解している。所産的自然は、水流が障害物に当たると渦巻きが生じるように、生産力が障害物にさまたげられたときに出現する［★11］。こうして無限のものは、プラトンが『ティマイオス』で記述した循環運動を特徴とする世界霊魂のように、有限の存在者のなかに書き込まれるのである［★12］。ホワイトヘッドの著作においては、この有機体の哲学のさらなる発展が見られる。その哲学は二〇世紀前半の中国で多大な反響を得たのだった［★13］。

★10 Zhuangzi, *The Complete Works of Zhuangzi*, tr. B. Watson (New York: Columbia University Press, 2013), 182.（翻訳は修正した。）〔『荘子 外篇』、福永光司、興膳宏訳、ちくま学芸文庫、二〇一三年、五七三頁。訳は一部変更した。〕

★11 F. W. J. von Schelling, *First Outline of a System of the Philosophy of Nature*, tr. K. R. Peterson (New York: State University of New York Press, 2004), 18.

★12 ここでプラトンよりもシェリングに言及しているひとつの理由は、初期のシェリングの自然の概念のなかには、道家思想と同様に、〔プラトン的な〕造物主《デミウルゴス》の役割がないからである。

このように理解するなら、道とは、技術的対象を含むあらゆる存在者の条件つきの完成を基礎づける無条件者であるといえる。たしかに道は、東郭子が想像したように、世界でもっとも高等な形式やもののなかにあるにちがいない。だがすでに見たように、荘子は蟻や稗、素焼き瓦、排泄物など、およそひとの生においてもっとも下等で、不快ですらあるもののなかにも道を置くことによって、東郭子の高慢な錯覚を粉々に打ち砕いたのである。道の追究は、孔子の言う「天理」——これは荘子も使用していた言葉だ——と響きあっている。つまりこの特殊な事例のなかで、自然的なものと道徳的なものが出会い、儒家と道家のふたつの教えがつぎの一点で収束するのだ——生きるということは、たとえ道そのものを十分に理解していなくとも、道との精妙で複雑な関係を維持しようとすることにほかならない。

8 暴力としてのテクネー

ギリシアと中国というふたつの文化にはある種似ているところがあるものの、中国思想とドイツ観念論との驚くべき類似性が示すように、初期ギリシアと中国の思考のなかでは、自然と技術の概念および両者の関係が大きく異なっている。ギリシア語のピュシスは「成長」や「生みだすこと」[★14]、「自然な発達のプロセス」を意味し[★15]、そのラテン語訳には「誕生」[★16]という含意もある。しかし自然《ズーラン》にはかならずしもこのような生産性の含意はない。この語は腐敗や静止状態にもあてはまる。古代ギリシア人にとって技術とは、自然を模倣すると同時に完成させるものだった［★17］。いわばテクネーは、ピュシスとテュケー（運ないし偶然）をつなぐものである。このような、技術が自然を代補し「完成」させられるという発想は、中国思想には生じえなかった。中国思想にとって、技術はつねに宇宙論的秩序に従属するものだからである——道徳的秩序でもある宇宙論的秩序が自然のうちに含まれている以上、自然の一部であることは道徳的に善いことなのだ。さらに言うと、たしかに中国人にとっても運の概念は存在するが、それは技術の対極にあるわけではなく、技術によって乗り越えるべきものでもない。運もまた自然の一部であり、だれも抵抗したり克服したりできないからだ。

★13　どの西洋的なモデルが中国のものにより近いのかという問題には、いまも議論の余地がある。たとえば牟宗三もジョゼフ・ニーダムも、中国的な思考の本質について語る際にホワイトヘッドに言及しているが、私はこの点についてはさらなる研究が必要であり、またホワイトヘッドとシェリングの関係性も引きつづき明らかにしていくべきだと考えている（たとえばこの関係性は、ホワイトヘッドの *The Concept of Nature* [Cambridge: Cambridge University Press, 1920], 47〔『ホワイトヘッド著作集　第4巻　自然という概念』、藤川吉美訳、松籟社、一九八二年、五四－五五頁〕にあらわれている。そこでホワイトヘッドは、自身の議論を支えるためにシェリングを引用しているのである）。

★14　W. Schadewaldt, 'The Greek Concepts of "Nature" and "Technique",' in R. C. Scharff and V. Dusek (eds.), *Philosophy of Technology: The Technological Condition, An Anthology, Second Edition* (Oxford: Blackwell, 2014), 26.

★15　C. H. Kahn, *Anaximander and the Origins of Greek Cosmology* (New York: Columbia University Press, 1960), 201. さらにカーンは、「自然」と「始原」が〔ピュシスという〕同一の観念に統合されていることを指摘している。

★16　P. Aubenque, 'Physis,' *Encyclopædia Universalis*. URL=http://www.universalis.fr/encyclopedie/physis/

★17　Schadewaldt, 'The Greek Concepts of "Nature" and "Technique",' 30.

また、ハイデガーが古代ギリシア的な考え方として主張したような、真理を明らかにするための暴力も一切必要とされない。テクネーのように外的手段を用いて真理を発見するのではなく、むしろ調和をつうじてのみ真理を体現しうるとされる［★18］。

ハイデガーは、そのような必然的な暴力性こそが、技術的存在者としての人間というギリシア的な考え方やテクネーそのものに含まれる、形而上学的な意味合いであると述べている。早くも一九三五年の『形而上学入門』の講義のなかで、ハイデガーはソフォクレスの『アンティゴネー』をめぐる解釈を展開している。それはパルメニデスの哲学とヘラクレイトスの哲学の対立、つまり存在の思想家と生成の思想家の対立を解決しようという試みであった［★19］。

ルドルフ・ベームが明らかにしたように［★20］、『形而上学入門』におけるハイデガーの読解で目をひくのは、テクネーが思考の起源を構成するという点である。これは、存在の問いこそが（プラトンとアリストテレスに始まる技術の歴史と同一視された）形而上学の歴史からの出口にほかならないという、ハイデガーの著作についての慣習的な解釈とは折りあいがつかないものだ。『形而上学入門』のなかで、ハイデガーは『アンティゴネー』から最初のコロスの歌を引用し、そこで人間がト・デイノタトン〔to deinotaton〕、すなわち無気味なもののなかでもっとも無気味なもの〔das Unheimlichste des Unheimlichen〕とされていることを指摘する。「無気味なものはいろいろあるが、人間以上に無気味に、ぬきんでて活動するものはあるまい」（ヘルダーリンはト・デイノン〔to deinon〕を「怪物的な」〔ungeheuer〕ものと訳しているが、ここでのハイデガーの読解は「無気味な」〔unheimlich〕、「故郷なき」〔unheimisch〕、「怪物的な」〔ungeheuer〕

という三つの語をひとつに融合させている）〔★21〕。ハイデガーが言うには、古代ギリシア人にとってデイノンは、相互に抗争しあう存在（Auseinander-setzungen des Seins）の諸側面を横断している。存在と生成の

★18　この相違はまた、なぜギリシア的な悲劇の概念に相当するものが古代中国にはないのかを説明しているかもしれない。マーサ・ヌスバウムなどの学者によれば、テュケー〔運〕はギリシア悲劇の根本的な構成要素だ。逃れられない運のめぐりあわせは自然の秩序を乱すものであり、そのため運は悲劇に不可欠なものとなる。たとえば才気溢れるオイディプスの場合、かれはスフィンクスの謎かけを解明するものの、その身に予言された運命を避けることができない。じっさい、スフィンクスへの勝利は、オイディプスが王となって実の母をめとるように仕向け、予言された運命への道を用意するだけなのである。以下を参照。M. C. Nussbaum, *The Fragility of Goodness: Luck and Ethics in Greek Tragedy and Philosophy* (Cambridge: Cambridge University Press, 2001).

★19　ハイデガーによるパルメニデスやヘラクレイトスの読解では、根本的な問題がロゴスという語の解釈にかかわっていることを思い起こそう。この解釈はレゲインという動詞からもたらされるが、ハイデガーにとってそれは、本質的には「前に-横たえ-させること」や「視界へと-前へと-もたらすこと」、いわば真実つまりアレーテイアとしての現前が現前化することを意味している。パルメニデスの言う大地の神モイラ（「断片8」、「なぜならモイラがそれ（存在）を、全体となって動かぬようにさせたからだ」）とはピュシスのことであり、そのたえず現前しているものがロゴスである。以下を参照。M. Heidegger, 'Moira Parmenides VIII, 34-41,' in *Early Greek Thinking*, tr. D. F. Krell and F. A. Capuzzi (San Francisco: Harper, 1985), 97. また、『初期ギリシア哲学』の「アレーテイア（ヘラクレイトス、断片B16）」におけるヘラクレイトスのアレーテイアに対する解釈において、存在はたえずみずからを明らかにし、あるいはみずから覆い隠したり、隠れたりしている。そのことは「物事の本質は隠れることをのぞむ」と書かれた断片123で示されており、ハイデガーはこれを「（みずから-覆い隠すことからの）発現は、みずから-覆い隠すことに恩恵をほどこす」と翻訳している（一一四頁）。ヘラクレイトスの言う火は、現前するものを照らし出し、それらを現前化に備えて結びつけるような「明るみ」（Lichtung）である。ただし人間はこの明るみを忘却しつづけている。人々は現前するものにだけ関心をもつからだ（一二二頁）。そのような性起（Ereignis）としての存在の開示と覆い隠しの我有化が、ロゴスとして現前されるのである。

★20　R. Boehm, 'Pensée et Technique. Notes Préliminaires pour une Question Touchant la Problématique Heideggerienne,' *Revue Internationale de Philosophie* 14:52 (2) (1960), 194-220: 195.

緊張関係が、ここでの根本的要素である。

ハイデガーによると、無気味なものはふたつの意味でそう言われる。ひとつめの意味は暴力性（Gewalttätigkeit）や暴力行為性（Gewalt-tätigkeit）だ。テクネーとしての人間の本質はここにある。人間とは限界を踏み越える現存在である。そして、そのように踏み越えることによって、人間の現存在は自分がもはや故郷にはいないことに気づき、無気味なものとなるのだ［★22］。テクネーと結びつけられたこの暴力性は、近代的な意味での芸術や技術ではなく、むしろ知——存在者のうちで存在を機能させられる一種の知——のことである［★23］。

ふたつめの意味は、海や大地がもつような圧倒的な（überwaltigend）力である。この圧倒的なものは、普通「正義」（Gerechtigkeit）と訳されるディケー［★24］という言葉のなかで表明されている。ハイデガーはディケーを「適合性」（Fug）と翻訳するのだが、その理由は、ラテン語で正義を意味するユスティティア〔justitia〕が「アレーテイアから現成するディケーとはまったく異なる本質をもつ」からである［★25］。

私たちはこの単語を適合性と訳す。その場合まず、適合性を接合〔Fuge〕、構造〔Gefüge〕という意味で理解する。それから、圧倒的なものがみずからの支配に際して下す指令〔Fügung〕や指示として理解し、最終的には、適合し〔Einfügung〕、追従すること〔sich fügen〕を強制する指令的な構造〔fügende Gefüge〕として理解する。［★26］

Fugeという語とその派生表現——構造〔Gefüge〕、指令〔Fügung〕、指令的な構造〔fügende Gefüge〕、命令〔Verfügung〕、適合すること〔Einfügung〕、追従すること〔sich fügen〕——による言葉遊びは、翻訳では完全に失われてしまう。こうしたおなじ語源の言葉が明らかにしているのは、通常は法的ないし道徳的な意味で「正義」と訳されるディケーが、ハイデガーにとってはまず接合や構造であり、またなにかに向けられた指令でもあるということだ——とはいえ、だれが指令を下しているのだろうか？　たとえば、しばしば「幸運なめぐりあわせ」と訳されるGlückliche Fügungという語がある

★21 Heidegger, *GA 53. Hölderlins Hymne 'der Ister'* (Frankfurt am Main: Vittorio Klostermann, 1993), 86.〔マルティン・ハイデッガー『ハイデッガー全集　第53巻　ヘルダーリンの讃歌「イスター」』、三木正之、エルマー・ヴァインマイアー訳、創文社、一〇三－一〇四頁。〕

★22 Heidegger, *GA 40. Einführung in die Metaphysik* (Frankfurt am Main: Vittorio Klostermann, 1983), 116.〔マルティン・ハイデッガー『形而上学入門』、川原栄峰訳、平凡社ライブラリー、一九九四年、二四八－二四九頁。〕

★23 Ibid., 122.〔同書、二六一頁。〕

★24 ヘシオドスは『神統記』において、ゼウスがテミスと結ばれ産ませた娘たちが、ホーライ（時間）、エウノミア（秩序）、ディケー（正義）、エイレネ（平和）であると伝えている。またオルフェウスによれば「ディケーはゼウスの玉座の隣に座って、あらゆる人間的事柄を司っている」。F. Zore, 'Platonic Understanding of Justice: On Dikē and Dikaiosyne in Greek Philosophy', in D. Barbarić (ed.), *Plato on Goodness and Justice* (Cologne: Königshausen & Neumann, 2005), 22.

★25 C. R. Bambach, *Thinking the Poetic Measure of Justice: Hölderlin-Heidegger-Celan* (New York: State University of New York Press, 2013), 134; Heidegger, *GA 52. Hölderlins Hymne 'Andenken'* (Frankfurt am Main: Vittorio Klostermann, 1982), 59.

★26 Heidegger, *GA 40*, 123; *Introduction to Metaphysics*, tr. G. Fried and R. Polt (New Haven: Yale University Press, 2000), 171.〔ハイデッガー『形而上学入門』、二六三頁。訳は英文より。〕

が、これはまったくの偶然によって起きることではなく、外的な力から生みだされる物事を意味する。それからディケーは、最終的には強制力を表している。この力に強制されたものは、構造の一部となるよう従属しなければならない。まさにこの最後の契機において、私たちはテクネーとディケーの対立を、つまりギリシア的現存在の「暴力行為」と「存在の過剰な暴力」〔Übergewalt des Seins〕との対立を目のあたりにする［★27］。ハイデガーが力説するには、言葉の使用や家屋の建築、そして船を出すことなどはみな「暴力行為」であり、それらは人間学的な観点ではなく、神話的な観点から理解しなければならない。

詩的な言いまわしや思慮深い構想、建築的造形、国家の建立などの暴力行為は、人間がもつ諸能力の適用ではない。むしろ、存在者のなかへ人間が侵入することによって、存在者が存在者として自己を開示することを可能にする暴力的な力を制御し、解き放つことである。［★28］

ハイデガーにとってこの対決は、ソクラテス以前の人々にしたがって、退隠した存在を開こうとする試みでもある。それは必然的な対決だ。というのも、「歴史的な人間の現‐存在とは、割れ目として置かれて‐あること、そして存在の過剰な暴力が現前しつつこの割れ目に入り込み、割れ目そのものが存在と激突することを意味する」からだ［★29］。このような**暴力の劇場**のなかで、人間による存在への攻撃は、存在そのもののために、またピュシスの制圧的な支配により生じる切迫感の結果として起きる。ハイデガーによれば、テクネーとディケーの相互抗争〔Auseinandersetzung〕は、パルメニデス的な「全体としての存在」と理解され、「思考」と「存在」はともにそこへ属するという。けれどもこの相互抗争は、「見失わないことが必要だ。対決を、本来はまとまって展開されるものが、相互に‐分かれて‐置かれること〔Aus-einander-setzung〕を、そして対向的なものとしての適合することを……」というヘラクレイトスの教えにも申し分なく一致しているのである［★30］。この対決は、ピュシス、ロゴス、ディケーとしての存在の明示であり、存在を存在者のなかで機能させるものだ。そのためハイデガーは、「圧倒的なもの、つまり存在は、作品のなかで自己を**歴史として**確証する」と結論づけるのである［★31］。

★27 Ibid., 124; *Introduction to Metaphysics*, 173.〔同書、二六六‐二六七頁。〕

★28 Ibid., 120; *Introduction to Metaphysics*, 167.〔同書、二五八‐二五九頁。訳は英文より。〕

★29 Ibid., 125; *Introduction to Metaphysics*, 174.〔同書、二六七頁。訳は英文より。〕

★30 Ibid., 177, citing Heraclitus, Fragment 80.〔同書、二七二頁。訳は英文より。〕従来、この文は「しかし戦争はすべてのものに共通であり、正義とは闘争である」と訳されている。この対立については、ヘラクレイトスの断片にあるふたつの節に言及するとより簡単に理解できる。そのひとつは断片B51の「かれらは、いかにして差異化されたもの［diapheromenon］が自身と一致しているのかを理解していない。それはすなわち、弓や竪琴がもつような、対立する緊張のなかの同調［harmoniē］である」というもので、もうひとつはB53である。そこではより極端な言い方で表現されている。「戦争とは万物の父であり、万物の王である。それはある者を神として定め、またある者を人間として定め、ある者を奴隷にし、ある者を自由人にした」。cited by J. Backman, *Complicated Presence: Heidegger and the Postmetaphysical Unity of Being* (New York: State University of New York Press, 2015), 32-33.

★31 Heidegger, *GA 40*, 125; *Introduction to Metaphysics*, 174.〔同書、二六八頁。訳は英文より。〕

ヴェルナンが指摘するように、古代ギリシア人にとっては、ディケーにもノモス〔nōmos、法〕にも絶対的な体系的意味はなかった。たとえば『アンティゴネー』のなかでアンティゴネーが言うノモスは、クレオンがその語で理解しているものとおなじではない〔★32〕。『形而上学入門』で引き合いに出された適合性《フーク》というディケーの訳語は、一九四六年の試論「アナクシマンドロスの箴言」のなかでふたたび取り上げられる。そこでハイデガーは、ニーチェや古典学者のヘルマン・ディールスが提示した「報い」(Buße ないし Strafe)という訳語に対抗して、あらためてディケーを適合性、つまり指令し接合させる秩序(fugend-fügende Fug)〔★33〕と訳すことを、またアディキア〔adikia、不正義。ディケーのない状態〕を離接、無秩序〔Un-fug〕と訳すことを提案している。ニーチェによる翻訳はつぎのようなものだ。「諸物が生成してきたところ、そこに向かって諸物はまた必然性にしたがい消滅してゆかねばならない。なぜならそれらは時の定めに応じて報いを受け、みずからの不正義のために裁かれねばならないからである」〔★34〕。

ハイデガーによるアナクシマンドロスの断片の再解釈は、深淵に達しつつある存在の歴史を取り戻そうとする試みである。かれの読者にとっては周知のように、存在(Sein)と存在者(Seiendes)の存在論的差異および両者の力学は、西洋形而上学の歴史を構成している。そこでは、存在の忘却と全体性としての存在者の現前が、ハイデガーの言う「存在の終末論」をもたらすのだ〔★35〕。単なる現前としての存在者は無秩序のうちにあり、蝶番〔接合〕が外れているのである。それゆえハイデガーは、上述の断片後半部のニーチェによる翻訳を「それらは秩序《フーク》を、無秩序《ウンフーク》(を克服させることで、そ)のもう一方に所属させ（didōnai...dikēn）、したがって斟酌《ルーフ》させる」と訳しなおしている［★36］。ハイデガーは斟酌（Ruch、この語のもとの意味はもはや復元できない）という語を秩序、つまりディケーという語にあえて結びつける。さらにかれは rouche という語に触れ、それが入念さ（Sorgfalt）や気遣い（Sorge）を意味する中高ドイツ語の単語である、という解説だけを添えている［★37］。無秩序は、存在者——現前の現前化——に秩序をもたらすために克服される。この試みは、単なる現前としての存在者のうちに秩序を規定することではなく、あの圧倒的な適合性の明示としての存在の経験を回復しようとすることなのである。ここで強調したい点は、存在のディケーをテクネーの暴力をつうじて明らかにすることの必然性だ。一九四六年のハイデガーは、もはや技術の暴力にかんして一九三六年に述べたようには

★32　J.-P. Vernant and P. Vidal-Naquet, *Myth and Tragedy in Ancient Greece* (New York: Zone Books, 1990), 26.

★33　M. Heidegger, *GA 5. Holzwege (1935-1946)* (Frankfurt am Main: Vittorio Klostermann, 1977), 297; Heidegger, *Early Greek Thinking*, 43.〔マルティン・ハイデッガー『ハイデッガー全集　第5巻　杣径』、茅野良男、ハンス・ブロッカルト訳、創文社、一九八八年、三五八－三五九頁。〕

★34　'Woraus aber die Dinge das Entstehen haben, dahin geht auch ihr Vergehen nach der Notwendigkeit; denn sie zahlen einander Strafe und Buße für ihre Ruchlosigkeit nach der fest-gesetzten Zeit.' Heidegger, *Early Greek Thinking*, 13; *GA 5*, 297.〔同書、三五八頁。訳は英文より。〕

★35　Ibid., 18.「存在の終末論」という語は、ここでは神学的な意味をもっていない。ハイデガーは、この語を「精神の現象学」という意味で把握すべきだと主張している。

★36　Ibid., 47.

★37　Heidegger, *GA 5*, 360.〔同書、四〇四頁。〕

語っておらず、「克服する」〔verwinden〕というはるかに穏当な語を用いて、存在の謎について「詩作すること」に向かっていた。しかし、これは技術の放棄ではなかった。詩作という行為はむしろ、ポイエーシスとしての技術への回帰だったのである。

そのときハイデガーの分析が示唆しはじめるのは、技術とのギリシア的な関係がひとつの宇宙論から生じており、技術の知識は人間から宇宙への応答になっているということである。応答というのは、つまり「適する」ことを試みたり、「適合性」（あるいはひょっとすると「調和」）を懸命に追求したりすることだ〔★38〕。では、この適合性を特徴づけるものは何だろうか？

アナクシマンドロスを存在の哲学者とみなすハイデガーの読解と、社会－政治的な思想家とみなすヴェルナンの解釈を並行して読み進めてゆけば、幾何学に対するギリシアの「宇宙技芸的」関係がもつ役割に、なにか特有のものがあることが明らかになる。古代ギリシアの道徳理論を参照すると、法（nōmos）が幾何学的な意味でのディケーに密接に関係づけられているからである。ディケーはなにかが神的な秩序に適合させられることを意味しており、ここに幾何学的な投影が示唆されているのだ。

もろもろのノモス、つまり立法者によって導入された規則の集まりは、市民間の社会的な調和と平等という特定の結果を得ることをねらった人間的な解決法として提示される。だがこれらのノモスは、人間的なものを超えた意義をもつ均衡や幾何学的調和のモデルを裏づける場合にだけ妥当なものとみなされる。この点は、神的なディケーのひとつの側面をあらわしている。〔★39〕

ヴェルナンがここで明らかにしているのは、アナクシマンドロスの思想における宇宙論と社会哲学の相関性だ。アナクシマンドロスにとって大地は（ヘシオドスの『神統記』で示された、大地は浮遊するという宇宙論とは対照的に）不動である。なぜなら大地は中央（meson）にあり、他の諸力によって釣りあいが取られているからだ。アナクシマンドロスによれば、アペイロン〔apeiron〕つまり無限定なものの概念は、タレスにとっての水のような元素ではない。アペイロンがそうした元素なら、それはほかのあらゆる元素を打ち負かすか、破壊してしまっていただろう［★40］。ヴェルナンは、ト・クラトスという言葉を挙げ、つぎのように解釈している。この語は基本的には支配という意味をもつが、アナクシマ

★38　この宇宙論的な観点は、ヘラクレイトスにかんするハイデガーの講義（一九六六－六七年）のなかで論じられはしたが、主題にはされなかった。M. Heidegger, *GA 15, Seminare* (Frankfurt am Main: Vittorio Klostermann, 1986). その第七の講義で、ハイデガーはヘラクレイトスの断片16と断片64の相違にかんする問題を提起している。断片64は、雷（Blitz）から始まって万物（tā pānta）についての議論に終始している。そこに人間への言及はない。雷、太陽、火、戦争、そして万物《タ・パンタ》の関係性は、それらがひとまとまりであることを示している。ところが、ハイデガーが述べるように、ここで厄介なのは万物の全体性を越え出てしまう複数性や多様性が存在することだ（'Andererseits ist von einer Mannigfaltigkeit die Rede, die über die Totalität hinausgeht'）（一二五頁）。この「万物」なるもののうちでは存在者が全体性として捉えられるわけだが、謎はこの「万物」が**形而上学的な**概念だということである。ヘラクレイトスの思考はいまだ形而上学でないと同時にもはや形而上学ではないものであるが、他方で形而上学的な概念としての万物は、偶然にもヘーゲルが明言したような、ソクラテスとイオニア派の哲学者たちとの断絶を示している（一二九頁）。

★39　Vernant, *Myth and Society in Ancient Greece*, 95.

★40　Vernant, *Myth and Thought Among the Greeks*, 229.〔ヴェルナン『ギリシア人の神話と思想』、三二九－三三〇頁。〕

ンドロスの宇宙論では、支えることや釣りあいを取ることを示してもいる。全体としての、一としての存在は、もっとも大きな力をもつ。そして存在者間の平等な関係を確保しうる唯一の方法は、ディケーを課すことである。

アペイロンの支配は、ゼウスによって行使されたとヘシオドスが伝えるモナルキア〔monarchia、専制〕とは比較にならず、また全宇宙をクラテイン〔kratein、支配〕する力を大気や水に与えた哲学者が言ったような、大気や水によるモナルキアとも比べられない。アペイロンとは、各個人に対しておなじディケーを課し、その権力を各自の領域の内側にとどめさせる普遍的な法のように至上のものなのだ。［★41］

この関係はたとえば、円形の輪郭をもつアゴラ〔agora、広場〕が――円がもっとも完全な幾何学的形状であることを念頭に置きつつ――街の中心部に置かれた、古代ギリシアの都市開発にあらわれている。中央《メソン》に位置する大地のように、アゴラは権力の幾何学的な想像界をもたらす。この権力はどんな単一の存在者にも、たとえばゼウスにも属さないが、他方ですべてのものに属している。また、アナクシマンドロスの一世紀後を生きた建築家のヒポダモスは、「アゴラの開かれた空間を中心とした」碁盤の目状に都市空間を合理化しようとする計画にしたがって、破壊されたミレトスの街を再建したのだった［★42］。

ハイデガーは存在のディケーと関連づけて技術の原初的な意味を理解し、ヴェルナンは社会の構造と幾何学の関係を分析していた。それらを組み合わせると、幾何学が技術と正義のいずれにとっても基礎となるものだったという事実が示される――それにくわえて、タレスの学派のなかでも幾何学が必須の教科とされていたことを忘れるべきではない。C・H・カーンが気づかせてくれるように、アナクシマンドロスとピタゴラスにとって「幾何学の諸観念は、人間と宇宙にかんするより広範な見方のなかにはめ込まれたものである」[★43]。この適合性は、はじめからそういうものとして与えられているわけではない。それは存在の圧倒的なものとテクネーの暴力との対決のなかではじめて明らかにされるのだ。とすると、私たちはハイデガーによる原初的なテクネーへの回帰を、古代ギリシア的な宇宙技芸の精神の探求として見るべきではないだろうか？[★44]

★41 Ibid., 231.〔同書、三三三頁。訳は英文より。〕

★42 Ibid., 207.〔同書、二九七頁。訳は英文より。〕

★43 Kahn, *Anaximander and the Origins of Greek Cosmology*, 97.

★44 いまになって思えば、「物」というハイデガーの一九五〇年代の論考は、この点をはっきり説明していたと言えるかもしれない。ハイデガーはそこで、天・大地・神・人間の四方域から物を理解することを提唱している。ここで、*Ex Oriente Lux: Heideggers Werk unter Ostasiatischem Einfluss* (Wiesbaden: Franz Steiner Verlag, 1989) のなかでラインハルト・メイが、「物」においてハイデガーが作り上げた「空虚」(Leere) という概念は『老子道徳経』の第一一章に由来すると論じていることに触れても無関係とは言えないだろう。もしメイの主張が妥当なら、ハイデガーの宇宙技芸への「移行」がより根拠あるものとなる。ハイデガーと道家思想のつながりにかんするより踏み込んだ記述については、以下を参照。L. Mao, *Heidegger on East-West Dialogue: Anticipating the Event* (New York and London: Routledge, 2008).

9　調和と天

ギリシア哲学とは対照的に、中国の思想には「無気味なもののなかでもっとも無気味なもの」という人間の概念やテクネーの暴力、それから存在の過剰な暴力性はない。ここから、中国思想のもつ調和性が見て取れるだろう。あるいは、中国人にとって接合としての調和は、異なる宇宙論的存在者と人間のあいだにある別の種類の関係のなかに備わっており、それは戦い（polemos）や争い（eris）よりも**共鳴**にもとづくのだといえるかもしれない。では、この共鳴はどのような性質をもつのだろうか？『詩経』（前一一−前七世紀に編纂）には、早くも周の幽王（前七八一−前七七一年）の失政と日食の関係にまつわる簡潔な記述がある［★45］。また、中国のいにしえの年代記『春秋』の注釈書である『左伝』（前四〇〇年）の「隠公」という章にも、王の死と日食を関連づける記述がある［★46］。そのほか、淮南王《わいなん》劉安が社会的かつ政治的な秩序を明記するために編纂させたと言われる『淮南子《えなんじ》』（前一二五年）には、（天にあらわれる）自然の道と人間の関係にもとづいた多くの実例が記されている。さまざまな著者が説くように、古代中国において天は、人格を付与された天であると同時に自然界の空でもあると考えられていた。儒家や道家の教えのなかでは、天は神ではなく道徳的存在者とされる。星や風などの自然現象は天の理を指し示しており、それによって客観性と普遍性が体現される。そして人間のいとなみは、かならずこれらの原理に沿わなければならないのである。

のちに見てゆくように、こうした自然の概念は、時間にかんする思考を屈折させることになった。グラネもジュリアンも、中国における時間の表現は、直線的あるいは機械的なものではなく、むしろ天の変化が指し示す四季のめぐりによるものだと理解すべきであると述べている。以下の『淮南子』天文訓篇の例では、四季折々の風が、生け贄の奉納や犯罪者の処刑を含むさまざまな政治的、社会的、そして知的な活動の指針となっている。

　八風とはなにか。
　冬至から四十五日のち〔の立春〕に、条《じょう》風が吹く。
　それから四十五日のち〔の春分〕に、明庶《めいしょ》風が吹く。

★45 《詩經・小雅》「祈父之什・十月之交」。「十月に〔太陽と月が〕交わるとき／辛卯《かのとう》の十月朔《ついたち》の日に／日食がおこった／これはじつに悪い兆しである／かつて月が欠けて月食が起こり／いま太陽が欠けて日食が起きた／今後下々の民は／じつに悲しむべき状況に置かれるだろう」（十月之交，朔日辛卯。日有食之，亦孔之醜。彼月而微，此日而微。今此下民，亦孔之哀。）。*Classic of Poetry*, tr. J. Legge, URL=http://ctext.org/book-of-poetry/decade-of-qi-fu/〔高田眞治『詩經　下』、集英社、一九六八年、一四四頁。訳は英文より。〕

★46 「陰公三年、春、王の二月 己巳《つちのとみ》、日食が起こった。三月 庚戌《かのえいぬ》、王は天の〔恵みにより〕亡くなられた」（三年，春，王二月，己巳，日有食之。三月，庚戌，天王崩。）。《左傳・隱公三年》URL=http://www2.iath.virginia.edu/exist/cocoon/xwomen/texts/chunqiu/d2.7/1/0/bilingual〔該当の記述は『春秋左氏伝　上』、小倉芳彦訳、岩波文庫、一九八八年、三一頁にあるが、訳文を欠くため英文から訳出している。〕

それから四十五日のち〔の立夏〕に、清明風《せいめい》が吹く。
それから四十五日のち〔の夏至〕に、景風《けい》が吹く。
それから四十五日のち〔の立秋〕に、涼風《りょう》が吹く。
それから四十五日のち〔の秋分〕に、閶闔風《しょうこう》が吹く。
それから四十五日のち〔の立冬〕に、不周風《ふしゅう》が吹く。
それから四十五日のち〔の冬至〕に、広莫風《こうばく》が吹く。
条風が吹けば、軽罪の囚人を獄から出し、拘留者を釈放する。
明庶風が吹けば、土地の境界を正して田畑を整地する。
清明風が吹けば、幣帛《へいはく》の贈りものをもって諸侯を聘問《へいもん》させる。
景風が吹けば、有徳者に爵位を与え、有功者を賞誉する。
涼風が吹けば、大地の恩徳に報い四方神を祀る。
閶闔風が吹けば、鐘や磬《けい》〔打楽器の一種〕をかたづけ、琴《きん》と瑟《しつ》の弦もはずす。
不周風が吹けば、宮室を修理し、辺域の城壁を修繕する。
広莫風が吹けば、関門や橋梁を閉じ、刑の判決を下す。〔★47〕

「時則訓篇」や「覧冥訓篇《らんめい》」といった章でより明らかにされるように、『淮南子』の言説全体の背景には、たしかに天と人間の共鳴という概念がある。それは観念的あるいは純粋に主観的なものではなく、また〔自然界にあらわれる〕徴候や前兆の問いである以上に、現実的なものである。このような共鳴の概念は、琴と瑟という和音を生みだすふたつの楽器がもっともよく表している。つまり儒家にとって、天と人間の共鳴は純粋に主観的なものではなく、こうした楽器の共鳴のように客観的で具体的なものなのだ。

天と人間の共鳴という概念は、漢代（前二〇六－後二二〇年）の儒学によってより洗練されたものとなった。そこでは、この概念が朝廷の権威や儒家の教えを正当化するものとして利用されたのである。『淮南子』が書かれたのもこの時代だが、歴史学者によれば、この時期には道家思想も儒学も力を失っており、ある種の迷信的な思想の形態に侵されてしまっていた〔★48〕——迷信的というのは、そうした学派がときに儒家の教えと対立するような超感性的で神秘的な力に依拠していたということである。たとえば、道家と陰陽家が合体した「黄老」という思想はほとんどカルトと紙一重だった。漢代でもっとも重要な儒家の董仲舒《とうちゅうじょ》（前一七九－前一〇四年）は、まさにこの文脈において「天人感応」

★47　「何謂八風？距日冬至四十五日，條風至；條風至四十五日，明庶風至；明庶風至四十五日，清明風至；清明風至四十五日，景風至；景風至四十五日，涼風至；涼風至四十五日，閶闔風至；閶闔風至四十五日，不周風至；不周風至四十五日，廣莫風至。條風至，則出輕系，去稽留；明庶風至，則正封疆，修田疇；清明風至，則出幣帛，使諸侯；景風至，則爵有位，賞有功；涼風至，則報地德，祀四郊；閶闔風至，則收懸垂，琴瑟不張；不周風至，則修宮室，繕邊城；廣莫風至，則閉關梁，決刑罰。」*Huainanzi*, 3.12.〔劉安編『淮南子　説苑（抄）』、二七頁。訳は一部変更した。〕

★48　勞思光，《新編中國哲學史》第二卷，（桂林：廣西師範大學出版社，二〇〇五年），第一一－二四頁。

という概念を用いたのである［★49］。

董の思想的な貢献については論争が絶えない。たしかにかれは、儒学を後世の政治思想ひいては中国文化全体の主要な教義に仕立て上げ、重大な影響を及ぼすこととなった。けれども、迷信的な陰陽五行思想を取り入れた結果、もともと人間の本性あるいは「心性」にかんする言説だった儒学を、皇帝が政治的意志を実行に移すための権威をうまく付与する、合法性をもった天についての言説に変容させてしまったのである［★50］。こうした点が多くの歴史学者によって批判されている。とはいえ、天と道徳の秩序との関係を理解するために董が取った方法は、やはり『淮南子』のものと類似している。かれは陽と陰を道徳的善と刑罰として理解し、夏と冬に対応すると考えた。ほとんどの歴史学者は、董の解釈が儒家本来のものではなく、またかれの理論も封建制度に奉仕するものだったと認めているが、董が思い描いた人間と天の関係がかれの独創でないことも認識しておかねばならない。こうした関係はすでに『荘子』や『老子』といった古典のなかで暗示されており、そこでは道徳的かつ宇宙論的な自然観、つまり人間と天の統一（天人合一）という考えが両者の関係の根拠となっているのである。この点については、董による皇帝への上奏文を見るとより理解できるだろう。

もしも陛下がなにかを成し遂げようとお考えであれば、その手がかりを天に求めるのがよろしいでしょう。天の道は陰陽にもとづきます。陽は徳であり、陰は刑罰を表します。刑罰は殺すことにつうじ、徳は生きることにつうじます。そのため、陽はつねに夏にあり、生育と養成をつかさどります。また陰はつねに冬にあり、空虚で用途のないところに積みあがってゆくだけなのです。

ハイデガーが論じたように、古代ギリシアの思想家は人間と自然の対決をつうじてディケーの問いを理解しようとした。またギリシアの法律家は、古代ギリシア悲劇に見られる精神のような人間の過剰さを克服するため、ディケーを課したのだった。それとは異なり、おそらく古代の中国人は、政治的かつ社会的な生活の規範となる調和というかたちで表現される深い道徳性を宇宙に付与し、また天と人間の媒介者としての皇帝を据えたのである。皇帝は、天と人間双方の便宜にかなうよう物事を正しく秩序づけるため、経典の学習や（他者への共鳴をつうじた）絶えざる内省によって徳を養わねばならない［★51］。

★49　胡適《こてき》（一八九一－一九六二年）が『中国哲学史大綱』（上海：上海古籍出版社、一九九七年）のなかで言うには、天と人間の共鳴という概念は、儒家が漢代におもな理論的道具として用いたのだが、この概念を発明したのは儒家ではなく墨家である。許地山《きょちざん》（一八九三－一九四一年）の指摘によれば、道家もまたこの概念を導入していたという。許地山、《道教史——道家及預備道教底種種法術》（香港：香港中和出版、二〇一二年）、第二八八頁。

★50　Ibid., 16. 労思光《ろうしこう》（一九二七－二〇一二年）は、漢代における儒学の堕落は否定しえないと主張している。

★51　『荘子』（とりわけ「天地篇」）で明示されているように、この点は儒学に限らず道家思想にも当てはまる。くわえて、『老子道徳経』は帝王への指南（帝王術）だと考えられている。

私は、天とはあらゆる物の祖であると伺いました［……］したがって、聖人は天に法《のっと》って道を打ち立てるとともに、私情を捨ててすべてを愛《いつく》しむのです［……］春は天が活気に満ちるときであり、皇帝はその仁《まごころ》を広げることでしょう。夏は天が成長するときであり、皇帝はその徳を養うことでしょう。冬は天がものを滅ぼすときであり、皇帝は罪人を刑に処するのです。こうしたわけで、いまもむかしも、天と人間の共鳴こそが道なのです。［★52］

宇宙論的な儒学は漢代の終わりにかけて力を失った。これにはさまざまな理由があるが、決定的だったのは天変地異である。宇宙論的秩序と道徳的秩序を等置したために、宇宙論的秩序の混乱がすぐさま道徳的秩序の混乱を意味したのだ。漢末は無数の自然災害が発生した時代であったが、さらに厄介なことに日食も頻発した。こうした天変地異によって、宇宙論的な儒学が疑いの目で見られ、その信憑性が崩れ去ることになったのである。思想史家の金観濤《きんかんとう》と劉青峰《りゅうせいほう》が指摘しているように、宇宙論的な儒学が衰退した結果、「無為」や「不干渉」を強調する、自然や自由にかんする老荘の思想が代わりに導入された［★53］。これは「魏晋玄学」として知られている。玄学という言葉は、文字通りには「神秘的な学問」を意味しており、おおよそ西洋的な意味で言う形而上学と迷信のはざまにある思考の形式を表現するために使われた。そのため、この時代に生まれた思想を浅薄なものとみなす思想史家もいる。また、のちに（第16・1節で）見るように、近代中国では玄学という言葉が、アンリ・

ベルクソンやルドルフ・オイケンの思想に強く影響された知識人をさげすむために用いられたのである。

とはいえここでは、宇宙論的な儒学が力を失ったにもかかわらず、天と道徳の関係がもつ重要性は維持されていたことを強調しておきたい。フランスの重農主義者のフランソワ・ケネーは、一七六七年の『中国の専制政治』という著作のなかで、一七二五年に中国で自然災害が発生したときのことを書いている。それによると、災害後にときの皇帝が天へ嘆願し、あやまちを犯したのは民衆ではなく皇帝自身なのだと言ったという。なぜなら、まさにその災害によってかれの徳が「不十分」だと証明されたのであって、断罪されるべきは皇帝だからである［★54］。じつのところ、こうした統治のかたちはいまも健在だ。それは、自然や産業の災害現場へおもむいた中国の国家主席や首相が見せる涙や、かれらの談話が示している——たとえば二〇〇八年の四川大地震の際には、首相の温家宝《おんかほう》が被災

★52 勞思光，《新編中國哲學史》第二卷，第二七頁。「然則王者欲有所為，宜求其端於天。天道之大者在陰陽。陽為德，陰為刑；刑主殺而德主生。是故陽常居大夏，而以生育養長為事；陰常居大冬，而積於空虛不用之處［……］臣聞，天者，群物之祖也［……］故聖人法天而立道，亦溥愛而忘私［……］春者，天之所以生也；仁者，君之所愛也；夏者，天之所以長也；德者，君之所以養也；霜者，天之所以殺也；刑者，君之所以罰也。由此言之，天人之征，古今之道也。」〔班固『漢書5 列伝II』、小竹武夫訳、ちくま学芸文庫、一九九八年、二八五、二九九－三〇〇頁。訳は英文より。〕

★53 金觀濤、劉青峰，《中國思想史十講》（北京：法律出版社，二〇一五年），第一二六頁。

★54 以下を参照。F. Quesnay, *Œuvres Économiques et Philosophiques de F. Quesnay: Fondateur du Système Physiocratique* (Paris: Peelman, 1888), 563-660.

地を訪れており、そこでかれの見せた涙はメディアに大きく取り上げられた。

董が道家思想や陰陽を儒学に取り込んだことは、「純粋な」儒学の教義からの堕落とみなされ、激しい批判を浴びた。にもかかわらず、宇宙と道徳の統一性は、中国哲学史のなかで一貫して肯定されつづけたのである。いまの私たちからすれば、こうした自然現象と皇帝の統治や王朝の興亡との相関関係は迷信深いものに見えるかもしれない。とはいえ、董のあとも存続したこの種の態度の根底にある精神が、たとえば日食や災害の件数を王朝に関連づけるといった、たやすく想像できる程度の相関的思考をはるかに超えていることは強調しておくべきだろう。道徳を宇宙の秩序と同一視することが正当性を得られたのは、単にこうした相関性が的確だったからではなく、むしろ天と人間のあいだには統一性があると信じられていたからだ。これを一種の自己触発〔auto-affection〕と考えてもよいだろう[★55]。この信念は、中国哲学のなかでは宇宙と道徳を分割できないことを示している。

この点にかんしては、牟宗三による董仲舒への批判に目を向けると啓発的である。『中国哲学十九講』のなかで、牟は董の思想は宇宙中心主義だと非難している。董にとっては宇宙が道徳よりもさきにあり、そのため宇宙によって道徳が説明されることになるからだ[★56]。たしかに牟の批判は正当ではある。とはいえ、はたして道徳を宇宙よりさきに置くほうが論理的なのだろうか？　そもそも道徳は、人間がすでに世界内に存在しているときにのみ打ち立てられる。世界内存在は宇宙論や天の理が現前してはじめて重要な意義をもちうるのだ——そうでなければ、それはヤーコプ・フォン・ユクスキュルが述べた動物と環世界の関係のようなものでしかなくなるだろう。董を批判した箇所の数ページあとで、牟は『中庸』や『易伝』では「宇宙の秩序が道徳の秩序である」と認めている〔★57〕。そのうえ、宇宙の秩序と道徳の秩序の統一性は、牟が宋明理学〔Neo-Confucianism〕の伝統全体を解釈するなかでつねに中心となっている。ところが、のちに（第18節で）見るように、牟はカントの仕事に惹かれていたため、「心」を絶対的な起点として仮定してしまうのである。ともあれ、ここで念を押しておきたいのは、古代中国の哲学が宇宙と道徳の統一性を特徴としており、この統一性が晩唐以後に生じた宋明理学のなかで大いに発展したということだ。

10　道と器——自由と対する徳

中国的な思考のなかで、道は技術や道具にかんする一切の思考よりも上位にあり、技術的対象の限界を超えることを、つまりその指針となることを目的としている。一方古代ギリシア人、少なくとも

★55　もちろん、この関係は皇帝がもつ正統性を前提としているわけだが、ここでの目的は存在論的な問いとして宇宙と道徳の統一性に言及することなので、この前提は本文の文脈から捨象している。
★56　牟宗三，《中國哲學十九講》（上海：上海古籍出版社，二〇〇五年），第六一頁。
★57　Ibid., 65.

アリストテレス主義者は、目的を達成するための手段であるテクネーという、より道具的な概念をもっていたようだ。だが、プラトンの場合はやや複雑である。プラトンの対話篇のなかで、テクネーが道徳的かつ倫理的な生活における何らかの役割を担っているかどうかは、いまなお古典の研究者のあいだで議論の的になっている。テクネーは「家屋［……］の木造部をぴったり合わせること」を意味するテク（tek）というインド＝ヨーロッパ的な語源をもつと考えられている［★58］。ソクラテス以前の哲学者の言うテクネーの意味はこの語源にもっとも近く、ハイデガーが言うように「それぞれのテクネーはきわめて限られた［bestimmte］課題とその達成の類型に関連づけられている」［★59］。イェルク・クーべによれば、ホメロスは火と鍛冶の神へパイストスか、あるいは大工仕事にかんする文脈でのみテクネーという語を使い、ほかの仕事については用いていないという。これはおそらく、医療や占い、音楽といったいとなみが、まだ単独の専門職となっていなかったからだそうだ［★60］。

プラトンはテクネーの意味に重要な変更をくわえ、アレテー（aretē）という別の語と深く関連づけた。この語は一般的には「卓越性」を、特定の文脈では「徳」を意味する［★61］。ジャン＝ピエール・ヴェルナンは、アレテーという語がソロン（前六四〇－前五五八年）の時代には転換しはじめていたと述べている。そこでは、この語がもっていた貴族社会における戦士との結びつきが、宗教社会に属する節制という概念との結びつきに移し替えられたのである。それは長くて苦しいアスケーシス（修養）の結果得られる正しい行ないのことであり、コロス（貪欲）、ヒュブリス（過剰）、プレオネクシア（強欲）という三つの愚かさに打ち勝つことをめざしている。「人間的宇宙《ポリス》」はひとつの調和ある統一と考えられており、そこでは個人がもつアレテーはソーフロシュネー（節制）とされ、ディケーが万人に普遍の法となる［★62］。ヴェルナンが言うように、「ソロンにとっては、ディケーとソーフロシュネーは天から大地へと伝わり、広場《アゴラ》に導入される」のである［★63］。学習し教育できるすべてのテクネーのなかのテクネーや、あらゆる徳のなかの徳としてのディケーをプラトンが探求するにあたって、徳とテクネーの関係はつねに中心的な問いを構成している［★64］。テクネーとは、ものを作る過程で生じる偶然の出来事（tychē）や過失を克服するための方策である。アンティフォンが言うように、

★58 T. Angier, *Technē in Aristotle's Ethics: Crafting the Moral Life* (London and New York: Continuum, 2012), 3.

★59 F. Heinimann, 'Eine Vorplatonische Theorie der τεχνη,' *Museum Helveticum* 18:3 (1961), 106; cited by Angier, *Technē in Aristotle's Ethics*, 3.

★60 J. Kube, *TEXNH und APETH: Sophistisches und Platonisches Tugendwissen* (Berlin: De Gruyter, 1969), 14-15.「イーリアス」のなかで、パリスは英雄ヘクトールの心臓を、船に用いられるビームを切りだす「テクネー」を駆使する大工の斧と比較している。さらにデイヴィッド・ロークニック（*Of Art and Wisdom*, 23）は、『オデュッセイア』には、テクネッサイ（technēssai）（織物の技巧にひいでたパイアクス人の女）とテクネーエンテース（technēentēs）（オデュッセイアの巧みな船の舵取り）という、テクネーから派生したふたつの言葉があることを指摘している。

★61 L. Brisson, 'Tekhnê is not Productive Craft,' Preface to A. Balansard, *Technè dans les Dialogues de Platon* (Sankt Augustin: Academia Verlag, 2001), XI.

★62 J.-P. Vernant, *Les Origines de la Pensée Grecque* (Paris: Presses Universitaires de France, 1962), 77-78.〔ジャン＝ピエール・ヴェルナン『ギリシャ思想の起原』、吉田敦彦訳、みすず書房、一九七〇年、八七－八八頁。〕

★63 Ibid., 80.〔同書、九〇頁。訳は英文より。〕

★64 Zore, 'Platonic Understanding of Justice,' 29.

「われわれは、ピュシスによってわれわれを打倒してくるものたちを、テクネーによって征服するのだ」[★65]。このモチーフは、プラトンの対話篇のなかで何度も繰り返されている。とりわけ『プロタゴラス』では、ソクラテスがプロメテウスの絵画を称賛しプロタゴラスに賛同しながら、快楽主義を抑制し、偶然の出来事を排除する手段としての測量術(metrētikē technē)の必要性を肯定している[★66]。また『ゴルギアス』では、ポロスが「経験によって、われわれの生活はテクネーの指針にしたがって進むようになるが、経験がなければ、偶然の出来事にまかせることになる」と主張している[★67]。宇宙《コスモス》(秩序)と幾何学の関係性は、『ゴルギアス』の後半の数節でより明らかになる。そこではソクラテスが、幾何学の研究を生みだした賢人の言葉をカリクレスに説いている。

天も地も、神々も人間もひとつにつなぎ合わせているのは、協力と友情、節制や正義なのであり、だからこそ彼ら賢人はこの宇宙を世界の秩序と呼んでいるのだ。[……]君は幾何学的な平等が神々と人間両方のあいだで大きな力をもっていることに気づいておらず、他人より多くのものをもてるよう努力しなければならないと考えている。それゆえ君は幾何学をおろそかにするのだ。[★68]

『ティマイオス』においてもまた、宇宙は「理性的な思考(logōi)つまり知性(phronēsis)によって把握された、製作者(dedēmiourgētai)の作品」とされている[★69]。ほかでもなく、これはプラトンが追求しつづけたものが、正義〔dikē, dikaiosynē〕にかんするテクネー、つまり自己や共同体にとって適切な理性であったことに由来している。この点において、正義のテクネーは単なるいち技術にとどまるものではなく、むしろあらゆる技術のなかの技術だといえるだろう。

そこで、古代ギリシア人にとってテクネーは、正しく、善いひとつの目的をもたらすポイエティケー〔poiētikē、制作術〕を意味する。プラトンの『パイドロス』には、テクネーとテクネーマタ〔technēmata〕のちがいが書かれている。テクネーとは異なり、テクネーマタはただの「技巧」を意味する。例を挙げると、体温を上下させるなどして治療を行なう医者はテクネーを修得しているといえるが、患者に対して無意味な、あるいは有害な変化をもたらす術しか知らない医者は〔テクネーマタを知っているだけで〕「テクネーについてはなにひとつ知らない」のである［★70］。善を目的とするテクネーは、

★65 Angier, *Technē in Aristotle's Ethics*, 4.
★66 *The Fragility of Goodness* のなかでヌスバウムは、偶然《テュケー》の出来事を取り除こうとするこうした欲望が、ギリシア悲劇の衰退につながったと主張している。この議論はニーチェの『悲劇の誕生』と共鳴しており、そこではアポロ的な計量としての理性を導入したソクラテスが、デュオニソス的な精神の衰退をうながしたとされている。
★67 Plato, 'Gorgias,' in *Complete Works*, 448c.〔プラトン「ゴルギアス」（加来彰俊訳）、『プラトン全集9』、加来彰俊、藤沢令夫訳、岩波書店、一九七四年、八頁。訳は英文より。〕
★68 Ibid., 508a.〔同書、一八八頁。訳は英文より。〕
★69 Plato, 'Timaeus,' in *Complete Works*, 29a; cited by Angier, *Technē in Aristotle's Ethics*, 18-19.〔プラトン「ティマイオス」（種山恭子訳）、『プラトン全集12』、種山恭子、田之頭安彦訳、岩波書店、一九七五年、三〇頁。訳は英文より。〕

すぐさま与えられるわけではない。そのうえ、生得的な才能でもなければ、（詩作のように）神聖な力によって賦与されるものでもない。それは修得しなければならないものだ。『国家』の第二巻（374d-e）において、ソクラテスはこのように言っている。

必要な知識を獲得し、充分な実践も積んでいない限り、ただ手に取っただけで使用者を製作者〔dēmiourgos〕に変えてしまうような道具などない。〔……〕国の守護者の生産物はもっとも重要であり〔……〕最高のテクネーを〔……〕必要とするのである。〔★71〕

テクネーとアレテーの関係については、もう少し説明しておかねばならない。というのも、それはプラトンとアリストテレスの解釈にとって重要な問題であり、ゆえに古代ギリシア哲学から継承された技術についての問いを包括的に理解することにつながるからである。両者の関係はいまも古典の研究者のあいだで重要な争点となっているが、その論争に加わることは私の目的ではないので、ここでは概要を述べるにとどめておこう。

そこで手始めに「テクネー**ではない**ものはなにか？」と問いかけてみたい。このほうが議論はずっと面白くなるはずだ。ヴェルナンはテクネーとプラクシス〔praxis、実践〕を区別しているが、それはおそらく『カルミデス』のなかでクリティアスがソクラテスに異議を唱えたときの論理に依拠している。クリティアスは、ポイエーシスとしてのテクネーはつねに生産物（ergon）をもつが、プラクシスはそれ自体で完結していると主張している〔★72〕。これにはいささか議論の余地があるが、同時にプラトンのテクネーの概念の複雑さを表してもいるだろう。たとえば、ソフィストも〔弁論の〕テクネーをもっているが、それは制作（poiētikē）にまつわるテクネーではなく、技能の獲得（ktētikē）にまつわるテクネーなのである〔★73〕。このほかにテクネーと対置されるのが、しばしば「経験」と訳されるエンペイリア〔empeiria〕で、それは錯覚や過失の影響を受けると考えられている。詩作もまたテクネーではないが、上記の諸概念とは別の意味で異なっている。というのも、すぐれた詩人はほんとうの意味での作家ではなく、ある神聖な力（thēia moira）への経路であるからだ〔★74〕。したがって、マーサ・ヌスバウムが示しているように、技術でないものからテクネーを区別する共通の点は、テュケーを克服し、『ティマイオス』におけるデミウルゴスのような秩序と均衡の保証者になることを目標としていることにある。では、この目標はいかに徳と関係するのだろうか？　議論を簡潔にするため、

★70　Plato, 'Phaedrus,' in *Complete Works*, 268c.〔プラトン「パイドロス」（藤沢令夫訳）、『プラトン全集5』、鈴木照雄、藤沢令夫訳、岩波書店、一九七四年、二三九頁。訳は英文より。〕
★71　Cited by Angier, *Technē in Aristotle's Ethics*, 31.〔プラトン「国家」（藤沢令夫訳）、『プラトン全集11』、田中美知太郎、藤沢令夫訳、一九七六年、一四六－一四七頁。訳は英文より。〕
★72　Balansard, *Technè dans les Dialogues de Platon*, 6.
★73　Ibid., 78
★74　Ibid., 119.

テクネーとアレテーの関係性を以下のようにまとめておこう。

アレテーの類比としてのテクネー。いくつかの対話篇のなかで、ソクラテスはテクネーとアレテーの類似点を描こうとしている。それはたとえば、『ラケス』では勇気であり、『カルミデス』では節制であり、『エウテュプロン』では敬虔さであり、『国家』では正義であり、『エウテュデモス』では知恵である[★75]。しかし『カルミデス』では、クリティアスがソクラテスに対して、節制（sōphrosynē）を医療や石造建築といったほかのテクネーと類比することに異議を唱えている。なぜなら、医療が健康を、また石造建築が家屋を目的とする一方で、節制は計算や幾何学のように何ら生産物（ergon）をもたないからだ[★76]。

テクネーの目的としてのアレテー。この点はすぐさま明白になるわけではない。というのも、ソクラテスは多くの場面で善きテクネーの例として医療を挙げるものの、テクネーが中立的な（つまりかならずしも善や悪とは限らない）ものとされる事例もあるからだ。ところが『ゴルギアス』には、このようなテクネーとアレテーの関係を顕著に示す一節がある。そこでソクラテスは、ポロスに応答するなかで、料理はテクネーではないと語る。料理にかんする知識はむしろ、ひとに親切にしてやり、よろこばせる術を知ることにすぎないのだという[★77]。なぜなら「料理が追求するのは快楽であって身体の健康ではない」以上、それは「医療の模造品」とされるからだ[★78]。

テクネーとしてのアレテー。デイヴィッド・ロークニックは、この関係性は中期プラトンの著作で明らかになっていると主張する。たとえば『国家』第二巻第一〇章［★79］では、正義が哲学的なテクネーであり、均衡性を判断する力だと考えられている。この点は『ティマイオス』の冒頭でもくり返されている。また神話ではゼウスが、プロメテウスが人間に与えたテクネーは不完全だと考えたために、尊敬（aidôs）と正義（dikē）を政治的なテクネー（politikē technē）として人間に授けたという［★80］。

このようなテクネーとアレテーの関係は、アリストテレスの『ニコマコス倫理学』第六巻における知の分類では解体されている。文献学者らが主張しているように、そもそもプラトンの時代にはエピステーメー〔epistēmē〕とテクネーを分ける体系的ないし一般的な区別はなかった。というのも、テクネーはかならずしも生産物をもつわけではなく、ときにエピステーメーが一種のテクネーとみなされ

★75 Roochnik, *Of Art and Wisdom*, 89-177.
★76 Plato, 'Charmides,' in *Complete Works*, 165e3-166a1.〔プラトン「カルミデス」（山野耕治訳）、『プラトン全集7』、北嶋美雪、山野耕治、生島幹三訳、岩波書店、一九七五年、七三頁。〕
★77 Plato, 'Gorgias,' in *Complete Works*, 462d8-e1.〔プラトン『プラトン全集9』、五一頁。〕
★78 Balansard, *Technè dans les dialogues de Platon*, 141.
★79 Roochnik, *Of Art and Wisdom*, 133.
★80 Balansard, *Technè dans les Dialogues de Platon*, 93.

たからである〔★81〕。他方アリストテレスの『ニコマコス倫理学』では、エピステーメーは不変のものについての知識に関与し、テクネーとは厳密に区別されている。またテクネーは、フロネシス〔phronesis〕つまり実践による知からも区別されているのだが、その理由はさきほど見たものと近い。すなわちテクネーには生産物があるが、プラクシスにはなにもないからというものだ。アリストテレスは「制作〔poiēton〕と行為〔praktikon〕は異なっている〔……〕したがって、両者のうちどちらかがもう片方に取り込まれることはない」〔★82〕と言ってこの区別を強調している。この文脈ではしばしば「芸術」とも訳されるテクネーは、生産のひとつのかたちである。生産されるものは、それ自身とは異なるすべての可能性に、つまり偶然性に直面しつつ完成される。そのためアリストテレスは、「芸術は偶然を愛し、偶然は芸術を愛する」というアガトンの言葉を引用するのである〔★83〕。ただ、ここで指摘しておかねばならないのは、たとえ制作のプロセスとみなされようが実践の一種とみなされようが、テクネーはある種の確実性として、またアレテーという語が示すように、卓越性や徳をもたらす手段として考えられたということだ。

ところが、この整った分類は、一九二四－二五年のハイデガーの連続講義を収録した『プラトン――ソピステース』で二〇〇ページ以上にわたって展開された『ニコマコス倫理学』第六巻の解説によってかき乱されてしまう。ハイデガーは言う。プラトンにしたがえば、テクネーとは「生産」や「制作」ではなく「見ること」であり、問いの対象となっている物事やまだ見ぬ物事「の本質を捉えること」である、と。そしてつぎのように述べる。

たとえ手作業の労働者がもつ実用的な技能を身につけていなくても、テクネーをもつひとは称賛される。それはかれが本質を見ているからにほかならない。実践は特殊なものに関与し、テクネーは普遍的なものに関与する。そのため、かれは実践では失敗するかもしれない。だがテクネーをもつ者は、たとえ実践を苦手としていても、開示性をまなざす特権的な手段をもつので、より尊敬を集め、賢明なひとだとみなされるのである。〔★84〕

さらにハイデガーは、第六巻のおなじ箇所でソフィア〔sophia、知恵〕がテクネーの卓越性〔aretē〕と

★81 Nussbaum, *The Fragility of Goodness*, 94.「私自身の仕事や、文献学者のあいだでの合意から判断するなら、少なくともプラトンの時代では、エピステーメーとテクネーのあいだに、体系的あるいは一般的な区別はなかったといえる。アリストテレスの著作のうち、この話題にかんするもっとも重要なもののなかでも、このふたつの語は通用可能となっているのである」。また、ハイデガーの「技術への問い」の一三頁にはこう書かれている。「もっとも早い時代からプラトンにいたるまで、テクネーはエピステーメーという語とつながっていた。どちらの語も、広い意味での知ることのための名称である。なにかにすっかり精通すること、なにかを理解し、熟達することを意味する。知ることは開けをあたえる。開けとして、知ることは開蔵である」。〔ハイデガー『技術への問い』、一三頁。訳は英文より。〕

★82 Aristotle, 'Nicomachean Ethics,' in *The Basic Works of Aristotle* (New York: Modern Library, 2001), 1025 (1140a).〔アリストテレス『ニコマコス倫理学（上）』、高田三郎訳、岩波文庫、一九七一年、二二二頁。訳は英文より。〕

★83 Ibid., 1140a20.〔同書、二二三頁。訳は英文より。〕

★84 M. Heidegger, *Plato's Sophist*, tr. R. Rojcewicz and A. Schuwer (Bloomington, IN: Indiana University Press, 1997), 52; cited by R. Rojcewicz, *The Gods and Technology: A Reading of Heidegger*, (New York: State University of New York Press, 2006), 63-64.

呼ばれているが［★85］、哲学とはまさにこの卓越性の追求以外の何物でもないと指摘している。このとき、ハイデガーは厳密にはアリストテレスの分類をなぞっていない――かれはプラトンの論じたテクネーへ回帰している。ハイデガーは、プラトンとアリストテレスを混ぜ合わせているのだ。といっても、結局それはすでに確認したつぎの点を指摘するためでしかなかった。つまり、たとえ制作のプロセスとみなされようが実践の一種とみなされようが、テクネーはある種の確実性として、またアレテーという語が示すように、卓越性や徳をもたらす手段として考えられたということだ。

ここまでプラトンとアリストテレスにおけるテクネーの概念をかいつまんで説明してきた。ここからは、両者の形而上学を離反（Abfall）であり堕落（Absturz）とみなすハイデガーの読解を検討しなければならない［★86］。もしもパルメニデスやヘラクレイトス、アナクシマンドロスといった早期ギリシアの思想家たちが、現前よりも始原を思考していたという意味で、ハイデガーの言う始原的（anfänglicher）な思想家であるならば、そしてかれらにとって存在と存在者のあいだに明確な区別がないのなら、ハイデガーはプラトンとアリストテレスのなかに、前形而上学から真の形而上学への移行を見いだしたことになる。存在神学の歴史としての形而上学の歴史は、この移行によって形成されたのである。そしてプラトンとアリストテレスに始まり、ヘーゲルとニーチェによって完成されるこの形而上学こそが［★87］、最終的に近代テクノロジーの本質である集立をもたらすのだ。アメリカのハイデガー研究者であるマイケル・ジマーマンは、これを「生産者の形而上学」と呼んでいる［★88］。このような形而上学はその根源から生産や技術的なものに関与しており、やがて「工作機構」（Machenschaft）と集立に帰結するからだ。

存在神学にはふたつの問いが含まれている。存在者そのものとはなにかという問い（存在論）と、至高の存在とはなにかという問い（神学）である。プラトンにおける善のイデア（hē tou agathou idea）は、そのような存在神学の起源を説明している。なぜなら、それは「知性によって理解可能であるものを理解可能にする」ことであり、また「既知のものに真実あるいは開示」を与えるとともに、その真実を「知る素質がある者に授ける」ことだからである［★89］。それは「多くのもの」を「一なるもの」つまりイデアに組み込むことによって本質（ousia）を確定することを表している。この意味で「イデア」は「善」そのものでもある。それは万物の原因であり、アリストテレスの言うト・テイオン（to theion）、つまり神的なものであるからだ［★90］。

★85 Heidegger, *Plato's Sophist*, 39.
★86 Boehm, 'Pensée et Technique,' 202.
★87 Backman, *Complicated Presence*, 13.
★88 M. E. Zimmerman, *Heidegger's Confrontation with Modernity: Technology, Politics, and Art* (Indianapolis: Indiana University Press, 1990), 3.「かれ［ハイデガー］は、『生産者の形而上学』が始まったのは、実体にとって『存在すること』は生みだされることであるとギリシア人が結論を下したときだと考えていた。ハイデガーにとっては、『生産』と『制作』が意味するものと産業的なテクノロジーに属する生産のプロセスは異なっていた。けれども、実体の存在にかんするギリシア的な理解が、最終的には近代テクノロジーをもたらしたのである」。
★89 Backman, *Complicated Presence*, 37.

存在がイデアであると説明されてからというもの、存在者の存在にかんする思考は形而上学的になり、形而上学は神学的になった。ここで言う「神学」とは、神としての存在者の「原因」を説明し、存在をこの原因のなかに再度位置づけることである。この原因は、存在をそのなかに含み入れると同時に、そこから解き放つ。なぜなら、それは存在者のなかで最も存在性〔Seiendste〕に満ちたものだからだ。〔★91〕

存在神学は、新プラトン主義の形而上学やキリスト教哲学のなかで発展してゆき、やがて存在の忘却と放棄を——そして用象〔Bestand〕の時代をもたらした〔★92〕。だがおそらく中国には、このような存在神学や生産者の形而上学の歴史はなかったのだ。そこに見受けられるのは、中国の宇宙技芸がもつ、まったく異なる技術と徳の関係や、ハイデガーが熱心に追求したものとは別の「共存在」や「取り集めること」のかたちである。それは、道徳的かつ宇宙論的な意識が導く有機的な思考の形式にもとづいている。とはいえ、この概念の詳細に立ち入るまえに、中国哲学における根本的なふたつのカテゴリーである器《チィ》と道《ダオ》の関係性を振り返っておこう。器が「道具」を意味することはすでに述べたが、じつは（とくに近現代の）日常的な中国語のなかでは、異なる三つの文字が明確に区別されずに存在している。

機《ジー》：引き金を制御するもの。木に従い、幾を声とする。

器《チィ》（中国語の字形は器）：皿である。うつわの口を象《かたど》っている。それは犬によって守られている。
械《シエ》：枷《かせ》である。木に従い、戒を声とする。器具の総称である。また、持つことを意味する。なかに物を入れられるものが械であり、物を入れられないものが器であるとされる。［☆1］

機器《ジーチィ》と機械《ジーシエ》というふたつの熟語は、どちらも機械《マシーン》を表しており、互いに代替できる。このいにしえの語源が記された辞書『説文解字《せつもんかいじ》』のなかですらこれらの文字の区別はあいまいで、たとえば器は、同書の「器」の項では容器だと言われているが、「械」の項では械の類義語だとされている。器という文字の象形（中心にいる犬のそばに、四つの口あるいは空いたうつわがある）からは、器が視覚的な空間の形式を示していることが分かる。他方で「械」という字は、左側に木を配置した構成になっており、実際に使用される物質的な道具を表している。そのうえ、械は拷問の用具とも深く関連している。「器」は犬を取り囲む四つの方形を表す象形文字で、あたかも犬がその空間を監視しながらうつわを守っているかのようだ。またこの四つの方形は「くち」を意味する漢字でもあるので、（飲食などの）生活に

★90 M. Heidegger, *GA 9 Wegmarken* (Frankfurt am Main: Vittorio Klostermann, 1996), 235.（ハイデッガー『ハイデッガー全集 第9巻 道標』、辻村公一、ハルトムート・ブフナー訳、創文社、一九八五年、二八七頁。）
★91 Ibid., 235-236; cited by Backman, *Complicated Presence*, 43-44.（同書、二八七－二八八頁。訳は英文より。）
★92 Backman, *Complicated Presence*, 55.
☆1 許慎撰，徐鉉校定，《說文解字 附音序、筆畫檢字》（北京：中華書局，二〇一三年），第一一八、四四、一二一頁。

も関連している。三つめの「機」という字はもっと簡単に理解できる。これはもっとも端的に機械を意味する文字で、なにかの引き金となり動作をもたらすもののことである。

器の空間的なかたちは、四方に形式を押しつけるという意味で、技術的な性質をもっている。たとえば『易経』の注釈である繫辞上伝には、「形のない〔あるいは形を超える〕ものを道といい、形のある〔あるいは形のもとにある〕ものを器という」〔形而上者謂之道，形而下者謂之器〕と書かれている。さらに、おなじテクストには「あらわれるものがあれば、それを象といい、形があれば、それを器という」〔如見乃謂之象，如形乃謂之器〕とある。ここで注意しなければならないのは、形而上《シンアルシャン》という言葉が英語の「metaphysical」という語の翻訳に用いられ、形而上学《シンアルシャンシュエ》がそれにかんする学、つまり「metaphysics」の訳語になったということである。道は形式や現象を与えると同時に、より上位の存在として両者を超えている。しかし道は「自然法則」を意味するわけではない。一七世紀のヨーロッパではそのような誤解が生じていたが、道はむしろ把握しえないが知ることはできるものだ。経典の注釈で知られる鄭玄《じょうげん》（一二七―二〇〇年）は、自身の『老子』と『易経』の読解を組み合わせながら、「宇宙はもともと無形であった。いま形があるのは、有形が無形から生じるからである。そのため『繫辞伝』には『形を超えるものを道という』〔形而上者謂之道〕とあるのだ」と述べている〔★93〕。器は容器であり、なにかを運ぶものでもある。ただ、それは物理的なものに限らない。器はひとの特性や度量の大きさをも意味するのである。たとえば『論語』には「君子は器ならず」と書かれている。君子は儒家における理想的な人格を表しており、この文言はしばしば「君子は道具ではない」と訳される〔★94〕。これは、君子は自分自身をある特定の目的には制限しないという意味だが、君子の度量の大きさには際限がないと解釈することもできるだろう。この意味で、器とは無限の道から生じる、有限で制限づけられた存在者であるといえる。

この道と器の関係を扱うなかでこそ、中国における技術哲学はあらためて定式化されるだろう。ところでこの関係は、さきほど論じたテクネーとアレテーの関係と少々似ている。だがそこには大きなちがいもある。道と器の関係はもうひとつの、いやむしろ異なる宇宙技芸を示しているのだ。それは宇宙と道徳の有機的なまじわりにもとづく調和を探求するのである。中国の技術哲学者・李三虎《りさんこ》の『伝統を語りなおす——全体論的な比較技術哲学の研究』〔★95〕は、中国と西洋がもつ技術の思想の真の対話を追求し、器と道の言説へと回帰するよう求めた最初の試みだと誇張なしにいえる、じつに素晴らしい著作だ。そこで李が示そうとしているのは、器はその原初的（つまり位相的かつ空間的）な意味において道の端緒だということである。そのため、中国の技術の思想は、（本来ひとつであった）器と道がふたたび統合してひとつになる（道器合一）ような全体論的な視座を構築してゆく。ゆえに、道と器

★93 呉述霏,「周易『形而上、下』命題解析」,《人文》,二〇〇六年第一五〇期。「天地本無形,而得有形,則有形生於無形矣。故《系辭》曰:『形而上者謂之道』」。URL=http://www.hkshp.org/humanities/ph150-03.htm

★94 Confucius, *The Analects of Confucius*, tr. B. Watson (New York: Columbia University Press, 2007), 21.〔『論語』、金谷治訳注、岩波文庫、一九九九年改訳版、四一頁。訳は英文より。〕

★95 李三虎,《重申傳統:一種整體論的比較技術哲學研究》(北京:中國社會科學出版社,二〇〇八年)。

という この基本的な哲学的カテゴリーは分割不可能なのだ。道が知覚可能なかたちであらわれるためには器に載せられる必要があり、他方で器は（道家思想で言う）真なるものや、また（儒学で言う）聖なるものとなるために道を必要とする。のちに見るように、道は器に作用して、器に当てはめられた機能的な決めごとを喪失させるのである。

10・1 道家における器と道——庖丁の牛刀

プラトンにとって、徳と技術の関係は根本的に測量の問題であり、また自治やポリスの統治を可能にする形式を探し求める理性的な活動だった。他方『荘子』では、技術としての道は測量性をもたない究極の知とされる。なぜならそれは「自然」であるからだ。道家は自然を切望し、それを至高の知とみなした。つまり「無為」（なにもしないこと）の知である。そのため、道家による統治は、「無為の治」すなわち干渉**なき**統治を原則とする。これは厭世主義でも消極主義でもない。むしろ、もろもろの存在者が自分の可能性を十分に引きだし自己実現するよう望み、それらをありのままにしておいて、自力で成長できる余地を残してやることである。この点は、郭象《かくしょう》（二五二－三一二年）の『荘子』への注釈のなかで強調されている［★96］。郭象とおなじ魏晋南北朝時代に『易経』や『老子道徳経』の注釈を書いた王弼《おうひつ》は、道は無によって基礎づけられると考えており、また王弼以後には有が道を基礎づけるべきだと考えるひともいた。しかし王弼らとは異なり、郭象はこうした対立は無意味だと批判していた。なぜなら、存在が無からもたらされるわけでもなければ、ひとつの存在がほかのすべての存在者を生みだすこともないからだ。そこでかれは、代わりに自然——無用な干渉をせずに宇宙の原理にしたがうこと——という観点から、道の基礎を理解するよう提案したのである［★97］。

道家の宇宙技芸の本質をよりよく理解するために、ここで『荘子』にある肉屋の庖丁《ほうてい》の故事を参照したい。庖丁は牛の解体がきわめて上手な人物だった。かれによると、すぐれた肉屋になる秘訣は技能の熟達にはなく、むしろ道の理解にあるという。文恵君《ぶんけいくん》〔梁の恵王〕から牛の解体の道について訊かれた庖丁は、よい牛刀を使うだけではかならずしも十分ではなく、牛のなかの道を理解するほうが重要だと答えている。それによって、骨や腱に刀をぶつけることなく、そのすき間に差し込むように刀を沿わせ、切り通すことができるのである。このとき、「みち」あるいは「とおりみち」という「道」の文字通りの意味が、その形而上学的な意味と噛み合うのだ。

私が心を寄せるのは道で、技以上のものでございます。私がはじめて牛をさばいたときには、目に映るものは牛ばかりでしたが、三年もたちますと、もう牛全体は目に入らなくなりました。そ

★96　勞思光引用，《新編中國哲學史》第二卷，第一四六頁。「無為者，非拱默之謂也，直各任其自為，則性命安矣」。
★97　以下を参照。金觀濤、劉青峰，《中國思想史十講》，第一四九頁。「無既無矣，則不能生有」，「豈有之説能有乎?」

れが今では、心で牛を捉えていて、目で見ているわけではありません。五官の作用は止まり、精神のはたらきだけが動いているのです。天の理のままに、大きなすき間に刃を振るい、大きな穴にそれをみちびき、牛の体の本来のしくみに従っていきます。骨と肉との入りくんだ部分にだって刃を当てたことはありません。まして大骨に打ち当てるなんてとんでもないことです。〔★98〕

かくして庖丁は、よい肉屋は持ち主の思うように扱える技術的対象ではなく道に頼るのだと結論づける。なぜなら、道は器〔道具〕よりも根源的だからだ。さらに庖丁が言うには、腕のよい肉屋であっても腱を切ることがあるので、年にいちどは刀を替えなければならず、下手な肉屋は骨を直接切ってしまうので、刀を毎月替えないといけない。けれども、庖丁自身は一九年以上も牛刀を替えていないにもかかわらず、刀身はまるで砥石で研いだばかりのようなのだという。庖丁は、切りづらいところに当たるたびに刀の速度を落とし、さきへ切り進むために適切な箇所を探ってゆく。

庖丁の話を聞いた文恵君は、「庖丁の話を聞いて、私はいかに**生きれば**よいかを知った」と応えている。そしてまさに、この故事は「養生主篇」〔Master of Living〕という章に収められているのである。

さらに言うと、この故事で中心となっているのは、技術の問いというより「生」の問いである。もしそこに「技術」の概念があるとすれば、それは技術的対象からは距離を置いたものとなる。たしかに技術的対象が重要でないわけではないが、しかし道具や技能の完全性によって技術の完成をめざすことはできない。技術は道によってのみ完成されるからだ。牛刀がただ単にその道具的合理性――つまり「切り分ける」「こま切れにする」といった機能――と一致するように用いられた場合、それは牛刀単体に限定された低水準の機能しか発揮しない。ところが、ひとたび道に導かれると、牛刀は刀鍛冶に強制された機能上の決めごとを「喪失」し、完全なものとなるのだ。

すべての道具は、技術的または社会的に決められた用法にしたがっている。そもそも道具に固有の機能とは、そのようにして付与されるものだ。たとえば台所で使うナイフは、技術的には鋭利な刃によって決定づけられており、また社会的には料理への使用へと決定づけられている。ここで「喪失」と言うのは、庖丁が、牛刀に意図的に組み込まれた特性――切り分け、こま切れにするために鋭利であること――を利用せず、むしろその（鋭利さという）潜在能力を十分に引きだすためにあらたな用法を牛刀に与えたということである。庖丁の牛刀は決して腱を切らないし、ましてや骨を断つことなどありえない。かれの牛刀は骨と肉のすき間を探し求め、そのなかにたやすく入り込む。こうして牛刀は、刀身を損なうことなく、つまり切れ味が悪くなって交換が必要になったりせずに、牛の解体という作業を完遂し、牛刀としての可能性を十分に引きだすのである。

このように、生にかんする知は、生命の一般的な原理を理解することと、技術的対象の機能的な決

★98　汪榕培英譯，秦旭卿、孫雍長今譯，《莊子》（長沙：湖南人民出版社，二〇〇四年），第四四－四五頁（訳は修正している）。〔『荘子　内篇』、福永光司、興膳宏訳、ちくま学芸文庫、二〇一三年、九八－九九頁。訳は一部変更した。〕

めごとから自由になることというふたつの部分から成り立っている。これは技術にかんする中国的な思考の最高原理のひとつだと考えられる。とはいえ、私たちは道が**存在の原理**であるだけでなく、**存在することの自由**であることにも注意しておく必要がある。この独特な道の概念のなかでは、技術はかならずしも道によって完成されるとは限らない。じつのところ、道は技術によって損なわれ、堕落させられることすらあるのだ。このような懸念は、『荘子』天地篇のとある故事のなかに見受けられる。そこでは、子貢《しこう》という（孔子のもっとも高名な弟子のひとりと評判で、実業家としても有名だった）人物がひとりの老人と出会う。老人は井戸から田畑まで水を手作業で運ぶことで手一杯になっていた。老人が「せっせと骨を折っているわりには、仕事がはかどらない」ことを目のあたりにした子貢は、老人の作業に割って入るのだった。

> 子貢が言った。「いい機械がありますよ。一日で百のうねに水をやることができて、労力は少ないのに効果は抜群なんです。使ってみる気はありませんか」
> 畑仕事をしていた老人は子貢を見上げて言った。「それはどんなものかね」
> 「木に細工をした仕掛けです。うしろを重く、まえを軽くします。流れるように水を汲み、まるで湧き上がっているかのようになるのです。その名をはねつるべといいます」
> 畑仕事をしていた老人はむっとして顔色を変えたが、やがて笑って言った。「わしの師匠から聞いたのだが、機械があれば、かならず機械にかんする心配事ができる。機械にかんする心配事

が増えれば、機械に依存する心〔機心〕が生まれる。機械にたよる心が胸にあると、ひとのもつ純粋で素朴なものが損なわれる。純粋で素朴なものがなくなると、霊妙な生のいとなみも安まることがない。霊妙な生のいとなみが安まらなければ、道から見放されてしまうのじゃ。わしもその機械のことを知らないわけじゃあないが、恥ずかしくてとても使えんだけじゃ」

子貢は顔を真っ赤にして恥じ入り、うつむいたままなにも答えられなかった。

しばらくして老人が訊いた。「ところでお前さんは何者かね」

「私は孔丘〔孔子〕の弟子です」〔★99〕

この孔子の弟子と荘子の弟子〔である老人〕の邂逅が芝居掛かった大げさなものであることを考えると、この場面は政治活動にあくせくしていた孔子をあざけったものとして読める。つまり孔子が「純粋で素朴なものを損なっている」ひととみなされていた可能性があるということだ。また、ここでは機械がまやかしだと考えられている。それは素朴で純粋なものから逸脱させ、生活形式を不可避的に損なうような複雑化をもたらす装置だということである。機械はある種の理性化を必要としている。それが道を純粋な形式から逸脱させ、不安を引き起こすのだ。とはいえ、「機心」という語を上記の

★99 *Zhuangzi, The Complete Works of Zhuangzi*, 90-91.〔『荘子　外篇』、一四九―一五〇頁。〕

ように「機械にたよる心」と表記するのは、じつは最適な訳ではない。これはむしろ、「計算的思考」と訳すべきである。例の老人は、水汲みの機械があることを知っており、かれの先生も知っていたことを認めている。にもかかわらず、かれらはその技術を使うことを恥だと感じて拒絶したのだという。この故事で荘子が言おうとしているのは、生にかんする理性的思考の発展を防止すべきであり、さもなければ道は失われ、それにともない自由も失われるだろうということだ。つねに機械にもとづいて思考するようになったとき、ひとは機械的な推論の形式を身につけることとなるだろう。

『パイドロス』には、『荘子』のこうした故事とたいへんよく似た箇所がふたつあるのだが、そこには大きなちがいもある。本節を締めくくるにあたって、この点を認識しておかねばならない。プラトンが引きだす技法《アート》の概念は、いっけん庖丁のもつ肉屋の技能と類似しているように思われる。たとえば、ソクラテスは「自分に恋している者よりも恋していない者にこそむしろ身をまかせるべきである」[★100]というリュシアスの議論に反対するふたつの主張を展開したあとで、弁論の技法について論じている。かれはパイドロスに、「体系的な技法」にはふたつの形式があることを説明する。

> ひとつは、多様にちらばっているものを総観して、これをただ一つの本質的な相へとまとめること[……もうひとつは]逆に自然本来の分節にしたがって切り分けながらさまざまな種類に分割できるということ。そしていかなる部分をも、下手な肉屋のようなやり方でこわそうとしないことだ。[★101]

ここでソクラテスは、たとえば医師が身体の本質を知り、弁論家が魂の本質を知るように、ものの本質を知ることの必要性に重点を置いている。弁論家は、魂について知ることで、さまざまな魂のタイプにあわせて言葉を選び、それを導くことができる。プラトンにとって、弁論術や医療のような技法においては、かならず対象となるものの本質を知っていなければならない。さもないと、単なる「経験にもとづいた技術性のない〔諸〕実践」〔★102〕に終わるおそれがあるのである。一方で『荘子』の故事は、生きる方法により関係している。よく生きることとは、「困難」や「過剰さ」に直面しないことだ。それはたとえば、個人の有限な生のなかで果てなき知を追求するといった不可能な課題を受け入れないで、いかに道にしたがって生きるかを学ぶことである。荘子がはっきり書いているように、それは肉屋でいえば、単に家畜の解剖学的構造を理解すればよいわけではないということだ。

プラトンが書いたふたつめのエピソードは、ソクラテスが語ったエジプトの神テウトにかんする有名な物語である。テウトは数や計算をはじめ、幾何学、天文学、そして文字《エクリチュール》を発明した。かれはエジプトの王タモスのもとへ参上し、自分の技術を紹介するのだが、かれが文字を紹介したとき、王

★100 Plato, 'Phaedrus,' in *Complete Works*, 227c.〔プラトン『プラトン全集5』、一三二頁。訳は一部変更した。〕
★101 Ibid., 265d-e.〔同書、二三一－二三二頁。訳は一部変更した。〕
★102 Ibid., 270b.〔同書、二四三頁。訳は英文より。〕

はテウトに異議を唱える。王は、文字がじつはテウトの考えとは逆の効果をもつのではないかと主張する。つまり文字は記憶の助けとなるのではなく、じつは忘却を促進するのではないかというのだ。テウトに対して、タモスはこのように語る。

> あなたが文字を学ぶひとたちに与える知恵というのは、知恵の外見であって、真実の知恵ではない。すなわち、彼らはあなたのおかげで、親しく教えを受けなくても物知りになるため、多くの場合ほんとうは何も知らないでいながら、見かけだけはひじょうな博識家であると思われるようになるだろう。［★103］

言うまでもなく、これはデリダの有名なパルマコン〔薬＝毒〕の論理をめぐる議論の発想の源になった箇所である。そこでは、技術は毒でも薬でもあるとされた［★104］。ベルナール・スティグレールはこれをさらに発展させ、政治的なプログラムとして受けとめたのである［★105］。ここでタモスの批判と荘子の戒めのあいだの微妙なちがいをはっきりさせておこう。プラトンが言おうとしているのは、文字を読んでゆけばひとは物知りになれるが、それによってかならずしも物事の真実を把握できるとは限らないということだ。たとえば、水泳にかんする本を読み、動画を見たところで、実際に泳げるようになるわけではない。これは**真実**の条件としての「記憶」あるいは「想起《アナムネーシス》」についての議論である。つまり文字は端的に想起のプロセスを妨害するというわけだ。他方、荘子の議論は道から逸脱するすべての計算に対する率直な拒絶である。この拒絶によって荘子は、〔プラトンのように〕実在ないし真実を肯定しようとするのではなく、むしろ自由そのものをあらためて肯定するのだ。

10・2 儒家における器と道——礼の復興

道家思想では、庖丁と牛刀の例が道と器の統一を示していた。技術的な道具の完成は、生と存在の完成でもある。なぜならそれは道に導かれるからだ。儒学も道家思想とおなじく宇宙や生活形式に関心を示しているが、そこには道家とは異なる器の解釈が見られる。儒学では、器はしばしば「礼」つまり儀礼に用いられる用具を表す。じっさい、考証学者の段玉裁《だんぎょくさい》（一七三五－一八一五年）によると、〔礼の正字である〕「禮」の旁《つくり》、つまり「豊」は器のことである。さらに、文字学の研究で知られる王国《おうこく》維《い》（一八七七－一九二七年）によれば、「豊」の上側の部分は翡翠製の器具の象形だという〔★106〕。道徳の

★103 Ibid., 275a-b.〔同書、二五六頁。訳は一部変更した。〕

★104 J. Derrida, 'Plato's Pharmacy,' in *Dissemination*, tr. B. Johnson (Chicago: University of Chicago Press, 1981): 63-171.〔ジャック・デリダ「プラトンのパルマケイアー」、『散種』、藤本一勇、立花史、郷原佳以訳、法政大学出版局、二〇一三年、九一－二七五頁。〕

★105 以下を参照。B. Stiegler, *Ce qui Fait que la Vie Vaut la Peine d'Être Vécue: De la Pharmacologie* (Paris: Flammarion, 2010). および *Pharmacologie du Front National* (Paris: Flammarion, 2013).

★106 劉昕嵐，「論『禮』的起源」，《止善》二〇一〇年第八期，第一四一－一六一，一四三－一四四頁。

腐敗と断絶の時代において、孔子の使命は礼を復興することだった。二〇世紀初頭には、唯心的か唯物的かという単純な対比にもとづく浅はかな唯物論的読解によって、それが封建主義の復興とみなされた。文化大革命のときには、まさにこうした理由によって、中国のマルクス主義者が、儒学は退行であり共産主義への障害だと言って非難したのである。

礼は（「仁」つまり「いつくしみ」にくわえて）孔子の教えにおける重要概念のひとつだ。礼の概念はふたつの要素から成り立っている。ひとつはその形式的な意味合いである。礼は、礼器という人工物が示す権力の階層秩序や、儀礼の際に捧げられる生け贄の数を規定している。周の時代には、礼器という言葉が、調理器具や翡翠の加工物、楽器や酒器、それから水の容器などさまざまな機能をもつ器を表していた。翡翠や青銅で作られた器は、王侯や貴族を含む社会的な階級制度における身分や地位を示すものであった［★107］。しかし、礼器はまた、こうした形式的側面とは切り離せない精神や「内容」にも関係している。孔子にとってこの内容的側面とは、道徳的な感性を養うための一種の修養であり実践である。『礼記』曲礼篇のなかで、孔子は「道・徳・仁・義は、礼の規範なしには成立しない。習俗を正すために教えを説くにあたっても、礼にかなっていなければうまくいかない」と述べている［★108］。ここから分かることは、道徳——つまり個人と天の関係——は礼の実践をつうじてのみ維持されるということだ。

『礼記』には「礼器篇」という章があり、そこでは「礼とは、天の時、地の財産、神霊の精神にかない、人心と適合し、万物をおさめることだ」と述べられている。儒学にとって器は、儀礼をつうじて道徳的宇宙論を復元し、安定化させるために機能するといえるだろう。そうした儀礼は、「礼運篇」という章にある以下の例に垣間見ることができる。

そこで、まず暗い色の酒を〔死者の代表が接待される〕部屋のなかに置き、うつわに入れた果実酒を〔入り口の〕扉のそばに置き、赤みを帯びた黍の酒をお堂に置き、清酒を〔お宮の〕下に置く。また、生け贄を陳列し、鼎《かなえ》や俎《そ》〔供物をのせる台〕を準備する。琴、瑟、管、磬《けい》、鐘、そして鼓《たいこ》を並べる。〔神霊に生け贄を捧げるにあたってもっとも重要な〕祈りや〔死者の代表への〕祝福を、注意深く捧げる。これらすべての儀礼の目的は、神霊や先祖を降臨させ、君主と家臣の関係を正し、父と子のあいだの良好な感情を保ち、兄弟の仲をよくし、上下関係を調節し、夫婦に適切な場所を与えることである。またそのすべては、天の加護を得るためであるといえる。〔★109〕

★107 呉十洲，《兩周禮器制度研究》〈台北：五南圖書出版，二〇〇三年〉，第四一七–四一九頁。呉が言うには、考古学的な発見によると、周代以降に副葬品として用いられた礼器が明器〈副葬のために設計された模型の器物〉へと変化したという。これはつまり、翡翠や青銅の器物が陶製のものに代えられたということであり、『周礼』の衰退をも示している。

★108 「道徳仁義，非禮不成，教訓正俗，非禮不備」。*Li Ji*, tr. J. Legge. URL=http://ctext.org/liji/qu-li-i〈竹内照夫『礼記　上』、明治書院、一九七一年、一四頁。訳は英文より。〉

★109 「故玄酒在室，醴醆在戶，粢醍在堂，澄酒在下。陳其犧牲，備其鼎俎，列其琴瑟管磬鐘鼓，修其祝嘏，以降上神與其先祖。以正君臣，以篤父子，以睦兄弟，以齊上下，夫婦有所。是謂承天之祜」。英訳は *Li Ji* (Bilingual Version), tr. J. Legge を参照。URL=http://ctext.org/liji/li-yun〈同書、三三三–三三四頁。訳は英文より。〉

哲学者の李沢厚《りたくこう》（一九三〇年－二〇二一年）らが主張するように、このような儀礼は、夏、殷、周王朝（前二〇七〇－前七七一年）およびその各王朝に関連する呪術的な儀礼まで遡ることもできる。周の時代に国王が呪術的な儀礼を形式化して「礼」としたので、それは「周礼《しゅらい》」として知られている。孔子が試みたのは、周礼を復興させ、政治や社会の腐敗への対抗策にすることだったのだ［★110］。そのため李沢厚は、周礼は孔子によって「精神化」され、のちの宋明理学によって「哲学化」されたと主張している。だが李によると、この長いプロセスのなかでも、天と人間の統一という儀礼の精神は保持されたのである。

> 適切な言葉をもって祈りを捧げる。〔すべての〕生け贄を黒酒で清めて、〔生け贄の〕血のついた毛や羽を〔神霊に〕薦め、調理されていない生の肉を俎に置く。骨つき肉を煮込み、イグサの敷物と粗布で瓶や杯を包む。染めた絹の服をまとい、果実酒や澄んだ酒を献じ、焼いた肉を薦め、君主と夫人は酒を献じ交す。**こうしたすべてのことは、死者の霊魂をよろこばせ、**〔生者と〕**肉体をもたず目に見えないものとの合一を成し遂げるためである。**神霊への奉仕が終わると会場を退き、調理しきれていない生け贄の肉を料理しなおす。犬、豚、牛、羊を切り、〔円形や方形の〕浅い皿や、竹や木で作られた深い皿、スープ用の皿を満たす。祝詞を唱えて〔礼拝者の〕子孫の孝行を伝え、〔先祖の〕慈愛を告げる。これを最大の吉祥〔大祥〕と言う。このとき、儀礼は大いなる完成を迎え

るのだ。〔★111〕

李沢厚が礼とシャーマニズムのつながりを指摘したのは正しい。とはいえ、儒学だけでなく、中国で同時代にあらわれた道家や墨家の思想にもまた、シャーマニズムからの脱却を示す理性化の徴候があったことは念頭に置かなければならない〔★112〕。礼においては、形式的側面が内容を支配することがある。孔子はこの問題に気づいていた。そこで、形式が内容を侵害するのを避けるため、礼とは個人的な内省に始まり、家族や国家などの外部領域へ拡がってゆく根本的に道徳的な実践であって、その全体は道によって導かれると強調したのであ

★110 李澤厚,《歴史本體論》(北京:生活・讀書・新知三聯書店,二〇〇二年),第五一頁。

★111 《禮記・禮運》,「作其祝號,玄酒以祭,薦其血毛,腥其俎,孰其殽,與其越席,疏布以冪,衣其浣帛,醴醆以貢獻,薦其燔炙,君與夫人交獻,以嘉魂魄,是謂合莫。然後退而合享,體其犬豕牛羊,實其簠簋、籩豆、鉶羹。祝以孝告,嘏以慈告,是謂大祥。此禮之大成也」(強調は引用者)。URL=http://www.ctext.org/liji/li-yun〔同書、三三四-三三五頁。訳は英文より。〕

★112 Y. Yu, 'Between the Heavenly and the Human,' in W. Tu and M. E. Tucker (eds.), *Confucian Spirituality: Volume One* (New York: Herder & Herder, 2003), 62-80. を参照。中国の歴史学者は、ドイツの哲学者カール・ヤスパースが *The Origin and Goal of History*, tr. M. Bullock (London: Routledge, 2011)〔『ヤスパース選集9 歴史の起源と目標』、重田英世訳、理想社、一九六四年〕で言った「枢軸時代」〔Achsenzeit〕にしばしば言及する。ヤスパースの主張によれば、紀元前八-三世紀のあいだに、ペルシア、インド、中国、そしてギリシア-ローマ世界の宗教や哲学のなかで、あらたな思考の諸方式があらわれた。そして道家や儒家、墨家といった学派は、知識や知的生産におけるこのような「歴史的断絶」のなかにあるという。

る。これが有名な「内聖外王」（内的な聖性と外的な王の適性）という教義だ。儒家の経典である『大学』に示されているように、それはひと筋の直線的な経路に沿っている。具体的には、「格物」（諸物を解明する）、「致知」（知識を拡張する）、「誠意」（気持ちに誠実さがある）、「正心」（心を正す）、「修身」（個人を修養する）、「斉家」（家庭を調える）、「治国」（国家をよく統治する）、そして「平天下」（世界を平和にする）というものだ。『論語』顔淵篇には、つぎのようにある。

顔淵が仁のことをおたずねした。先生はいわれた、「わが身をつつしんで、礼にたちもどるのが仁ということだ。一日でも身をつつしんで礼にたちもどれば、世界じゅうが仁になつくようになる。仁を行なうのは自分しだいだ。どうして人だのみできようか」。顔淵が「どうかその要点をお聞かせ下さい」といったので、先生はいわれた、「礼にはずれたことは見ず、礼にはずれたことは聞かず、礼にはずれたことは言わず、礼にはずれたことはしないことだ」。[★113]

そのため、礼とは一連の制限であるとともに、物事の秩序を保つための実践でもある。それによって、個人の成熟が国家の成熟をもたらしうるようになるのだ。道は内在的であり、ひとは内省と礼の実践によってはじめて道を知ることができる（『論語』には、衛の霊公が孔子に戦争の技法について問う場面がある。その対話のなかで孔子は、自分が知るのは礼のみであり、戦争についてはなにも知らないと答える。そして明くる日には衛の国を立ち去るのだった）。とはいえ、礼が保とうとするこの秩序とはいったい何だろうか？　それは統治階級の利益となるよう社会的に構築された秩序のことだと言ってしまうのは単純な読みだろう。もっとも、それも完全なまちがいではない。なぜなら孔子は、秩序を維持するためには器と名を正しく配置しなければならないと力説しているからだ。たとえば『左伝』〔前四〇〇年〕には、于奚《うけい》という指揮官が、戦争の際に衛王の孫桓子《そんかんし》を救出し、捕虜となるのを回避したという記事がある。孫は褒美として于奚に邑《まち》をいくつか与えようとするが、于はそれを断り、「宮廷で諸侯のような待遇を受け、〔諸侯用の〕楽器を賜り、馬の首飾りや馬勒《ばろく》で装飾する」ことを要求する［★114］。孔子は、この要求が聞き入れられたことを嘆き悲しんで、こう言った。「残念なことだ。まだ邑《まち》を多く与えるほうがよかったのだ。使用する器や〔爵号などの〕名は、君主だけが特別に扱うべきであり、〔自分の配下の〕他人に与えてはならない」［★115］。孔子が説いたように、これは単なる儀礼的な手続きの問題ではない。なぜなら器と名をもつ者は、それにふさわしい振る舞いをしなければならないからである。

名〔の適切な使用〕によって〔人々への〕信頼が確保でき、信頼によって器は保全される。儀礼的な

★113　Confucius, *The Analects of Confucius*, 80.〔『論語』、二二四－二二五頁。〕

★114　《左傳・成公二年》（翻訳は変更した）。URL=http://www2.iath.virginia.edu/exist/cocoon/xwomen/texts/Chunqiu/d2.14/1/0/bilingual〔『春秋左氏伝　中』、小倉芳彦訳、岩波文庫、一九八九年、二三頁。訳は英文より。〕

★115　Ibid.,「惜也，不如多與之邑，唯器與名，不可以假人，君之所司也」。〔同上。訳は英文より。〕

位階の区別は器のなかに込められており、この区別は義の実践に欠かせない。そして義は［国家の］利を生みだし、この利が民の安寧を保証するのである。これらが［よい］政権の条件なのだ。［★116］

話をまとめよう。儒学において器は、ある公的な状況で使用される。だがそうした使用は、道徳や天の秩序を保ち、すぐれた人格を養うことだけを目的としている。一方で、道家思想では器がそのような道具的な役割を果たさない。というのも、自然であることによって道へ到達できると考えるからだ。道が形而上学的なのは無形だからである。その意味では、形而上学的なものは非技術的であり、非幾何学的だ。たとえ儒学には形式化された秩序があったとしても、それはより高次で無形（あるいは「形而上」）の道を保持するためにある。かたちなきものは天や自然であり、それこそがもっとも高度な自由を享受するのだ。

とすると、儒家と道家はそれぞれ異なる方法で道を追求しているのであって、じつは反対の立場にあるというよりむしろ互いに補完しあっているといえないだろうか？　牟宗三は、道家思想を「実践的存在論」、儒学を「道徳的形而上学」と呼ぶことを提案している［★117］。なぜなら、儒学が「なにか」（聖、智、仁、義とはなにか）を問う一方で、道家思想は「どのように」それらを実現するかを問題にしているからだ［★118］。道家にとって機械的な推論を拒絶することは、内なる精神の自由にとどまるために計算的な思考の形式一般を拒むことだった。あるいは、かれらは一種の「開かれ」のためにあらゆる効率性を拒絶しているのだといえるかもしれない。このような『荘子』の読解は、表面的に後期ハイデガーの「放下《ほうげ》」〔Gelassenheit〕と共鳴している。ハイデガーが近代テクノロジーから脱出しうるひとつの方法として放下を肯定してからというもの、かれのテクノロジー批判が中国の学者のあいだでじつに大きな共感を呼んだわけは、おそらくここにあるのだろう。

道は自然の名のもとに技術の完成を表す一方で、絶えず道を堕落させる可能性をもつ技術への抵抗の精神としても理解されている。これは道の両義性である。この点で道は、アレーテイア〔a-letheia〕としての真理や、開かれへの接触としての隠れなさ〔Un-verborgenheit〕といったハイデガーの概念と非常に近いように思えるかもしれない。ところが、これから見てゆくように、それらは根本的に異なっている。この根本的な差異こそが、異なる複数の技術の歴史を考えなければならない理由のひとつなのだ。

★116 Ibid.,「名以出信，信以守器，器以藏禮，禮以行義，義以生利，利以平民，政之大節也」〔翻訳は変更した〕。〔同上。訳は英文より。〕
★117 牟宗三，《中國哲學十九講》，第七四頁。
★118 Ibid., 106. ジュリアンは、「無為」は道家だけの原理ではなく、中国の知的伝統全体に共有されていたとも指摘している。Jullien, *Procès ou Création*, 41. を参照。

10・3　ストア派と道家の宇宙技芸にかんする見解

ここまで、中国思想における宇宙技芸をたどりつつ、（部分的にハイデガーの著作を経由しながら）それをギリシアのテクネーの概念と比較してきた。ハイデガーが本質的に宇宙技芸を探求していたと言ってしまえばさすがに物議をかもすだろうが、ピュシス（自然）と存在の問いが、人間と宇宙の深遠な関係をめぐるものであることは疑う余地がない。読者のなかには、さきに素描した儒学と道家思想の伝統における宇宙技芸が、アリストテレス以後のヘレニズム哲学に似ていると思うひともいるだろう。とくに、ギリシア－ローマ時代のストア派による「生と自然の一致」という教えは、明らかに道家がもつ自然への熱望と親和性がある（すでに述べたように、ストア派の宇宙論はいっけんアリストテレスよりイオニア派のものに近いのだが、ハイデガーはストア派については一貫してなにも語っていない）［★119］。しかし、両者にはたしかなちがいがあるのだ。ここではそれを簡潔に明らかにしてみよう。とはいえ、単に相違点を列挙するのではなく、すでに序論で展開した、技術がつなぐ宇宙と道徳の関係にもとづいた宇宙技芸の概念をあらためて論じたうえで、いかにそれをストア派の思想のなかに特定できるかを示したい。

注意深くストア派を読んでいくと、**合理性**がかれらの思想のなかで果たす役割が分かる。それは道家思想ではかなり貶《けな》されていたものだ。ストア派の宇宙技芸も道家思想の宇宙技芸も「自然」——それぞれピュシスと自然《ズーラン》——にしたがって生きることを提唱しており、どちらも技術的対象が、より高次の目的へ向かうための単なる手段にすぎないことを強調している。その目的とは、ストア派にとってのエウダイモニア〔eudaimonia、幸福〕、道家にとっての逍遥《しょうよう》（自由気ままでいること）、そして儒家にとっての坦蕩《たんとう》（度量の大きいこと）である。『荘子』の第一章は「逍遥遊篇」と名づけられているが、そこで荘子は道家の哲学者である列子の説明を援用しつつ、自由とはなにかを述べている。

そもそもかの天地自然の真理にまたがり、宇宙大気の変化をあやつって、無窮の世界に遊ぶほどの大人物ともなれば、いったい何に依存するところがあろうか。だから、「至人には私心がなく、神人には手がらがなく、聖人には名誉がない」というのだ。〔★120〕

自分がますます依存しかねないものから距離を置き、自然にしたがうことで、ひとははじめて自由になれる。一方で、孔子は『論語』（述而第七、第三六節）でこのように説いている。

君子は落ち着いてのびのびしているが、小人はいつでもくよくよしている。〔★121〕

★119 Kahn, *Anaximander and the Origins of Greek Cosmology*, 203. さらにカーンは、四世紀後半にアリストテレスが宇宙生成論を有効な科学的分野としては採用しなかったことを指摘している（二〇一頁）。

★120 Zhuangzi, *The Complete Work of Zhuangzi*, 3.「若夫乘天地之正，而御六氣之辯，以遊無窮者，彼且惡乎待哉！故曰：至人無己，神人無功，聖人無名」。〔『荘子　内篇』、一五頁。〕

★121 Confucius, *The Analects of Confucius*, 52.〔『論語』、一四九－一五〇頁。訳は一部変更した。〕

君子になるというのは、天命を知ることである。まさに「子曰く」（為政第二、第四節）、

わたしは一五歳で学問に志ざし、三〇歳のときに自分の立場をもち、四〇歳になってあれこれと迷わなくなり、五〇歳で天命を知った。六〇歳になるとひとの言葉をすなおに聞けるようになり、七〇歳になると、思いのままにふるまってもはめをはずすことがなくなった。［★122］

天命を知るまでは勉学に励まなければならない。そして勉学を成し遂げてはじめて、ひとはおおらかで自由になれる。

『生の技法』のなかでジョン・セラーズは、アリストテレスとストア派のあいだのソクラテス受容の相違を論じている。セラーズによると、アリストテレスのプラトン読解では哲学とロゴスの関係が強調されているという。アリストテレスは『形而上学』第一巻において、ソクラテスは自然を離れ普遍性と確定性にかかわる倫理学を志向した人物だと語っている［★123］。その結果、セラーズの主張によれば、アリストテレスはソクラテスの人生や教えのなかで哲学が担っていたアスケーシス（修養）という役割を重視していない。他方ストア派のゼノンは、そのような役割こそを発想の源泉としたのである。

セラーズが指摘するように、このようなアリストテレスの言説は、かれがロゴスに対してより強い

哲学的関心をもっていたことに由来している〔★124〕。ところがじつは、『ゴルギアス』のなかでカリクレスが「自分自身を支配すること」とはなにかと問いかけたとき〔★125〕、ソクラテスは「自身の快楽や欲求を支配すること」〔sōphrona onta kaì enkratē autòn heautou〕〔★126〕だと述べているのである。さらにソクラテスは、『アルキビアデスI』で、自分自身に気を配るための第一歩は、デルポイの神殿に掲げられた「汝みずからを知れ」〔gnôthi seauton〕という高名な銘文にしたがうことだと述べている〔★127〕。自分自身に気を配るというのは、体操のときに肉体に気を配るのと同様に魂に気を配ることである。『ソクラテスの弁明』では、かれは自身への告訴から身を守るためにこのような答弁をしている。

> 君たちはアテナイという、知力においても武力においても、もっとも評判の高い偉大な都市の市民でありながら、ただできるだけ多くの金銭や評判、地位を得ることばかりに熱をあげていて恥

★122 Ibid., 20.〔『論語』、三五－三六頁。訳は英文より。〕

★123 J. Sellars, *The Art of Living: The Stoics on the Nature and Function of Philosophy* (Aldershot: Ashgate, 2003), 34.

★124 Ibid.

★125 Plato, 'Gorgias,' in *Complete Works*, 491d11.〔プラトン『プラトン全集9』、一三六頁、訳は英文より。〕

★126 Ibid.〔同書、一三七頁。訳は英文より。〕あるいは以下を参照。A.A. Long, *From Epicurus to Epictetus: Studies in Hellenistic and Roman Philosophy* (Oxford: Oxford University Press, 2006), 8.

★127 Sellars, *The Art of Living*, 38.〔プラトン「アルキビアデスI」（田中美知太郎訳）、『プラトン全集6』、田中美知太郎、川田殖、河井真、田之頭安彦訳、岩波書店、一九七五年、六五頁。〕

ずかしくはないのか。そうして知や真実にはまるで気をつかわず、魂をできるだけ優れた状態にしようと考えないでいて恥ずかしくはないのか。〔★128〕

もしもいつわりの技法が快楽を目的としているなら、真の技法は魂にとって最善のものを目的としている〔★129〕。『饗宴』で描写された情景は、このことをもっともよく示しているだろう。そこでソクラテスは、美青年アルキビアデスに腕を回して眠りにつきながらも、性的に興奮した気配を一切見せはしないのだった〔★130〕。

ロゴスと観想《テオリア》に対するアリストテレスの関心は、ストア派とは異なるエウダイモニアの定義を与えてくれるだろう。『弁論術』のなかで、アリストテレスは幸福のことを「徳と結びついた繁栄」と定義しており、それは内的な善（魂と肉体の善）と外的な善（よき生まれや友人、金銭、そして名誉）から成り立っているとする〔★131〕。また『ニコマコス倫理学』（第一巻第四章）では、エウダイモニアとは政治学のテロス〔目的〕であると言い、さらに普通「幸福」と訳されるその言葉は「善く生き、善く行動すること」に等しいと述べている〔★132〕。アリストテレスにとって、幸福は徳と関係しているが、しかし徳が幸福を確証するわけではない。同書の第一巻第七章では、かれの言う善の意味が説明されている。その定義によると、善とは行為そのものに内在する最終的な目的のことだ――それはたとえば、医療にとっては健康であり、軍略にとっては勝利であり、建築にとっては家屋である。そしてアリストテレスはつぎのように結論づける。「もしもわれわれの行なうすべてのことにひとつの目的があるのなら、それは行為によって実現可能な善であろう。また目的がふたつ以上存在するのなら、それは行為によって実現可能な複数の善であろう」〔★133〕。徳は幸福を確証するものではない。なぜならひとは、植物や動物とちがって合理的な信念を授けられているからである。合理性は単なる〔本能的な〕機能性を乗り越え、もっとも望ましい善をめざすのだ。人間の善とは、とアリストテレスは言う。「魂の活動が徳と一致すること、また徳がふたつ以上あるならば、そのなかでも最善かつもっとも完全なものと一致することを知る」ことである〔★134〕。トマス・ネーゲルによれば、こうした振る舞いが肯定するのは、理性が知覚や運動、欲望といったほかの機能を上回っていること、そして理性はそうした諸機能に支えられてはいるが、従属してはいないということだ〔★135〕。

★128 Plato, 'Apology,' in *Complete Works*, 29e; also cited by Foucault, 'Technologies of the Self,' 20.〔プラトン「ソクラテスの弁明」(田中美知太郎訳)、『プラトン全集1』、今林万里子、田中美知太郎、松永雄二訳、岩波書店、一九七五年、八四頁。訳は英文より。〕

★129 Sellars, *The Art of Living*, 41.

★130 Long, *From Epicurus to Epictetus*, 9.

★131 Aristotle, 'Rhetoric,' in *Basic Works*, 1360b26-28.〔アリストテレス『弁論術』、戸塚七郎訳、岩波文庫、一九九二年、五六頁。訳は英文より。〕

★132 Aristotle, 'Nicomachean Ethics,' in *Basic Works*, 1095a19.〔アリストテレス『ニコマコス倫理学(上)』、二〇頁。訳は英文より。〕

★133 Ibid., 1097a23-25.〔同書、二九頁。訳は英文より。〕

★134 Ibid., 1098a16-18.〔同書、三三頁。訳は英文より。〕

★135 T. Nagel, 'Aristotle on Eudaimonia,' in A. O. Rorty (ed.), *Essays on Aristotle's Ethics* (California: University of California Press, 1980), 11.

アリストテレスとストア派の関係は、いまだに論争の主題となっている。たとえばA・A・ロングは、アリストテレスの言うエウダイモニアの概念が直接ストア派に影響を及ぼしたと主張しているが、デイヴィッド・E・ハームは、ストア派の宇宙論はアリストテレスよりプラトンの『ティマイオス』から影響を受けていると論証している。とはいえ、古典の研究者のあいだで意見が一致している重要な相違がひとつある。それは、アリストテレスにおいては外的な善がエウダイモニアを実現する役割をもつのに対して、ストア派の言うエウダイモニアは、総じて倫理的な徳によって構成されるということだ。つまりストア派にとって、善不善や快楽の有無はたいした問題ではない［★136］。この点にこそ、ストア派のもっとも重要な原則がある。ゼノンが定義したように、それは「したがって生きること」である。クレアンテスはこれを「自然にしたがって生きること」と修正し、さらにクリュシッポスは「自然がもたらす経験にしたがって生きること」とした［★137］。ジュリア・アンナスは、このような自然を「宇宙的自然」と言い表している［★138］。さらに言うと、徳の完全なモデルは宇宙の有機的な構造にある。人間は宇宙的自然の一部であるため、宇宙が徳の完全なモデルになるわけだ。これはある意味で中国の道の考えと似ているようにも見える。

しかし、ストア派はどのようにしてピュシスから道徳へと推移するのだろうか？　そもそもストア派の言う宇宙とは、無限の虚空に囲まれた、有限性をもつ球形の物体である。一般的な解釈では、これはヘラクレイトス的な宇宙のモデルにしたがっているとされる。つまり、宇宙は物質と火（生体の熱や呼吸）の融合によって創出されるというものだ。火はほかのさまざまな要素に変容し、やがてもとに戻る。そうして宇宙は、ある同一の循環のなかで反復されるのである。このような宇宙は「理性」が生みだすものとされ、そこにひとつの論理が宿ることになる。くわえて理性は、「より善いものもより悪いものも生みだせない」[★139]。キケロの『神々の本性について』には、物質的なものから道徳への推移にかんする明確な記述があり、そこでは理性が神聖なものになっている。

天体を観察するとき、精神は神の認識へと到達する。そこから、正義やその他の徳と不可分の信心が生じる。それは、神の生活に匹敵するか、あるいは類似した幸福な生活のみなもとである。このような生活は、不死性というおよそ幸福とは無関係の要素を除けば、神々の存在に引けをとることはないのだ。[★140]

★136 A. A. Long, 'Stoic Eudaimonism,' in *Stoic Studies* (Berkeley, CA: University of California Press, 2001), 182.
★137 J. Annas, *The Morality of Happiness* (Oxford: Oxford University Press, 1995), 168; cited from Arius Didymus, in Stobaeus, *Eclogae* (Selections) Book II. 85.12-18. 同書では、さらにつぎの引用が続く。「ものごとを選択し、あるいは選択しないときに、自然にしたがい合理的であること」(ディオゲネスおよびアルケデムス)、「自身のなすべきすべての行為を完遂できるように生きること」(アルケデムス)、そして「自然にしたがってものごとを選択し、また自然に反するようなものごとはつねに選択しないようにして生きること」(アンティパトロス)。アンティパトロスはまた、このようにつけ加えている。「自然に即した望ましいものごとを得られるよう、つねに変わらずできることのすべてをすること」。
★138 Annas, *The Morality of Happiness*, 159.

これらふたつの領域をつなぐのは、ストア派がオイケイオーシス〔oikeiosis、専有〕と呼ぶ中心的な観念である。ストア派の道徳には自己の反省や抑制が含まれているが、それは無条件の道徳的義務を意味するわけではない。つまり、自然にしたがって生きるには、観想**と**解釈の両方が必要だということだ。解釈とは、まず観想をつうじて存在者との関係のなかに身を置き、その後それらに価値をつけることである。こうした価値は恣意的なものではない。エミール・ブレイエが指摘したように「価値は基準を与えるものではなく、基準を付与される側である。存在が基準を与えるのだ。〔……〕言い換えれば、価値論は存在論を前提とするのであって、それに取って代わるわけではない」〔★141〕。

ガボール・ベテグは、ストア派とりわけクリュシッポスの倫理学的理論の基盤には、宇宙的自然が明白に取り入れられていると主張している。これはジュリア・アンナスとは反対の立場だ。アンナスは『幸福の道徳性』のなかで、ストア派の倫理学的理論は、かれらの自然哲学や神学の教義「に先立って」「独自に」発展したと論じている。もしこれが正しければ、ストア派倫理学の性質を理解するために宇宙的自然から説き起こすのは誤りとなるだろう。なぜなら、自然哲学は単に倫理学をより深く理解するためのひとつの補完物にすぎなくなるからだ〔★142〕。私たちは、董仲舒《とうちゅうじょ》の宇宙中心主義に対する牟宗三《ぼうそうさん》の批判を論じたところで、すでにこれとよく似た主張に出会っている。だがそのときにも指摘したように、世界内存在こそが倫理的思考の条件である以上、外部環境を考慮しないかぎり道徳などありえない。

ベテグは、プラトンの『ティマイオス』が、クリュシッポスのテロスについての理論に重要な影響を与えたことを示している。少し長くなるが、ベテグの論文のもとになった『ティマイオス』の一節を見ておこう。

> そこで、欲求や競争にすべての関心と体力を注ぐようなひとにとって、その信念はことごとく死すべきものになります。また〔そのひと自身も〕完全に死すべきものとなりうるという点において、いささかも例外の余地はないでしょう。なぜなら、そのひとが増大させてきたものは自身の死す

★139 P. Hadot, *What is Ancient Philosophy?* tr. M. Chase (Cambridge, MA: Harvard University Press, 2004), 130. とはいえ、このようなヘラクレイトス的なストア派読解が、ハームなどの書き手から反論を受けていることには注意しておこう。ハームは、そこにはプラトンの影響にくわえ、アリストテレスの影響もより色濃く存在すると主張している。というのもストア派は、アリストテレスが『宇宙について』で行なった五大元素の分類――火、空気、水、大地、そして（至高の元素である）エーテル――を吸収し、ひとつの生命体としての宇宙という生物学的モデルに組み込んでいるからだ。以下を参照。D. E. Hahm, *The Origins of Stoic Cosmology*, 96-103. さらに言うと、ゼノンにとって宇宙の本質的な元素は火であったが、クレアンテスにとってそれは熱であり、またクリュシッポスにとってはプネウマだった。以下を参照。J. Sellars, 'The Point of View of the Cosmos: Deleuze, Romanticism, Stoicism,' *Pli* 8 (1990), 1-24: 15 n70.

★140 Cicero, 'De Natura Deorum,' in *Cicero in Twenty-Eight Volumes*, vol. XIX, tr. H. Rackham (London: William Heinemann, 1967), II, LXI, 153; also quoted by Goldschmidt, *Le Systéme Stoïcien et l'Idée de Temps*, 67.〔キケロー「神々の本性について」（山下太郎訳）、『キケロー選集11』、山下太郎、五之治昌比呂訳、岩波書店、二〇〇〇年、一八八頁。訳は英文より。〕

★141 E. Bréhier, 'Sur une Théorie des Valeurs dans la Philosophie Antique,' in *Actes du IIIe Congrès des Sociétés de Philosophie de Langue Française* (Louvain: Editions E. Nauwelaerts, 1947), cited by Goldschmidt, *Le Système Stoïcien et l'Idée de Temps*, 70.

★142 G. Betegh, 'Cosmological Ethics in the Timaeus and Early Stoicism,' *Oxford Studies in Ancient Philosophy 24* (2003): 273-302: 275; Annas, *The Morality of Happiness*, 166.

べき性質にほかならないからです。しかし、学びと真の知に全身全霊で取り組み、自分のうちのなににもましてこれらのものを鍛錬してきたひとが、もしも真実をつかむなら、そのひとはかならず不死で神的な知を手にするでしょう。また、もし人間の本性が不死性にあずかりうるなら、そのひとは少しもそれを欠くことがないでしょう。こうしたひとは、つねに神的なものを世話し、自分の同居者であるダイモーン〔daimon、神霊〕をよく整えられた［εὖ κεκοσμημένον τὸν δαίμονα］状態で宿しているのだから、至高の幸福［εὐδαίμονα］を得ることでしょう。ところで、世話というものは、だれにとっても、なんの世話であっても、方法はひとつです。すなわち、おのおのに対して、それに固有の養分と動きを与えることです。そしてわれわれのなかの神的なものと同種の動きとは、万物がなす思考と回転運動のことです。そこで各人は、これらの運動の跡を追いながら、生まれたときに堕落してしまったわれわれの頭のなかの循環運動を、万物の調和と回転運動に学んで矯正し、思考する主体をその思考の対象に似せて、前者をいにしえの本性に戻さなくてはなりません。また、この類似性を作りだすことによって、神々から人間に現在と未来にわたって課せられた、もっともよい生を達成［τέλος］しなければならないのです。［★143］

ここから見て取れるのは、個人の魂と世界霊魂のあいだにある、構造や組織の並行性［★144］、つまりある種の「類比」である。ここには明らかに、中国思想における人間と天の関係と共鳴するものがある。だが、プラトンの描く関係は完全に類比的なわけではない。人間もまた自然のうちに存在しており、全体のなかの一部であるからだ。そして魂が宇宙の調和に組み込まれるとき、魂の理性的な部分に秩序と調和がもたらされるのである。このプロセスは、広く「専有」〔appropriation〕と訳されるオイケイオーシスを起点としている。ここでは、キケロの『善と悪の究極について』やセネカの『ルキリウスへの手紙』、それからディオゲネス・ラエルティオスの報告をもとに、このプロセスを再構築してみよう。それによってプロセス全体のイメージが得られるはずだ〔★145〕。

ストア派の考えでは、人間も動物も、みずからの構成〔sustasis〕と存続のために適切な〔oikeion〕ものと、不適切な、あるいは見知らぬ〔allotrion〕ものを区別する能力を賦与されている。ディオゲネス・ラエルティオスによると、クリュシッポスは、自然が動物を創造した以上、それに自己保存の本能をまったく賦与しないのは合理的でないと述べたという。ただ、オイケイオーシスには第二の段階が必要である。そこでは、理性が行動を導くことを可能にするような洞察力が求められる。こうして徳行は自然によって規定されることになり、理性の極地が自然と一致するのだ。

ストア派の「生の技法」は、「技法」という言葉が示すようにひとつのテクネーである。アンナス

★143 Plato, 'Timaeus,' cited in Betegh, 'Cosmological Ethics,' 279.〔プラトン『プラトン全集12』、一七四頁。訳は英文より。〕
★144 Betegh, 'Cosmological Ethics,' 279.
★145 以降の本文の記述は、以下に依拠している。G. Striker, 'The Role of Oikeiōsis in Stoic Ethics,' in *Essays on Hellenistic Epistemology and Ethics* (Cambridge: University of Cambridge Press, 1996), 281-297: 286-287.

はこう主張している。「ストア派は徳を一種の技能（テクネー）とみなしていた。それはいわば、試行錯誤をつうじて強化され、揺るぎないものになっていく知的能力である。かれらが言ったように、徳は幸福をもたらす生にまつわる技能なのだ」[★146]。ここでゼノンの形式ばった定義を参照しよう。かれによると、幸福とは「良好な生の流れ」であり[★147]、テクネーとは「生において有益な目的のための実践によって統合される、ひとつの理解のシステム」である[★148]。むろん、この定義は分かりづらいものだ。けれども、そこで示されているのは、まさに徳を目的とするテクネーが、適切な生の流れをうながすということである[★149]。そこには、怒りや憐憫《れんびん》、復讐心などへの対処が含まれている。たとえば、マルクス・アウレリウスは、ものをよく観察して、それが崩壊や変容、腐敗、衰退のさなかにあることを想像してみよと告げている。ピエール・アドの指摘によれば、普遍的な変容の想像というこの精神的修練は、死についての熟考につながっており、また「この哲学者に、宇宙に内在する理性が要請するさまざまな出来事を好意的に受け入れさせたのである」[★150]。

さて、これらすべてを念頭に置いたうえで、「自然にしたがって生きること」という側面から見た、道家思想とストア派の思想のちがいを以下に列挙してみよう。

宇宙論：有機体としての宇宙というストア派のモデル（それを宇宙生物学ないしは宇宙物理学と呼ぶひともいるだろう）[★151]は、道家思想にも明白に存在するわけではない。道家でも宇宙の有機的構造が語られてはいるが、それはある種の動物としてあらわれてはおらず、自然を典型とした道によって導かれている［★152］。

神性：ストア派にとって、宇宙は立法者としての神と関係している。だがいにしえの中国思想には、このような立法者や創造者という役割は見受けられない。

エウダイモニア：ストア派は合理性に高い価値を置いているが、それは合理性がエウダイモニア

★146 Annas, *Morality of Happiness*, 169.

★147 Long, 'Stoic Eudaimonism,' 189.

★148 Sellars, *The Art of Living*, 69. ここで「システム」（systema）という語にも注意を払っておく必要がある。F・E・スパーショットが指摘したように、ストア派は実在「から」（ek）生じるなにものかを必要としている（この意味で、プラトン的なイデアの概念とは異なっている）。つまりストア派にとってテクネーとは、把握することから（ek katalēpseōn）構成されるひとつのシステムである。以下を参照。F. E. Sparshott, 'Zeno on Art: Anatomy of a Definition,' in J. M. Rist (ed.), *The Stoics* (Berkeley, CA: University of California Press, 1978), 273-290.

★149 セラーズは、技術には三つの類型があると提唱している。すなわち、(1) 目的となる生産物をもつ生産的技術、(2) 生産物よりも生産そのものが重要になる行為遂行的技術、(3) 確率的技術である。最後のものは最善の結果をめざすものの、たとえば薬がそうであるように、かならずしも成果が確約されていない技術のことだ。*The Art of Living*, 69-70 を参照のこと。

★150 P. Hadot, *What is Ancient Philosophy?*, 136.

★151 以下を参照。Hahm, *The Origins of Stoic Cosmology*, Chapter 5, 'Cosmobiology,' 136-184.

★152 銭新祖《せんしんそ》の主張によると、ストア派のヘーゲモニコン〔hēgemonikon〕ないしプラトンの世界霊魂は、一見〔自然《ズーラン》と〕同等の論理にもとづいているものの、じつはそれらは従属的な論理にしたがっているという。以下を参照。銭新祖，《中國思想史講義》，第二二〇頁。

をもたらすからだ。そして人間は、合理性をもつことによって宇宙における特定の役割を果たす。おそらく道家は、この前半部分は認めるだろうが、後半は否定するだろう。なぜなら、道はすべての存在者のなかにあり、自由は無為〔なにもしないこと〕をつうじてのみ得られるからである。

合理性：ストア派にとって、自然とともに生きるというのは合理性を**発展**させることであるが、道家にとっては自然に備わっていた本来の素質を取りもどすことである〔★153〕。

ここまで私の見解を述べてきたが、そのねらいは、要するにストア派の思想と道家思想においては宇宙と道徳の関係がそれぞれ異なる技術によって結ばれており、どちらも私の言う宇宙技芸の一例だと示すことにある。これらの関係は異なる方法によって打ち立てられており、また異なる生活の様式を明らかにしている。

ミシェル・フーコーは「自己のテクノロジー」のなかで、さまざまなストア派の実践の例を挙げている。たとえば友人に書簡を送り、自己をさらけだすこと〔マルクス・アウレリウスやセネカなど〕、自己と良心をよく吟味すること、それから真実を思いだす〔見つけだすのではない〕ためのアスケーシス〔修養〕などだ〔★154〕。一方ギリシア人は、技法をメレテー〔meletē〕とギムナシア〔gymnasia〕というふたつの主要な形式に分類している。メレテーは瞑想という意味で、想像力を駆使して難局への対処に役立てることを言う。たとえば、最悪の事態を想定したり、望ましくないことがすでに起きているかのように考えたり、〔病のような〕苦しみに対する紋切り型の認知を否定したりすることである。他方、ギムナシアとは激しい運動のような肉体的修練のことだ〔★155〕。ここで疑問に思うひともいるだろう——宇宙的自然によって明らかにされるという徳を理解するにあたって、このような心身の修練がいったいどんな根拠をもつのだろうか？　これは、自己開示の歴史に関心をもっていたフーコーとは関係のない論点である。けれども、宇宙技芸にかんする私たちの探求では、この問いこそが論じられなければならない。

フーコーが指摘したように、ストア派の実践が初期キリスト教の教義へ取り込まれたことで、ある重要な変化が生じた。ストア派の思想では、「汝みずからを知れ」という教えは「自分自身に気を配ること」の結果であったが、キリスト教の教義では、その教えが罪人かつ病人としての自己をさらけだすことと直結したのである〔★156〕。フーコーは、エクソモロゲーシス〔exomologēsis〕とエクサゴレウシス〔exogoreusis〕というふたつの主要な技法を挙げている。エクソモロゲーシスは、恥じらいと謙虚

★153　後半の三つの論点は、以下に依拠している。J. Yu, 'Living with Nature: Stoicism and Daoism,' *History of Philosophy Quarterly* 25: 1 (2008), 1-19.
★154　Foucault, 'Technologies of the Self,' 34.〔フーコーほか『自己のテクノロジー』、四二－四三頁。〕
★155　Ibid., 36-37.〔同書、四五－四七頁。〕
★156　Ibid., 41.〔同書、五三頁。〕

さを見せ、なおかつ慎み深さを示すことで機能する。これは私的な実践ではない。セネカが言うように、むしろ自分をさらけだすこと〔publicatio sui〕をつうじて行なうのである。そしてエクサゴレウシスは、服従と観想というふたつの原則にもとづいており、これによって自己の吟味が神の認識へとつながるのである。

道家の教えが宗教〔道教〕に適用されたときにもまた、その実践の変化が見受けられた。たとえば、瞑想や武術、房中術〔性行為をつうじた養生の技法〕や煉丹術などである。とはいえ、キリスト教の教義においてはヘレニズムの教えの選択的受容や変化が生じたのに対し、道教の場合、老子と荘子の思想の本質は損なわれずに保たれている。くわえて道教は、その教えのなかに「天と人間の共鳴」にかんする儒家の理解もうまく吸収したのである。

ここまでの議論は、宇宙技芸という概念を包括的に理解し、技術の概念や歴史を切り開く必要性をきちんと認識するにあたって有益なものとなるだろう。第1部の残りの部分では、中国における道器の関係がどのように変化していったのかを描いてゆく。その後第2部では、近代性と近代化を理解するにあたり、この関係がもつ重要さに触れていきたい。

11　抵抗としての器道――唐代の古文運動

　すでに述べてきたように、器と道の動的な関係を分析することで、私たちは中国哲学を体系的に理解できる。器と道の統一を再肯定しようとする試みは中国のあらゆる時代に存在しているが、とりわけ危機の時代に顕著であった。歴史学者の金観濤《きんかんとう》と劉青峰《りゅうせいほう》によれば、魏晋南北朝時代（二二〇－五八九年）は中国思想史研究のなかでもっとも興味深いふたつの時代のひとつだという。というのも、この時代に仏教が伝来した結果、やがて中国思想に儒学、道家思想、仏教の統合をもたらすことになる内的変化が引き起こされたからである。またそれによって、一九世紀なかばまで続く中国哲学の強力な伝統が形成されたといえるだろう。なおもうひとつの時代とは、一八四〇年以降、つまり中国が近代化してゆく時代のことだが、この詳細についてはあとで論じよう。

　のちに見てゆくように、このふたつの時代においては、器と道の統一が外的脅威（仏教と西洋文化）への抵抗として再肯定された。しかし歴史的背景の相違のために、これらの時代には、それぞれ異なった器と道の関係が生じたのである。また、このふたつの時代に先立ち、（一種の抵抗の時代として）つけくわえるべき時代がある。周代（前一〇四六－前二五六年）の末期だ。牟宗三が主張するように、周の文王（前一一五二－前一〇五六）が打ち立てた礼楽《れいがく》（儀礼と音楽）の制度の崩壊は、道徳の崩壊をもたらした。そしてこの崩壊への応答として、儒学と道家思想が誕生したのである[★157]。このような器道の関係の変化は、中国における技術への問いにとってきわめて重要なものだ。

唐代(六一八－九〇七年)には、仏教は中国の一大宗教となっており、朝廷の公的な宗教ないし信仰となっていた。唐代中期になると、仏教に対抗するべく儒家の運動が再始動する。韓愈《かんゆ》(七六八－八二四年)や柳宗元《りゅうそうげん》(七七三－八一九年)といった文人の目には、仏教は単なる迷信だと映っていた。唐代とは、中国が歴史上もっとも繁栄した時代であり、またおそらくもっとも開かれた時代であった。この時代には、政略結婚を含む隣国との交流も認められていたのである。

仏教排斥の運動にはふたつの側面があった。ひとつは仏教や道教がもたらす迷信への抵抗で、もうひとつは「文」の機能と使命を再度強調することにより、器と道の統一という儒家的な価値観を建てなおそうという努力である。これは「古文運動」として知られている。「古」はいにしえを、「文」は文字や文章を意味する。この運動が提唱したのは、文は様式や形式にこだわるのではなく、むしろ道を明らかにすべきであるということだ。魏晋南北朝時代には、きらびやかな語彙と対句的な形式を特徴とする駢文《べんぶん》(文字通りには「並行した文」という意味)が、文の主要な様式となっていた。古文運動を推し進めた韓愈と柳宗元にとって、駢文はうわべだけの美的な娯楽と化しており、その意味で道から逸脱してしまっていた。古文運動は、いにしえの文の様式だけでなく、かつての儒家の教えをも再建しようとする試みだったのである。この運動は、「文は道を明かす」(文以明道)というスローガンに則って進められた。これは、文がある特有の器であり、器と道の統一性を再建する役割を果たしうることを意味している。

いま振り返ってみれば、古文運動とは要するに、儒学を中国文化の中心として再建しようとする試みだったといえる。しかし、ここで言う中心、あるいは「中」はなにを意味するのだろうか?「中」には二重の意味があり、それによって韓愈と柳宗元のちがいが明確になる。だがより重要なことに、この意味の二重性は、もはや「純粋」で「根源的」な儒家の教えなど取り戻せないことを示しているのだ。なぜなら、道は静的で永遠に不変の存在ではなく、すでに仏教の影響を受けてしまっていたからである。

儒家の経典である『中庸』では「中」の価値が強調されているが、それはどんな過剰さにも傾かず、適切に振る舞うという意味である。他方、竜樹《ナーガールジュナ》によって展開された「中観」という概念は、空《くう》を永久かつ真正な存在の形式とみなし、その他の事象は単なる幻想や現象にすぎないと考えるものである[★158]。これらふたつの「中」の意味合いのうち、韓愈は前者に傾倒し、柳宗元は後者へと傾倒していた。韓愈と比べて、柳宗元は仏教により共感をもっていたからである。韓愈は、「原道」と

★157 劉述先,《當代中國哲學論 人物篇》(香港:八方文化企業公司, 一九九六年), 第一九二頁。
★158 なぜ「中」が「空」でもあるのかについては、つぎの八つの非中心的な形式から理解できる。それは「生まれることなく滅びもしない、一定不変ではなく断絶もない、単一ではなく異なりもしない、入ってこず出てもいかない」(不生也不滅, 不常亦不斷, 不一亦不異, 不來亦不出)というものだ。詳しくは以下を参照。金觀濤、劉青峰,《中國思想史十講》, 第一九〇頁。

いう論考でつぎのように説明している――なお「原道」とは、「道の本質」あるいはより文字通りには「道の根原」という意味だ。

先王の教えとはなにか。だれに対しても愛情をもつことを仁といい、正しく行動することを義という。それを経由して進みゆくものを道といい、〔道にしたがい〕自分自身に充足して、外側にある他のものに期待しないことを徳という。かれら先王の書物は『詩経』、『書経』、『易経』、『春秋』。生活の規範は礼、音楽、刑罰、政治。治める民は士、農、工、商。関係性は君臣、父子、師友、主客、兄弟、夫婦。衣服は麻や絹。住まいは屋敷や家屋。食事は穀物、果実、野菜、魚、肉。道というものは分かりやすく、教えというものは実践しやすいものだ。[★159]

韓愈による道の解釈は、清代（一六四四－一九一二年）末期の革命家から保守的かつ退行的だとみなされることになった。それは、かれが「封建制」を復活させようと望んでいたからだという[★160]――のちの文化大革命の時期に孔子が共産主義者の批判を集めたのもおなじ理由だった。韓愈とは異なり、柳宗元にとって仏教の「中観」は、〔儒家の概念ではなかったものの〕依然としてある統一性をもつ宇宙論的思考を展開させるための規準となる原理であった。この宇宙論的思考は、漢代に展開された天人合一の概念とは異なり、天と人間をそれぞれ超自然的なものと自然的なものに、また迷信的なものと精神的なものに区別したのである[★161]。世界を形成するものは世界そのもののなかに見いだされなければならず、いかなる超越や第一原因も必要とはされない。ここには――事実上の先駆者とまでは言わずとも――宋代の理学にきわめて近い思考を見て取れるだろう［★162］。柳宗元が「元気」と呼んだ、世界を構成する第一の要素は、物質的かつ精神的な存在である。これは宋の理学における気の理論の考え方に近いものだ。

韓愈と柳宗元のあいだにはいくつかの相違点もあったが、かれらの古文運動の重要性は、総じて器と道の統一を再構成したことであったといえる。器道の統一を文と道の関係として明示した古文運動は、宇宙論的かつ道徳的な秩序だけでなく、道家的な自然への熱望をふたたび肯定することにもなった。この点は柳の散文のなかでより顕著だ。そうして唐代に両者が並行して発展した結果、こうした器道の統一の再肯定と関連する物事が、日常生活のうちに入り込むことになった――これは歴史学者の金観濤と劉青峰が「常識的理性」と呼ぶものである。金と劉によれば、魏晋南北朝時代から、高度

★159 引用は以下より。J. Chen, *Liu Tsung-yüan and Intellectual Change in T'ang China 773-819* (Cambridge: Cambridge University Press, 1992), 121.

★160 呉文治、《柳宗元評傳》（北京：中華書局、一九六二年）、第一八八―一八九頁。

★161 柳宗元は天の意志を信じておらず、冬と処刑のつながりにかんする先人の解釈は単なる迷信にすぎないと退けている。かれは言う――なるほど雷は岩を砕くかもしれないし、冬になれば木々や葉は枯れてしまう。だが岩も木も犯罪者ではないので、それらを処刑と考えることはできない。以下を参照。駱正君、《柳宗元思想新探》（長沙：湖南大学出版社、一九六二年）、第九五頁。

★162 とはいえ、この点には議論の余地がある。この問題に関心のある読者は、歴史学者の陳弱水《ちんじゃくすい》による仕事を参照されたい。J. Chen, *Liu Tsung-yüan and Intellectual Change in T'ang China 773-819*.

な哲学的概念をまるで常識のように日常的ないとなみに取り込もうとする傾向があったという[☆2]。これは、中国文化において仏教が急速に普及したわけや（思想体系の不一致ゆえに、完全な融合には一〇〇〇年もかかったが）、それにともなって儒学や道家思想の準宗教的な形式が発展したわけを説明している。かれらが挙げる常識的理性の例として、説得力があるのは禅仏教だ。なぜなら、禅仏教にとって古典的な文章を読み、解釈することは必要不可欠ではないからである（じっさい、多くの偉大な師僧はものを読むことすらできない）。この点は、中国仏教とインド仏教のちがいを特徴づけてもいる。前者にとって道は日常生活のなかにあり、それゆえすべてのひとが仏になる可能性をもつのだが、これはかならずしも後者に当てはまるわけではない。言い換えれば、中国には、道は日常生活のなかでしか探し求められないという思考の回路が存在するのだ。この「常識的理性」は、いわゆる宋明理学のなかでさらに発展していったのである。

12　初期の宋明理学における気の唯物的理論

ここまで私たちは、器の使用ばかりを論じ、その産出については論じてこなかった。では、道徳的宇宙論あるいは道徳的宇宙生成論のなかで器が果たす役割とはなにか？　宋明の儒学において、道徳的宇宙論はあらたな高みへと到達したが[★163]、ある種の「唯物論的思考」もまたこの文脈のなかで生じている。その思考は、宇宙生成論を作り上げるために「気」という要素をふたたび導入したのである。気の唯物的理論は、宋明理学の最初期の儒家である宋の張載《ちょうさい》（一〇二〇－七七年）によって展開され、明の宋応星《そうおうせい》（一五八七－一六六六年）の仕事に取り入れられた。後者は一六三七年に出版された技術にかんする百科事典（『天工開物《てんこうかいぶつ》』）の著者である。

気という概念は、太極拳や中国医学に多少の知識がある読者にとってはなじみ深いものかもしれないが、厳密には何なのだろうか？　気はただの物質やエネルギーのようなものではない。むしろ根本的に道徳にかかわるものである。とすると私たちは、古文運動のような仏教や迷信深い道教への抵抗の延長線上で、宋明理学を理解しなければならない。宋明理学は、道徳と矛盾しない宇宙生成論の展開をめざす形而上学的な探求を中心としており、『中庸』と『易伝』（『周易』にかんする七つの注釈からなる書物）というふたつの経典の読解から生じたものである。なお、これらの経典も『論語』や『孟子』の解釈から発展してきたものだ［★164］。新儒家の牟宗三《ぼうそうさん》は、宋明理学の思想的貢献とは「道徳的必然性をその極限まで浸透させることで、至高の透明性および完全性へと到達させたこと」であると述べている［★165］。この貢献は、仁の実践や「性」（「内在的な可能性」あるいは「人間の本性」）の完全な発達をつ

★163　以下を参照。牟宗三，《宋明儒學的問題與發展》。

★164　Ibid., 99.

☆2　金觀濤、劉青峰，《中國思想史十講》，第一三七－一四〇頁。

うじた、「存在論的宇宙論」と道徳の統一から成り立っている［★166］。

もっとも、宋明の儒家の思想を十分に記述することは私たちのねらいではない。目的はむしろ、中国哲学史上のこの特定の時代における器と道の関係性を理解することである。それに、牟宗三の『心体と性体』（一九六八－六九年）三部作は、宋明理学の論述という主題にかんしてきわめて体系的かつ歴史的意義のある解説をほどこしており、後世のどんな仕事であれ、これを乗り越えるのは容易ではないだろう。そのためここでは、私たちの中国哲学解釈に欠かせない基礎知識を読者が理解できるよう備えておくだけにしたい。

宋明理学において道徳的宇宙生成論を説いた最初の思想家は周敦頤《しゅうとんい》（一〇一七－七三年）だと考えられている。かれは太極図をもとにした宇宙の模式図を作成した。そこでは「無極」（「極がないこと」）または「混沌」）が「太極」を生みだし、太極が運動をもたらすとされる。これが陽である。陽はその限界に達すると休止し、休止が陰を生みだす。休止状態としての陰が極限に達したとき、運動がふたたび起きる。こうして陰陽は五行をもたらし、五行の運動が万物を生じさせるのだ。周敦頤は、聖人は陰陽や剛柔の摂理にかなうように仁や義を形成したため、その道徳的な態度が天地と一致しているのだと主張している［★167］。

張載は、気の概念をさらに発展させて、宇宙生成論と道徳の関係についての探求を引き継いだ。すでに見たように、気は宇宙を構成する第一の要素である。そしてすべての存在者は、気が「神」（精神）と呼ばれる内的運動にしたがって実体化したものとされる。この大いなる調和を取りまく動的なプロセスこそが道である［★168］。張載はこの個体化のプロセスを「気化」（気の変化）と呼んでいるが、ここでは「化」という語に注意しておくべきだろう。これは、たとえば量子跳躍のような急激な運動を表してはいない。そうした運動は「変」と呼ばれるだろう。化はむしろ、空に浮かぶ雲の形状変化のような、ゆっくりとした運動である［★169］。単純に言うと、気の理論の根底にあるのは**宇宙論**と**道徳**の結合に基礎を与える一元論なのだ。この気の一元論によって、張載は天と地、太陽と月、そして人間や万物が**自我**に結びつけられると主張できたのである［★170］。したがって、ひとは万物にたいして**道徳的義務**をもち、万物は自我を構成する一部となる（民吾同胞、物吾與也）［★171］。こうして私たちは、**道徳的宇宙論**という儒家の知的事業の核心へとふたたび戻ることになる。

★165 牟宗三，《心體與性體》第一冊，《牟宗三先生全集》第五巻（台北：聯經出版，二〇〇三年），第一二〇頁。「把那道德性之當然滲透至充其極而達至具體清澈精誠惻怛之圓而神之境地」（牟のこの文もまた翻訳不能である）。

★166 Ibid., 121.「在形而上（本體宇宙論）方面與道德方面都是根據踐仁盡性」。

★167 Ibid., 376. 周は、私がさきほど第七節で引用した『易経』「説卦」を引いている。「天の道は陰と陽である。地の道は柔と剛であり、人の道は仁と義である。さらにそれらが循環する運動を知ることで、死と生を知ることができる」（故曰：立天之道曰陰與陽，立地之道曰柔與剛，立人之道曰仁與義。又曰：原始反終，故知死生之說）。

★168 陳來，《宋明理學》（瀋陽：遼寧教育出版，一九九五年），第六一－六二頁。

★169 また、変は陽であり、化は陰であると考えられている。

★170 Ibid., 74.「視天下無一物非我」。

★171 王夫之，《張子正蒙注》（上海：上海古籍出版社，二〇〇〇年），第二三一頁。

気の理論と並行して、宋代の儒学には「理学」と「心学」というふたつの学派が存在していた［★172］。けれども、私にはどの学派も技術のことを考えていなかったように思われる。形而上学との関係において技術を理解する試みは、明の宋応星の思想のなかでようやく見えてくるのである［★173］。じっさい、理と道に焦点を当てることでいかに器と道が分離されてしまうかを指摘するのは難しいことではない。たとえば、周敦頤は「文は道を明かす」〔文以明道〕という古文運動の信条を「文は道を載せる」〔文以載道〕という言葉に変えた。「載せる」ということは、当然ながら文と道の両者が分離可能なことを示唆している。というのも、この場合、器としての文は単なる伝達手段でしかないからだ——いわばそれは、〔道から独立して〕ただ一定の機能をもっているにすぎない。また心学には、宇宙のあらゆる変化は無限の「心」のなかに包摂されると考える傾向がある。これが意味しているのは、かれらが心を絶対的かつ究極的な可能性とみなしており、したがって技術に適切な役割を与えることなどまずないということである。

13　明の宋応星の百科事典における器道

宋応星の業績はきわめて重要だ。おそらくそれは、技術的かつ物理的な存在者の個体化のプロセスのなかで器が果たす役割を、形而上学的な次元にまで到達させた最初の理論的な仕事であり、そこでは器の適切な役割が見いだされているからである。宋応星は、宋明の儒家が展開した道徳的宇宙生成論を補足するなかで、自分自身を宋明理学の思想のなかに位置づけ、中国における宇宙技芸の役割を明らかにしたのだ。かれの仕事の重要さを正しく理解するためにも、ここではまず唐代以後になにが起こったのかを簡単に説明しておこう。

宋代（九六〇－一二七九年）は技術がとても発展した時代であった。この時代にはたとえば、羅針盤や火薬、木版印刷が発明され、火薬の軍事利用も進められた。フランシス・ベーコンは、一六二〇年の著作『大革新』のなかでこれらを「三大発明」と名づけている。その後、元王朝（一二七一－一三六八年）つまりモンゴル帝国が騎馬隊によってヨーロッパまで勢力を拡大し、東西の交流を加速させた。マルコ・ポーロが中国を訪れたとされているのはこの時代である。宋応星の時代である明代（一三六八－一六四四年）は、美学にくわえ、科学と技術がさらなる高みへと到達した時代であった。この時代には中国ではじめて望遠鏡が組み立てられ、鄭和《ていわ》の船団がアフリカへ到達し、ユークリッド幾何学が中国語に翻訳されたのである。

★172　そのほか、宋代初期の儒家である邵雍《しょうよう》（一〇一一－一〇七七年）が提唱した「象数学」という学派もあったことに注意しておくべきだが、いまここでそれを扱う余裕はない。

★173　『荘子』のなかで、気の概念がきわめて重要な役割を担っていることも事実である。けれども、そこでは道、器、気の関係性は明らかにされていない。

宋応星の仕事はまぎれもなくこの時代の精神を象徴するものであり、どこからともなく生じたわけではない。一六三六年にかれが出版した『天工開物《てんこうかいぶつ》』という百科事典は、農業や冶金術、武器製造を含むさまざまな技術を列挙した一八の項目から構成されており、各項目には著者自身が旅や調査のなかで行なった観察にもとづく解説が付されている。ここでも天は、存在者のあらゆる変化や発生をつかさどる宇宙論的な原理を意味している。つまり『天工開物』とは、そうした原理を理解しつつ、人間による日常的な生産行為への介入が天の理にかなうような道筋を示そうという試みなのだ。

宋応星の百科事典は、フランスのジャン・ダランベールとドニ・ディドロの百科事典や、イギリスのW&R・チェンバーズの百科事典よりも一〇〇年ほどまえにあらわれている。もちろん、双方の歴史的背景はかなり異なっている。啓蒙思想と関連の深いヨーロッパの百科全書主義は、歴史的に新しい知の体系化や普及のかたちを提示していた。だが『天工開物』とは異なり、その知は「自然」から隔てられたものだった。マルティーヌ・グロウは、この時代に歴史は国王の生涯から切り離され、哲学は神学から隔てられたのだと指摘している[★174]。こうして哲学は解放されて独立を果たし、さまざまな学問の分野に関与しつつ、それらをつなぐ関係《ラポール》の哲学を生みだすこととなった[★175]。こうした背景のなかで、哲学のもつ自由さは啓蒙的な価値観にとって根本的なものとなり、擁護されたのである。たとえばカントは、『諸学部の争い』のなかで、神学・法学・医学というドイツの学術的な制度における三つの「上位の学部」と比べて、哲学は下位の学部ではあるが、それでも最高度の自由をもっていなければならないと述べている。

一方で、中国の背景はまったく異なっている。そもそも『天工開物』の著者は哲学者として知られていたわけではない。宋応星は何度かの失敗を経て官吏登用試験に合格したにすぎず、しかもそのとき、すでにかなりの高齢だった。その後も宋は政府のなかできわめて低い地位に甘んじることとなり、貧困生活のさなかに百科事典を書いたのである。ところが、こうした背景のちがいにもかかわらず、双方の事例は、技術を体系化するにあたって哲学が決定的な役割を果たしている点で類似している。どちらにおいても、哲学的思考──であると同時に、すべての学部を越える一種の「メタ」的思考──こそが、さまざまな種類の知を融合させたのだ。

『天工開物』以外の宋応星の著作は、一九七〇年代になってはじめて再発見された。そこには「談天」や「論気」といった重要なテクストが含まれている。これらのテクストでは、技術と（当時）主流であった形而上学（すなわち宋明理学）のつながりが明白になっている。宋応星の形而上学の中心となる部分は、さきほど簡単に触れた張載の仕事と関連が深かった。張載は宇宙の生成や道徳的宇宙論を語るために気の一元論を提示しており、死後に刊行された『正蒙』という著作では「太和〔大いなる調和〕を道という」（太和之謂道）と述べている。さらに張はこのように主張する。道とは気の運動のプロ

★174 M. Groult, 'L'Encyclopédisme dans les Mots et les Choses: Différence entre la Cyclopœdia et l'Encyclopédié,' in *L'encyclopédisme au XVIIIe siècle: actes du colloque*, Liége, 30-31 octobre 2006, 170.
★175 Ibid.

セスであり、そのため「気の変化は道と呼ばれている」（由気化、有道之名）。また「およそ形をもつものはみな存在し、存在するものはみな現象であり、すべての現象は気」である［★176］。そして「空こそが気だと知れば、有と無、隠れと顕れ、神［精神］［★177］や生命の変容のすべてを知ることができるのだ」［★178］。こうして張載は、空さえもが気を構成することを示そうとした。つまり、気はかならずしも現象だけに関係するのではなく、不可視のものにもなりうるというわけだ［★179］。張載の気の理論は、気の自律性にかんする議論に焦点を当てたものとなっている。とはいえ、そもそも気には、はじめから運動の原理が備わっているのだろうか？ それとも、運動を規定する原理や動機を外部に必要とするのだろうか？

張載と同時代の思想家たちは、道は形も現前も超越しているのだから、気と道は区別すべきであり、したがって道を気ではなく「理」（「理性」ないし「原理」）と同一視しなければならないと主張していた。二程《にてい》（程顥《ていこう》と程頤《ていい》）［★180］は張載と対立する主張を展開しており、それによると「形をもつものはすべて気であり、形のないものが道にほかならない」（有形総是気、無形只是道）。朱熹《しゅき》（一一三〇－一二〇〇年）は、張載の気と二程の理の両方を自身の理論に取り入れた。そこでは、気は器とおなじものとされ、理は形而上のものとされている。朱熹が言うには「天地のあいだには理と気がある。理は形而上の道であり、生物の根本となる。しかし、気は形而下の器であり、生物に具《そな》えられるものである」［★181］。ここでは、道と器は区別されつつも、切り離すことはできないと考えられている。だが気と器は、ただ単に同一視されているのだ。しかし（技術的対象としての）器が単なる「自然的対象」とでもみなされ

ないかぎり、どうして気が器に等しいものとなりうるのだろうか？〔★182〕
　気の位置づけにかんする議論は、牟宗三の時代になっても未解決であった。牟によれば、張載にとって「太和」は、気と「太虚」（大いなる空虚）つまり「神」（精神）のふたつを意味しているという。また牟は、理のみでは気に運動を生じさせるには不十分だと強調している。なぜなら、それは単なる原理でしかなく、「第一動者」を必要とするからだ。このような原初的動力は、心・神・情（情動）のなかに備わっているという〔★183〕。気・理・心という三つの概念にかんして、中国の哲学者はいずれかひとつに残りのものを取り込もうとしたり、ある概念がその他にまさることを主張したりしてき

★176　「凡可狀，皆有也；凡有，皆象也；凡象，皆氣也」。（張載，《張載集》（北京：中華書局，一九七八年），第六三頁。）

★177　じつのところ、「神」を「精神」と訳すのは、完全に正しいわけではない。張載によると、神は気の精妙な動きを意味するからだ。以下を参照。張岱年，「張載：十一世紀的唯物論者」，《張岱年全集》第三冊（石家莊：河北人民出版社，一九九六年），第二四八–二四九頁。

★178　「知虛空即氣，則有無、隱顯、神化、性命通一無二」。（張載，《張載集》，第八頁。）

★179　空と気を等しいものとみなすことは、仏教や道家思想で言う（端的な無としての）空の概念に対する攻撃でもある。

★180　程顥（一〇三二–八五年）と程頤（一〇三三–一一〇七年）は、「理」、より正確には「天の理」にもとづいて自身の理論を構築した。それは、朱熹によってさらに展開されることとなった。

★181　朱熹，「答黃道夫」，《文集巻58》（台北：德富文教基金會，二〇〇〇年），第二七九九頁。「天地之間，有理有氣。理也者，形而上之道也，生物之本也。氣也者，形而下之器也，生物之具也」。

★182　張岱年は、張載が気化を道と解し、また二程（程顥と程頤）が理を道と考えたことによって、道と器の問いは理と気の問いへと変化したと明言している――それは器の問題があやふやにされたことを意味しているのである。「中國哲學中理氣事理問題辯析」，《中國文化研究》二〇〇〇年第一期，第一九–二一頁。

★183　牟宗三，《周易哲學演講録》（上海：華東師範大學出版社，二〇〇四年），第五九頁。

た。これらの概念は、宋明理学のもっとも根本的な形而上学的原理となるべくつば迫り合いをしてきたのである。牟にとっては、心が最高の概念になりうるものとして突出していた。とはいえ、そうした主観的な力は、いかにして存在に運動をもたらすのだろうか？　この問いに対して、牟はカント的な態度を取る以外に説明するすべをもっていない。つまりかれは、（気・理・心という）三揃いの概念は現象を経験するための可能性の条件であり、存在と経験は相関関係にあると言うのである。もうひとりの重要な哲学者である張岱年《ちょうたいねん》（一九〇九－二〇〇四年）は異なる見解をもっていた。かれは張載を一一世紀の唯物論者とする大胆な解釈をしたのである。もっとも、張載自身が「太虚はすなわち気である」（太虚即気）、つまり動力は気のなかにあって、その外部にはないと述べていたことを考慮すると、これもあながちでたらめな説とはいえない［★184］。

　これらの三つの概念をめぐる議論は、ここに示した以上に詳細な研究をする価値がある。だがそれはそれとして、張岱年の唯物論的な主張も牟宗三の「第一動者」の議論も同様に受け入れがたいものだ。なぜなら、器の役割を十分に考慮するためには、おそらくどちらも不十分だからである。かれらは物質か精神のどちらか一方に「第一動者」を追求しているのだ［★185］。たとえ宋応星の思想をある種の唯物論として論じようとしたとしても、宋の気の概念は実体的な唯物論ではなく、むしろ関係性の唯物論であると言わねばならない。

　宋応星においては、気の一元論は、金、木、水、火、土という五つの要素へと展開される。これらが、それぞれ気の固有の構成要素となっているのである。この考えはソクラテス以前の思想と共鳴してはいるが、根本的に異なっている。この五つの要素は五行と呼ばれており、「行」は文字通りには「移行」を表している——五行は**実体的な**元素ではなく、**関係性の**運動なのだ。宋応星は張載の気の概念を取り上げており、「論気」というテクストで「天地に満ちているものはみな気である」（盈天地皆気也）と言っている［★186］。続いてかれはこう述べる。

天と地のあいだには、形［形式］か、あるいは気が存在する。［……］気は形へと変化し、形はまた気に戻る。しかし、われわれはそれに気づかない。［……］気がはじめて形になるときには見ることができるが、形から気へと戻るときには見ることができないのである。［★187］

★184 牟宗三は、張載を気の一元論者と考えるべきではないと主張している。以下を参照。牟宗三，《心體與性體》第一冊，《牟宗三先生全集》第五卷，第四九三頁。また牟は、張載の仕事に対する二程や朱熹の誤解が、張載は気の一元論者であるという誤った結論を導いたと述べており、そうした読みは是正されなければならないと言っている。「横渠於《太和篇》一則云：『散殊而可象為氣，清通而不可象為神。』再則云：『太虛無形，氣之本體』。復云：『知虛空即氣，則有無、隱顯、神化、性命通一無二。』又云：『知太虛即氣，則無無。』凡此皆明虛不離氣，即氣見神。此本是體用不二之論，即超越亦內在之圓融之論。然圓融之極，常不能令人無滯窒之誤解，而横渠之措辭亦常不能無令人生誤解之滯辭。當時有二程之誤解，稍後有朱子之起誤解，而近人誤解為唯氣論。然細會其意，並衡諸儒家天道性命之至論，横渠決非唯氣論，亦非誤以形而下為形而上者。誤解自是誤解，故須善會以定之也」。

★185 張岱年はときおり教条的なほどにマルクス主義的なそぶりをみせながら、張載は十分に唯物論的ではないなどと主張している。以下を参照。張岱年，《張岱年全集》第三冊，第二五一頁。

★186 潘吉星，《宋應星評傳》（南京：南京大學出版社，一九九〇年），第三三八頁。

ここでは、存在者の個体化とは、気が無形の状態から具体的な形へと変化することだとされる——この形は器でもありうるだろう。宋応星は五行を再構成し、土、金、木だけを形と関連づけている。火と水はもっとも根本的な力として、形と気の中間に位置づけられている［★188］。宇宙にあるすべての個体化した存在者は、気が五行のさまざまな形へと変化した現象なのだ。こうした変化は、たとえば木が燃えれば土に還るように、五行の移行の循環にしたがっているのである。張載とは異なり［★189］、宋応星の分析のなかでは、五行が古代の哲学で言うような相克《そうこく》する力（たとえば水が火に克《か》ち、金が木に克つ）とみなされてはいない。かれはむしろ、諸要素の組み合わせによって別の構成物を作りだすという「強度」の観点から五行を考えているのである。

これを受けて、そこには一切の対立がなく、要素間のさまざまな均衡と関係性だけがあるのだと言うひとがいるかもしれない。しかし、こうした要素の組み合わせが成立するには人間の介入が必要である。器が入り込むのはまさにここなのだ。器つまり技術は、気を変化させ、気そのものから自然には発生しないであろうさまざまな形に変えるのである。これこそが、新儒家や宋明の儒家が、心ないし理を諸現象の因果関係における唯一無二の「第一動者」とみなした際に見落としていた、器の技術的な次元にほかならない。宋応星は、「論気」のなかできわめて正確にこの点に触れている。

かれの主張は二点にまとめられる。まず、気は水や火などの形を取ることができる。これらの要素は相克しつつも、じつは互いに引きあう力を共有しているのである。かれは比喩を用いてこの点を説明する。つまりそうした要素は、まるで夫婦や母子のように、会えないときは相手を思って寂しがるのだという。けれども、それらは人間の介入、より正確には技術的ないとなみをつうじて「会える」のである。ふたつめの論点として、一杯の水と木製の二輪戦車を思い浮かべてみよう。木の戦車が火にかけられたとき、一杯の水は火に対して何の効果ももたらさずに蒸発してしまうだろう。しかし、巨大な容器を満たすほどの水があれば、火は簡単に消えてしまう。そのため技術的な思考には、**実体**の問いよりむしろ**強度**の問いこそが不可欠なのだ［★190］。宋応星のテクストが再発見されたいまから見れば、こうした思想の数々が、かれの百科事典である『天工開物』の技術にかんする記述のなかにあらわれていたことが分かる。たとえば宋は、陶芸を論じた節で「水と火の均衡がよく取れていれば、土は粘土や陶器へと組成される」［★191］と述べており、また冶金術にかんする節では、火と水は

★187 Ibid., 338.「天地間非形即氣，非氣即形［……］由氣化形，形復反於氣，百姓日習而不知也［……］神由氣化形，人見之，率由形化氣，人不見者」。

★188 Ibid., 340.「雜於形與氣之間者水火是也」。

★189 《張載集》（北京：中華書局，一九七八年），第一三頁。張は強度にもとづいた新しい五行の力学を論じている。「『木曰曲直』，能既曲而反申也；『金曰從革』，一從革而不能自反也。水火，氣也，故炎上潤下與陰陽升降，土不得而制焉。木金者，土之華實也，其性有水火之雜，故木之為物，水漬則生，火然而不離也，蓋得土之浮華於水火之交也。金之為物，得火之精於土之燥，得水之精於土之濡，故水火相待而不相害，鑠之反流而不耗，蓋得土之精實於水火之際也。土者，物之所以成始而成終也，地之質也，化之終也，水火之所以升降，物兼體而不遺者也」。

★190 潘吉星，《宋應星評傳》，第三五三頁。

★191 《天工開物》陶埏，「水火既濟而土合」。（宋應星著，潘吉星譯注，《天工開物譯註》（上海：上海古籍出版社，一九九三年），第二八〇頁。邦訳は、宋應星撰『天工開物』、藪内清訳注、平凡社、一九六九年、一三三頁。訳は英文より。）

製鉄に不可欠な条件とされている。つまり「鉄が熱せられ、鍛えられたあとは、水と火の均衡が適切な状態に達していないので、まだ硬さという性質をもっていない。炉から出され、水で冷やされたとき、それは鋼鉄となる」[★192]。

それゆえ、道の原理にしたがえば、気はさまざまな要素の移行のなかで具体化される。そして金属の鍛造など、より一般的には器の生産あるいは再生産という人間の介入をつうじて再度具体化され、個体化された存在者をもたらすのである。こうして器は、気の循環に入り込み、諸要素がもたらす形の組み合わせの可能性を広げてゆく。おそらく中国の主要な自然哲学は、こんにち物理学と呼ばれる運動の諸原理にとどまらず、個体化されたさまざまな存在者の関係をつなぐ有機的な組み合わせのモデルにまで人工物が絶えず組み込まれていくように、技術的な思考を誘導していたのだといえるだろう。

ここでつけ足しておかねばならないのは、宋応星が、柳宗元のように天と人間の相関性にかんする理論に懐疑的であり、それを迷信とみなしていたことである。かれは「談天」のなかで、日食を皇帝の徳と結びつけた先賢たちは天を理解していないとあざけっている――これにはさきほど（第9節で）論じた『詩経』や『左伝』の記述や、理学者で『詩経』に注釈も付している朱熹が含まれる[★193]。というのも、もしも日食が皇帝の徳治と相関しているなら、この相関性の法則の例外が軒並み説明不可能なままとなってしまうからだ。宋にとって、皇帝の徳は自然現象によってではなく、時宜にかなった行動を取るために「科学的な原理」に則り天を理解する能力によって示される[★194]。つまり宋は、天人相関の理論に異議を唱えていたが［★195］、にもかかわらず宇宙と道徳の統一性は肯定していたのである［★196］。

議論をまとめよう。さきに特徴を論じた宇宙技芸の観点から、私たちは儒家や荘子の議論を見てきた。前者では宇宙論的秩序と道徳の秩序を統合するために礼器が使われ、後者では生の技法を身につけるため、道具の「使用」あるいは「不使用」（というより技術的かつ社会的な決めつけにもとづいて使用しないこと）によって道とのつながりがもたらされていた。その一方で、宋応星の仕事では、宇宙技芸が事物の創造と使用の両方での役割をもっている。そこでは、器道の道徳的関係が日常的な生産行為にま

★192 「凡熟鐵、鋼鐵已經爐錘，水火未濟，其質未堅。乗其出火之時，入清水淬之，名曰健鋼、健鐵」。（同書，第二七六頁。邦訳は同書、二〇四頁。訳は英文より。）

★193 宋應星，「談天」。URL=http://ctext.org/wiki.pl?if=gb&chapter=527608「朱注以王者政修，月常避日，日當食而不食，其視月也太儇。《左傳》以魯君、衛卿之死應日食之交，其視日也太細。《春秋》：日有食之。太旨為明時治歷之源。《小雅》：亦孔之醜。詩人之拘泥於天官也。儒者言事應以日食為天變之大者，臣子儆君，無已之愛也」。

★194 Ibid.「而大君征誅揖讓之所為，時至則行，時窮則止。與時汚隆，乾坤乃理。此日月之情，天地之道也」。

★195 『宋応星評伝』の三六三－三六八頁で、潘吉星《はんきつせい》は宋応星が感応の理論を否定していると主張している。だが宋のテクストのなかでは、「感応」の語がそもそも言及されてすらいない。宋はむしろ、日食と悪のあいだの表層的な相関性を否定していたのだ。

★196 Y・S・キム（金永植）は、宋応星のテクストにはある種の「自然神学」があると主張している。というのも、天が「造物主」であるとみなされているからだそうだ。けれども、この議論は有効ではない。キムはそもそも、宋応星の仕事と宋明理学との深い関連性を無視しているからだ。Y. S. Kim, "Natural Theology of Industry" in Seventeenth-Century China?: Ideas about the Role of Heaven in Production Techniques in Song Yingxing's *Heaven's Work in Opening Things* (*Tiangong kaiwu*),' in J. Z. Buchwald (ed.), *A Master of Science History: Essays in Honor of Charles Coulston Gillispie* (Dordrecht: Springer, 2012), 197-214.

で拡大されているのである。ここに存在する有機的な形式は、こんにち私たちが生物学的な意味で理解しているものではない。むしろその最高の原理を道のなかに、つまり人間を宇宙へと縛りつける宇宙技芸のうちに見いだすものなのだ。

14 章学誠と道の歴史的対象化

清代（一六四四－一九一二年）には、道と器の関係が、これまでとはちがったやり方で再定式化された。それはアヘン戦争以後に生じるこの関係の断絶を予期させるものとなったが、しかしこの時代の思想家が、器と道の統一性を意図的に破壊しようとしていたなどと考えてはならない。かれらはむしろ、それを再肯定しようとしていたのである。とはいえ、かれらが生きたのは歴史的な危機の時代であった。そのため、西洋の思想やテクノロジーと完全に適合するはずのない独特の哲学体系のなかに、それらを組み込むことを余儀なくされたのである。そのとき、「矛盾がない」よう組み込むために当時の思想家にできたことといえば、両者の意味内容をねじ曲げ、その不適合性を最小限にとどめることだけだった。

注意すべきことに、清代の中期から末期にかけて、「六経」つまり『詩経』、『書経』、『礼記』、『易経』、『春秋』、『楽経』の研究目的もまた疑われることになった。従来の経典の学が、道徳的な意味を付与された道を理解するために、哲学的分析やテクストの解析、それから文献学的な研究（訓詁学）を集中的に行なうものであったとすれば［★197］、清代に見受けられるのは、そうした道の理解そのものの**歴史化**の作業（道問学）だ。これは中国思想史上きわめて重要な変化である。というのも、そこでは、かつてははっきりと述べられ、それゆえいにしえのテクストのなかに秘められていると考えられてきた道の概念が疑問視され、ひとが道と考えるものは歴史的なものだと、つまり道は時代によって変わると主張されたからだ。一八世紀中国のミシェル・フーコー的な人物といえそうな章学誠《しょうがくせい》（一七三八—一八〇一年）は、一貫して、時代や場所の背景と結びついた意味にもとづいて道を研究すべきだと主張していた。章の主著である『文史通義』のはじまりには、つぎのような発言がある。

> 六経はみな歴史にすぎない。昔のひとびとは、何の目的もなく本を書くことはなかったし、著作においても、事実にもとづかずに論を立てたりはしなかった。六経とは、いにしえの王の政治指南書なのである［★198］。

★197 D. S. Nivison, *The Life and Thought of Chang Hsüeh-ch'eng (1738-1801)* (Stanford CA: Stanford University Press, 1966), 152.

★198 「六經皆史也。古人不著書：古人未嘗離事而言理，六經皆先王之政典也」。余英時引用，《論戴震與章學誠：清代中期學術思想史研究》（北京：生活・讀書・新知三聯書店，二〇〇〇年），第五七頁。

この発言から、同時代の著名な儒家の戴震《たいしん》(一七二四－七七年)と章のちがいが分かる。戴は訓詁学で知られており、宋明理学、とくにその理の解釈にきわめて批判的であった。かれが、朱熹やその他後世の儒家たちは、まるで残酷な役人が法を利用してひとの命を奪うように〔ひとの欲や感情を過度に抑制し〕「理によってひとを殺す」のだと非難したのは有名な話である〔★199〕。だが章からすれば、戴は依然としていにしえのテクストのなかに道を探し求める伝統に囚われており、六経が時代を超越することなど不可能だと気づいていなかった——もし可能であるなら、それは道が永久不変なものになることを意味しており、一種の自己矛盾が生じるだろう。章にとって六経は、それぞれの書き手の時代にある道を伝える以上のものではない。自分たちの時代の道を探求するには、社会の発展や、その結果生じる複雑性にしたがって道を歴史化しなければならないのである。また、この歴史化は哲学的思索でもある。それは性懲りもなく繰り返される終わりなき「本来の意味」の解読を止め、歴史哲学への飛躍をもたらすものだ。そのため章は、細部にわたる語源学的な分析からは距離を置きつつ、より一般的な方法で、歴史にかんする哲学的思索を提示するのである。かれの伝記を書いたデイヴィッド・ニヴィソンは、章のアプローチがヘーゲルの歴史分析に匹敵するとみなしている〔★200〕。こうして六経は、いにしえの道にとっての器となる。『文史通義』原道中篇で、章はつぎのように述べている。

『易経』には「形而上のものが道であり、形而下のものが器である」と書いてあるが、ちょうど影が形から離れられないように、道と器は分割できない。後世の学者たちは、孔子の教えは六経から得られると信じており、また六経には道が宿ると考えていた。かれらは、六経がじつはただの器にすぎないことを知らなかったのだ。〔……〕孔子が六経を後世に伝えたのは、器の役割を果たす六経がなければ、いにしえの聖人や王の道が見えないからである。〔……〕六経には道が宿っていると儒家は信じつづけているが、いかに器なくして道を語りうるのだろうか――いかに形なくして影が存在しうるのだろうか。〔★201〕

ある意味、ここで章学誠が言っているのは、こんにち私たちが脱構築と呼んでいるものに近い。つまり道の存在もその**相補的なもの**――デリダなら「基底材」〔subjectile〕と言っただろう――に依拠しているというわけだ。さもないと道は見えなくなってしまう。エクリチュール、ここではとくに歴史のエクリチュールの重要性は、絶えず変化し、目に見える形を超えて展開する道を可視化する点にある。章が道と器の統一を確証しようとしていたことは明らかだが、しかしそれによってかれは、逆

★199 陳來，《宋明理學》，第六頁。
★200 Nivison, *The Life and Thought of Chang Hsüeh-ch'eng*, 158.
★201 「《易》曰：『形而上者謂之道，形而下者謂之器。』道不離器，猶影不離形，後世服夫子之教者自六經，以謂六經載道之書也，而不知六經皆器也。……夫子述六經以訓後世，亦謂先聖先王之道不可見，六經即其器之可見者。……而儒家者流，守其六籍，以為是特載道之書；夫天下豈有離器言道，離形存影者哉！」余英時引用，《論戴震與章學誠》，第五三頁。

説的に器と道の関係を相対化し、ひとつの歴史的な現象へと変えてしまったのである。章の道と器の概念は、龔自珍《きょうじちん》（一七九二－一八四一年）や魏源《ぎげん》（一七九四－一八五六年）といった学者に多大な影響を与えることとなった。のちに論じるように、かれらは中国が近代化する初期の時代の重要な人物である［★202］。また章による宋明理学批判をきっかけに、思想史上の焦点は、物事を知ることと道徳との相関性から、知ることと客観的な知識との相関性に移行した。この点は、潜在的にではあるが、新儒家のプログラムにとって重要なものになったといえるだろう［★203］。

15 アヘン戦争後に起きた器と道の断絶

清代になると宋明理学は衰退していった。その形而上学的言説が空虚で歴史や現実から乖離しているとみなされ、激しい攻撃にさらされたからだ。そして清代末期には、ついに西洋科学のあらたな諸分野に取って代わられたのである。この移り変わりは、魏晋南北朝時代における仏教の普及よりもはるかに説明が困難だ。仏教は新しいかたちの思考や価値観を中国にもたらした。だが西洋科学の場合は、科学のもつ既存の価値観や強力で物質的な後ろ盾のために、中国人がすぐにそれを受け入れることはできなかった。科学はむしろ、テクノロジーがもたらす状況への**適応**を強制したのだ。これは中国文明が経験した最大級の難題であり危機であった。そしてひとたび適応してしまうと、どんな方法であれ「固有の」「本来的な」起源へ引き返すことなど不可能になると思われたのである。

西洋のテクノロジーが中国に生みだしたのは熱狂である。だがそれは、より根本的には恐れであった。中国で最初の鉄道を例に挙げよう。それは一八七六年から七七年にかけて、ジャーディン・マセソン商会というイギリスの企業によって上海－呉淞《ウーソン》間に建造された。ところが、この鉄道は（安全性や事故の可能性といった観点から）大いに不安を喚起したため、結局清の王朝が二八万五〇〇〇両《テール》もの銀をつぎ込んでまるごと買い取ったあと、即座に破壊してしまったのである［★204］。ここで問題となっている中国の文化的転換は、アジア研究者があいまいな口ぶりで「もうひとつの近代性」などと言いがちなものだが、じつは相当「デカルト的」であり、その意味で典型的なほどに近代的である。というのも、それは中国思想の「根本原理」を保全したまま科学やテクノロジーの発展を遂げようという試みであって、いわばこの企《くわだ》て自体が、技術を媒介にすれば、精神（コギト、あるいはここでは哲学的思考）は一切の影響も変化も被らずに、物理世界を思考し支配できるという考えを示唆しているからだ。

一九世紀なかばに起こった二度のアヘン戦争（一八三九－四二年、一八五六－六〇年）によって、中国文

★202 余英時，《人文與理性的中國》（台北：聯經出版社，二〇〇八年），第三九五頁。
★203 余英時，《論戴震與章學誠》，第八九－九〇頁。ここで余は、章学誠と王陽明の三つの大きな相違点を挙げている。第18節で論じるように、王の良知（善や心にかんする知）の概念は、牟宗三《ぼうそうさん》の哲学的なプログラムの根底をなすものである。王と章のおもな違いは、王が徳にかんする良知と呼んだものから、認知にかんする良知への焦点の移行として考えられる。
★204 孫廣德，《晚清傳統與西化的爭論》（台北：台灣商務印書館，一九九五年），第二九頁。

明は自信を打ち砕かれ、困惑と疑念の渦に叩き落とされた。アヘン戦争を経て、中国は「西洋的な」テクノロジーを発展させなければ絶対に戦争には勝てないと思い知ったのである。二度にわたる惨敗を機に、中国は軍事や工業生産の近代化にくわえ、教育制度の刷新を大々的に推進した。これが「自強運動」（一八六一－一九五年）である。自強運動のふたつのスローガンは、この時代の精神をよく表している。ひとつは「西洋の優れた技術に学び、西洋を制する」（師夷長技以制夷）で、もうひとつは「中国の学問を体（根本原理）とし、西洋の学問を用（具体的運用）とする」（中学為体、西学為用）というものだ。後者はより文化的かつ民族主義的な精神を物語っている。

思想史家の李三虎《りさんこ》は、西洋の文化と直面するなかで、中国には一連の「転換」が生じたと指摘している。そこでは、道と器が徐々に西洋の（社会的、政治的、そして科学的な）理論とテクノロジーと同一視されていったという［★205］。李によると、漢代以来道が器より重要なものと考えられてきたとすれば、明代末期から清代にかけてこの序列は逆転した。つまり器が道より重要なものとみなされるようになったのである［★206］。

第一の「転換」は、器を西洋のテクノロジーにすり替えることだった。つまり近代的なテクノロジーを用いて中国の道を実現しようとしたのである。アヘン戦争以後の改革運動のころ、「西洋の優れた技術に学び、西洋を制する」というスローガンを提唱した知識人の魏源《ぎげん》は、伝統的な経典の学と西洋のテクノロジーを統合させようと考え、テクノロジーとは器であると主張した。魏は、宋明の儒家たちが形而上学を思弁するばかりで、社会や政治の問題を解決するために道を正しく**使用**しなかったことを厳しく批判している。かれは、中国文化を内側から作り変えるのに役立ちそうな原理を中国哲学から引きだそうと考えた結果、六経を統治にかんする書物として読んだのである［★207］。こうして魏は、道と器に対する全体論的な見方を、知らず知らずのうちに一種のデカルト的二元論に転じさせてしまったのだ。

魏源に影響を与えた章学誠と比較するならば、章が器の概念を歴史的な文章に当てはめたのに対し、魏はそれをさらに人工物へと拡張し、より極端な唯物論的立場を取ったといえる。たとえ唐代の古文運動が、文をつうじて道を再度強調しようという試みであったとしても、そこではまだ道と器の統一は可能であると考えられていた。けれども、魏源が器の概念を西洋のテクノロジーへと拡張したときには、道徳的宇宙論が決定的に破壊されてしまっている。器は単に道に操られ、掌握されるだけのものに成り下がっているのだ。道は精神となり、器はその手段とされる。こうした考えのもとでは、器はただの道具にすぎない。トマス・ハクスリーとチャールズ・ダーウィンを翻訳した厳復《げんふく》（一八五四－一九二一年）は、このような中国的な道と西洋的な器の「組み合わせ」を嘲笑している。

★205 李三虎，《重申傳統》，第一一一頁。
★206 Ibid., 67.
★207 陳其泰、劉蘭肖，《魏源評傳》（南京：南京大學出版社，二〇〇五年），第一五九頁。

身体とその使用は統一されているものだ。牛の身体は重い荷物を運ぶために用いられ、馬の身体は遠くへ行くために用いられる。私は牛の身体を馬のように用いるなどということを聞いたことがない。東洋と西洋の学問が異なっているのは、両地域の人種の顔が異なっているように明らかであって、それを無視して両者が似ていると主張することはできないのである。したがって、中国思想には中国思想の体と用があり、西洋思想にも西洋思想の体と用がある。両者を分けて考えるならどちらも並立しうるが、これを合わせてしまえばどちらも台無しになってしまうのだ。これらを組み合わせてひとつにしようとたくらむ者は、一方を体に、もう一方を用に切り分けており、論理的なあやまちを犯している。こんなことがうまくいくと考えられるだろうか。［★208］

李三虎によれば、第二の「転換」は、道と器を西洋の理論とテクノロジーにすり替えることだった。自強運動のあと、中国では戊戌《ぼじゅつ》維新（一八九八年六月一一日－九月二一日）が起こる。これはいわば、日清戦争（一八九四－一九五年）での敗戦がもたらした衝撃に対する知識人の応答であった。いまになって思えば、この敗戦が中国のトラウマになった理由は容易に想像できる。西洋諸国への敗北は、相手の文明がより進歩していたことから説明がついただろうが、中国の小さな「属国」であったはずの日本に負けたのは理解に苦しむことだったはずだ。アヘン戦争後の自強運動では、まず中国の軍備増強がめざされ、より高性能な戦艦や武器が開発された。そして工業化や教育、翻訳をつうじて西洋の科学とテクノロジーが中国に取り入れられた。しかし、日清戦争での敗北によって、こうした改革はすべて取りやめになってしまったのである。

ここで注意しておかねばならないのは、この時期ヨーロッパでは唯物論的な思想が少なからず流行しており、ヨーロッパの思想に親しんでいた中国の知識人が、それを独自に解釈しはじめたことだ。その例として、当時のもっとも有名な改革派のひとりである譚嗣同《たんしどう》（一八六五－九八年）を見てみよう。ほとんどの儒家と同様に、譚もまた道と器の統一性を力説していた。ところが、李三虎が指摘したように、譚は中国哲学のカテゴリーを用いて思考を明確化したにもかかわらず、器を科学やテクノロジーとおなじものとして扱い、道を西洋の科学的知見と同一化したのである。かれは唯物論的な思考をもっており、器は道を支えるものだと、つまり器がなければ道は存在しえないという考えを抱いていた。そうなると、道は西洋的な「器」に適合できるよう変わらなければならないことになる。結果として、譚は魏源が主張した「器が道の用になる」（器為道用）を巧妙にひっくり返して「道が器の用になる」（道為器用）としたのだった。

当時の「唯物論者」による中国哲学と西洋科学の組み合わせかたは、じつに独創的であり、ときに

★208 「體用者，即一物而言之也。有牛之體，則有負重之用；有馬之體，則有致遠之用。未聞以牛為體，以馬為用者也。中西學之為異也，如其種人之面目然，不可強為似也。故中學有中學之體用，西學有西學之體用，分之則並列，合之則兩亡。議者必欲合之而以為一物，且一體而一用之，斯其文義違舛，固已名之不可言矣，烏望言之而可行乎？」《嚴復集》第三冊（北京：中華書局，一九八六年），第五五八－五五九頁。李三虎引用，《重申傳統》，第一〇九頁。

馬鹿げているようにも見える。譚嗣同は、一八九六年に上海で、イギリス人のイエズス会修道士であるジョン・フライヤー（傅蘭雅）と面会している［★209］。フライヤーはエーテルの概念を中国にもたらした人物で、譚はエーテルの概念を唯物論的に解釈し、かれ自身がかつて行なった『易経』や宋明理学などの古典読解につなげたのである。譚は、孔子の仁（まごころ）の概念を、エーテルの「使用」あるいは「表現」として理解するよう提唱している。

法界《ほっかい》、虚空《こくう》界、衆生《しゅじょう》界にはある至高の存在が遍在しており、すべてをつらぬき、統合し、つなぎ合わせ、満たしている。それは見ることも聞くこともにおいを嗅ぐこともできず、名づけることもできないが、われわれはそれを「エーテル」と呼んでいる。［……］法界、虚空界、衆生界はみなこのエーテルから生じるのである。［……］仁とはエーテルを使用することである。宇宙の万物はエーテルより生じ、エーテルを介してつながるのだ。［★210］

ここで言われているのは、仁がエーテルの精神的な部分であるということだ。エーテルは気であると同時に器でもあり、また仁はエーテルの道となる。いま思えば、譚はじつはエーテルが宋明理学における気の概念の代わりになると考えており、エーテルの研究をつうじて道を実現しようとしていたのかもしれない。またこの時期、譚はフライヤーが翻訳したヘンリー・ウッドの『心的撮影術による観念的暗示』を読んでいる（フライヤーによる中国語訳の題は『治心免病法』である。逆に訳しなおすなら、これは

「心理的な病を取り除く方法」とでもなる）。この本のなかでウッドは、さざなみの動きと心の力の類似性を示唆している［★211］。譚はやがてエーテルと仁の関係にまつわる思弁を「心力説」へと発展させていくわけだが、それはこのウッドのイメージと完璧に合致しているのである。

譚の盟友であり、有名な改革派の知識人である康有為《こうゆうい》（一八五八－一九二七年）は、譚とよく似た解釈を提示している。それは「仁は熱力であり、義は重力である。そして、天下にこれ以外の第三の力は存在しない」というものだ［★212］。こうした議論は（この時代に出てきたほかの似たような理論も含めて）、もとより器と道を再統一しようという試みだったと考えられる。しかし、カテゴリーや意味内容を不適切に組み合わせた結果、うまく嚙み合っていない混ぜこぜの議論を生みだすにいたった。むろん、それは役には立たず、失敗に終わったのである。

このように、一九世紀中国の知識人は、中国の道徳哲学をあらたに基礎づけるために物理学を取り入れた。それは〈封建制を打破し〉政治や社会の平等を実現しようという人々の希望を高めるためでは

★209 Ibid., 113.

★210 「徧法界、虚空界、衆生界，有至大之精微，無所不膠粘、不貫洽、不筦絡，而充滿之一物焉，目不得而色，耳不得而聲，口鼻不得而臭味，無以名之，名之曰『以太』。……法界由是生，虚空由是立，衆生由是出。……夫仁，以太之用，而天地萬物由之以生，由之以通」。

★211 譚嗣同の思想におけるおもな関心事については、以下を参照。白峥勇，「從『以太』、『仁』與『心力』論譚嗣同思想之旨趣」，《文與哲》二〇〇八年第一二期，第六三一－六三四頁。

★212 《康子內外篇・人我篇》。李三虎引用，《重申傳統》，第一一二頁。「仁者，熱力也；義者，重力也；天下不能出此兩者」。

あったが、結局のところ、西洋の科学とテクノロジーによって中国思想をふたたび活気づけようと目論む知識人による恣意的な転用の、じつに痛ましい一例となってしまったのである。康有為は、アメリカやヨーロッパでの八年にわたる生活ののち、一九〇五年に『物質救国論』という書物を著している。そこでかれは、中国が弱小なのは道徳や哲学の問題ではなく物質的な問題のためであり、したがって中国を救う唯一の道は「物質学」を発展させることだと述べている［★213］。じつのところ、康が「物質」という言葉で意味しているのはテクノロジーそのものである［★214］。このような康の見解は、「道」の実現のために「器」〔としてのテクノロジー〕を利用する試みだと理解されている中国近代化の運動と、完全に軌を一にしていたのだった。

器の「使用」や「利用」を強調するこのような道具主義的立場によって、宇宙技芸的な道と器は破棄された——そして李三虎によれば、中国的な全体論は、こうして西洋的な機械論へとすり替えられてしまったのである［★215］。

16　器道の関係の崩壊

一九一一年の辛亥革命ののちに、科学やテクノロジー、民主主義にかんする考察が行なわれた第二の主要な時期が到来する。このころ、いわば子ども同然の存在として海外へ送られていた人々が、公共的な知識人として帰国してきたのである。一九一九年になると、こんにち「五・四運動」として知られるきわめて重要な知的運動が勃発した。この運動は、当時ドイツ領だった山東省の一部地域を日本へ割譲することを取り決めたヴェルサイユ条約に対する抵抗から始まった。より重要なことに、この政治的抵抗は、科学とテクノロジーだけでなく文化や価値観にも関心をもつ若い世代による文化運動につながったのである。この文化運動は、伝統的な権威を否定すると同時に、民主主義《デモクラシー》と科学《サイエンス》に高い価値を置いていた（両者はそれぞれ「徳《デゥア》先生と賽《サイ》先生」という呼称で広く知られた）。一九二〇年代から三〇年代にかけて、西洋哲学が中国で力をもちはじめたのである。

ウィリアム・ジェイムズ、アンリ・ベルクソン、そしてバートランド・ラッセルという三つの名前は、中国近現代の思想史に深くかかわっている［★216］。この時期の知識人による論争は、中国が完全に西洋化し、西洋の科学やテクノロジー、民主主義をまるごと受け入れるべきかどうかという点をめ

★213 羅志田,《裂變中的傳承：20世紀前期的中國文化與學術》（北京：中華書局，二〇〇九年），第三二八頁。

★214 Ibid., 331. しかし羅は、同書の二一九頁で「物質」という語は科学と呼べると述べている。ここから、中国の学者のあいだでは、科学とテクノロジーはきちんと区別された概念ではなかったし、いまもそうではないことが分かる。

★215 Ibid. 李が挙げている顕著な例が、リヨン中仏大学を設立した無政府主義者の呉稚暉《ごちき》（一八六五－一九五三年）である。かれはユートピアとしての機械論を推し進めた。

★216 これらの哲学者のうち、技術の専門家がひとりもいないことには注意しておいてよい。『創造的進化』におけるベルクソンは例外かもしれないが、これにも議論の余地はある。

ぐって生じた。完全に西洋化すべきという立場は（ジョン・デューイの学生であった）胡適《こてき》などの知識人が提唱し、反対の立場からは（ルドルフ・オイケンの学生であった）張君勱《ちょうくんばい》や（一九二〇年代にベルクソンを中国語に翻訳した）張東蓀《ちょうとうそん》などが批判を行なった。ところが、こうした論争のすえ、主張の数々は平行線をたどり、提起された諸問題は未解決に終わったのである。この時期に浮上した問題は、要するにどうすればほんとうの意味で中国的な近代化を推進できるのかというものだった。この問いは新儒家の登場を予見させるものである。ここからは、当時の知識人がこの問題をどのように捉え、また科学やテクノロジーとの関係における中国の発展についてどのように考えていたかを示す歴史的なエピソードを詳しく述べていこう。

16・1 張君勱——科学と人生観の問題

ひとつめのエピソードは一九二三年に起こった。宋明理学の専門家で、ルドルフ・オイケンの学生であり共著者でもあった哲学者の張君勱（一八八七－一九六九年）は、その年に北京の清華大学で講演を行ない、のちにそれを「人生観」という記事にまとめている。このタイトルは、文字通りには人生や生きることに対する直観という意味だが、英訳するのはなかなか難しい。またこの言葉には、オイケンの使った Lebensanschauung というドイツ語を想起させようという意図が込められていると考えてもよいだろう。張は一九二一年にイェーナでオイケンに出会い、かれのもとで学ぶことを決心した。

そしてのちに『中国とヨーロッパにおける人生の問題』〔Das Lebensproblem in China und in Europa〕というかれとの共著を出版している［★217］。これは中国語（と英語）には翻訳されていない。同書は二部構成になっており、第一部はオイケンがヨーロッパについて書き、第二部は張が中国について書いている。そして最後にオイケンが結びを寄せている。この本自体には、表題についてとくに深い議論があるわけではなく、古代から近代にいたる両地域の異なる人生観の大まかな概要が書かれているだけである。結びのなかで、オイケンは中国人の生き方と儒家の道徳哲学の関連性について、このように述べている。

> そこに見受けられたのは、とりわけ人間とその自己認識への強い関心であった。こうした関心に裏づけられた生き方の偉大さは、その質実さや誠実さのうちにある。かれらは社会的かつ歴史的な共存在を深く尊重しており、それは理性的な教化と奇妙なかたちで結びついていたのである。［★218］

★217 R. Eucken and C. Chang, *Das Lebensproblem in China und in Europa* (Leipzig: Quelle und Meyer, 1922).

★218 Ibid., 199. 'Als eigentümlich fanden wir dabei namentlich die Konzentration des Strebens auf den Menschen und auf seine Selbsterkenntnis; die Größe dieser Lebensgestaltung liegt in ihrer Schlichtheit und ihrer Wahrhaftigkeit. In merkwürdiger Weise verband sich hier mit vernünftiger Aufklärung eine große Hochschätzung des gesellschaftlichen und geschichtlichen Zusammenseins.'

オイケンとの共著をきっかけにして、張が自身の道徳哲学と人生の問題を組み合わせたのは明白である。この点に関連して、張は自身を「現実主義的観念論者」と呼んでいる。つまりかれの思索は「自我」から始まるのだが、この「自我」は絶対的なものではない。なぜなら、それは現実世界の経験にさらされているからだ。この観念論的な出発点は、客観的な科学と哲学を区別するかれの人生観の特徴となっている。張は「人生観」のなかで、「自我」とは個人的なものや社会的なもの、財産などを含む、「自我」を取りまくすべてのもの――内的な精神的自己から外的な物質世界、そして世界への希望や造物主にいたるすべて――を理解するための視野を与えるものだと主張している。張にとっては、客観性に終始する学問分野である科学もまた、直観的かつ主観的な「自我」を基盤としなければならない。張は、科学と「人生観」の相違をつぎの五つの点で言い表している（二二四頁）。

この図式的な区別は、地理学者の丁文江《ていぶんこう》（一八八七―一九三六年）によって即座に非難された。かれは張が科学から形而上学へと退行していると言って批判し、張の哲学を「玄学」と揶揄したのである。玄学とは魏晋南北朝時代に生じた、道家思想と仏教から大きな影響を受けた哲学を表す言葉で（第9節を参照）、一般的に学術と迷信が混ざり合ったものとみなされている。

このエピソードのなかでもっとも重要なのは、張が、中国社会のなかで伝統的な知の理論よりも科学に高い価値が置かれつつあることを懸念している点だ。それは人生観を含む一切の価値観や信念が再構成されることを意味している。かれが警鐘を鳴らしたように、また丁の批判からも確かなように、この時期の中国は、科学があらゆる知の形式に対する究極の価値基準にされかねない状況であった。それによって、人畜無害であるか、ただ見てくれがよいだけだと判断されたものを除き、十分に科学的でないと考えられたものが残らず排除される危機に瀕していたのである。

16・2　中国本位的文化建設宣言とその批判

一九三五年に起こったもうひとつのエピソードは、前述の第二の時期〔一九一九年の五・四運動以後〕や、そのとき生じた論争の特徴となるものであり、そこでのおもな争点を理解するのに役立つだろう。一九三五年一月一〇日、中国の著名な一〇人の教授が「中国本位的文化建設宣言」という記事を発表する［★219］。そこでかれらは、「中体西用」論は浅はかだと批判し、より深い改革の必要性を主張するとともに、模倣するのが英米かソ連か、あるいはイタリアかドイツかを問わず、完全な西洋化を提唱する考えを批判している。この宣言では、中国人同士の無秩序な知的闘争によって中国の起源も現在地もすっかり忘却されてしまうことへのおそれが表明されており、またその文化的根源を失わずに科学とテクノロジーをうまく取り込めるような、新しい中国の青写真が描かれている。

★219　王新命等,「中國本位的文化建設宣言」, 羅榮渠編,《從「西化」到現代化》中冊（合肥・黄山書社, 二〇〇八年）。

科学（は以下にもとづく）	人生観（は以下にもとづく）
客観性	主観性
理性	直観
分析的方法	総合的方法
因果性	自由意志
共通性	特異性

同年の三月三一日、思想家の胡適は、この宣言に対して嘲笑気味に応じつつ、結局中国はいつになっても中国のままなのだから、「中国本位的文化」について気を揉む必要などないと主張している。胡によれば、およそ文化には一種の惰性があるため、中国文化が完全に西洋化しようとしたところで、かならずその惰性にもとづくなにか別のものが生まれてしまうのである。胡は「たとえ中国人がキリスト教を受容したとしても、ときが経てば、かれはヨーロッパのキリスト教徒とは異なった、中国的なキリスト教徒になるだろう」と言っている。さらに胡は、当時の中国共産党の党首であり、共産党除籍後はトロツキストになる陳独秀《ちんどくしゅう》（一八七九－一九四二年）も揶揄している。「陳独秀は共産主義を受容したが、私の考えでは、かれは中国的な共産主義者であり、モスクワの共産主義者とは異なっている」［★220］。

のちに中国では、胡適のようなプラグマティックな態度が有力な見方となっていった。おそらくプラグマティズムが、このような実験と問いの時代にもっとも適していたからであろう。もっとも、これもプラグマティズムとしてはある種奇妙なものである。というのは、この立場は西洋化を肯定しながらも、中国固有の文化と伝統がそれを阻害する力をもち、そこから差異が生じることを見越しているからだ。このような視点のもとでは、中国文化は端的に、ルロワ＝グーランの言う「機能の美学」となってしまう。つまり近代以後は、西洋的なもの、すなわち科学やテクノロジー、民主主義や立憲主義が社会の発展を推進する主要な力として機能してゆくのに対し、中国文化はただそこに美学的な要素を付与するだけになるということだ。張東蓀（一八八六—一九七三年、アンリ・ベルクソンの翻訳者）は、ほかの知識人が気づきもしなかった問いを提起した。それはいまも有効であり、なおかつ核心を突いている。かれが主張したのは、問題は**西洋化自体のよしあしではなく、そもそも中国に西洋文明を取り込む能力があるのかどうかではないか**ということだ。この問いはこんにちもなお、中国で起こっている社会や経済、テクノロジーにかかわる破局のなかで響きわたっている。胡適を例とするこの種のプラグマティズムには、まるで自然と差異化が生じるかのように信じ込む無邪気さがあり、政治的闘争がまったく見られない。このようなプラグマティックな見方は、共産党政権の初期になるとマルクス主義の教義に取って代わられたものの、鄧小平《とうしょうへい》による経済改革ののち、二〇世紀末にかけて復活を遂げる［★221］。しかし、こうしたプロセスのすべての段階に

★220　胡適，《獨立評論》第一四二号，一九三五年三月。

★221　李澤厚、劉再復，《告別革命：回望二十世紀中國》（香港：天地圖書，二〇〇〇年）。哲学者の李沢厚は、「革命への告別」を提唱し、イデオロギー的な論争から離れるよう求めている。かれの主張によると、中国に必要なのは、国内の動きや国際関係に対処可能な新しい理論的道具、つまり**プラグマティックな理性**であるという。

共通していることがある。それは、いにしえの宇宙技芸の精神が姿を消してゆき、近代と相容れないことが明らかになったものが「伝統」という人畜無害なカテゴリーに押し込まれ、社会を発展させる力から切り離されているということだ。

ここまで見てきた一九二三年と一九三五年のふたつの出来事から分かるように、近代中国では、テクノロジーの問いがほとんど語られなかったと言ってよい。当時の論争の中心となったのは、むしろ科学と民主主義(より正確にはイデオロギー)であった。たしかにテクノロジーを科学のもとに含めたり、少なくともそれを応用科学とみなしたりするのは、直観的に正しそうではある。とはいえ、このようなテクノロジーの問いの軽視は、中国の知的論争があくまでイデオロギーの水準にとどまる傾向にあったことを意味している。じっさい、二〇〇八年に汪暉《おうき》が書いた『近代中国思想の生成』は、千数百頁にわたる大著であるにもかかわらず、テクノロジーの問いにはほとんど注意を払っていないのだが[★222]、これとて驚くべきことではない。そこではテクノロジーが科学の問いと融合して、まったく見えなくなっている。汪の世代の学者たちは、いまだに科学と民主主義の言説に閉じこもっているのである。テクノロジーを念頭に置いたより深遠な哲学的分析など、かれらには不可能なのだ。かれらはむしろ、唯心論的か唯物論的かといった「思想」の問題にとどまりつづけているのである。

17　ニーダムの問い

近代科学はなぜ中国で成立しなかったのか？　これは、二〇世紀をつうじて歴史学者や哲学者が絶えず関心をもちつづけた問いだった。たとえ科学と技術は根本的に区別すべきだということをあらためて念頭に置いたとしても、やはりこの問題は技術の問いのさらなる進展と深くかかわっているといえる。なぜなら、中国で近代科学が発達しなかった理由は、近代化に直面するなかで器道の関係が崩壊したわけをも説明しているからだ。

馮友蘭《ふうゆうらん》は、一九二三年にコロンビア大学へ博士論文を提出した中国の哲学者である。馮は二七歳という若さで、『International Journal of Ethics』誌に「なぜ中国には科学がないのか——中国哲学の歴史と帰結」というタイトルの論文を投稿した。そのなかでこの若き哲学者は、中国に科学が生まれなかったのはそもそも科学を**必要**としていなかったからだと、自信満々に断言している。馮は、科学は

★222　汪暉，《現代中國思想的興起》（北京：生活、讀書、新知三聯書店，二〇〇八年）。〔汪暉『近代中国思想の生成』、石井剛訳、岩波書店、二〇一一年。〕

哲学と深い関係をもつと理解していた。より正確にいえば、かれは科学の存在は特定の哲学的な思考の形態によって規定されると考えていたのである。そのため馮にとっては、中国に科学がなかった理由は、中国哲学が科学的精神の誕生を阻んだからだということになる。馮の分析は魅力的だ――といっても、中国に科学がなかった理由を正しく説明しているからではない。かれの分析はむしろ、科学と技術の関係や、中国における技術の役割にかんする重要な問題を提起しているのだ。

馮の議論をごく単純にまとめておこう。馮によると、古代中国（ギリシアにおけるイオニア派やアテナイの哲学の時代に相当する）には、儒家、道家、墨家、陰陽家、法家、名家、縦横家、農家、そして雑家の九つの学派が存在していた。けれども、実際に影響力をもったのは儒家、道家、墨家の三家だけであり、それらが有力な学派となるべくしのぎを削っていたという。そのなかでも、馮は墨家こそがもっとも科学に接近した学派だと考えていた。なぜなら、墨家は（建築や戦争の）技法や功利主義を推進していたからである。ただし儒家は、とくに孟子（前三七二－前二八九年）の著作をつうじて、墨家と道家を激しく批判している。儒家が墨家に反対したのは、かれらが兼愛を説き、その結果儒学の中心的価値である家族の階層秩序をないがしろにしたからだ。そして道家に反対したのは、かれらが、人間には根本的に理解できないという自然の秩序を押し出していたからであった。

また馮は、どちらも道徳的原理を追求するために自己へ立ち返ることを求めたという点で、儒家と道家にはある種の親和性があると述べている。とはいえ、『老子道徳経』の冒頭で宣言されているように、道家が提示した自然は科学や道徳の原理ではなく、名づけることも語ることもできない道である。ともあれ馮にとって儒家の支配は、道家と墨家の消滅を、それゆえ中国におけるあらゆる科学的精神の消滅を表していた。たとえ「格物《かくぶつ》」（知を獲得するために自然の現象を研究すること）が儒家の教義の根底にあったとしても、やはりそこで求められる「知」は、（格物の対象となる）当のものではなく、現象を超えた「天の理」にかんする知なのだ。

馮の分析はかなり還元主義的なアプローチである。文化全体をいくつかの思想にあらわれた教義に還元しているからだ。といっても、かれの分析によって、経験世界では道徳的かつ政治的な価値を規定するものとして具体化されるような、高次の原理を追求する傾向が中国哲学にあったと確かめられたのは事実である。

さらに問題点を挙げれば、馮は科学と技術を根本的に混同している。なぜなら、墨家が家屋の建築や兵器の発明をつうじて発揮したのは、科学的精神ではなく職工の精神であったからだ。とすると、馮の議論は、古代中国で技術が理論的な主題にならず、近代的なテクノロジーにも発展しなかった理由なら説明できるかもしれない。けれども、技術が必然的に科学を出現させるとでも考えないかぎり、かれの議論によって、儒学に支配されるまえの中国に**科学的**精神が存在していたと証明されるわけではない。いまや周知のとおり、中国では、ヨーロッパに追い抜かれる一六世紀ごろまで技術は発展しつづけていた。つまり、墨家がいちども有力な教義になっていないにもかかわらず、技術は消滅しなかったのである。それどころか、いわゆるヨーロッパ的な近代が到来するまで、中国の技術は繁栄しつづけたのだ。

馮友蘭の問いは、偉大な歴史学者のジョゼフ・ニーダムによっても提起された。かれは中国に近代的な科学やテクノロジーが発生しなかったわけを解明することを生涯の研究課題とし、この問いに専念したのである。何巻にもわたる『中国の科学と文明』は、それ以降に展開されるすべての中国の技術哲学にとって、かけがえのない仕事となっている。ニーダムは馮を批判しつつ、この偉大な哲学者の「若さゆえの悲観主義」は「不当」だと述べている[★223]。じっさいニーダムは、中国には職人技の文化が存在しており、それが同時代のヨーロッパと比べて多くの面ですぐれていたことを、じつに見事に示しているのである。かれが残した豊かな資料や詳細な比較のおかげで、私たちは正当性をもって馮の結論を退け、古代の中国にはたしかに技術的精神があったと理解できるわけだ[★224]。もっとも、ニーダム自身は、これはもっと複雑な問題だと考えていた。そこでかれは、中国における技術者の役割や官僚的な封建制度、それから哲学的、神学的、言語学的な要因にかんする詳細な分析によってこの問題にアプローチしようとしたのである。かつてニーダムは、中国文化は実践を強調するあまり理論をないがしろにしたという主張に対して、自説を擁護したことがある。宋明理学が少なくとも中世ヨーロッパの形而上学と同程度にはすぐれた思弁的形而上学の高みに達していたことを考えれば、その手の主張が誤っていることは明白である[★225]。さらにニーダムは、象形文字が中国における科学の進歩を阻んだという主張に対する弁護も行なっている。そのときかれは、中国の文字がアルファベットよりもかえって効果的で豊かな表現力をもっていたことを、つまりおなじ物事をより簡潔に表現できることを示したのである[★226]。

17・1 有機的な思想の形態と自然法

ニーダムの議論は、社会的、哲学的要因の両方を主題としている。おもな社会的要因は、中国の社会経済のシステムが、技術的文化が近代的な形式へと発展するのをさまたげたというものだ。というのも、当時の人々にとっては、官僚制のシステムに入り込み、国家の「官吏」になることが社会的成功のあかしだったからである。こうした役職を選抜する仕組みは、経典の暗記と詩文の制作の試験（六〇五年に始まり一九〇五年に廃止された）にもとづいており、その教材（おもに経典のテクスト）や学習方法、そして家族からの期待や、試験が生みだす社会の流動性が中国に与えた影響は計り知れない。ニーダムの社会的分析はじつに模範的なので、ここで繰り返すのはよしておこう。私の関心はむしろ、その哲学的要因の説明にある。これにかんしては、気づけばニーダムの意見に賛同している自分がいたほどだ。ニーダムは、古代の中国には機械論的な世界観がなく、その代わりに（すでに論じたように）有機

★223 J. Needham, 'Science and China's Influence on the World,' in *The Grand Titration: Science and Society in East and West* (London: Routledge, 2013), 116.〔ジョゼフ・ニーダム『文明の滴定――科学技術と中国の社会』、橋本敬造訳、法政大学出版局、一九七四年、一二四頁。訳は変更している。〕

★224 Ibid., 55-122.〔同書、五五―一三〇頁。〕

★225 Needham, 'Poverties and Triumphs of the Chinese Scientific Tradition', in *The Grand Titration*, 23.〔同書、一四頁。〕

的で全体論的な世界観が中国思想を支配していたと主張している。

中国における永遠の哲学〔philosophia perennis〕は有機的唯物論にほかならない。この点は、中国のあらゆる時代の哲学者や科学思想家の言葉が説明している。中国思想のなかでは機械論的な見方が端的に発展しなかった。そして中国の思想家ならだれもが、すべての現象は階層的な秩序にもとづいて相互につなぎ合わされるという有機体論的な見方をもっていたのである。［★227］

この相違はきわめて重要である。（ニーダムの機械論と有機体論の区別を受け入れるならば）これこそが、中国とヨーロッパには異なる技術発展のリズムがあるという点にかんして**宇宙技芸的に**決定的な要因だったと考えられる。要するに、中国には自然や有機的な形式をうまく取り込めるような機械論のプログラムはなく、有機的なものがつねに思想の信条となり、生と存在の原理でありつづけたのだ。ニーダムの主張によれば、中国にあるこうした自然の有機的な形式は、ソクラテス以前からルネッサンスまでの西洋で展開された自然の問いとは厳密に区別されなければならない。

ヨーロッパでは、法学的な意味での自然法であろうと、自然界の法則であろうと、法というものはみな「立法」〔law-giving〕というモデルが起源となっている。それは、前者では「この世の皇帝としての立法者」であり、後者では「神聖にして至高な創造者である神」となる――バビロニアの太陽神マルドゥクか、キリスト教の神か、プラトンの言うデミウルゴスか、といったちがいはあるけれども。ローマ人は、実定法――市民の法典に記載された、特定の人民や国家の法〔lex legale〕――と、自然法（ius naturale）に相当する万民法（ius gentium）とを識別していた［★228］。万民法は、市民法（ius civile）をそのまま適用できない非市民（peregrini）に対処するために制定されたものである。ニーダムは万民法と自然法のつながりを説明してはいないが、ほかの資料からそのつながりを理解することは可能だ。

　たとえば、キケロはストア派的な自然法を社会の統治へと拡張している。つまり「宇宙は神にしたがい、宇宙には海と大地がしたがう。そして人間の生は、至高の法の命令にしたがうのである」［★229］。ここでは、両者の内包《コノテーション》こそ異なっているが、外延《デノテーション》は共通している［★230］。ニーダムは、万民法を古代の中国に見いだすのは至難の業だが、一種の「自然法」は存在すると考えていた。つまり、すでに見てきたような人間と非人間の双方にわたる天という道徳的原理のことである。人間と非人間の両方を統御するという点では、初期キリスト教における自然法もおなじであった。このことは、法学

★226 Ibid., 38.〔同書、三二一－三二三頁。〕
★227 Ibid., 21.〔同書、一一頁。訳は変更している。〕
★228 Ibid., 300.〔同書、三三〇－三三一頁。〕
★229 Cicero, *On the Republic. On the Laws*, tr. C. W. Keyes (Cambridge, MA: Harvard University Press, 1928), 461.〔キケロー『キケロー選集8』、岡道男訳、岩波書店、一九九九年、二七三頁。訳は英文より。〕
★230 以下を参照。J. Bryce, *Studies in History and Jurisprudence* (New York: Oxford University Press, 1901), vol. 2, 583-586.

者のドミティウス・ウルピアーヌス（一七〇－二二三年）による自然法の定義を見れば明らかである。

自然法とは、自然がすべての動物に教えるものである。この法は人類に特有ではなく、すべての動物に共通しているのだ。〔……〕こうして、われわれが結婚と呼ぶ男女の結びつきが生じ、出産や子育てが行なわれる。[★231]

ニーダムが述べるように、神学者のフランシスコ・スアレス（一五四八－一六一七年）は根本的な線引きを行ない[★232]、道徳の世界と非人間の世界を分けるよう提案した。そこでは、法は前者にのみ適用可能とされる。なぜなら、理性なきものたちには法も服従も成立しないからだ[★233]。立法者と直結したこのような自然法の概念は、法学の領域だけでなく、たとえばロジャー・ベーコンやアイザック・ニュートンのような自然科学の領域にもあらわれている。ニーダムは、ヨーロッパにおける万民法や自然科学のような意味で言う自然法は中国にはないと主張している。その理由はつぎの三点である。(1)抽象的で法典化された法に対して、歴史的経験に由来する嫌悪感をもっていた。(2)ほかのどんな官僚制の形式よりも礼による統治が適していた。(3)より重要なことに、中国には至高の存在が置かれた時期もわずかにあったものの、それは人格をもたないものだった——したがって、人間の本性と非人間的な自然の双方に法を与える神聖にして至高な創造者がまったく存在しなかったのである。それゆえ、あらゆる存在者の調和がとれた協調は、その外部にある高次の権威が下す命令にではなく、つぎのような事実に由来していた――すべての存在者は、宇宙的で有機的な様式を形成する全体性がもつ階層秩序の一部分をなしており、各存在者は、おのれの本性という内的な原理にしたがっているのである。〔★234〕

機械論的かつ因果論的な見方がなかったということは、法によって十分に秩序づけられたシステムという考え方が生まれなかったことを意味している。そのため中国には、機械論的な因果律によって効果的に存在者を理解し、操作しようとするプログラムがまったくなかったのである。単純な自動機械《オートマタ》から、合成生物学や複雑系のシステムへいたるテクノロジーの系譜が例示するように、その

★231 Ibid., 588 n1.

★232 ハイデガーとエティエンヌ・ジルソンの両者が、存在論の歴史上、存在と本質の関係を再定義するにあたってスアレスが果たした役割は重要だと指摘しているのは、おそらく偶然ではない。以下を参照。M. Heidegger, *The Basic Problems of Phenomenology*, tr. A. Hofstadter (Indianapolis: Indiana University Press, 1983), 80-83. および E. Gilson, *L'Être et l'Essence* (Paris: Vrin, 1972), chapter 5, 'Aux origines de l'ontologie'.〔マルティン・ハイデガー『現象学の根本問題』、木田元監訳・解説、作品社、二〇一〇年、一三三－一三八頁、およびE・ジルソン『存在と本質　改訂版』、安藤孝行訳、行路社、一九八六年、第五章。〕

★233 Needham, *The Grant Titration*, 308.〔ニーダム『文明の滴定』、三四二頁〕

★234 Ibid., 36.〔同書、三〇頁。訳は英文より。〕

ような機械論的なパラダイムは、有機的なものを取り込む——つまり有機体の動作を模倣し、あるいはシミュレーションする——ための準備段階として欠かせないものだった。そこで、ニーダムはつぎのような類比を行なっている。

相対主義や宇宙の精妙さ、広大さを深く理解していた中国人は、ニュートン的な世界像という基礎を構築せずにアインシュタイン的な世界像を手探りで捜し求めたのである。このような道を進んでいては、科学など発展するはずがなかった。[★235]

さきに引用した箇所で、ニーダムは「有機的唯物論」という言い方をしているが、この言葉はいささか疑わしい。というのも、かれが言及しているものがそもそも唯物論や有機体論なのかどうかには議論の余地があるからである。より正確にいえば、おそらくかつての中国は、天の理でもあった道徳の法によって統治されていたのだ。ニーダムにしたがえば、その法は「宋明理学によって、ホワイトヘッドの有機体論的な意味」で理解されたのである[★236]。これはまさしく、私たちが中国の宇宙技芸と言い表したものにほかならない。

18　牟宗三の応答

二〇世紀初頭にあらわれた学派である新儒家にとって［★237］、科学やテクノロジーの問いは、民主主義の問いとおなじく避けて通れないものだった。かれらは、西洋の発展した部分を吸収しつつ中国的な「精神」を無傷のまま保全しようとした「デカルト的」パラダイムがもはや幻想でしかないことを理解していたため、西洋の文化を取り込み、中国の伝統的な哲学体系に適合させることを自分たちの課題としたのである。単刀直入にいえば、新儒家の哲学者たちのねらいは、文化的とりわけ哲学的な観点から、中国思想も近代的な科学やテクノロジーを生みだせると示すことだった。この試みは、牟宗三《ぼうそうさん》（一九〇九－九五年）という偉大な哲学者の仕事、とくにイマニュエル・カントの読解を装った独自の仕事によって理論的達成を迎えるのである。

★235　Ibid., 321.〔同書、三四六頁。訳は英文より。〕

★236　Ibid., 325.〔同書、三六四頁。訳は一部変更している。〕

★237　劉述先《りゅうじゅつせん》（一九三四－二〇一六年）の分類によれば、熊十力《ゆうじゅうりき》（一八八五－一九六八年）と馮友蘭《ふうゆうらん》（一八九五－一九九〇年）は第一世代であり、ふたりはそれぞれ別のグループに分けられる。牟宗三《ぼうそうさん》は第二世代であり、劉自身と、余英時《よえいじ》（一九三〇－二〇二一年）、それから杜維《とい》明《めい》（一九四〇－）が第三世代になる。以下を参照。劉述先，《理一分殊與全球地域化》（北京：北京大學出版社，二〇一五年），第二頁。

18・1　牟宗三によるカントの知的直観の独自解釈

牟宗三は、『易経』から宋明理学、仏教にいたる中国哲学にくわえて、カントやホワイトヘッド、ラッセルなどを中心とした西洋哲学の教育を受け、カントの三批判書を（既存の英語訳から）中国語に翻訳した。そのため、牟の哲学体系のなかでは、西洋と中国の思想を架橋する際にカント哲学がとても重要な役割を担っている。じっさい、牟のもっとも魅力的な哲学的戦略のひとつは、カントの言う現象と本体の観点から、西洋と中国の哲学の境界線を考察したことである。牟は、『現象と物自体』というきわめて重要な本のなかで、つぎのように述べている。

カントによれば、知的直観は神だけに宿るのであって、人間には宿らないという。私にとって、これがもつ影響はあまりに大きかった。中国哲学を省みつつ、カントの言葉を用いて考えるならば、儒学や仏教、道家思想はみな、人間が知的直観をもつことを確証しているといえるのだ。そうでなければ、聖人やブッダや真人になることは叶わないだろう。［★238］

牟の分析の根本にはこの不思議な「知的直観」がある。これはいったい何なのだろうか？『純粋理性批判』のなかでカントは現象と本体を区別しているが、現象とは時間と空間の純粋直観を介してもたらされる感覚与件が、悟性の概念のもとに組み上げられたときにあらわれるものだ。けれども、感性的直観をつうじて知覚されない対象が、それでも悟性の対象となる場合がある。『純粋理性批判』のA版にはつぎのような明確な定義がある。

諸現象は、それらがカテゴリーの統一にしたがう対象として思考されるかぎり、現象《フェノメノン》と呼ばれる。しかし、たんに悟性の対象にすぎないが、それにもかかわらず、そのようなものとして、たとえ感性的直観ではないにせよ、ある直観に（したがって知的直観に〔coram intuitu intellectuali〕）あたえられうる諸物を想定するなら、このような諸物は本体《ヌーメノン》（可想的なもの〔Intelligibilia〕）と呼ばれるであろう。［★239］

この本体は、カントがA版でしばしば**物自体**と呼ぶもので、非感性的なもうひとつの直観の型を必要とする。そのため概念としての本体は、感性的なものに限界をもたらすかぎりで消極的である。とはいえ、「ある直観を［その］根底に置［置］ける」なら――つまり本体のための直観の形式を見いだせるなら――この概念は肯定的な意味合いを潜在的に帯びることになるだろう［★240］。ところが、こうした

★238 牟宗三、《現象與物自身》,《牟宗三先生全集》第二一巻，第五頁。

直観は人間がもつものではない。なぜなら、それは感性的なものではありえないからだ。

このような直観——つまり知的直観——は、われわれの認識能力の絶対的な外部にある。そのため、カテゴリーの使用もまた同様に、経験の対象が含まれる限界を越えて拡張することができない。［★241］

カントは、人間も知的直観にアクセスできると認めなかった。この点が、牟宗三が西洋と中国の哲学のちがいを解釈する際に決定的なものとなったのである。牟の『知的直観と中国哲学』は、のちの『現象と物自体』というより円熟した仕事の前身となる本だが、そこでかれは、儒学や道家思想、そして仏教の根本には知的直観があることを示そうとしている。牟にとって、知的直観は創造（つまり宇宙生成論）や道徳的形而上学と密接に結びついている（「道徳的形而上学」は、主体の認識能力にもとづくカントの「道徳の形而上学」とは端的に異なるものだ）。牟はそうした見方の理論的な根拠を、張載《ちょうさい》の仕事の、とりわけ以下の箇所から得ている。

天の明るさは太陽の明るさには及ばないので、目で見ても天がどれほど高いかわからない。天の声は雷の音より大きくはないので、その声を聞いても天がどれほど遠くにあるのかわからない。天の無限性はおおいなる空虚［太虚］には及ばないので、心は天をすみずみまで究めなくとも、

その極限を知るのである。〔★242〕

牟の指摘によると、はじめのふたつの文は感性的直観と悟性による認識の可能性を表しているが、最後の文は、心が認識しうるものは現象に限らないことを暗示している。さらにかれは、最後の文の奇妙さに言及する。つまり、そもそも無限性の度合いを比較しても無意味なので、この文は厳密にいえば論理的に意味をなしていないというわけだ。だが牟にとっては、「心」に備わった「天の極限を知る」能力こそ知的直観にほかならない。それは感性的直観や悟性に決定づけられるような認識ではなく、「遍在的かつ普遍的で、一なる無限の道徳的な心の誠明が発する、余すことなきかがやき〔円照〕としての知」〔遍、常、一而無限的道徳本心之誠明所発的円照之知〕なのである〔★243〕。牟によると、この余すことなきかがやきのなかでは、存在者は対象としてではなく、むしろ物自体としてあらわれるのだ〔★244〕。

★239　I. Kant, *Critique of Pure Reason*, tr. W. S. Pluhar (Indianapolis: Hackett, 1996), A249, 312.〔イマヌエル・カント『純粋理性批判　上』、原佑訳、平凡社ライブラリー、二〇〇五年、四七九頁。訳は一部変更した。〕

★240　Ibid., B308, 318.〔同書、四八六－四八七頁。〕

★241　Ibid.〔同書、四八七頁。訳は英文より。〕

★242　牟宗三,《智的直覺與中國哲學》,《牟宗三先生全集》第二一巻〔台北：聯經出版、二〇〇三年〕, 第一八四頁。「太虚」の訳語としては、セバスチャン・ビリューの訳より「おおいなる空虚」〔great void〕という語を採用した。以下を参照。S. Billioud, *Thinking through Confucian Modernity: A Study of Mou Zongsan's Moral Metaphysics* (Leiden: Brill, 2011), 78.

★243　牟宗三,《智的直覺與中國哲學》, 第一八六頁。

かれの言う「誠明」は、文字通りには「誠実さと明晰さ」を意味し、儒家の経典である『中庸』を典拠とする［★245］。張載によれば、「誠明は天の徳の良知を理解できるものであり、見聞にもとづく認識とはまったく異なっている」（誠明所知乃天徳良知、非聞見小知而已）［★246］。そのため、知的直観にもとづく認識の存在が、中国哲学やその道徳的形而上学の特徴となるのである。牟はしばしば、自身の思想は「道徳的形而上学」であり、「道徳の形而上学」ではないと言っている。後者は単に道徳を形而上学的に表現したものでしかないのだが、前者の立場では、形而上学は道徳を起点とする場合にのみ可能だと考えられる。そこで牟は、器と道の統一が、いかに形式性や道具性を超える心の能力に依拠しているのかを論証してゆくのである。それだけでなく、牟は道家思想や仏教にも知的直観があることも論証しているのだが、ここでかれの長く詳細な根拠を繰り返すのは私の目的ではない。それでも一応簡単に言っておくと、道家における知的直観は、人間が有限である一方で知は無限である――したがって、個人の限りある生のなかで限りない知を追い求めるのは無駄である――という事実と関連している。こうした考えは、さきに〔第10・1節で〕引用した庖丁《ほうてい》の故事〔が収録された「養生主篇」〕の、冒頭の数文から理解できる。

人生には限りがあるのに、知には限りがない。限りあるものによって限りないものを追求するのは、まったく危ういことだ。それなのになおかつ知を求めてやまない者は、危険この上もない。［★247］

いっけん、これは人間が知的直観をもつことを禁じたカントの議論を裏づけているように思える。しかし庖丁は、道という別の認識のあり方を提示していた。それはあらゆる知を超越していながらも、心で捉えられるものであった。また、空や無という概念が示すように、仏教にもおなじことがいえる。つまり空と現象は同時に存在しているが、空を理解するためには現象と物理的な因果性を超越しなければならない。

知的直観にかんする牟宗三の議論についてより深く知りたい英語圏の読者には、セバスチャン・ビリューの仕事がよい手引きになる。ただ、ビリュー自身は牟にやや批判的だ。というのも、牟はカントの『判断力批判』を論じておらず、またフィヒテやシェリングの仕事のような、ポストカント派の哲学者による知的直観の再解釈にも触れていないからである。この批判はじつに妥当だ。じっさい、

★244 Ibid., 187.

★245 「中庸」にはつぎのように書かれている。「誠とは天の道である。誠を達成することはひとの道である〔……〕誠から得られる明晰さを有しているとき、その状態を性という。明晰さから得られる誠を有しているとき、その状態は教といわれる。誠が与えられると、私たちは明晰さをもちうるだろう。そして明晰であれば、誠もまたある。」（誠者天之道也，誠之者，人之道也〔……〕自誠明，謂之性。自明誠，謂之教。誠則明矣，明則誠矣。）tr. J. Legge, 1893.（訳は変更している。）URL=http://www.esperer-isshoni.info/spip. php?article66〔赤塚忠『大学・中庸』、明治書院、一九六七年、二七五、二八〇頁。訳は英文より。〕

★246 牟宗三《智的直覺與中國哲學》，第一八八頁。

★247 *Zhuangzi*, 19.〔『荘子　内篇』、九五頁。〕

牟は何度かフィヒテに言及してはいるものの、深く踏み込んだ議論は一切していない。ビリューは、フランスの偉大なシェリング研究者であるグザヴィエ・ティリエットの仕事をつうじて、シェリングと牟宗三の比較を試みている［★248］。

だが、このような比較には慎重でなければいけない。「知的直観」という用語自体すでに相当混乱しているが、ドイツ観念論が継承したその遺産はさらに混迷をきわめているのである。

モルトク・グラムは、一九八一年に書いた影響力ある論考のなかで、知的直観にかんする「連続性命題」に反対の意を示している。これは知的直観の概念が、カントからフィヒテ、シェリングへと移り変わりながら伝わったと考えるものだ。グラムのまとめによれば、「連続性命題」はつぎの三つの主張から構成される。まず、カントにとって知的直観は単一の問題である。そして、知的直観の対象は、（神について言うなら）知的直観へと与えられるのではなく、むしろ知的直観が作りだす。最後に、フィヒテとシェリングは、人間が知的直観をもたないというカントの主張を否定し、自身の哲学体系の核心として、人間の知的直観を肯定する［★249］。グラムは、そもそもカントにとって知的直観は少なくとも三つの意味があると述べている。ひとつめは肯定的な意味合いで、本体に対する直観を表す。ふたつめは、原型的知性をもたらす創造的な直観のことである。そして三つめが、自然全体に対する直観だ。一方フィヒテとシェリングの言う知的直観の概念は、おおむねこの三つのいずれの意味とも対応していないと、グラムは主張している［★250］。

じつのところ、フィヒテとシェリングによる知的直観の用法を細かく見てゆけば、それが牟宗三のものとほぼ正反対であることに気づく。フィヒテとシェリングにとって、カントの「我思う」はそれ自体ひとつの事実〔Tatsache〕であり、それを認識の基盤に据えることは不可能である。なぜなら、認識の基盤とは、何者にも条件づけられないという意味で絶対的でなければならないからだ。フィヒテにとっては、「我思う」を超えたところに、その「我思う」に対する直接的意識があり、その意識こそが知的直観に位置づけられるのである。『知識学』の予備的な仕事となった『『エネシデムス』の論評」のなかで、フィヒテは「もし知的直観の自己が、それが**あるから存在しており**、またそれが**それ自身であるようなものである**ならば、そのような自己は、**自分自身を定立する**かぎりで絶対的に自己充足しており、独立している」と述べている〔★251〕。そのため、フィヒテは知的直観を事行〔Tathandlung〕として、また自己定立的な行為として考えることを主張するのである。初期のシェリングもおなじように知的直観を認識の基盤と見なしており、一七九五年の「哲学の原則としての自我について」という論考でこの点を詳細に論じている。

けれども、フィヒテとシェリングは、無限のものから有限のものへの移行というおなじ問題に直面していたにもかかわらず、それぞれ異なる展開を見せるのである。フィヒテにおいては、無条件的な

★248 Billioud, *Thinking through Confucian Modernity*, 81-89.

★249 M. S. Gram, 'Intellectual Intuition: The Continuity Thesis,' *Journal of the History of Ideas* 42:2 (Apr-Jun 1981), 287-304.

「自我」は、その否定ないし障害物（Anstoß）としての「非我」を必要とする。つまり無条件的な自我の外部にあるものは、単にそうした否定的なものの産物にすぎない。他方、シェリングの自然哲学は自我から自然へと移行してゆく。そして、まさに「自然とは目に見える精神であり、精神とは目に見えない自然である」という有名な主張が表すように、自我と自然は同一の原理をもつとされる［★252］。シェリングにとって絶対的なものは、もはや単なる主観性の極地ではなく、絶え間なき再帰的運動のうちにある主観と客観の絶対的統一である。端的にいえば、フィヒテとシェリングの知的直観の概念は、認識の絶対的な基礎の探求にもとづいており、フィヒテの「あいまいな物質性」［★253］であれシェリングの「自然の生産性」［★254］であれ、それはある再帰的モデルへと転換するのだ。このようなフィヒテとシェリングの差異については、のちにヘーゲルが「フィヒテとシェリングの哲学体系の相違」のなかで説明している。それによると、フィヒテが「主観的な主客の統一」をめざした一方で、シェリングは「客観的な主客の統一」を追求している――つまりシェリングにとって、自然は独立した（selbstständig）ものとされる［★255］。いずれにせよ、両者の試みのなかで知的直観が果たす役割は、牟がこの概念を中国の伝統と接続するなかで考えたものとは大きく異なっているのである。

しかし、このような相違があるにもかかわらず、無限性と有限性のはざまにある原動力の問題にかんしていえば、たしかに牟の研究とドイツ観念論者の探求には共通しているものがある。すでに見たように、ドイツ観念論者にとっては、無限のものから有限のものへの移行があり、それによって存在が説明されていた。しかし牟は、有限のものから無限のものへの移行があると考えたのである。なぜなら、かれがめざしたのは自然哲学ではなく道徳的形而上学だからだ。ハイデガーの『カントと形而上学の問題』に対する牟の批判も、まさにこの点に向けられている。つまり牟は、ハイデガーは現存在が有限でありながら、また無限でもありうることを示せなかったと考えたのである。もっとも根本的なちがいをいえば、牟には無限のものを有限のもののなかに刻印するために必要な客観的形式を見つけだそうという意図がなく、むしろそれを心という無形の存在に見いだそうとしたのだ。心は知的

★250 グラムの論考に応答して、ヨランダ・エステスはカントの知的直観には五つの意味があると主張している。上記の三つの意味にくわえて、彼女は(4)「自我」の活動の統覚と(5)道徳の法と自由をつなぐ直観という二点を追加した。そして、これらがフィヒテとシェリングによって肯定されたのだと述べている。以下を参照。Y. Estes, 'Intellectual Intuition: Reconsidering Continuity in Kant, Fichte, and Schelling,' in D. Breazeale and T. Rockmore (eds.), *Fichte, German Idealism, and Early Romanticism* (Amsterdam: Rodopi, 2010), 165-178.

★251 Cited by D. E. Snow, *Schelling and the End of Idealism* (New York: State University of New York Press, 1996), 45.〔ヨハン・ゴットリープ・フィヒテ「『エネシデムス』の論評」、『フィヒテ全集　第3巻』、山脇雅夫、藤澤賢一郎、松本正夫ほか訳、哲書房、二〇一〇年、六〇頁。訳は英文より。〕

★252 F. W. J. Schelling, *Ideas for a Philosophy of Nature*, tr. E. E. Harris and P. Heath (Cambridge: Cambridge University Press, 1988), 43.

★253 「あいまいな物質性」は、イアン・ハミルトン・グラントの用語である。グラントは、自我と自然の双方を説明するモデルとして、フィヒテが提示した無限の反復や循環を論じるときにこの語を用いた。以下を参照。I. H. Grant, *Philosophies of Nature after Schelling* (London: Continuum, 2008), 92.

★254 初期シェリングの自然哲学における個体化の概念についての詳しい分析は、以下を参照。Y. Hui, 'The Parallax of Individuation: Simondon and Schelling,' *Angelaki* 21:4 (Winter 2016), 77-89.

★255 B.-O. Küppers, *Natur als Organismus: Schellings frühe Naturphilosophie und ihre Bedeutung für die moderne Biologie* (Frankfurt am Main: Vittorio Klostermann, 1992), 35.

直観と感性的直観の双方にとっての究極の可能性であり、また物自体が無限になれるのも、心のなかにおいてなのである。

こうした議論をもとに、牟は本体と現象の区別を用いて、中国に近代的な科学やテクノロジーがなかった理由を説明しようとする。かれは一九六二年に『歴史哲学』を著している。これは、そのときどきの有力な思想の形態にしたがって、中国の歴史を年代ごとに読み解いていく本だ。そこで牟は、中国哲学は本体の世界について思弁してきたものの、現象には注意を払わず、二次的なものと考えていたと述べている。牟によると、これは中国文化のさまざまな側面にあらわれたひとつの傾向である。他方で、西洋の文化は逆の道を進んできた。つまり本体についての思弁を抑制し、現象へと専念したのである。牟は前者を「理性をきわめる総合的な精神」（綜合的尽理之精神）と呼び、後者を「理性をきわめる分析的な精神」（分解的盡理之精神）と呼んだ。牟の解釈では、知的直観とはあらゆる分析的な演繹や総合的な帰納をはるかに超える直観の能力を意味しており、ひとに悟性を与えるような感性的なものではない［★256］。言い換えれば、カントは神だけが知的直観をもつと考えたのだが、道家思想や儒学、仏教の枠組みのなかでは、人間も知的直観をもちうるのである。牟によると、ここで重要なのは、知的直観が思考のなかで優位になるとき、かれが「知性」（認知的精神）と呼ぶ認識のもう一方の形式が間接的に抑制されるということだ。かれの読みにしたがうなら、このことが、中国では論理学や数学や科学が十分に発達しなかった理由なのである。

牟が行なった分類の妥当性には議論の余地がある。けれども、カント的な背景を把握したうえで、その分類の裏にある牟自身の目標をきちんと理解すれば、これはこれで理にかなっているように思える。牟が示そうとしたのは、伝統的な中国哲学のなかで「良知」と呼ばれる、良心あるいは〔生まれながらにもつ〕善の認識を意味するものから「認知的精神」を生みだせるということ、そしてその過程には良知のある種の「自己否定」がともなうということだった。牟の考えによるとそのような良知への関心は、中国では伝統的に、哲学があらゆる現象をはるかに超える宇宙論的秩序の体験を目的としてきたという事実に根ざしている。良知という語は孟子に由来し、明の偉大な儒家である王陽明《おうようめい》（一四七二－一五二八年）によってさらに展開された。孟子は良知の道徳的な含意に触れるだけだったが、王陽明の解釈には、それよりずっと豊かな形而上学が見受けられる。王にとって良知とは、認識することなくすべてを知りうるものである（無知而無不知）。また良知は、人間に限らず、植物や瓦礫といった世界中の存在者にも備わっている（草木瓦石也有良知）。これは別に良知が遍在していると言っているのではない。むしろ、ひとはあらゆるものに良知を**投影**できるということである。

> 私が「致知格物」〔理を認識するべく、さまざまな自然の現象を探求すること〕と言っているのは、良知をあらゆる物事に至らせることを意味しています。私の心の良知は天の理なのです。心の良知である

★256 牟宗三，《歴史哲學》，《牟宗三先生全集》第五卷，第二〇五頁。

天理をさまざまな物事に至らせることによって、そうした物事にも理が宿ります。自分の心の良知に至ること、それが「致知」です。そしてすべてのものが理を獲得すること、それが「格物」です。こうして、心と理がひとつになるのです。[★257]

認識の至高の境地は、良知へ**意図的に立ち返ること**（致知）と、その万物への**投影**（格物）のふたつから成り立っている。こうした解釈においては、良知は**宇宙的な精神**となる。孔子の仁の教えが起源となっているこの宇宙的な精神は、いわば無限の心のことだ。牟宗三は、これをもとに仏教と王陽明の思想を融合させ、「統」（体系的な意味での統合）と呼ばれる一種の思想の統合を成し遂げたのである。だがここでつぎのような問題が生じる。かりに良知を備えたものが認知的主体ではなく道徳的主体であったとして、またかりに良知のなかに客観的な認識の居場所がなかったとして、それがほんとうに中国に近代的な科学とテクノロジーがなかった理由になるのだろうか？　それによって私たちは、中国が古典的な儒家の教えに依拠しつづけるかぎり、この国では科学とテクノロジーの発展などありえないと結論を下せるようになるのだろうか？　儒家の教えを肯定しつつ近代化を促進させ、両者を分断されたふたつの「統」にしてしまわないこと。これは新儒家が抱えたジレンマである。つぎの節では、このジレンマへの応答を見ていこう。それは牟宗三の思想のもっとも洗練された部分である。もっとも、これもやはり一定の弱点を抱えており、そのせいでかれの近代化のプロジェクト自体が台無しになったことも否めないのだが。

18・2　牟宗三による良知の自己否定

牟宗三は『易経』や王陽明の儒学から、**良知の自己否定ないし自己抑制**（良知的自我坎陷）の概念を引きだし、さらに発展させた。「坎陥《かんかん》」という語を「否定」とするのはジェイソン・クローワーの英訳にしたがってのことだが［★258］、じつはこれは完全に正しいわけではない。「坎陥」は、ハイデガーの頽落〔Verfallen〕のように、落ちることでもある。しかし牟は、坎陥のある種の自己性を示唆することで、それをきわめて積極的な仕方で用いている。つまり坎陥は、単に与えられるものではなく、「意図的な落下」を必要とする。そのため、この落下はあやまちではなく、良知のもつ可能性の実現となるのだ。ここにある種のヘーゲル的な弁証法を認めるひとがいるかもしれないが、この思考の運動はカント的な美的判断力の側面からも解釈できる。なぜなら、それは知識発見的〔heuristics〕だからである——もっとも、牟自身はそう明言してはいないのだが。

★257　「若鄙人所謂致知格物者，致吾心之良知於事事物物也。吾心之良知，即所謂天理也。致吾心良知之天理於事事物物，則事事物物皆得其理矣。致吾心之良知者，致知也。事事物物皆得其理者，格物也。是合心與理而為一者也」。「答顧東橋書」，《王陽明集》第二巻（上海：上海古籍出版，一九九二年）。〔王陽明「顧東橋に答えるの書」、『伝習録』、溝口雄三訳、中公クラシックス、二〇〇五年、一六二頁。訳は英文より。〕

★258　Z. Mou, *Late Works of Mou Zongsan: Selected Essays on Chinese Philosophy*, tr. J. Clower (Leiden: Brill, 2014).

牟はときおり、この落下の動作を「執」と呼んでいる。これは仏教において、なにかを手放さずに保持しておこうとする意志や、単純に執着を表す言葉である。こうした側面から見ると、坎陥はヘーゲル的な意味での否定とはさほど関係がなく、むしろ自発的な保持に関連している。カント的な用語にこだわるならば、牟にとって良知とその外側へ落ちるものとの関係は構成的ではなく、統制的であるといえるだろう。牟によれば、良知が絶えず自己を否定し抑制するのは、ある必要不可欠なまわり道を経由して目的に到達するためである。

それゆえ、認知的主体になるための自己否定は、道徳的主体の自覚的な決意によるものでなければいけない。このまわり道は必要不可欠である。なぜなら、このまわり道を経由してはじめて目的に到達できるからだ。そこで、これを「曲達《きょくたつ》」と呼ぼう。この必要性は弁証法的であり、曲達もまた弁証法的である。知的直観や頓悟《とんご》〔段階を踏まず一挙に悟りを開くこと〕のような単なる直線的な到達ではない。［★259］

「達成」や「実現」を意味する「達」という概念は、良知と客観的な知のあいだに直線的かつ直接的な関係があるという宋明理学の考えとつながっている。もちろん、良知が科学と呼ばれる知の枠組みを生みださなかったのも事実だ。

「良知の自己否定」という概念によって、牟は認知的主体が良知の数ある可能性のひとつにすぎず、それゆえ〔道徳と認知の〕ふたつの精神を同時に併せもつことが可能だと主張できるようになった。そこで牟が用いたのが、「**一心二門を開く**」という仏教の表現である［★260］。この言葉が意味するのは、宇宙的〔=道徳的〕な精神は自己否定をつうじて認知的精神へと転じることができる――そしてこの自己否定の行為によって、中国の宇宙的精神も科学とテクノロジーを発展させられるようになるということだ。現象は認知的精神に属し、本体は宇宙的精神に属する。後者はカントの言う知的直観の源泉でもあるのだが、

> それは自己に執着することや、おのれを維持することができない。なぜなら、執着した瞬間、もはや別物になってしまい、知的直観の光も隠れ滞って、わきへそれてしまうからである。だからこれは影であって自分自身ではない。つまり、このとき宇宙的精神は「認知的主体」になるのだ。それゆえ認知的主体は、光が隠れ滞り、別の仕方で投影されたときにあらわれる。そして知的直観の光は、分析的活動という認知的活動へと転じるのである。［……］感性と知性〔=悟性〕は

★259 「故其自我坎陷以成認知的主體（知性）乃其道德心願之所自覺地要求的。這一步曲折是必要的。經過這一曲，它始能達，此之謂『曲達』。這種必要是辯證的必要，這種曲達是辯證的曲達，而不只是明覺感應之直線的或頓悟的達」。牟宗三，《現象與物自身》，《牟宗三先生全集》第二一卷，第一二七頁。

★260 このフレーズは、仏教の古典である『大乗起信論』に由来している。

認知的精神のふたつの様態にほかならず、またその認知的精神は、知的直観の主体が自己否定することで生じたものなのである。［★261］

牟は、この自己否定の概念によって西洋哲学――カント的な意味での認識の理論――を中国の本体的存在論のなかへ体系的に取り入れられると考えていた。こうした考えのもとで、牟はさらにいくつかの「翻訳」を提案するのだが、それは西洋の哲学者には奇妙に見えるかもしれない。まずかれは、本体はハイデガー的な意味で存在論的なものであり、現象は存在的なものであると考えた（牟はハイデガーの『カントと形而上学の問題』〈一九二九年〉を読んでおり、東西の哲学体系を区別する際にハイデガーの語彙を取り入れたわけだ）。それから、カント哲学における神学的超越と古典的な儒学における天の概念を等置したのである。こうして牟は、東洋と西洋の思想体系をとてもきれいに区別した。だがそれと同時に、かれは西洋の哲学や科学を、東洋がもつ数ある可能性のなかに取り込んでいるのだ。

そのほか、牟による良知の分析のなかで重要な点は、「内聖外王」（内的な聖性と外的な王の素質）という儒家の政治哲学への回帰である。この儒家的な図式は、（第10・2節で）すでに確認した（個人の道徳的素質が天下へ直結する）直線的な経路にしたがっている。つまり、「格物」、「致知」、「誠意」、「正心」、「修身」、「斉家」、「治国」、そして「平天下」である。とはいえ新儒家の思想家たちは、このように個人の内側から外側へと直接投影してゆくことには問題があると理解していた。かつての時代であれば、ひとは皇帝による徳の涵養が平和な世界を実現するという直接的な進展を信じ込むことができただろう。だが、いまやそれは不可能なのだ。こんにちでは、内から外への投影には外部を経由するまわり道が必要なのである。言い換えれば、伝統的な投影の方法は、いまや進展ではなく退行になってしまうわけだ。こうしてあらたな経路が必要となる。それは、良知が取らねばならないあのまわり道と共鳴している。この点は牟の『政道と治道』（一九七四年）という政治哲学の著作のなかできわめて明確にされており、そこでかれはつぎのように述べる。

> 個人の外側にあらわれる王の素質〔外王〕とは、その内側の聖性〔内聖〕が表面に出てきたものである。これはまちがいではない。しかしそこには直通と曲通というふたつの達成方法がある。直通はかつて言われていた方法で、曲通〔まわり道〕とは、いまわれわれが科学と民主との関連のなかで述べる方法である。われわれの考えでは、外側の王の素質は、曲通によってその極限まで表現し尽くされる。もし直通だけであれば、王の素質は退縮してしまうだろう。ならば、曲通によって内側の聖性から外側の王の素質へと到るとき、そこに存在するのは、直接的な推論ではなく、ひとつの根本的な転換である。〔★262〕

★261 「但它並不能真執持其自己；它一執持，即不是它自己，乃是它的明覺之光之凝滯而偏限於一邊，因此，乃是它自身之影子，而不是它自己，也就是說，它轉成『認知主體』。故認知主體就是它自己之光經由一停滯，而投映過來而成者，它的明覺之光轉成認知的了別活動，即思解活動。〔……〕感性與知性只是一認知心之兩態，而認知心則是由知體明覺之自覺地自我坎陷而成者，此則等於知性」。Ibid., 127-135.

ここで牟が述べているのは、かつての図式がもはや機能しない以上、いにしえのテクストや個人の修養（これらは依然として重要ではあるが）からもういちどやりなおそうとする企ては、どれもみな不十分だということである。政治と道徳の関係についての伝統的な考えとは対照的に、牟は、科学とテクノロジーにより高い優先順位を与えることによって、内聖から外王への移行を考えなおす必要があることに気づいていた。言い換えれば、かれは「曲達」はかならず器に導かれなければならないと示唆していたのだ。

テクノロジーの問いに関連する牟の哲学的な仕事はここで終わりを迎える。ほかの思想家とちがって、かれはこの問題をカント的な哲学体系や伝統的な中国哲学に適合するような形而上学的領域にまで引き上げた。けれども、かれはそれ以上さきには進まなかった。かれの思想は根本において観念論的なところがあるからだ。牟は、カント哲学は超越論的観念論ではなく、むしろ経験主義的実在論であると述べている。そして宋明の儒家のように、かれは心と物は分割できないと信じていた。にもかかわらず、牟の仕事では、心が現象と本体の両方を認識する究極の可能性となっているのだ。いったいどんな条件があれば、心はこれほどまでに純粋な起点となるのだろうか？　フィヒテやシェリングのように、牟は良知を無条件的なものと定めているが、そこには根本的なちがいもある。良知はいわば認知的な「自我」ではなく、宇宙的な「自我」である。もし良知が自己否定によって認知的主体になれるなら、そのような主体は、必然的に良知の意図的な行為によってもたらされ、良知とは一貫した関係をもつことになる。とすると、そのようにして科学とテクノロジーが発展した場合、それらはアプリオリに**倫理的**なものとなるだろう。

別の言い方をしてみよう。器道の関係についての言説につなげれば、牟が主張していることは、器は道のひとつの**可能性**であるということになる。そのため器と道の関係は、〔道の実践として器が用いられるという〕一種の「使用」ではなく、むしろ〔道のなかに器が取り込まれる〕包括的関係になる。これもまた、私が牟のアプローチは観念論的だと言う理由のひとつだ。

では、近代化のプロジェクトを再考するにあたって、牟の戦略はどれほど有効なものとなるだろうか？　牟の伝記を書いた鄭家棟《ていかとう》は、つぎのように述べている。

> 数百年にわたって、中国人が追いつづけた夢がある。中国本来の状態を維持しながら、同時に西洋の学問を吸収できるようになることである――これはまるで、魚と熊の手の両方を取るようなものだ。「良知の自己否定」は、この夢のもっともよくできた、哲学的な表現だった。けれど

★262 「外王是由內聖通出去，這不錯。但通有直通與曲通。直通是以前的講法，曲通是我們現在關聯著科學與民主政治的講法。我們以為曲通能盡外王之極致。如只是直通，則之成外王之退縮。如是，從內聖到外王，在曲通之下，其中有一種轉折上的突變，而不是直接推理」。牟宗三，《政道與治道》，《牟宗三先生全集》第十卷（台北：聯經出版，二〇〇三年），第六二頁。鄭家棟引用，《牟宗三》（台北：東大圖書，一九七八年），第八一頁。

も、夢が実現可能かどうかはまた別の問題である。〔★263〕

それだけではない。このような形而上学的かつ文化的な転換を提唱した牟の「観念論的」な主張は、中国大陸の唯物論的な思想運動からは完全に無視されてしまったのである。牟自身はそうした運動を強く批判していたが、しかしかれの哲学的なプロジェクトが〔当時の大陸で〕より展開されなかったのは悲しむべきことだ。牟の仕事は、共産主義に批判的な視点をもっていたために、中国大陸では十分に受容されなかったのである。牟にとって、共産主義は中国の伝統とほとんど関係がなかったばかりか、かえって伝統を破壊しただけだった。じっさい、中国の共産主義は自然弁証法という別の道へと進んでいった。それは形而上学《シンアルシャンシュエ》の終わりをもたらし、「科学技術社会論」というあらたな学問分野を生みだしたのである。

19 自然弁証法と形而上学《シンアルシャンシュエ》の終わり

マルティン・ハイデガーは、さまざまな局面で形而上学の終わりをはっきりと宣告している。ニーチェを最後の形而上学者とみなしたのはその一例だ。一九六九年に書かれた「哲学の終わりと思考の課題」という論考のなかで、ハイデガーはサイバネティクスが哲学の終わりを予告したと述べている。とはいえ、この「終わり」は普遍的なものではない。たしかに、これから見てゆくように、それは近代的なテクノロジーがもたらす一般的な傾向ではある——私は、この傾向としての終わりを「方向の喪失《ディスオリエンテーション》／東洋の消失」と呼んでいる。

「形而上学の終わり」は、西洋と東洋で同時に起こったわけではない。これにはふたつの理由がある。ひとつは「形而上学《メタフィジックス》」が、中国語の一般的な訳語である形而上学《シンアルシャンシュエ》とは異なっているからである。すでに明らかにしたように、形而上学《シンアルシャンシュエ》が発展しても、近代的な科学とテクノロジーを生みだすことはできなかった。ふたつめの理由は、東洋では形而上学の終わりが、道と器の分離という、西洋とは別のかたちを取ったからである。中国にとってこのような「終わり」は、二〇世紀のあいだに、いわば一種の余波としてのみ生じた。それはまるで、絶えず先延ばしにされながら、あらたな運命——近代化や、のちにはグローバル化——を背負わされたときにはじめて押し寄せてくる波のようであった。さらにいえば、この「終わり」とは、中国哲学がもはや何ら重要な役割をもたなくなり、せいぜい観光業の推進や文化産業に役立つ程度のものに成り下がっていくプロセスにほかならないのである。

二〇世紀をつうじて、「ニーダムの問い」は中国の学者を捉えて離さなかった。ニーダムと馮友蘭《ふうゆうらん》

★263 鄭家棟、《牟宗三》，第八九頁。

の論理にしたがうなら、二〇世紀以前の中国には技術**哲学**がまったくなかったということになる。すでに見てきたように、ある意味で中国には自然哲学と道徳哲学しかなく、そのことが技術的な知の修得と応用の方法を規定していたといえる。他方ヨーロッパでは、技術哲学は一九世紀末になってはじめて発達したとされている。当初はエルンスト・カップをはじめ、マルティン・ハイデガー、フリードリヒ・デッサウアー、そしてマンフレッド・シュレーターといった思想家の仕事によって、ドイツ哲学の学術的な領域のなかに立ち位置を確保していった。とはいえ、すでに見たように、西洋哲学には技術の問いがつねに存在していたのである。たしかに、ベルナール・スティグレールが言うように、それは西洋哲学のなかである意味抑圧されていたかもしれない。だが、たとえそうであっても、技術の問いは西洋的な思考の宇宙技芸的な本質を構成していたといえるだろう。スティグレールの議論については、第2部で詳しく論じることにしたい。

中国はヨーロッパとは異なる道を歩んだ。そのおもな原因は、一九四九年以降、マルクス主義的なイデオロギーが中華人民共和国のあらゆる側面を支配したことにある。当時は、エンゲルスの『自然弁証法』が『反デューリング論』とともに広く学ばれ、社会主義的な科学発展のための基礎的な理論とされた。一九三五年に同書が中国語へ翻訳されたのち、中国では『自然弁証法』が、西洋における「科学技術社会論」に相当する「学問分野」になったのである[★264]。この二冊の本のなかでエンゲルスが試みているのは、唯物弁証法が自然科学の主要な方法になるべきだと示すことだ。そして『反デューリング論』は、観念論的かつ形而上学的な自然の解釈が有力となっていた「ベルリンのヘーゲル主義の劣化」に対する応答でもあった。『反デューリング論』の第二の序文のなかで、エンゲルスはつぎのように述べている。

マルクスと私とは、おそらく、意識的な弁証法をドイツの観念論哲学から救いだして、唯物論的な自然観と歴史観とのなかに取りいれた、ほとんど唯一の人間であった。しかし、弁証法的であると同時に唯物論的な自然観には、数学と自然科学の知識が必要である。〔★265〕

エンゲルスの唯物弁証法は、経験的な事実を起点に、自然を絶えざる進歩のプロセスとして理解するものである。かれの議論は、大きく二点に要約できるだろう。まずエンゲルスは、動物から惑星、星雲にいたるまで、あらゆる自然的存在者には歴史があると主張した。エンゲルスはカントの『天界の一般自然史と理論』（一七五五年）を称賛しているのだが、そこでカントはすでに、地球や太陽系の形成が進歩的なプロセスであったと指摘している。これが正しければ、カント的な宇宙論において

★264 林德宏，《科技哲學十五講》（北京：北京大學出版社，二〇一四年）。
★265 F. Engels, *Marx & Engels Collected Works, vol.25*, tr. E. Burns and C. Dutt (London: Lawrence & Wishart, 1987), 11.〔フリードリヒ・エンゲルス「オイゲン・デューリング氏の科学の変革（反デューリング論）」、『マルクス＝エンゲルス全集　第20巻』、大内兵衞、細川嘉六監訳、大月書店、一九六八年、一一頁。〕

は、地球や宇宙にあるすべての存在者は、かならず時間のなかで生じることになる。エンゲルスが述べたように、「カントの発見には、それ以後のあらゆる進歩への出発点があった」のである［★266］。

それからエンゲルスは、マルクス的な精神に則って、「人間化された自然」、つまり人間が労働をつうじて知覚するような自然が存在することを示そうとした。この論点は、中国に重大な影響を及ぼした。その理由はおそらく、『自然弁証法』のなかの「猿が人間化するにあたっての労働の役割」という章が、同書全体の中国語訳が刊行されるまえに訳出されたからだろう。この章はダーウィンの進化論について詳しく論じたもので、そこでのエンゲルスの主張は、動物は道具をもたないので自然を**使用**することしかできないが、人間は手の解放によって道具を使えるようになったため、自然を**支配**できるというものだ。マルクス主義の哲学者で経済学者の于光遠《うこうえん》（一九一五－二〇一三年）は、鄧小平の経済改革にもっとも深い影響を及ぼした人物として有名だが、エンゲルスの『自然弁証法』の翻訳を主導したのもかれだった。于は自身の著作のなかで「人間化された自然」の概念を拡張し、より具体的な「社会的自然」という概念を生みだした。かれにとって、これはいわば第二の自然であり、あらたな「学問分野」を形成するものであった［★267］。

国共内戦（一九二七－三七年、一九四六－四九年）のころや、とくに中ソ関係が悪化した内戦後になると、中国は当初この国がもっていた断片的で不十分な知見をもとに、科学とテクノロジーを自力で発展させることを余儀なくされた。一九五六年、于光遠は数名の科学者とともに「自然弁証法（数学と自然科学の哲学的問題）の一二年（一九五六－一九六七）研究規画草案」を起草し、同年に創刊された定期刊行の会報（『自然弁証法研究通訊』）に掲載している。さらに、エンゲルスの『自然弁証法』は、毛沢東が一九五八年に提唱した国家規模の運動（大躍進政策）を指導する手引きにもなった――そこでは「自然界に向かって砲火を浴びせ、技術革新と技術革命を遂行せよ」と叫ばれたのである［★268］。このとき『自然弁証法』は、もはや単なる「ヘーゲル主義の劣化」やドイツにおける「科学の濫用」に対する批判にとどまらず、自然を理解し「支配」する手法にもなっていたのだ。

文化大革命（一九六六－七六年）によって、伝統はさらに破壊されることとなった。マルクス主義的な進歩史観（原始共産制－奴隷制－封建制－資本主義－社会主義－共産主義）に則って、共産党政権がそれを「退行」とみなしたからである。その一方『自然弁証法』は、中国における科学とテクノロジーの基盤とされた。一九八一年には、鄧小平の承認のもと、「中国自然弁証法研究会（Chinese Society for Dialectics of Nature）」（CSDN）が創設される。こうして『自然弁証法』の影響力は、科学を超えてテクノロジーの研究にまで拡大し、あらゆる領域の生産性を向上させる「武器」となったのである。中国において「科学技術哲学」という学問分野が正式かつ公的に設立されたのは、おそらく哲学者の陳昌《ちんしょう》

★266 Ibid., 324.（同書、三四七頁。訳は一部変更した。）

★267 とくに于は、『ある哲学の学派が中国で生じつつある』（《一個哲學學派正在中國興起》，南昌：江西科學技術出版社，一九九六年）というタイトルの本を出版している。

★268 「向自然界開火，進行技術革新和技術革命」。

曙《しょ》（一九三二－二〇一一年）が原因だ。一九九〇年に、陳は国務院学位委員会に対して、「自然弁証法」の代わりに「科学技術哲学」という分野名を採択するよう提案している［★269］。そしてかれ自身も、『技術哲学概論』（一九九九年）という、この分野の有益な参考書を執筆した［★270］。ところが、あらたに形成されたこの分野は、名前こそ新しくなったものの、依然としてエンゲルスの『自然弁証法』を歴史的な基盤としていた——この本には、進化論にかんする章を除いては、技術について**一切なにも**書かれていないにもかかわらず。

したがって「科学技術哲学」は、中国ではかなり新しい分野ではあったが、その重要性が理解されていたので、はじめからある種の強い原動力をもっていた。とくに例を挙げれば、哲学者の喬瑞金《きょうずいきん》による『馬克思《マルクス》技術哲学綱要』（二〇〇二年）は、マルクス主義的なテクノロジー批判を中国に当てはめることについて体系的に検討した書物である。また、林徳宏《りんとくこう》の『人間と機器——高度科技《テクノロジー》の本質と人文的精神の復興』は、テクノロジーを念頭に置いた新しい人文学の可能性を詳細に論じている［★271］。私はこうした努力に共感してはいる。だが驚くべきことに、かれらが中国やその技術との関係を考えるとき、議論の連続性ばかりか、一貫性すらないことがある。要するに、李三虎の近年の仕事を除いて、中国の技術哲学は、マルクス主義的なテクノロジー批判と並行して、西洋の技術哲学（Technik-philosophie あるいは Philosophy of Technology）を中国に導入し、取り込もうとするものでしかなかったのである。これはさきほど挙げた人々に該当するだけではなく、現代ではカール・ミッチャムをはじめ、ヘルベルト・マルクーゼ、アンドリュー・フィーンバーグ、アルバート・ボルグマンやヒューバート・ドレイファスらも同様だ――かれらは、**中国とヨーロッパが技術をおなじように理解しているかのように考えているのだ**。そのため、ヨーロッパ哲学の普遍化には**薬＝毒《パルマコン》の論理**が宿る。それはより広い会話を可能にするかもしれないが、ヨーロッパ哲学に支配されてしまうと、より深遠な対話への道がひとつ残らず断たれる可能性があるからだ。

これこそが、私の言う「形而上学《シンアルシャンシュエ》の終わり」にほかならない。そのとき、中国思想において人間と宇宙論をつなぐシステムの統一性を維持していた形而上学《シンアルシャンシュエ》的思考が遮断され、システムの準安定性がもはや回復不能になってしまう。私はこの状況を、ふたつの意味を込めて「ディスオリエンテーション」と呼んでいる。ひとつめの意味は一般的な方向の喪失である。それはいわば、海の真ん中で行き先も帰る場所も見失ったことに気づくような状況のことだ――これはニーチェが『悦ばしき知識』で描いた事態である。ふたつめの意味は東洋の消失である。西洋とは異なり、東洋は〔西洋化して〕東洋ではなくなることによって否定される。だがその結果、西洋もまた東洋の視点を喪失してしまう。つまり、テクノロジーによる収斂と同期によって、ある種の均質化が起こるというわけだ。過去

★269 L. Xia, 'Philosophy of Science and STS in China: From Coexistence to Separation,' *East Asian Science, Technology and Society: An International Journal* 5 (2011), 57-66.

★270 陳昌曙,《技術哲學導論》(北京:科學出版, 一九九九年)。

★271 林德宏,《人與機器:高科技的本質與人文精神的復興》(南京:江蘇教育出版, 一九九九年)。

三〇年にわたる中国の技術哲学は、テクノロジーのグローバル化や中国の経済成長に対し積極的に応答してきた。しかしその一方で、中国的な技術の概念を西洋のものと同一視したり、後者によって前者を打ち消したりする傾向があった。これはグローバル化や近代化のひとつの**症状**であり、宇宙技芸の問いの忘却や無関心という風潮を強めてしまう。中国では、宇宙技芸の問いは、ハイデガーが述べたものとは異なるかたちで「忘却」されてきたのだ。

テクノロジーがもたらす理性はその範囲を広げ、あらゆる条件にとっての条件に、またすべての原理にとっての原理になりつつある。ちょうどジャック・エリュールが一九七〇年に予測していたように、技術システムが理性を形成するプロセスには、ある全体性が含まれているのである[★272]。もしもテクノロジーがもたらす理性への抵抗が可能なら、それはあらたな関係や秩序を構築するために、異なる論理的思考《リーズニング》の形式を生みだすよりほかにない。加速主義は、どんな植民地主義的な文化の強制からも離れようとする普遍主義に依拠しているが、これは「プロメテウス的」なテクノロジーの概念から引きだされたものである。この概念は異文化を排斥せずに擁護するものの、その文化の特殊性を問うことは決してない。こうして、技術というカテゴリーはすべてを網羅し、たったひとつの運命だけを抱くことになる。このような加速主義的な普遍化を乗り越えるためには、技術性の多様さや、その自然や宇宙とのさまざまな関係が再発見、再発明されなければならないのだ。

人新世の時代のなかで、中国が文明の完全な破壊を避けるための唯一の希望は、牟宗三がしたように新しいかたちの**思考**や**発明**を創りだすことにほかならない。だがいまは、牟とはちがう方法が必要だ。そのためには、中国の伝統的な観念論的アプローチからは距離を取りつつ、牟の言う本体的存在論と現象的存在論のあいだに、あらたな接点を探しださねばならないだろう。これを成し遂げるには、**宇宙技芸的に**思考することにくわえ、器を、道や宇宙論的意識から分離させることなく、さらに発展させるような思考を開発しなければならない。第2部では、時間と近代性を再解釈することで、この問いに着手することにしよう。

★272 J. Ellul, *The Technological System*, tr. J. Neugroshel (London: Continuum, 1980). この本は、シモンドンの『技術的対象の存在様態について』の議論の延長として読める。さらなる分析については、以下を参照。Y. Hui, 'Technological System and the Problem of Desymbolization,' in H. M. Jerónimo, J. L. Garcia and C. Mitcham (eds.), *Jacques Ellul and the Technological Society in the 21st Century* (Dordrecht: Springer, 2013), 73-82.

第2部

テクノロジーへの意識と近代性

20 幾何学と時間

たとえ西洋思想が「技術哲学」と認識するものが、いまでも中国人にとって異質に感じられるとしても、器《チイ》と道《ダオ》の関係の歴史を解明すれば、中国哲学における「技術的思考」を明らかにできる。第1部ではこのことを論証した。続く第2部の課題は、中国の技術的思考が、長い哲学の伝統のなかで基礎づけられた西洋のそれに直面したとき、いったいなにが起きたのかを問うことである。

ヨーロッパで言うような「近代性」は中国には存在しなかった。この国の近代化も、技術の思想のふたつの様態が直面したのちにようやく始まったのである。本書では、両者の対決をふたつの時間の構造の緊張関係として記述しよう。だがそれによって、近代の問いそのものを考えなおすことにもなるはずだ。

「近代を乗り越える」ことが必要だと主張する声は、二〇世紀にまずヨーロッパで、のちに日本で響きわたった――それぞれ動機は異なっていたが。そしていまでは、生態学的危機の観点から、またテクノロジーによる破局の結果として、ほとんどいたるところで耳にするようになっている。ところが、かつてそのような声が最終的に招いたのは戦争と形而上学的ファシズムだった。単にいにしえの宇宙論や先住民の存在論に回帰しようと提案しているだけの人類学者は、この点を忘れているように見える。だからこそ私は、ふたつの思考様態の対決をつうじて近代の問いを再評価することによって、「伝統的な存在論」に引き返すだけではまったく不十分であり、私たちの時代の宇宙技芸を再発明しなければならないことを示したいのだ。

なぜ中国では近代的な科学やテクノロジーが生じなかったのか——ジョゼフ・ニーダムは、すでにこの問いに答えを出したのだろうか？ また中国の知識人は、このニーダムの問いに対して、二〇世紀のうちに十分なかたちで応答したのだろうか？ たしかに、ニーダムはさまざまな要因について非常に体系的な分析を行ない、単なる社会構築主義をはるかに超えたものに到達している。かれの分析は官吏登用制度や、哲学的および神学的な要因、また社会経済的な要因を考慮していた。こうした要素はみな、ひとつの文化を形成するにあたって重大な影響をもっている。それらは、中国史を構成する傾向や力、そして偶然性を表現する組み合わせ《アッサンブラージュ》を形成しているのだ。だがおそらく、ニーダムの分析は近代的な科学とテクノロジーがなかったわけを説明するには不十分であり、中国の哲学体系においては、なにかもっと根本的なものが問われているように思われる。それを摑むためには、さらなる深みへと進まなければならないだろう。

すでに確認したように、中国哲学は機械的な思考の形式よりも、有機的な思考の形式にもとづいている——これはニーダムも強調してはいたが、それ以上に掘り下げなかった論点である。さらに牟宗《ぼうそう》三《さん》の示唆によると、中国哲学の特徴は、経験を無限のものに転じさせようとするその傾向が示すように、本体的存在論に重点を置くことにあった。中国の哲学的精神性においては、宇宙が西洋のものとはかなり異なった構造と性質をもっており、人間の役割やそれを知る方法もまた、異なる仕方で、宇宙との統一性のなかで規定されているように見える。

これから見ていくように、中国学者らの意見によれば、古代の中国人は体系的な幾何学（「空間の知」［★1］）を発展させなかったし、時間という主題について詳しく論じることもなかった。つまり中国的な思考の特質は、幾何学の公理系が一切なく、時間についても十分に詳述していないという点で際立っている――この命題に含まれる意味を、ここからは検討していきたい。

20・1　古代中国には幾何学がなかった

ニーダムは、古代中国には幾何学がなく、代数学だけがあったと指摘している［★2］。もちろん、幾何学の知識がまったくなかったわけではない。それはたしかに存在していた。中国の歴史は、何度も洪水が起き、干魃も発生しがちだったふたつの河川（揚子江と黄河）を制御する歴史とも解釈できるからである。これらの河川を管理する際には、幾何学的な知識や測量、計算がおのずと必要になったにちがいない。ニーダムが言っているのはそういうことではなく、幾何学の体系的な知識が中国にやってきたのがかなり遅く、おそらく一七世紀末頃にイエズス会の修道士がユークリッドの『幾何学原論』を翻訳してからのことだったということだ。

たしかに歴史学者のなかには、『九章算術』（前一〇－前二世紀）や数学者の劉徽《りゅうき》（三世紀）による同書の注釈が、中国にはすでに発達した幾何学的思考があったことを証明していると述べるひともいる〔★3〕。けれども、『九章算術』は公理、定理、証明を含む形式化された演繹の体系を確立しておらず、その意味でギリシアの幾何学とは根本的に異なっている。それに、じつのところ「幾何学を重視する古代ギリシアの数学とはちがい、古代中国の数学の成果は、なによりまず計算にあったのである」〔★4〕。またほかの歴史学者は、古代中国の数学にないものは「完全な構造的理論体系」の発達であったことを示している〔★5〕。たとえば張衡《ちょうこう》（七八―一三九年）という人物は、太陽や月や惑星が天球上の軌道を動いていることを仮定したとされているが、公理系がまったくなかったため、かれの発見はそれ以上に展開されなかった。幾何学と論理体系が中国に登場したのは、一七世紀になって、マテオ・リッチと徐光啓《じょこうけい》によるユークリッド幾何学の漢訳（『幾何原本』）が出てからにすぎない。徐光啓は

★1 B. Stiegler and E. During, *Philosopher par Accident: Entretiens avec Élie During* (Paris: Galilée, 2004), 52.〔ベルナール・スティグレール『偶有《アクシデント》からの哲学——技術と記憶と意識の話』、浅井幸夫訳、新評論、二〇〇九年、六九頁。〕

★2 Needham, 'Poverties and Triumphs of the Chinese Scientific Tradition,' 21.〔ニーダム『文明の滴定』、一二頁。〕

★3 R. Mei, 'Liu Hui's Theories of Mathematics,' in D. Fan and R. S. Cohen (eds.), *Chinese Studies in the History and Philosophy of Science and Technology* (Dordrecht: Springer, 1996), 243-254: 248.

★4 Ibid., 244.

★5 G. Jin, H. Fan and Q. Liu, 'the Structure of Science and Technology in History: on the Factors Delaying the Development of Science and Technology in China in Comparison with the West since the 17th Century (Part One),' in *Chinese Studies in the History and Philosophy of Science and Technology*, 137-164: 156.

「論理学は諸学の原型であり、ほかのさまざまな学科を理解するうえでの前提条件である」ことに気づいていたため、幾何学と論理学があらたな学問のいしずえになるよう力を注いだのである[★6]。

もちろん、古代ギリシアでは幾何学は重要な学科であり、イオニア派の哲学者が哲学的な合理化を遂げたことも、その発明と密接に関連していた。最初のイオニア派の哲学者として、また幾何学の開拓者として知られるタレスは、三角形の幾何学的特性にかんする知識を駆使して、ピラミッドの高さを計算したり太陽と月の直径を求めたりした。この世界は水という均質な元素から成り立っているというタレスの仮定は、秩序や単位や比例をめぐる幾何学の研究にとって必要な先駆けだったといえる[★7]。くわえて、少なくともヒッポリトスにしたがえば、ピタゴラスが天文学と音楽と幾何学をひとまとめにしていたことも忘れてはいけない[★8]。こうした合理化は、プラトンの『ティマイオス』における宇宙生成論の中心にもある。そこでは、神はさまざまな幾何学的比例にしたがって「場」(chōra)を制作する技術者とされる。こうした精神こそが、ギリシア数学の偉大な成果につながったのだ。このような合理化は、アレクサンドリアのエウクレイデス〔ユークリッド〕が定めた体系のなかで頂点に達した。かれの体系においては、数学の分野が公理の集まりとして記述され、そこから導かれる定理が完全で一貫した体系をなすことを確認しうるのである。

このように幾何学が進歩していたにもかかわらず、古代ギリシア人がそれほど代数学に強くなかったことはよく指摘されてきた。アルキメデスの『螺旋について』は、その最たる証拠のひとつだろう。そこでは螺旋の描き方が機械的に記述されているのだが、なんと記号や方程式は一切使われていない。数学者のジョン・タバクが述べるように、「ギリシア人は代数学にほとんど興味をもっていなかった。けれども、私たちがいま曲線を一から作りだす能力の大部分は、代数学の能力によるものである」。古代ギリシアで最後の偉大な幾何学者であるアレクサンドリアのパップスがいたころには、すでにかれらは線や面や立体についてかなり包括的に理解していた。にもかかわらず、「ギリシア人にとっては、ほとんどどんな曲線を描くのもひと苦労だったのだ」［★9］。

中世に入り、幾何学の研究は神学と合流しつつ減速していったが、それでもなお幾何学は自由七科《リベラルアーツ》のひとつとされていた。この時代に生じた重大なことは、ギリシアの幾何学がローマ人に再導入されたことである。このことは、一一二〇年ごろにバースのアデラード（一〇八〇－一一五二年）がユークリッドの『原論』をアラビア語からラテン語に翻訳し、のち一五世紀末にバルトロメオ・ザンベルティ（一四七三－一五四三年）がはじめてギリシア語原文からラテン語に翻訳したことに示されている［★

★6　Jin, Fan and Liu, 'Historical Changes in the Structure of Science and Technology (Part Two: A Commentary),' Ibid., 165-184.

★7　P. Clavier, 'L'Idée d'Univers,' in D. Kambouchner (ed.), *Notions de Philosophie*, I (Paris: Gallimard, 1995), 45.

★8　C. Riedweg, *Pythagoras: His Life, Teaching, and Influence*, tr. S. Rendall (Ithaca and London: Cornell University Press, 2002), 25.

★9　J. Tabak, *Geometry: The Language of Space and Form* (New York: Facts on File, 2004), 36.〔ジョン・タバク『幾何学――空間と形の言語』、松浦俊輔訳、青土社、二〇〇五年、五七頁。訳は変更している。〕

★10　C. J. Scriba and P. Schreiber, *5000 Years of Geometry: Mathematics in History and Culture*, tr. J. Schreiber (Basel: Birkhäuser, 2015), 231, 236.

10]。ルネサンスの時期には、芸術創作、とくに絵画が幾何学の原動力の一部となっていた。三次元の対象を二次元の平面に投影するために開発された技法や、遠近法の理論が、こんにち射影幾何学とされるものをもたらしたのである。また、ケプラーやガリレオ、ニュートンの仕事が例示しているように、一六－一七世紀のヨーロッパにおける近代科学の出現もまた、幾何学化の精神によるものだといえる。アルバート・アインシュタインは、一九五三年の書簡のなかで以下のような見解を語っている。これはしばしば、とくにニーダムによって引用されてきたものだ。

西洋科学の発展はふたつの偉大な成果にもとづいています。ひとつはギリシアの哲学者が（ユークリッド幾何学において）形式化された論理体系を発明したこと、もうひとつは（ルネサンスの時期に）体系的な実験によって因果関係を解明できるという可能性を発見したことです。私は、中国の賢人がこうした段階を踏まなかったのは、べつに驚くことではないと思っています。驚くべきなのは、とにかくこうした発見がなされたことなのです。[★11]

アインシュタインが幾何学の特徴を「形式化された論理体系」と述べていることは、第1部で行なった中国思想の展開についての議論を連想させるだろう。すでに（第17節で）見たように、論理と技術を擁護していた墨家は、道徳的宇宙論にもとづく考え方を好む孟子などの儒家によって抑圧されていたのだった。またアインシュタインによると、西洋のもうひとつの成果は実験をつうじた因果関係の発見である。このような因果的な規則性や「自然法則」の探求は、具体的な経験から抽象的なモデルへと移行してゆくものであり、自然にかんする哲学的な思考の形式としては、じつはかなり特殊であったのだ。

中国思想と関連して、ニーダムはこの点についてもきわめて的を射た問いを提起している。それは、一六－一七世紀のヨーロッパに自然法則の概念が出現した原因は、とりわけ科学とテクノロジーの発展にあるといえるのか、というものだ［★12］。

これに対してカトリーヌ・シュヴァレーは、当時のヨーロッパに生じた三つの主要な科学の進展――視覚の幾何学化（ケプラー）、運動の幾何学化（ガリレオ）、実験の条件の体系化（ボイル、ニュートン）――を指摘して、肯定的に応答している。これらの各事例において幾何学は、科学の知識を日常的な経験から分離させる限りで、きわめて重要な役割を果たすのである。たとえばひとつめの例でケプラーは、アリストテレスの実体主義的な光の定義に反対し、光を流出とみなすプロティノス的な解釈をもちだしたうえで、網膜での像の形成が、幾何学の規則にしたがう複雑なプロセス（回折や、倒立像

★11 A. Einstein, 'Letter to J. S. Switzer, April 23, 1953,' in A. C. Crombie (ed.), *Scientific Change: Historical Studies in the Intellectual, Social, and Technical Conditions for Scientific Discovery and Technical Invention, from Antiquity to the Present* (London: Heinemann, 1963), 142.

★12 J. Needham, 'Human Laws and Laws of Nature in China and the West I,' *Journal of the History of Ideas* 12:1 (January 1951), 3-30; 'Human Laws and Laws of Nature in China and the West II: Chinese Civilization and the Laws of Nature', *Journal of the History of Ideas* 12:2 (April 1951), 194-230.

に生じる幾何学的なひずみ）をともなうことを示している。おなじように、ガリレオによる運動法則の幾何学化は、「基体」と「付帯性」の変容（つまり発生あるいは消滅）というアリストテレス的な変化（metabolē）の概念にとって代わるものとなった。これは真空という理念的な環境の考察によって生じたもので、その環境では、より大きな質量をもつ物体がより速く落下するという直観的な信念とは裏腹に、異なる質量をもつ物体がおなじ速度で落下していく［★13］。幾何学の必当然的〔apodictic〕な性質は、直観がまちがいを犯す可能性に抗うのだ——ガリレオの『天文対話』のある一節では、人間のまちがいや判断力に由来する変動に左右されない方法論的確実性を手に入れようとする懸命な姿勢が示されている。

かりに私たちの争点が、真理も虚偽もないような、法学や、あるいは人文学と呼ばれるその他の研究分野にあったとします。この場合私たちは、機知の鋭さや答えのわかりやすさ、そして書き手としてのより偉大な業績に対して十分な信頼を寄せるでしょう。そして、これらにもっとも堪能な者が、その理性をより確かで信憑性あるものにしていくよう期待するかもしれません。ところが自然科学が出す結論は真であり、なおかつ必然的です。そこには人間の判断力はまったく関与しないのです。［★14］

ヨーロッパにおける幾何学の発展にかんして、アインシュタインが下した評価は不当ではなかった。じっさい、神話的な起源に始まり、クラウディオス・プトレマイオスやコペルニクス、ティコ・ブラーエ、ケプラー、ニュートンを経て現代の天文学にいたる宇宙論の歴史を眺めれば、すべての段階において、それが根本的に幾何学的な問いであったことが分かる［★15］。重力を四次元時空の曲率と同一視するアインシュタインの一般相対性理論でさえ、（もはやユークリッド的なものでないとはいえ）根本的には幾何学的な理論なのだ。

20・2 幾何学化と時間化

もっとも、私たちは数学的主題としての幾何学に話を限定するべきではない。むしろ時間の問いと接続することで、この問題をさらにさきへ進めていこう。西洋の技術の概念にとって、またそれが効率的な記憶技術のシステムに発展していくなかで、時間と幾何学／空間の関係はきわめて重要ではないだろうか？　このように幾何学と時間の問いを提起することで、私たちは抽象化から理念化〔ideali-

★13 C. Chevalley, 'Nature et Loi dans la Philosophie Moderne,' in *Notions de Philosophie*, I, 127-230.
★14 Cited by C. R. Bambach, *Heidegger, Dilthey and the Crisis of Historicism* (Ithaca and London: Cornell University Press, 1995), 50.
★15 以下を参照。H. S. Kragh, *Conceptions of Cosmos: From Myths to the Accelerating Universe: A History of Cosmology* (Oxford: Oxford University Press, 2013). この本では、ユークリッド幾何学からリーマン幾何学などの非ユークリッド幾何学への推移にしたがって、宇宙という概念の歴史が定式化されている。

sation〕へと移行する――つまり精神のなかでの抽象化から、外在化された幾何学的形式における理念化への移行である。理念化は、観念化〔ideation〕とは区別しなければいけない。後者は依然として思考のなかでの理論的な抽象化にかかわっているからだ――たとえば、私たちは三角形をひとりで思い浮かべる（観念化する）ことができるが、その必当然的な性質がすべてのひとに共有されるのは、三角形が外在化される（作図される）ときだけである［★16］。したがって、この意味での理念化は、書くことであれ作図することであれ、つねに外在化をともなっているといえる。

幾何学と時間と技術の関係にかんする私の推論は以下のように要約できる。(1) 幾何学は時間の空間化を要求し、また可能にする。(2) その空間化にともなうのは、技術的手段をつうじた外在化と理念化である。(3) 幾何学的必当然性は、論理的推論と因果関係の機械化とを可能にする。(4) そのような機械化のうえで生じうる技術的対象と技術システムが、翻って時間性、つまり経験、歴史、歴史性の構成に関与する。

幾何学化は、さまざまな意味で時間の空間化だといえる。なによりまず、それは（直線形か円錐曲線で）時間の動きを視覚的に表現する。さらに、未来にその時間を理念化された形式で思いだせるよう、空間化と外在化をほどこすのである（のちにベルナール・スティグレールの思想を論じるとき、この論点に戻ってくるだろう）。私の仮説は――思弁的で慎重を要するものだが――端的に言うと以下のとおりだ。中国では、幾何学が発展しなかっただけでなく、時間の問いも西洋とおなじようには取り組まれなかった。そしてこの二点が理由となって、中国では異なる技術の概念が生じた――いやむしろ、技術をめぐるあらゆる思考が見かけ上は存在しなくなったのではないか。いっけん、これはずいぶん当惑させる主張だと感じられるかもしれない。そこで私は、この仮説を説明するために、まず中国における時間の問いの概略を示し、それから時間と幾何学の関係に移ることにする。そのうえで、技術との関係のなかで時間と幾何学を総合するにいたるだろう。

マルセル・グラネ［★17］やフランソワ・ジュリアンといった中国学者は、中国思想における時間の問いに取り組んできた。そしてこのふたりともが、中国には直線的な時間の概念がなく、「機会」や「時点」を表す「時《シー》」という概念だけがあると主張している。伝統的に、中国人は四季を意味する「四時《スーシー》」にしたがって生活を管理してきた［★18］。ジュリアンが言うには、このような時間の捉え方は、（第1部で論じた）『淮南子《えなんじ》』や、そこに書かれている政治や社会の統治と季節の変化との関係についての図式的な規定と密接にかかわっている。かれが記すとおり、季節の移ろいを第一原理とする中国文化の時間の理解は、アリストテレス的な伝統とは根本的に異なっている。後者は時間を、ある点から別の点への、もしくはある形態から別の形態への、数や距離をともなった運動とみなす考え方にもとづいてる［★19］。古来西洋では、時間は特定の時点のあいだにあるとされてきた——つまり、あ

★16　この思弁はベルナール・スティグレールとの長い議論から生まれた。観念化と理念化の区別は、かれから受け取ったものである。
★17　M. Granet, *La Pensée Chinoise* (Paris: Albin Michel, 1968), 55-71.

る点と別の点のあいだの運動に当てはめて考えられたのである（あとで論じるエクリチュールにおける〈時間の〉二次的空間化と対比して、これを幾何学化**としての**一次的空間化と呼んでもよいだろう）。時間は、古代ギリシアの人々にとっては「あいだ」〈metaxu〉であった。また、ストア派にとっては「間隔」〈diastêma〉であり、アウグスティヌスにとっては「時間の間隔の知覚」〈sentimus intervalla temporum〉を表していた［★20］。ところがジュリアンが示すように、間隔としての時間の観念が中国に届いたのは一九世紀になってからであった。つまり、timeという語を「時点のあいだ」すなわち「時間《じかん》」とした日本語訳を、「時間《シージェン》」として借用したのちのことだったのだ［★21］。

それとは別の、より包括的な時間の概念は、中国的なcosmosやuniverseつまり「宇宙《ユィージョウ》」［★22］の理解のうちに見られる。ここでは「宇《ユィー》」が空間を、「宙《ジョウ》」が時間を表している。「宙」の語源は荷車の車輪にかかわっており、その円環運動が時間の形象的な隠喩となっている［★23］。要は「四時」も車輪のように循環するということだ。くわえて、四時は季節の変化が示す二四の節気に区分けされる。たとえば、三月五–六日ごろは「啓蟄」という節気にあたる。これは文字通りには「虫が目覚めること」を意味し、冬ごもりの終わりを示している。

『易経』では、「時《シー》」が機会の観点からも触れられている。そこで語られているのは、具体的には「時を注意して見守ること」（察時）、「時を理解すること」（明時）、「時を待つこと」（待時）などである［★24］。さらに言うと、時は「勢《シー》」という言葉とも結びついている。ジュリアンはこの語を「性向」〈propension〉と訳しているが、いくぶん単純化すれば、それは状況に応じた思考のことだと理解して

★18　もっとも、この点には議論の余地がある。中国の歴史学者・劉文英《りゅうぶんえい》によると、四季の分類は西周（前一〇四六－前七七一年）の終わりにかけてもたらされたからだ。それ以前は、一年は春と秋に分けられていたのである。以下を参照。劉文英，《中國古代時空觀念的産生和發展》（上海：上海人民出版社，一九八〇年），第八頁。劉の見解は正当なものと言うべきだろう。というのも、商王朝（前一六〇〇－前一〇四六年）の時代から、「天干地支」（十干十二支）として知られる日付や年の記録システムがあったからだ。これは六〇の項目の循環にしたがって機能し、おなじく計算を必要とする占術のために『易経』にも取り入れられた。にもかかわらず、グラネとジュリアンは中国では時間の概念が詳しく論じられなかったと主張している。かれらが言っているのは、中国にも日付や年を記録する方法は見受けられるが、時間に対する知覚や理解は、やはり抽象的な時間ではなく具体的な出来事と密接につながっていたということだ。また、暦と同様に、中国人は時計作りのパイオニアでもあった。たとえば張衡は水をつかって渾天儀《こんてんぎ》を回転させることに成功し、博学で知られた蘇頌《そしょう》（一〇二〇－一一〇一年）は世界初の時計のひとつとされる「水運儀象台」（一〇八八年）を組み上げた。つまり、漢代にはすでに時間の機械化や計算（暦の科学）が生じており、しかもそれはきわめて先進的だったのだ（以下を参照。J. Needham, L. Wang and D. J. de Solla Price, *Heavenly Clockwork: The Great Astronomical Clocks of Medieval China* [Cambridge: Cambridge University Press, 2008], 7. ちなみに、蘇の機械は一二四一年の〈王朝の更新にともなう〉遷都の際、運搬が困難だったために打ち捨てられてしまう。そして、再建のためにかれが残した草稿はだれにも理解できなかった）。じっさい、一六世紀以前には中国がさまざまな技術の領域で先頭に立っていたのは否定できない。とはいえ、ここで深く考えるべき問いは、はたして暦性（calendarity）をもっていることが、時間を概念的に「詳しく論じている」ことを意味するのかということだ。一方は必ずしも他方に付随して起きるわけではない。

★19　アリストテレスの『自然学』では、時間とは運動の前後によって規定される「運動量」とされる。時間にかんする明確な定義は同書の220b5-12にあり、そこでは時間が(1)運動、(2)数、(3)あいだとみなされている。「また、時間は至るところで一斉に同じである。しかし、より先とより後では同じ時間ではない。なぜなら、変化もまた現になされているものは一つであるが、すでに経過し終えた変化やこれからなされる変化は異なっているからだ。くわえて、時間は数であるが、ただしわれわれがものを数えるのに用いるほうの数ではなく、数えられるほうの数であり、数えられる数としての時間は、たえず次々と異なったものになりながら、より先のもの・より後のものとなっていくからである。すなわち、『今』はそのつど異なっているのだ。また、一〇〇頭の馬を表す数と一〇〇人の人間を表す数は同じ一つの数であるが、数が適用されている側のもの、すなわち馬や人間は異なっている」。cited by D. Bostock, *Space, Time, Matter, and Form: Essays on Aristotle's Physics* (Oxford: Oxford University Press, 2006), 141.〔アリストテレス「自然学」、『アリストテレス全集4』、内山勝利、神崎繁、中畑正志編、岩波書店、二〇一七年、二二九－二三〇頁。訳は一部変更している。〕

★20　Julien, *Du «Temps»*, 74.

よい〔★25〕（ちなみにジュリアンは、マルセル・ドゥティエンヌとジャン＝ピエール・ヴェルナンの仕事にしたがって、古代ギリシアにもメーティス〔mētis〕という「勢」とよく似た思考を確認できると指摘している。ドゥティエンヌとヴェルナンの解説によれば、メーティスとは「巧妙な知性」のことだ〔★26〕。当時ソフィストによってメーティスという概念の探究が行なわれたものの、このような思考の様態は「ギリシア的な学知」からは排除され抑圧されたのだった）。また、ジュリアンによると、時と勢というふたつの概念が結びつくことで、主体ないし**自我**から思考する観念論的な傾向が瓦解し、かれの言う外的世界との**横断個体的な**関係がもたらされるという。このとき主体は、知への意志や欲望ではなく、主体の外部にあってそれを横断していくものによって構成されるのである〔★27〕。

ここまでの議論を受けて、つぎのように考えることができるだろう。中国的な思考のなかでは、真理というものが真の哲学的な問いを構成しなかった。一方でギリシアの思想家は、必当然性の追求によって、幾何学を宇宙（時間と空間）を表象する一次的様式とし、それゆえ経験の時間化を技術によって再構成することを可能にしたのではないか。

ベルナール・スティグレールの主張によると、西洋における幾何学と時間の関係は、徳をめぐるメノンの質問に対してソクラテスが行なった応答のなかで説明されている。そこでソクラテスは、幾何学は書くことと図式化を必要としており、その意味で本質的に技術的かつ時間的であることを明らかにしている。これを受けて、スティグレールは幾何学の問いを時間の問いとして、またこう言ってよければ再時間化の問いとして、巧みに再構成したのである。『メノン』のなかで、ソクラテスが以下のパラドックスによってメノンから挑戦されていたことを思いだそう——徳の何たるかをすでに知っているなら、そもそも探し求める必要はないが、しかし徳とはなにかを知らなければ、かりに徳を見聞したところで、それを徳と認識できないだろう。ここから導かれる結論は、ひとは決して徳とはなにかを知りえないということだ。これに対して、ソクラテスはひとつ策を立てて応戦する。まずソクラテスは、かつて自分は徳とはなにかを知っていたが、もう忘れてしまったので、思いだすためには助けが必要だろうと言う。それから、教育を受けていない少年奴隷をひとり呼び、ある幾何学の問題を砂のうえに作図しながら解かせることで、想起つまりアナムネーシスの過程を実演してみせる。スティグレールにとって、この操作は技術による記憶の外在化の好例である。砂のうえにしるしをつけ

★21 Ibid., 73.

★22 「cosmos」も「universe」も、中国語では宇宙《ユィージョウ》と翻訳される。

★23 劉文英、《中國古代時空觀念的產生和發展》、第二一−二二頁。

★24 黃俊傑、《儒家思想與中國歷史思維》（台北：國立臺灣大學出版中心、二〇一四年）、第三八頁。〔黄俊傑『儒家思想と中国歴史思惟』、工藤卓司監訳、風響社、二〇一六年、五三頁。〕

★25 F. Jullien, *Traité de l'Efficacité* (Paris: Éditions Grasset, 1996). グラネもまたおなじ点を強調しており、中国における空間の概念は「周期的で幾何学的」だと述べている。とはいえ、かれがほんとうに語っていたのは空間ではなく風水だったことも念頭に置いておくべきである。

★26 M. Detienne and J.-P. Vernant, *Cunning Intelligence in Greek Culture and Society*, tr. J. Lloyd (Chicago: University of Chicago Press, 1991).

★27 Jullien, *Du «Temps»*, 84.

ること——これも一種のテクネーだ——ただそれだけが、奴隷に問題の線をなぞらせ、忘却された真理を「想起」させる。スティグレールが記すとおり、存在を時空間的な現前として理解するならば、そもそも点や線などの幾何学的要素は現実には存在していない。砂のうえに点や線を描くとしても、それはもはや平面なのだから、点や線そのものではないのである。幾何学の理念性は、エクリチュールによる外在化としての図式化を必要とするのだ［★28］。

幾何学とは空間の知であり、空間はひとつの直観の形式です。そうしたアプリオリな形式として空間を考えることは、図形に代表される投影の能力を前提としています。ですが、ここでぜひとも注意しておかねばならないことがあります。このような投影が外在化であるというのは、それが直観にとっての投影を可能にするからだけではありません。それが過去把持的な空間を構成するという意味で、言い換えれば、**時間の流れ**である思考する理性による推論を、一歩ずつさかのぼっていくような記憶の支持体を構成するという意味でも、ひとつの外在化なのです。［★29］

スティグレールによる脱構築にしたがえば、想起としての真理というプラトン的な概念は、かならず技術的な次元に代補される。しかし、プラトン自身はこの次元を議論の主題にはしなかった。スティグレールは「砂のうえの線をなぞること」、つまり外在化された記憶のことを**第三次過去把持**と呼んでいる。これはフッサールの『内的時間意識の現象学』［★30］で説明された第一次および第二次過去把持に、かれ自身がつけ加えた用語である。たとえばある旋律を聴くとき、記憶のなかですぐさま把持されるのが第一次過去把持だ。また、翌日になってその旋律を思いだすなら、それは第二次過去把持が機能している証拠である。そしてスティグレールの言う第三次過去把持は、たとえば楽譜や蓄音機や、その他の録音機材にあたる。それは意識の外側にあり、安定して耐久性のあるかたちで旋律を外在化するものだ。

ここでスティグレールがたどっているのは、ジャック・デリダが『「幾何学の起源」序説』で引いた筋道である。同書でデリダは、幾何学の起源を構成するのは世代から世代への伝達であることを立証している。この点は〔『幾何学の起源』で〕フッサール自身も論じているのだが、デリダはさらに、その伝達が「対象やその絶対的客観性の、絶対的伝統化」を保証するエクリチュールをつうじてはじめて可能になると言い添えている。幾何学は単に伝達（描かれた図形）によって構成されるだけではない。むしろ幾何学そのものが、幾何学の「自明性」や必当然性の維持に欠かせない、伝達の構成要素（正書法《オルソグラフ》）なのだ［★31］。

★28　Stiegler and During, *Philosopher par Accident*, chapter 2.〔スティグレール『偶有からの哲学』、第二章。〕

★29　Ibid., 52.〔同書、六九頁。〕

★30　E. Husserl, *On the Phenomenology of the Consciousness of Internal Time (1893-1917)*, tr. J. B. Brough (Dordrecht: Kluwer, 1991).〔エトムント・フッサール『内的時間意識の現象学』、谷徹訳、ちくま学芸文庫、二〇一六年。〕

スティグレールは、ルロワ＝グーランの外在化の概念（序論を参照）を取り入れて、この主張をさらにさきへ推し進めている。スティグレールにとって、技術的対象は「後系統発生的記憶」、つまり「けっして私が生きていないにもかかわらず、たしかに私の過去であり、私自身の過去をもつためには不可欠だと思われる、ある種の過去」［★32］を構成する。後系統発生的記憶は、（中枢神経系の記憶である）系統発生的な記憶とも個体発生的な記憶とも異なっている。スティグレールの言葉でいえば、それは言語や道具使用や財の消費、儀礼的実践のうちに宿る「技術《テクノ》－論理的記憶《ロジカル》」［★33］である。とすると、幾何学的思考の理念化としての技術は、時間を書き込むと同時にあらたな時間の次元を作動させるのだといえないだろうか——スティグレールが示しているように、この次元は、ハイデガーの『存在と時間』ではまだ十分に論じられていないものだ。

20・3　幾何学と宇宙論的特殊性

スティグレールは、プラトンの読解とハイデガーの脱構築によって、西洋哲学における技術としての時間という概念を取り戻した。だが、おなじような企てがいにしえの中国哲学にも可能であるとは思えない。

技術は時間を書き込む——たしかに、これが**存在論的**で**普遍的**な主張であるのは認めざるをえない。じっさい、ルロワ＝グーランの技術人類学が示していたのは、技術とは身体器官の解放および記憶の外在化として理解すべきものであり、そのため技術的な装置の発明や使用もまた、ヒト化のプロセスにほかならないということだ。道具の使用は両手の解放に、エクリチュールの発明は脳の解放に対応する活動であり、それらが種としてのヒトを変貌させ、決定づけている。言い換えれば、ルロワ＝グーランは技術的対象の発明と使用の観点から、ヒトの進化理論を提唱したのである。

ところが、技術の経験は、宇宙論に関連しつつ部分的に条件づけられてもいる——まさにこの意味において、私たちは**宇宙技芸**の重要性を強調する。たしかに技術的な装置は、身体的には器官の延長として機能しており、人工器官《プロステーシス》という意味では**身体的かつ機能的**に普遍のものだ。とはいえ、**宇宙論的に**普遍であるとは限らない。いわば技術は、宇宙論的思考に促進されると同時にその制約を受けるかぎりで、単なる身体的な機能性を超えて、さまざまな意味を獲得するのである。たとえば、さまざ

★31 「描かれた図形と文字は、外在性の二つの重要な側面として、幾何学の**不可欠**な条件です。幾何学は図形の幾何学しかあり得ませんが、図形の諸要素（点、線、面、角、斜辺等々）は、それらを理念上の対象として措定するある用語法によって、定義されます。ところがこの用語法がそのように図形の諸要素を**定義**として措定できるのは、この用語法自体が正－書法的に記録され、思索の歩みの一歩ずつが正確に、意味内容を失わずに刻み込まれるという条件の下でです」。Stiegler and During, *Philosopher par Accident*, 54.〔スティグレール『偶有からの哲学』、七二頁。〕

★32 B. Stiegler, *Technics and Time 1: The Fault of Epimetheus*, tr. R. Beardsworth and G. Collins (Stanford: Stanford University Press, 1998), 140〔ベルナール・スティグレール『技術と時間1——エピメテウスの過失』、石田英敬監修、西兼志訳、法政大学出版局、二〇〇九年、二〇六頁。訳は英文より。〕

★33 Ibid., 177.〔同書、二五六頁。〕

まな文化が（一年が三六五日であるといった）似たような暦をもつことはありうるが、それはこれらの文化がおなじ時間の概念や経験をもつことを意味しない。

ところで、序論でも触れたように、ルロワ＝グーラン自身は**技術的傾向**と**技術的事実**というふたつの一般概念にしたがって、さまざまな環境に生じる技術的発明の収束と分岐についての包括的な理論を提示している［★34］。**技術的傾向**とは、たとえば火打ち石の使用や車輪の発明のように、技術進化のプロセスのなかに生じる普遍的な傾向のことである。他方で**技術的事実**は、ある特殊な社会的かつ地理的な環境に条件づけられた、技術的傾向の個別の表現にかかわっている。それはたとえば、特有の地理的環境にかなっていたり、特定の象徴を採用したりした道具の発明のことだ。

けれども、かりにルロワ＝グーランに同意して記憶の外在化を一般的な技術的傾向とみなすとしても、それによって、各文化が異なる速度と方向性で外在化してゆく理由や過程を説明できるようになるわけではない。つまりそれは、どのようにして外在化がいくつもの条件——生物学的、地理的条件に限らず、社会的、文化的、そして形而上学的条件——に規定されるのかを説明していないのだ。

序論でも記したように、ルロワ＝グーランは、環境の特殊性や、ほかの部族や文化との交流という観点から、もろもろの技術的事実の差異を分析しようと試みた。だが、かれには技術的対象そのものの記述に焦点を当てる傾向があった。たしかに、それはルロワ＝グーランの独特な研究方法のもつ大きな強みにもなっている。だがそうすることによって、かれは宇宙論の問いを十分に考慮できなくなったのだ［★35］。ルロワ＝グーランにとっては、技術的事実の分化においてもっとも重要なのは**生**

物学的条件である。なぜなら、それが生存という問題の中心にあるからだ。たとえばボウルのような用具は、いつも水源に行かなくてもよくするために発明されたものである。

また、**地理的**条件の重要性も明白だ。ある所与の地域に特有の気象条件によって、特定の発明がほかのものより起きやすくなるからである。日本の哲学者の和辻哲郎は、ハイデガーの『存在と時間』に応答した『風土』のなかで、環境がそこに住む人々の性格や美的判断までも規定していると主張する［★36］。風土という日本語は、「風」と「土」を表すふたつの漢字に由来する言葉だ。和辻は、風土を季節風《モンスーン》地帯、沙漠地帯、牧場地帯という三つの類型に分類している。その見解の簡潔な例を挙げておくと、たとえばかれは、アジアは季節風の影響を大きく受けるため、相対的に季節の変化が乏しくなり、おおらかな人格が形成されると考える。それはとくに東南アジアに顕著だ。というのも、気候がつねに温暖で、自然が豊富な食料をもたらすため、人々は生き抜くために過酷な労働をしたり、その日暮らしになる可能性を心配したりする必要がないからである。同様に、和辻はつぎのように主張する。中東の沙漠地帯では、天然資源の欠如が人々の連帯を生みだす。だからユダヤ人は、離散して

★34　A. Lerci-Gourhan, *Milieu et Technique* (Paris: Albin Michel, 1973), 424-434.

★35　じつは『身ぶりと言葉』には、都市の発展と宇宙論の関係性にかんする一節が含まれている――けれども、そこでルロワ＝グーランは宇宙論をひとつの象徴の形式と考えている。

★36　T. Watsuji, *Climate and Culture: A Philosophical Study*, tr. G. Bownas (Westport: Greenwood Press, 1961).〔和辻哲郎『風土――人間学的考察』、岩波文庫、一九七九年。〕

暮らしていても団結しつづけているのである。その一方で、ヨーロッパの牧場地帯では、明確で規則的な季節の変化が自然法則の不変性を示し、それゆえ科学によって自然を支配できるという可能性をも示唆している。

そのほかにも和辻は、幾何学やその論理の発展とギリシアの風土との関係について、ひとつ興味深い考えをもっている。それはギリシアの技術と芸術にあらわれており、かれの指摘によると、彫刻家で画家のフェイディアス（前四八〇－前四三〇年）よりずっと以前から、ギリシア彫刻はすでにピタゴラス的な幾何学と密接につながっていたという。つまり幾何学そのものが誕生するまえから、ギリシアの芸術はすでに、「明朗」で「なにも隠さない」風土に条件づけられた、観察ないしテオーリア〔theōria〕の「幾何学的」様式を明らかに示していたのである。

そこでギリシア的風土がその無限の意義を発揮する好機の到来となる。ギリシア人はあの明朗な、陰のない自然を観た。そこにはあらゆる物の「形」が比類なく鮮やかにながめられる。しかもその観は互いに競うことにおいて無限に発展する。〔……〕明朗なる自然をながめる立場は直ちに明朗なる主体的存在を発展せしめたのである。そうしてそれが明朗なる「形」として、あるいは彫刻や建築に、あるいはイデアの思想に、表現せられたのであった。［★37］

和辻は、このような「純粋に観る」ことを本質（ousia）としての形相（eidos）というアリストテレスの概念に関連づけているが、さらにその質料形相論やプラトンの形相の理論——実在におけるイデアの具現化——につなげることもできるだろう。このような幾何学的理性こそ、古代ギリシア文化を特徴づける芸術と技術の発展に不可欠なものなのだ。ローマ人は、ギリシア芸術の伝統こそ引き継げなかったものの、その幾何学的理性は保持していた。そのため、和辻が言うには「ギリシアの合理性はローマ人を通じてヨーロッパの運命を支配する」ことになったのである[★38]。対照的に、中国や日本の風土では、ギリシア的な明朗さに出会うことはめったにない。これらの風土はむしろ、霧や絶え間ない天気の変化を特徴としている。それが意味するのは、存在者がぼんやりと隠されており、ギリシア的な形式のようには明らかにされないということである。和辻によると、こうした風土のなかで発展したのは、非合理的で予測不可能な「気合いの統一」であった。

だから芸術家はギリシアにおけるごとく作品の統一を規則正しい形や比例に求めることができぬ。それに代わるものはいわば「気合い」の統一である。それは予測の許されない、非合理的な、従って「運」に支配された統一であり、従ってそこから法則を見いだすことは困難である。

★37 Ibid., 86.〔同書、一〇七頁。〕

★38 Ibid., 91.〔同書、一一二頁。〕おそらく和辻は、ハイデガーがギリシア-ローマの遺産に対立する立場を取っていたことに気づいていなかった。

気合いによる技術が学問に発展しなかったゆえんはそこにある。［★39］

ここで言及しておくべきなのは、風土は永久不変ではないと和辻が述べていたことである。かれは、中国の商人が東南アジアへ進出するにつれて、現地の状況は大きく変化するだろうと予測していた。それは、中国人が貿易をつうじてもたらすテクノロジーや諸実践、社会的価値観が、この地域に多大な変化を引き起こすということだ。つまり技術の概念と発展が、文化や社会構造、道徳的価値観に——和辻にとって、究極的には風土に——もとづく単一の宇宙論に組み込まれるのは、民族集団間のやりとりが制限されている場合だけなのだ。

中国文化が時間と幾何学について詳しく述べていないという事実は、ルロワ＝グーランの言う普遍的な技術的傾向のなかの異なる技術的事実をもたらしつつ、技術発展における文化的かつ宇宙論的な条件として機能してきたのだろう。私たちは、中国と西洋におけるそうした条件の異なる発展の仕方を、技術にまつわるふたつの視点から観察できる。ひとつは技術的存在者を生産する際の時間の解釈だ。これは、直線的であれ円環的であれ、時間は幾何学的に扱うことができ、それによってあらたな時間化が可能になるという意味である。もうひとつは、技術性との関係における、進歩と歴史の理解だ。この点でのちがいは、自然（宇宙）と進歩（時間）にかんする理解の相違に由来する。フランソワ・ジュリアンは、明代の儒家・王夫之《おうふうし》（一六一九－九二年）を論じた『過程か創造か』という研究書のなかで、王は自然と歴史を対立させていないので、歴史の進歩について語ることがきわめて困難になっているとと述べている。ジュリアンの結論は、「〔王が〕自身の思考を記述する際に身を置いていた伝統は、神の顕現として歴史を読むような態度には決して影響されなかった」というものだ［★40］。

とはいえ、中国に歴史はあるが歴史性についての言説がない理由の説明としては、**政治的な**ものもある。驚くべきことに、『道徳経』を著した老子は周王朝の歴史家であった。より正確に言うと、朝廷の図書館〔守蔵室〕の史官だった［★41］。その時代において、歴史家であるということはなにを意味していたのだろう？　また、なぜ歴史家が歴史にも時間にも無関心な『道徳経』という書物を残せたのだろうか？　同書の第一文にはすでにこう書かれている。「これが道ですと示せるような道は、恒常の道ではない。これが名ですと示せるような名は、恒常の名ではない」［☆1］。老子の言う歴史が、決して記録に残らず、つねに変化してゆくものだとすれば、この一文は歴史を書くことの拒絶として読むべきではないだろうか？　じっさい、老子の時代の歴史家の役割は、統治について進言するためにいにしえの文献を読み込むことだった。つまり歴史的意識を発展させることよりも、テクスト読解のかたちを取った歴史の政治利用が優先されていたのだ。すでに第1部で見たように、これは一八世

★39　Ibid., 90.〔同上。〕

★40　Jullien, *Procès ou Création*, 68.

★41　老子の列伝は、以下を参照。C. Ssu-ma, *Records of the Grand Historian of China*, tr. B. Watson (New York: Columbia University Press, 1961).〔司馬遷「老子韓非子列伝第三」、『史記5　列伝一』、小竹文夫、小竹武夫訳、ちくま学芸文庫、一九九五年、二一一－二一三頁。〕

☆1　『老子』、一一頁。

紀になって、戴震《たいしん》や、とりわけ経典という「牢獄」から道を脱出させようとした章学誠《しょうがくせい》があらわれるまで変わらなかったのである。

私たちのおもな関心は、先述のふたつめの視点にある。つまりここからは、時間（および自然や歴史性）の捉え方と技術発展の関係を明確に表していきたい。それと並行して、中国や東アジアの時間の概念を詳述しようとする取り組みの数々が、総じて近代の問いと密接に関連しながらも、技術とはじつにあいまいな関係をもっていたことを確認していくだろう。この点は、現代中国にも影響を及ぼしている。こんにち、私たちはある種の矛盾を目のあたりにしている。この国は、科学研究やインフラ事業、それから（アフリカでの開発計画も含む）建設事業といった点で荒々しいほどのテクノロジーの発展を進めている一方で、強烈な喪失感や方向の喪失《ディスオリエンテーション》／東洋の消失の感覚を抱いているのだ。この喪失のさなかで、中国は中国であることをやめ、「中国の特色ある資本主義」と化すのである——これは中国文化の残りかすが、ほとんどすべての点で勝利を収めている西洋化を屈折させるためだけに機能するという、胡適《こてき》の見越した状況（第16・2節を参照）とたいして変わらない。ヨーロッパにおける近代の終わり、つまりテクノロジーへの意識を獲得するプロセスの開始は、単にこの矛盾を増幅させただけだった。なぜなら、グローバル化がもたらす時間と空間の圧縮は有無を言わさず進展しており、同化せよという圧力をひたすら強めてくるだけだからだ。

私の仮説は慎重を要するものであり、以下で行なう論証も同様に、慎重に進めなければならない。ここでのねらいは、ヨーロッパの時間軸のなかに中国を位置づけることでテクノロジーの問いを再考することと、そして宇宙技芸のあらたなプログラムのための余地を作りだすことである。とはいえ、まずは「近代を乗り越え」ようとしたさまざまな試みを検討し、その失敗から学ばなければならないだろう。これらの歴史的教訓は、近代性の根深い問題系や、それを越えてゆこうとするときに一寸先に潜む罠を暴きだすうえで、欠かせないものだ。

21 テクノロジーへの意識と近代性

第1部で見たように、中国にあった全体論的で宇宙論的なものの見方は、近代化によって冷酷にも解体されてしまった。それは中国の宇宙論が、欧米文化の技術をめぐる現実に抵抗することも、正面から向きあうこともできなかったからである。道徳的かつ宇宙論的な構造としての器道の関係は、西洋の技術がもつ物質と観念の構造によって変形され、再構成された。たしかに、その後も太陽や月や惑星はかつてとおなじように運動していた。けれども、もはやおなじ意味や構造、リズムをもつとはみなされなかったのだ。中国の近代化とは、茶や書道から工芸、建築にいたる中国のあらゆる芸術のなかで表現される道徳的宇宙論の、破壊とまでは言わずとも、根本的な変化なのである。

プラトンが少年奴隷の想起《アナムネーシス》にともなう作図という空間的な代補を抑圧したのち、書き込みとしての、またそれゆえ時間の支持体としての技術は、近代人の無意識となった。つまり、近代性の内部では決して技術そのものが主題にはされないものの、それはまさに近代人の考え方や知覚を構成しているのである。ところで、そもそも無意識は意識との関係のなかでのみ存在する。だからそれを、意識とは反対のものと言ってもよいだろう。意識が無意識のものを認識するとき、たとえそれがなにかを正確には知りえないとしても、意識はそれを併合し、何らかの機能をもつものに変えようとするだろう。テクノロジーに対する無意識とは、もっとも不可視でありながら、しかももっとも可視的な存在である。ハイデガーも言うように、私たちは自分のもっとも近くにあるものを見ていないというわけだ。このようなテクノロジーに対する無意識こそが、コギトに対して、世界を搾取しようという意志と自信を――その搾取の限界を感じさせることなく――与えたのである。ヨーロッパの植民地事業を正当化し勢いづけた、進歩や発展にかんする後世の言説もまた、同様の論理を存続させている。これはさまざまな危機が目前に迫るその瞬間まで止まらないのだ。つまり産業的な破局や種の絶滅、生物多様性の脅威という危機が……。

　ブルーノ・ラトゥールは、この無意識を別の方法で定式化している。かれはそれを、ふたつの領域のあいだの内的矛盾とみなすのである。一方の領域には、たとえば自然と文化、主体と客体の対立のような、かれの言う「純化」がある。そしてもう片方の領域には、かれが「媒介」や「翻訳」と呼ぶものがある。これは「準客体」、つまり（オゾン層の穴のような）純粋に自然的でも文化的でもない対象を生みだすことだ。ラトゥールによると、一種の「混合化《ハイブリッド》」として提示される後者は、じつは純化の増幅にほかならない。近代的なものが構成される際に生じるこの矛盾を踏まえて、ラトゥールは

「かつて私たちが近代的であったことはいちどもない」と主張する。これは、「近代的」なものが自然と文化を根底から切り離し、支配と解放のあいだの矛盾を体現するという意味で言ったものだ。

ラトゥールは、近代的なものの特徴をテクノロジーに対する無意識という観点から語ってはいないが、それが準客体の概念化を拒んできたことは認めている。準客体とは、単なる客体でも主体でもない、その中間にある技術的媒介である。たとえば（ミシェル・セールの例では）フットボールの試合で使うボールがそうだ。ふたつのチームがプレイするとき、ボールは客体であることをやめ、主体と客体の分割を超越してしまう。準客体の概念化を拒否するということは、自然と文化や主体と客体を分ける機能をもつ技術の概念が、実験室のなかでのように完全には認識されないこと、あるいは無意識のものでありつづけることを意味するのである。

近代人は、以下のひとつの特徴から前近代人とは異なっている。それは、近代人が準客体そのものの概念化を拒んでいるということだ。混合《ハイブリッド》は、かれらの眼には、狂気じみてさえいる絶え間ない純化をつうじて、どんな代償も厭わず回避しなければならないほどの恐怖を引き起こすものに映る。［……］このような拒否そのものが、ある種の存在――社会を構築する客体――の制御不能な増殖をもたらすのだ。この存在は社会的世界から押しだされ、ある超越的世界に属するものと考えられている。だがそれは神の世界ではなく、むしろ浮遊する主体や、法と道徳の運搬者を産みだす世界なのである。［★42］

技術は依然として無意識的であった。しかしテクノロジーに対する無意識は、近代というヨーロッパ史の特定の瞬間において精神的生活に重大な影響を及ぼしはじめ、産業革命のときにかつてなく強力になった。現代のテクノロジーの条件を特徴づけているのは、このような無意識の、意識への変化である。それはひとつの**転換**ではあるが、技術を意識の**一部**に変えようとするものでしかなく、意識そのものに変えるわけではない（そのため、これを道具的合理性として理解できる）。この新しい条件は、いまや地球上のすみずみまで否応なく共有されている。中国人が近代化のなかで伝統的な価値観を救おうとしたように、アマゾンの森林にすら、自分たちの文化を強調せねばならなかった運動が存在するのである――たとえば人間でないものに権利を与え、伝統的な文化の実践を保存するといったものだ。かれらは、社会と経済の完全な自律を要求することは不可能だという事実に直面して、現代のテクノロジーの条件と向きあうことを余儀なくされた。そして、こうした土着的な実践に待ち受ける運命は、いまもなお不透明なままなのだ。

常識的には、二〇世紀後半に始まったポストモダンは、近代の終わりを示すものだと考えられている。だがそれに反して、私はむしろ、ジャン＝フランソワ・リオタールがポストモダンの到来を告げてからほぼ四〇年が経った二一世紀のこの瞬間において、ようやく近代が終わりを迎えるのだと言いたい。なぜなら、私たちはおそらく、いまの段階になってはじめてテクノロジーへの意識をきちんと認識できるようになっているからだ。テクノロジーに対する意識の欠如や誤解という問題は、ラトゥールやリオタールだけでなく、ジャック・エリュールやジルベール・シモンドンといった、テクノロジーについて書いている多くのひとが提起してきた。たとえば、シモンドンは『技術的対象の存在様態について』のなかで、現代のテクノロジーの特徴は技術に対する無知と誤解にあると言って、技術的対象を可視化し、それへの意識を高めようと試みている［★43］。さらにジャック・エリュールは、シモンドンによる技術的対象や技術的集合体の分析を取り上げつつ、それを拡張して、いまや全体化する力となりつつあるグローバルな技術システムに適用した。このような、日常生活の大部分を構成していながら、ひとには気づかれていないものを意識化しようとする努力こそが、ほんとうの意味で「近代の終わり」を構成するのである。

だが、ここで一歩下がって問いかけてみよう。**私たちは、「終わり」という言葉によってなにを意味しているのか？**　それは近代が突然停止することではなく、ひとつのプロジェクトとして限界に直面すること、またそれによって変容を被ることを意味している。とすると、「近代の終わり」とは、近代が私たちに何ら影響しなくなることではまったくない。むしろ近代が終わりを迎え**つつある**のを目のあたりにし、理解することなのだ。にもかかわらず、私たちにとって、近代はいまだに乗り越え

★42　B. Latour, *We Have Never Been Modern*, tr. C. Porter (Cambridge, MA: Harvard University Press, 1993), 112.〔ラトゥール『虚構の「近代」』、一九〇－一九頁。訳は英文より。〕
★43　Simondon, *Du Mode d'Existence des Objets Techniques*, 10.

るべきものでありつづけている。それは、近代が私たちの内と外にもたらした効果についても同様だ——これらを乗り越えるには、想像をはるかに超えた時間が必要になるだろう。

近代の終わりは、ハイデガーの語る「形而上学の終わり」とよく似ている。かれによると、それは形而上学がもはや存在しなくなることでもなければ、私たちに影響しなくなることでもない。むしろ、私たちが形而上学の完成を目のあたりにしながら、存在のあらたな思考であれ、もっと思弁的な形而上学であれ、なにか別のものがそれに代わるのを待っている状態を意味するのである。さらに言うと、近代の終わりは、形而上学の終わりと同様に、アジアとヨーロッパでは異なる速度で進行する。それは両者の哲学体系が完全には一致せず、そしてひとつの概念がある体系から別の体系へと伝播するときには、つねに遅延と変形が生じるからにほかならない。

リオタールという二〇世紀の預言者の著作のなかで、ポストモダンはあまりに多くの希望や不安、興奮とともに、あまりに早く到来してしまった。ポストモダンにかんするリオタールの言説は、美学を優先している。かれはテクノロジーの力による世界の変容がもたらす美学的な変化を鋭く感じ取り、その力を近代を否定するものに転換しようと試みている。ポストモダンとは、そうしたあらたな美学への応答であり、またテクノロジーを自分のものにすることをつうじた新しい思考の方法でもある。そのため、リオタールが一九八五年にパリのポンピドゥー・センターで企画した「非物質的なもの」展では、**感性**の問いが前面に出され、あらたな技術と産業が生みだした物《オブジェクト》がイヴ・クラインやマルセル・デュシャンらの芸術作品と並べられたのだが、これも驚くべきことではない。「非物質的なもの」展が促進しようとした感性や「動揺」は、宇宙の不確実性や知識の不安定性、また人間性の未来についての意識となる。このあらたな感性によって人間は、自分たちが手にしているものやこれまで発展させてきた技術的な手段に対して、また自分たちの創造物だと信じていた技術的な装置に自身の意志と実存をゆだねはじめている——それどころか、人間そのものが、機械によるあらたな「非物質的」言語によって「書き換えられ」つつある——という事実に対して、より意識的になるだろう。このようにして、リオタールはテクノロジーに関連した想起《アナムネーシス》の問いを提起したのである。かれは、遠距離通信のテクノロジーの発達によって、産業による記憶の搾取が強化されうることをきわめて明確に理解していた。なので、産業による記憶の支配を乗り越えるため、想起の問いをあらたな高みに押し上げ（あらたな次元に置い）たのである。ただその結果、かれの問いはじつに思弁的で、そのためほとんど不透明なものにとどまっているのだが。

私自身の概念化においては、近代の終わりとされるプロセスの中心にはつぎの仮説がある。すなわち、近代性はテクノロジーに対する無意識に支えられており、その終わりを示すのは「意識的に‐なること」である。これはいわば、現存在とは、技術を発明しうる一方でそれに条件づけられてもいる、ひとつの技術的存在者であると気づくことだ。

ハイデガーの『存在と時間』、とくにそのデカルト的存在論への批判や、後期の著作における存在の歴史の再構築への努力——その作業は、あらたな問いや一種の「再開」を提唱することで近代を終わらせようとするものと理解できる——は、存在忘却に対する意識から生じている。存在論的差異とはひとつの開けである。なぜならそれは、存在者（Seiendes）と存在（Sein）という、ふたつの異なる指標にしたがって存在の問いを定式化しなおすからだ。忘却された存在の問いは、科学とテクノロジーの歴史が構成する存在者への存在的な探求に潜む、無意識として機能する。フロイトもまた、無意識と抑圧の理論を展開し、深く覆い隠されるとともに長きにわたって忘却され、超自我に抑圧されてきたものを取り戻そうとした。フロイトとハイデガーの仕事は、それぞれ非常に異なる理論と分野に属するにもかかわらず、近代をめぐる二〇世紀の主要なふたつの言説だと、また近代性から脱出しようとするふたつの試みだとみなされたのである。のちに見るように、中国における技術への問いと向きあう際には、フロイトによる無意識、抑圧、徹底操作という概念が重要になるだろう。じっさい、ハイデガーは、存在の問いとテクノロジーの対立関係のうちには一種の抑圧があることを示唆していた。かれにとって、西洋形而上学の**完成**であるテクノロジーは、存在をめぐる原初的な問いを遮断し、見えなくするものだった。存在の忘却とは、実質、技術への問い**である**。テクノロジーとはなにか？　そして非ヨーロッパ文化にとって、テクノロジーのなかで問われているものはなにか？　これを理解するうえで、ハイデガーの哲学や、形而上学の完成としてのテクノロジーの概念を避けて通ることはできない。けれども、東洋と西洋の哲学体系を等しいものとみなしたり、それによって技術の普遍的な起源がプロメテウスにあると考えたりしないことが必要だ。私たちはむしろ、テクノロジーの概念を**自分たちのものにし**、終わりとしてのそれを**遅延させる**可能性を摑まねばならない。そしてこの遅延のなかで、集立《ゲシュテル》――つまり近代テクノロジーそのものを取り戻さなければならないのだ［★44］。

リオタールではなく、ベルナール・スティグレールによってこそ、この問いは**明確に**される。スティグレールの仕事は近代の終わりを告げるものだ［★45］。かれは、西洋哲学が長きにわたり技術の問いを**忘却**してきたことを証明している。つまりハイデガーにとって存在の忘却があるとすれば、スティグレールにとっては、同様に技術の忘却がある。技術は、いわば第三次過去把持として、すべての条件にとっての条件となる。つまり、本来的時間の回復に努める現存在ですら、「すでに－そこにあるもの」であり現存在の世界内存在の条件でもある、この第三次過去把持に依拠しなければならないということだ。こうして、スティグレールにとって技術は、ハイデガーが「技術への問い」のなかでテクノロジーの時代におけるその破壊的な本性を記述したにもかかわらず、存在の忘却よりもさらに根本的なものとなる。ハイデガーによって西洋形而上学の歴史に位置づけられた存在の歴史は、原初的な欠失（ならびにエピメテウスの過失）としての技術の概念に即して書き換えられなければならない。

★44　この点は、スティグレールがデリダにならって「薬＝毒《パルマコン》の論理」と呼ぶものに由来している。つまり技術は「薬」にも「毒」にもなるということだ。のちに確認するように、私たちの語っている抵抗とは、すべての近代テクノロジーに見境なく抵抗することではまったくなくて——それは不可能でないとしても賢明ではないだろう——むしろ、世界史の問いの再時間化や再開をめざす抵抗である。

★45　私はリオタールがこの問題に貢献しなかったと言いたいわけではない。のちに見るように、リオタールはスティグレールとの議論のなかで、きわめて思弁的な問いを提起している——つまり「明鏡」をめぐる問いだ。それは、技術哲学には往々にして欠けていた他者との対話における新しい指針を、大胆に切り開こうとするものである。

そのため私たちは、すでに示唆したように、つぎのように問うことができるだろう。こうした忘却は、記憶の欠落——技術的対象がもたらす「ヒュポムネーシス」〔記憶の外在化〕——というよりも、精神的生活への影響が重大になってようやく認識されはじめる、ある**無意識の**内容をめぐる問いなのではないか？　だとすれば、『技術と時間』全三巻のなかで行なわれた、ハイデガーとフッサールの時間概念の脱構築は、そうしたテクノロジーに対する無意識の精神分析として、またそれゆえコギトという近代の象徴による抑圧から技術を解放する試みとして見ることができるだろう。

22　近代の記憶

スティグレールの第三次過去把持は、根本的には、ハイデガーの『存在と時間』ではあいまいになっている一種の時間についての問いである。時計的な時間に対するハイデガーの批判は、本来的な時間、あるいは「本来性」〔Eigentlichkeit〕の喪失にあらわれる存在忘却に対する批判の一部をなしている。『存在と時間』の第一部第二篇では、ハイデガーはこの批判を広げて、歴史や歴史性の問いをも取り込んでいる。歴史性を理解するためには、まず現存在を歴史的存在者として位置づけなければならない。ハイデガーは、現存在の歴史化〔Geschehen〕から生じる「歴史性」〔Geschichtlichkeit〕を「歴史学」〔Historie〕と区別する。歴史性とは、過去の事柄の客観的な記述ではなく、歴史化の全体性のうちに、つまり過去・現在・未来の時間化のなかに備わっているものである。ハイデガーにとって過去すなわち記憶は、ヴィルヘルム・ディルタイ――ハイデガーが『存在と時間』を書く以前およびその最中に大きな影響を受けた人物――においてそうだったように、始原的なものだ。ディルタイにとって、生は三つの重要な点で歴史的である。まず、過去はつねに現在のうちに存続する。というのも、生はつねに「気づき」〔Innewerden〕、つまり過去のものを現在へと統合するプロセスだからだ。それから、建築や開発の言葉でいえば、現在とは過去の建造物〔Aufbau〕である。そして最後に、過去はいわば客体化された過去として、人工物や行為の連鎖、出来事などのかたちで実在する［★46］。ディルタイと同様に、ハイデガーもまた時間化を全体として把握しようと試みている。こうした歴史化の軸としての現在は、現存在が自身の歴史性を把握することから出現するのである。

ハイデガーは、『存在と時間』の第一部第二篇で、「本来的歴史性」を生みだすこの時間化を記述する際の基本構造である「覚悟性」（Entschlossenheit）や「死へ臨む存在」、そして世界内存在の問いにたどり着く。世界は現存在の覚悟性のうちで開示されるが、それは覚悟性において現存在が自分自身へと還帰するためである。このような自己への還帰のなかで、現存在の本来性を見いだすことが可能となる。しかし、ハイデガーは覚悟性という言葉でなにを意味しているのだろうか？　ハイデガー

★46　T. R. Schatzki, 'Living out of the Past: Dilthey and Heidegger on Life and History,' *Inquiry* 46:3 (2003), 301-323: 312.

は、以下のような定義を書いている。

おのれの負い目ある存在へむかって〔……〕自己を投企することである。覚悟性は、いわば**先駆的な**覚悟性として、その本来性を獲得する。［★47］

この箇所について、デリダは「負い目ある存在」〔Schuldigsein〕の「負い目」〔Schuld〕とは、単なる罪〔coupable〕や責任という意味ではなく、むしろある非経験的な負債、つまり「署名していないにもかかわらず存在論的に課せられている契約――これが歴史性なのだが――のうちにつねにすでに巻き込まれているかのように、負わされている負債」を意味すると指摘している［★48］。この「非経験的な負債」とは「遺産」であり、その本来性は現存在がまず「おのれ自身である存在者を、その被投性において」［★49］引き受ける場合にのみ獲得される。そして覚悟性は、現存在が自身の有限性と限界としての「死へ臨む存在」を認識することでもたらされる。言い換えれば、死へ臨む存在とは「本来的な意味」におけるすべての自由にとっての必要条件なのだ。

死へと開かれることで、現存在ははじめて自分の限りある自由を了解する。これによって現存在は、さまざまな偶然の状況のはざまで選択や決断を下せるようになり、それゆえ自分の運命をみずからに伝えられるようになるのである。覚悟性によるこのような「自己伝承」〔sich überliefern〕は、その結果として、現存在の「現」〔da〕あるいは「そこ」という場所を、その本来性における行き先として明らかにしなければならない。では、この自己伝承の本質とは何なのだろうか？

> 現存在は覚悟性においておのれ自身へ立ち帰って来る。その覚悟性は、本来的実存のそのつどの事実的可能性を開示する。そしてこれはこれらの可能性を、それが被投的覚悟性としてみずから**引きうける遺産のなかから**開示するのである。覚悟をもって被投性へ立ち帰って来ることのなかには、伝えられて来た可能性をみずから**伝承する**〔sichüberliefern〕ということが含まれている。もっとも、そのさいそれらの可能性が伝来のもの**として**理解されている必要はない。〔★50〕

自己伝承が自然に起きることはない。それは選択であり、また反復でもある。デリダは、これを「auto-transmission」〔自己伝達〕や「auto-tradition」〔自己伝承〕と翻訳しつつ、ハイデガーが『カントと

★47 M. Heidegger, *Sein und Zeit* (Tübingen: Max Niemeyer Verlag, 2006), 382; *Being and Time*, tr. J. Macquarrie and E. Robinson (Oxford: Blackwell, 2006), 434.〔マルティン・ハイデッガー『存在と時間　下』、細谷貞雄訳、ちくま学芸文庫、一九九四年、三三二頁。強調は引用元。訳は英文より。〕

★48 J. Derrida, *Heidegger: la Question de l'Être et l'Histoire: Cours de l'ENS-Ulm* (*1964-1965*) (Paris: Galilée, 2013), 273-274.〔ジャック・デリダ『ジャック・デリダ講義録　ハイデガー——存在の問いと歴史』、亀井大輔、加藤恵介、長坂真澄訳、白水社、二〇二〇年、二五八頁。訳は英文より。〕

★49 Heidegger, *Being and Time*, 434.〔ハイデッガー『存在と時間　下』、三三二頁。〕

★50 Ibid., 435.（強調は原著。）〔同書、三三四頁。〕

形而上学の問題」で描いた純粋時間の「自己触発」がもつ別の側面にあたると述べている[★51]。「そこ」という場所は、現存在が、他者と共に世界内に存在することと、自分自身の覚悟性とのあいだの緊張関係を解消する「瞬間」(Augenblick) に明らかにされる。いわば「遺産」の問いは、認識されるものではあるが、ただ「与えられた」ものとしてのみ認識されるのである。

とはいえ、歴史的存在者というものは、「すでにそこにあるもの」(schon da) の**分析**がなくとも実現するのだろうか？　そもそも死が意味をもちうるのは、象徴と関係性とエクリチュールが織りなす世界に位置づけられるときだけである。そうでなければ、人間の死は動物の死となにも変わらなくなるだろう。動物にとって死が根本的に生存の問いであるのに対して、ハイデガーによると、人間にとって死は自由の問いでもある。この問い——技術という観点から見た**現存在の分析**という問い——こそが、『技術と時間』のなかでスティグレールが答えようとしているものなのだ。スティグレールにとって、時間化の条件は第三次過去把持によって規定される。なぜなら、あらゆる投企にはすでに、自身の生きてきた過去に制限されないような、技術による記憶の再構築が起きているからである。ハイデガーは、古代の遺物が集められた博物館に「過去とはなにか？」と語りかけている。かれの答えはこうだ。「世界内に存在していた配慮ある現存在によって、これらの遺物が器具としての文脈に置かれ、手許的なものとして出会い使用されていた、あの世界にほかならない」[★52]。過去は諸関係の構造のなかにある。それはもはや手許的なものとして表現されず、主題化によってのみ可視化されるのである（その場合、これら諸関係の構造は手前的なものとなる）。ところが、スティグレールが導入した第三次過去把持の概念によって、かつて手許的**だった**ものが、私たちの日常的な経験の条件として、またその無意識的な部分として機能するようになる。つまり、スティグレールは時間化のあらたな原動力をもたらしたのである。のちに西谷啓治のハイデガー解釈を論じるとき、またこの論点に戻ってくるだろう。

じっさい、記憶の問いは、記念碑や博物館、アーカイヴなどの第三次過去把持にかかわっている。これらはテクノロジーに対する無意識の徴候となるものだ。というのもこの無意識は、伝統的な生活の破壊と消滅を加速させる一方で、消えゆくものを保持したいという欲望を促進してもいるからである。これは矛盾だ。そのような記憶化は、ともすると、ほかでもないテクノロジーに対する無意識こそが元凶であることに気づかせないまま、この破壊と消滅のプロセスがもたらす深い憂鬱へのなぐさめとして作用するからである。近代はみずからの意志にすっかり支配され、（発展や商業といった）行き先ばかりに目を向けている。そして、このようないつわりの目標へと無意識に駆り立ててくるものをほとんど直視しないのだ。なので、近代と記憶は対立するように見えることもあるが、ときに互いを

★51 Derrida, *Heidegger: la Question de l'Être et l'Histoire*, 265-268.〔デリダ『ジャック・デリダ講義録　ハイデガー』、二四九－二五二頁。〕残念ながら、デリダはこの議論を十分に展開しなかった。けれども、かれは「sichüberlieferung」つまり自己の転移（la transmission de soi）が原初的な総合であり、歴史性の中心にあることを指摘しているのである。

★52 Heidegger, *Being and Time*, 432.〔ハイデッガー『存在と時間　下』、三一七頁。訳は英文より。〕

補完しあっているようでもある。近代の力とは、障害物を解体し、落伍者を見捨てるものである。だから近代化への批判は、それが歴史と伝統を尊重しないことに集中してきた。とはいえ、集合的記憶をめぐる言説もまた完全に近代的なものだ。集合的記憶とは、破壊されるものの埋め合わせなのである。なぜなら、それは破壊の危機に面しているときにのみ、歴史学者だけが興味をもつような単なる日常生活の対象を超えた、ひとつの記憶となるからだ〔★53〕。

ハイデガーは、このような記憶化を批判的に見ている。そこで行なわれる対象化が、現存在による本来的な歴史性の把握を遠ざけてしまうからだ。対象化された歴史、つまりハイデガーの言う「歴史主義」(Historismus)の源泉は、現存在にではなく、世界史を対象化しようとする努力のなかにある。そこでは、現存在がもはや歴史的存在者ではなくなり、数ある対象のひとつとなって、外的な出来事が規定する歴史に押し流されてしまう。ハイデガーは『黒表紙のノート』のなかでこのふたつの歴史的なものの概念の対立をいっそう明白に述べている。

歴史学〔Historie〕は「歴史」〔Geschichte〕の技術〔Technik〕である。
技術は「自然」の歴史学である。〔★54〕

「技術は『自然』の歴史学である」という記述は、形而上学の歴史と同一視されている技術が、自然の対象化のプロセスの根底にあることを断言するものだと理解できる。同様に、「歴史学」は形而上学的なものとなって「歴史」を覆い隠すのである。この対立は、『黒表紙のノート』のなかで再度取り上げられる。そこでハイデガーはつぎのように書いている。

おそらく歴史学者は、まさにかれらが仮説的にものを語るように、「歴史」を歴史学として理解している。歴史学は、本質的な意味では技術の一種にすぎない。〔……〕歴史学の力が砕かれるときにのみ、歴史はふたたびみずからの領域を手に入れる。そのとき、ふさわしいものたち〔Schickliche〕のための運命と開けがあらわれるのである。［★55］

ところが、ハイデガーが歴史学（Historie）と歴史性（Geschichtelichkeit）のあいだに設けた緊張関係は、〈歴史学の力を砕くのではなく〉スティグレールが行なったように、歴史にとって歴史学が不可欠なことを肯定してはじめて解消されるのである。これはまた、現存在の本来性がつねにある意味で非本来的である——どんな絶対性や確実性も奪われている——ことを意味している。記憶の問いが明確にさ

★53　これとおなじ理由で、中国では、高速な経済発展によって都市が破壊されながら、おなじ速度で記念碑や博物館がそこに置き換えられているのを目にすることができる。これは純粋に経済だけが推進しているプロセスではない。そこには一種の症状としての歴史的意識の欠落もあると考えられる。この点については後述する。

★54　M. Heidegger, *GA 95 Überlegungen VII-XI (Schwarze Hefte 1938/39)* (Frankfurt am Main: Vittorio Klostermann, 2014), 351.

★55　Heidegger, *GA 97*, 29.

れるとき、つまりテクノロジーに対する無意識が記憶――その重大さと衝撃を意識せざるをえなくなるような記憶――へと変換されるとき、近代はようやく終わりを迎え、（ハイデガーとは異なる意味ではあるが）歴史性が獲得されるのだ。

なので、近代の終わりを示すのは、人間がもはや世界の主人ではないことや、世界が私たちから逃れていくのを認めることばかりではない。それは人類のはじまりから分かっていたことだ。神々は私たちを超えていた。それはオリュンポス山でも、エジプトでも、シナイ半島でも同様である。つまり世界の主人としての人間という観念が幻想にすぎないことは、はじめから分かっていたのだ。だがテクノロジーに対する無意識がこの幻想を焚きつけた瞬間、それは現実そのものを構造化しはじめたのである。近代の終わりとは、この幻想を再認識することだ。すなわち、技術がヒト化の条件を**歴史だけでなく歴史性においても**規定していると再認識することである。とすると、近代の終わりとは、単に終わりを宣告するだけでなく、西洋形而上学の歴史を再定式化することでもあるといえる。これはまさに、ニーチェの『悦ばしき知識』において、〔「神は死んだ」と〕市場で叫びつづける狂った男が、同時に失われた神を探し求めていることに似ている［★56］。神の超越は、内在の哲学か、また別の超越――存在［★57］と現存在［★58］の超越――に置き換えられる必要があるのだろう。

スティグレールは、技術の歴史を存在‐認識論的な対象として再構築するため、デリダの方法を採用する。これは疑いなく野心的なプロジェクトである。スティグレールが望んでいたのは、技術をつうじて哲学の歴史を読みなおし、それによって技術を哲学の第一の問いにすることだ。かれはプロメテウスの神話を再定式化しており、そこでは火が技術的存在者としての人間の起源を構成する。ゼウスがプロメテウスに命じて、人間と動物を含むすべての生物に技能を分配させようとしたことを思いだそう。じっさいには、この巨人の弟であるエピメテウスが、その仕事を肩代わりすることを申しでる。ところがエピメテウスは――その名はギリシア語で「あと知恵」を意味する――人間に技能を配り忘れてしまう。そのためプロメテウスは、火と鍛冶の神ヘパイストスから火を盗まねばならなくなった。その結果プロメテウスはゼウスから罰を受ける。それは断崖に鎖でつながれ、日ごとにカウ

★56 Nietzsche, *The Gay Science*, 119-120 [§125].〔ニーチェ『悦ばしき知識』、一九九三年、二一九-二二〇頁。〕

★57 '*Sein ist das transcendens schlechthin*'（存在は絶対的超越である）Heidegger, *Sein und Zeit*, 38 [§7].（強調は原著。）〔ハイデッガー『存在と時間　上』、細谷貞雄訳、ちくま学芸文庫、一九九四年、九九頁。〕ダーモット・モランによると、ハイデガーは「ヒューマニズム書簡」のなかでこの問題を再び取りあげている。「存在者そのものを取り除くことから生じる、こうした存在者の存在の本質にかんする遡行的な定義は、存在の真理への問いを思考していく先見的なアプローチにとって依然として不可欠なものである」。以下を参照。D. Moran, 'What Does Heidegger Mean by the Transcendence of Dasein?,' *International Journal of Philosophical Studies*, 22:4, (2014), 491-514: 496.

★58 『存在と時間』三八頁のおなじ箇所（第七節）で、ハイデガーはこう述べている。「現存在の存在の超越は、そのなかにもっとも根底的な**個体化**の可能性と必然性とが伏在しているかぎり、殊別的な超越である。**超越**としての存在を開示することは、すべて、**超越的**認識である。**現象学的真理**（存在の開示態）は、**超越的真理**である」（同上。訳は一部変更した）。フッサールの現象学と関連した、現存在の超越論性というハイデガーの概念にかんするさらに包括的な議論としては、モランの 'What Does Heidegger Mean by the Transcendence of Dasein?' を参照。ここでは、ハイデガーが『形而上学とは何か』のなかでこう述べていることに触れておけば十分だろう。「現存在とは無のなかに保たれてあることである。現存在は無のなかに保たれつつ、つねにすでに全体としての存在者を超え出ている。この存在者から超え出ていることを、われわれは超越と名づけるのである」。Cited by Moran, 508.〔ハイデッガー『形而上学とは何か』、大江精志郎訳、理想社、一九五四年、五三頁。訳は一部変更した。〕

カソスの鷲に肝を啄《ついば》まれるのだが、夜にはそれが再生するというものだった。もしも火がなければ——つまり技術をもたなければ——人間は何の特性もない動物だっただろう。人間の起源とはこのような欠失なのだから、スティグレールはそれを必然的なもの（「不可欠の欠失」）として考えようと提案する。かれの再解釈においては、プロメテウスとエピメテウスの神話は古典的なギリシア思想の中心に位置しており、西洋哲学の無意識を構成するのである。

そのためスティグレールにとって、西洋哲学の歴史は技術の歴史という観点からも解釈できる。そこでは、存在の問いは技術の問いでもある。存在の問いはまさに技術をつうじて私たちに開かれるからだ。これとよく似たハイデガー読解は、ルドルフ・ベームの一九六〇年の試論「思考と技術——ハイデガーの問題系をめぐる問いのための予備的覚え書き」でも提示されていた。第1部でも触れたように、この試論は、ハイデガーが一九三五年に刊行した『形而上学入門』の解釈にかんするものである。ベームが示すのは、およそテクネーは、ハイデガーの思考のうちにあらわれるだけでなく、西洋の哲学的思考の根底となってもいるということだ。じっさい、このような技術こそが、イオニア派の哲学者の形而上学的使命を特徴づけているのである。ベームによると、ハイデガーは『形而上学入門』のなかで、イオニア派の哲学者にとって技術とは、（人間の）テクネーと（存在の）ディケーの対決をつうじて存在の根源的な開けをもたらす活動であると解釈している。私たちは、ハイデガーの『形而上学入門』で扱われたソクラテス以前の哲学におけるテクネーの概念を復元しようと試み、（第8節にて）ハイデガーがどのようにしてディケーを「正義」〔Gerecht〕でなく「適合性」〔Fug〕と翻訳したのかを見てきた。それによると、存在は戦い（pólemos）や争い（eris）のなかで、みずからをピュシスやロゴス、そしてディケーとして明示するのだった〔★59〕。

けれどもハイデガーにとって、存在の問いを開く哲学的かつ実践的な諸活動の起源として技術を捉えるこのような解釈は、「没落」（Abfall）ないし「墜落」（Absturz）〔★60〕としてのプラトン－アリストテレス的なアテナイの哲学では排除されてしまう。これが存在神学のはじまりである。ベームの読解によると、プラトンとアリストテレスが技術と自然を対立させた結果、技術はイオニア派の哲学者が発展させた本来の意味から遮断されてしまったとハイデガーは考えていた（これは一種の欠落であり、スティグレールはその手直しを引き受けていた）。もしも近代性の危険さがテクノロジーの台頭のうちにあるのなら、ハイデガーにとってそのようなテクノロジーは、古代のテクネーとは本質的に異なるものだ。テクノロジーの発展は、合理性をともない、支配の欲望に駆り立てられながら、ひとつの巨大な力を形成している。それは世界からあらゆる別の可能性を奪い取り、アディキアつまり「非適合性」（Un-fug）としての巨大な用象に変えつつあるのだ〔★61〕。テクノロジーは西洋形而上学の運命である。これは、「サイバネティクスは形而上学の完成あるいは『終わり』である」〔★62〕というハイデガーの有

★59　Backman, *Complicated Presence*, 33.
★60　Boehm, 'Pensée et Technique,' 202.
★61　第1部（第8節）の議論を参照。

名な発言を思い起こすとき、より明白なものとなる。ここで問題なのは、かれの批評が正当かどうかを判断することではなく、それを現代人がテクノロジーに対する無意識から離れるのに貢献するものとみなせるかどうかである。この試論の末尾にかけて、ベームはテクネーとディケーの必然的対決に言及しつつ、きわめて興味深い問いをふたつ提起している。

はたして哲学には、存在を忘却したうえで、技術の概念を最高度まで完成させることに全労力を注ぐことはできないのだろうか。そうでないのなら、究極的には、思考が技術的条件に付着した状態からみずからを解放する可能性が存在するのだろうか。［★63］

ベームのふたつの問いは、こんにち近代性と向きあっている二種類の思考と結びつけられる。ひとつはスティグレールがそうであるように、テクノロジーのあらたな概念を形成することで、ハイデガーが分析した哲学の袋小路を乗り越えようとするものだ。もうひとつの思考は「自然哲学」へ撤退する傾向をもつ。これはホワイトヘッド的なものであれシモンドン的なものであれ、しばしばテクネーを自然に従属させ、圧倒的なもの（Überwaltigend）つまり「ガイア」に服従するのである。この第二のアプローチの限界については、すでに序論で触れておいた。牟宗三のような中国の哲学者やジョゼフ・ニーダムのような中国学者は、ホワイトヘッド哲学と中国哲学とのあいだに親和性を見いだしていた。だが、かりにホワイトヘッド的な自然の概念への回帰が近代の袋小路からの脱出に役立つことを認めるとしても、中国の伝統的な哲学への回帰もまた、そのような脱出経路を与えてくれるのだろうか？　おそらく、〔ヴィヴェイロス・デ・カストロらの論じる〕先住民の存在論についても同様に問いかけるべきだろう。それらはテクノロジー的な近代性と向きあうことができるのだろうか？

ここでの課題は、それらは不十分だと示すことだ。じっさい中国の場合では、器道の統一性は完全に砕かれてしまっているのである。なかには、厄介な政治的要因が働いているせいで、そのような問いに絶対的ないし否定的な回答を出せなくなっていると主張したがるひともいるだろう。けれども、第1部での器道の関係の崩壊にまつわる哲学的分析や、さきほどヨーロッパと比較しながら行なった、中国における幾何学と時間と技術の関係をめぐる分析のねらいは、これが単なる社会的かつ政治的な問題にとどまらない、根本的に存在論的な問いだと示すことにあったのである。自然や宇宙論への回帰だけを提唱する人々は、二〇世紀における「近代の超克」というプロジェクトの失敗から優雅に目を背けているように見える。けれども、これらの失敗を取り上げないわけにはいかないのだ。たとえば、このプロジェクトを遂行しようとした京都学派の狂信的な試みは、こんにちではどんな代償

★62　M. Heidegger, 'The End of Philosophy and the Task of Thinking,' in *On Time and Being*, tr. J. Stambaugh (New York: Harper & Row, 1972), 55-73.〔ハイデッガー「哲学の終末と思索の課題」、『思索の事柄へ』、辻村公一、ハルトムート・ブフナー訳、筑摩書房、一九七三年、一〇七－一四〇頁。〕

★63　Boehm, 'Pensée et Technique,' 217.

を払ってでも避けるべきものではあるが、時間や歴史的意識の問いにかんするかれらの分析自体は、テクノロジーと世界史の問いを新しく立てるうえで依然として重要である。このことを、いまから明らかにしていこう。

23 ニヒリズムと近代

さきほど述べたように、「近代」として知られるヨーロッパの長いプロセスは、中国でもほかのアジアの国々でも生じなかった。さらに中国では、力への意志としての世界の支配は出現せず［★64］、テクノロジーに対する無意識もほとんど無視できるほどの効果しか生みださなかったので、決して乗り越えるべき問題とはみなされなかったのである。第1部で見たように、テクノロジーはアヘン戦争以後にようやく問題となった。だが、はたしていまの中国には、技術への問いを取り上げ、中国固有の文化と伝統の観点から十分な考察を行なう準備ができているのだろうか？　このように問いかけるのは、もしそうではなく、いまだにハイデガーやスティグレールの批判ばかりを取り上げないといけないとすれば、私たちはテクノロジーの普遍的な歴史や、世界史**なき**世界市民主義《コスモポリタニズム》を容認する危険性を抱えることになるからである。

この危険性は、グローバルとローカルの対立をめぐる昨今の思考にも反映されている。この手の対立では、ローカルなものはグローバルなものへの一種の抵抗とされる。ところがローカルなものの言説は、それ自体グローバル化の産物なのだ。根本的に必要なのは、技術と時間の関係についてさらなる検討を行なうことだ。その目的は、ヨーロッパの哲学者によってすでに明かされたこの関係の存在論的根底を解体することではない。むしろ、そうした考察がまだなされていない文化に対してこの関係が及ぼす影響を理解することだ。さらには、グローバルなものへの抵抗としてであろうと、受動的な適応としてであろうと、いずれにせよローカルなもの——「汚染されていないもの」に撤退するのではない、新しいプログラムを開発するためである。くわえて、ここで私たちは地球《グローブ》という天体のイメージも問いに付すべきなのだろう。このイメージが直観的に示すのは、近代化や脱近代化とは、包摂と排除の論理にしたがった空間的な問いであるということだ。そのため以下では、空間的にではなく、グローバルな**時間**軸という視点から思考することを提唱したい。

京都学派の西谷啓治は、時間の問いとの関連のなかでテクノロジーへの深い哲学的批判を定式化した、二〇世紀前半のアジアにおける数少ない哲学者のひとりだった。といっても、西谷がかつてフライブルクでハイデガーの指導を受けており、のちに自分の師と同様に日本のファシズムとつながりをもち、その結果第二次世界大戦後に教職を追われたことを考えれば、かれの仕事は驚くべきものではは

★64 中国がモンゴル民族に統治されていた元代は例外として考えるべきである。中国が侵略され、植民地化されていたからだ。

ない。西谷のテクノロジーの理解は、ハイデガーの近代テクノロジー批判と共鳴していた。けれども、ハイデガーが初期のギリシア人に目を向けた一方で、西谷は東洋からの、そして東洋のための「解答」を提案しようと試みたのである——ひとつ言い添えておくと、いまはかれらを非難するのは慎んでおきたい。というのも、これから述べることは、かれらの形而上学的ファシズムに共通する根本的要因を把握するための備えになるはずだからだ。

いかにして東洋哲学は、西洋哲学とは異なり虚無を超越できたのか？　より正確にいえば、そのような超越の可能性はどのように論証できるのか？　西谷の初期の著作における課題は、西洋哲学のカテゴリーを駆使してこの問いの答えを示すことだった。西谷にとって虚無は、ある種東西の思想体系を分ける境界線のようなものである。それは厳密にはどんなものなのだろうか？

虚無は、我々に於けるあらゆる人生の意味を無意味にするようなものである。それ故、我々自身が我々にとって問いに化するということ、我々が何のためにあるのかという問題が起ることは、我々の存在の根底から虚無が現れて来て、其処から我々の存在そのものが我々自身に疑問符と化するということである。［★65］

虚無とは、いわばすべての実存の問いのなかに生じる邪悪な側面のようなものだ。だがそのような虚無を無視できるようになる事例がふたつある。ひとつは世界の絶え間ない客体化だ。そのとき、主観性の問い自体がもはや問いではなくなるが、しかし人間はある巨大な力によって虚無の深淵へ突き落とされてしまう。もうひとつは、虚無の出現への対策を講じうる思考の体系に身を置くことだ――対策とは単なる抵抗ではなく、仏教徒が「空」と呼ぶ絶対的空虚へと虚無を作り変えることである。西谷によると、近代的な科学とテクノロジーは人類を加速させ、存在の問いがひとつの危機としてあらわれるほどの状況へと向かいつつある。ハイデガーのように科学とテクノロジーの関係について考察しながら、西谷は、科学とは自然法則を普遍化することにあると主張している。というのも、そこでは自然法則が絶対的でもっとも客観的な規則とみなされるからだ。こうして自然法則は、かつてはそれが説明の手段としては無関係で不当でもあるとされた領域にも入り込めるようになる。普遍的だと考えられたこれらの自然法則は、テクノロジーのなかで実装され、したがってその効果が自然領域だけでなく社会的および経済的領域にも拡大されてゆくのである。ここからふたつの結論が得られる。まず、自然法則はすべての領域に浸透する。そして、自然法則の影響力はテクノロジーによって**拡大**され、もとの領域の外でも権力を行使できるようになるのだ。

人間の働きのうちに又それを通して、自然法則が最も深く同時にまた最もあらわに現成してきた

★65 Nishitani, *Religion and Nothingness*, 4.〔西谷啓治『宗教とは何か』、六－七頁。〕

ということである。機械に於て、人間のはたらきが人間のはたらきという性格をも越えて、それ自身客体化され、そして自然法則そのものの直接なる働きという性格をとって来たといってもよい。［★66］

西谷によれば、自然法則は「自然界のどこにも見出され得ない」［★67］ため、抽象概念だといえる。けれども、世界はこの抽象概念に則って再構築されるようになり、ゆえに現実的なものが観念的なものへ変換されてゆく。そして近代的なテクノロジーは、自然法則を体現することで自然そのものから自然法則を解放するのである。西谷によると、この弁証法的な運動には、さらにふたつの帰結がある。まず人間の側には「科学的な合理性を求める抽象的知性」をもたらし、それから〔自然の側には〕「自然以上に純粋」な「『非自然』化された自然」を生みだすというわけだ［★68］。かくして、テクノロジー化された世界は、人間の本性にも自然そのものにも沿わない虚偽にしたがって構築される。虚無の根底はこうして開かれるのだ。なぜなら〔科学を奉じる〕人間は自然法則だけを信じるのだが、その法則はまずそれ自体として人間を自然と真理から引き離し、さらにテクノロジーに実装され日常生活に埋め込まれることで、再度人間を真理から引き離してしまうからである。

西谷にとって、ハイデガーから大きく影響を受けているフランスの実存主義は、近代の難局に対処するには不十分だった。というのも、その欲望が「無自覚的ニヒリズムに於ける」ものであるため、ニヒリズムの根本的要因に立ち向かえないからだ［★69］。要するにサルトル的な実存主義は、依然として西洋の伝統、とくにハイデガーが活気づけたそれに根ざしているので、ニヒリズムについて考察をしても問題の根本にはいたれないというわけだ。西谷によれば、ハイデガーやニーチェが論じた存在の歴史は「東洋にはない」。だが、かれは続けて、「東洋は虚無の立場から空の立場への転換を成し遂げ」たため、ヘーゲルの言う「悪無限」（schlechte Unendlichkeit）〔★70〕を超越していると主張するのである。

> 真の超越、生死の「世界」そのものからの離脱は、仏教では「涅槃」と呼ばれた。〔……〕それは真の有限性から真の無限性への、即ち実存における悪無限としての有限性から実存における無限性への、本質的転換である。〔★71〕

★66 Ibid., 83.〔同書、九四頁。〕

★67 Ibid.〔同上。〕

★68 Ibid., 85.〔同書、九六頁。〕

★69 Ibid., 88.〔同書、九九頁。〕

★70 G. W. F. Hegel, *The Encyclopaedia Logic*, tr. T. F. Geraets, W. A. Suchting and H.S. Harris (Indianapolis and Cambridge: Hackett, 1991), 149 [§93]:「あるものは他のあるものになる。だがこの他のもの自体が、ひとつのあるものである。したがって、それもまた他のあるものになり、すぐにまた無限に続いていく」。〔G・W・F・ヘーゲル『ハイデルベルク論理学講義——『エンチクロペディー』「論理学」初版とその講義録』、黒崎剛監訳、ミネルヴァ書房、二〇一七年、三八頁。訳は一部変更した。〕

★71 Nishitani, *Religion and Nothingness*, 176.〔西谷『宗教とは何か』、一九八頁。〕

この一節には、ふたつの興味深い問いが含まれている。(1)どうすれば悪無限から真の無限に「転換」できるのか、(2)歴史性や世界史との関連において、この「転換」はなにを意味するのか、というものである。西谷による空の把握は、「排中律」を無効とするあらたな論理にもとづいている――つまりこの論理は肯定的でも否定的でもない。それは、肯定(存在)と否定(不在)のはざまにある欠如の論理(非在)ともいえるだろう。西谷にとって科学とテクノロジーは、存在の本質を自己同一性として把握しようとする実体主義的思考にもとづいている。このような西谷の見解は道元の教えをもとに展開されており、かれは例の論理をつぎのように述べている。なにかが自己同一性なく**存在する**ためには、その否定と肯定を同時に否定しなければならない。道元が説くように、「生死すなわち涅槃とこころえて[……]はじめて生死をはなるる分あり」[★72]。つまり生死を同時に否定することで、実存は虚無を超越するほどの高みへ引き上げられるのだ。

西谷は「非実体的」な存在了解について語っている。その意味を理解するため、ここでかれ自身の挙げる例を見てみよう。たとえば「火とは何であるか」と尋ねるとする。このときひとは、「火は**それ自体**を、然も**我々へ**向って、示現している」[★73]という条件のもとで、火の形相を探し求める。実体はロゴス的に、いわばアリストテレスにおけるようにカテゴリーをつうじて論理的かつ理論的に解明されるべきものとして、提示される。ところが、(a)もし「火は火を焼かず」と言うならば、(b)火とは非燃焼であるが、だからこそ火なのだということになる。

実体とは［……］その energeia（燃焼という仕事に於てあること）のうちに、その火の自己同一性が認められたものである。然るに火は火を焼かずと言われる時、火が「焼かない」ということ、つまり非行為の行為が指摘されている。［★74］

この逆説を分かりやすくするために、つぎのように示すことができる。実体主義的な思考にしたがって、かりに火を「焼くもの」と定義しよう。とすると、火が火そのものを焼かないという事実は、実体としての火の自己同一性から、火のエネルゲイアそのものへの、つまり火の「自体のもと」［★75］であるもうひとつの自己同一性への移行の第一歩だといえる。それによって、火は焼くもの——これは実体主義的な観点から見た火の本質だ——とはみなされなくなるため、「真の」同一性を取り戻し、だからこそ火であるということになる［★76］。「焼かない」ことが「非行為の行為」である

★72 Ibid., 178.〔同書、二〇〇頁。〕
★73 Ibid., 113.〔同書、一二七頁。強調は日本語原文より。「非実体的」という用語については、同書一四一－一四二頁を参照。〕
★74 Ibid., 116.〔同書、一三一頁。なお、引用文中の「、つまり非行為の行為」という表現は日本語原文にはない。英訳者によって加筆されたものと考えられるが、著者の議論と深く関連するため、あえて訳出している。〕
★75 Ibid.〔同上。〕
★76 ここで西谷は、ハイデガーの「アレーテイア」（Un-verborgenheit）も参照している。

というのは、それが火の実体的形式の欠如するところにあらわれるということ、またそのため、火が自身の定義を別の根拠のなかに見いだすことを意味している。この絶え間ない否定は、どこか特定の点で終わるわけではなく、無限後退に陥るわけでもない。むしろ、実体主義的思考に占有されない状態のまま維持しようとするのである。

実体概念がものの自体をその「自性」に於て（従って有として）捉えたものであるに反して、真の自体は無自性である。火の自体性は非燃焼というところにある。勿論、その非燃焼は、燃焼と離れて別にあるというものではない。火は燃焼しつつあるそのことに於て非燃焼なのである。併《しか》しこの非燃焼（自らを焼かぬということ）を抜きにしては、燃焼ということも実は考えられない。［★77］

西谷は火の「自体のもと」を見つけたいと考えていた。それは、火としての現実性にも、ものを焼く可能性にもなく、むしろ「非燃焼」つまり「自らを焼かぬということ」によって規定される火の根底にある。ところが、これは科学的観察からではなく、仏教的意味での「空」という欠如から導かれるのだ。ここで私たちは、西谷が牟宗三の試みとよく似た課題を遂行しようとしていることに気づく——もっとも、牟宗三がカントの用語を使ったのに対して、西谷はハイデガーやその言葉に強く影響を受けているのだが。この両者はともに、理論理性は本体の領域に入れないが、「知的直観」は自己否定をつうじて理論理性に到達できると主張している。つまり、ある別の種類の思考によってのみ、実存を規定する「善無限」に入ってゆけるというわけだ。

リアリティとしての「無限」は理性の把捉を絶する。理性の次元で捉えようとすれば、それは直ちに観念的なるものに化す。〔★78〕

私たちはこの論理によって、近代的な科学とテクノロジーをめぐる東アジア的な思考を展開できてしまうのではないか？　いや、そもそも本体の領域では技術の構築は不可能である（本体という語でこのような無限を言い表しているのは牟宗三だけで、西谷はそうではないが）。プラトンの『ティマイオス』におけるデミウルゴスは、おそらく唯一の例外だろう。キリストの再臨への意志は、精神の歴史的な進歩として機能する。それとは異なり、西谷が記述する東アジアの文化では、「非意志としての意志」はすべての歴史的な出来事から切り離されている。おなじように、牟が中国哲学の特徴とみなした本体的思考は、なにか別の種類の歴史的意識であるように見える。それはこの思考が、なにかしらの出来事を待とうという性質のものではなく、むしろ歴史以前からすでに存在している秩序のなかに組み込まれて

★77　Ibid., 117.〔同書、一三二頁。〕
★78　Ibid., 177.〔同書、一九九頁。〕

いるからである——要するにそれは宇宙論的意識なのだ。

24 近代の超克

『宗教とは何か』の末尾で、西谷はひとつの問いを提起した。のちに西谷は、ほぼ全生涯をかけてこの問いに答えを出そうとするのだが、それはかなわなかった。

歴史の意識は西洋において著しい展開を見、特に近世においては、人間生活そのものが次第に歴史的な自己意識をもって形成されるようになってきている。とはいえ、そのような展開にとって必要なものとは何だろうか。[★79]

西谷は、西洋と東洋の差異は、前者がより強力な歴史的意識の概念を発展させてきたことにあると考えている。ではなぜ、東洋ではそのような歴史的意識が発展しなかったのか？ これを理解することが、東洋における技術と時間の関係を解き明かす鍵になる。じつは、この問いは初期の西谷にとってもすでに悩みの種となっており、のちにかれの政治哲学でも重要な役割をもつことになった。これは私たちにとっても検討すべき論点である。それによって、歴史的意識の必要性と危険性がはっきり示されるからだ。

一九四〇年から四五年のあいだ、西谷は高坂正顕《こうさかまさあき》や高山《こうやま》岩男を含む同僚の京都学派の哲学者（かれらはみな、京都帝国大学で西田幾多郎〈一八七〇－一九四五年〉と田辺元《はじめ》〈一八八五－一九六二年〉の教えを受けていた）や、歴史学者の鈴木成高《しげたか》（一九〇七－八八年）とともに、「近代の超克」というプロジェクトに深く関与していた。この時期の西谷の考えは、当時の記事や著作に記録されている。たとえば、『中央公論』という雑誌が一九四一－四二年にかけて組んだ座談会（その初回が有名な「世界史的立場と日本」だ）をはじめ、『世界観と国家観』（一九四一年）というかれの単著や、『「近代の超克」私論』（一九四二年）および「世界史の哲学」（一九四四年）といったエッセイがそうである。これらの討論やテクストに込められたナショナリズムや帝国主義の問題については、すでに多くの研究者や歴史学者が詳しく論じているので［★80］、ここではそうした議論を繰り返さずに、世界史と歴史的意識の問いに焦点を当てたい。

西谷の「近代の超克」のプロジェクトは、日本文化へ回帰するとともに、一六世紀や一九世紀に「黒船」（西洋の艦隊）が到来して以来、日本社会に押しつけられてきた西洋の文化やテクノロジーを超

★79 Ibid., 206.〔同書、二二六頁。なお、最後の疑問文は日本語原文にはない。これも英訳者による加筆と考えられるが、議論の便宜上あえて訳出している。〕

★80 たとえば以下を参照。N. Sakai, *Translation and Subjectivity: On 'Japan' and Cultural Nationalism*, tr. M. Morris (Minneapolis: University of Minnesota Press, 1997)〔酒井直樹『日本思想という問題――翻訳と主体』、岩波書店、二〇一二年。〕および C. Goto-Jones (ed.), *Re-Politicising the Kyoto School as Philosophy* (London and New York: Routledge, 2008).

越したいという欲望から成り立っている。西谷によると、西洋の文化とテクノロジーによって伝統と近代的生活のあいだに巨大なずれが生じ、かつて日本社会に根づいていた仏教や儒教も、もはや政治的、文化的な生活に対して有効に関与できなくなってしまった。

このような西谷の意見は、かれの同僚や同時期の中国の思想家の考えと明らかに共鳴していた。たとえば新儒家は、中国哲学を発展させ、いわば中国的伝統の数ある可能性のひとつとして、西洋的な合理性を取り込めるようにしようと提案していたのである。第1部で見たように、牟宗三は、本体的な体験から現象的な知識へと下降するため、王陽明《おうようめい》の定式化した心ないし良知の問いを引き合いに出していた。西谷にとっても同様に、心は意識の問いを、またそれゆえ歴史的意識の問いを語りなおすにあたって重要なものだ。だが西谷においては、心はまた別のものにも開かれていた。絶対無であるる。じっさい、一見して明らかなように、中国と日本の思想家は、それぞれ似たような知的軌跡を歩みながらも、近代化に対しては異なる応答を展開したのだった。

ここで、西谷の師である西田幾多郎についてもいくらか述べておくべきだろう。絶対無の概念を発展させたのは、ほかでもなく西田なのだから。また西田は、王陽明の「知行合一」の教えにも取り組んでおり、これをフィヒテの「事行」〔Tathandlung〕やウィリアム・ジェイムズの「純粋経験」といった概念と結びつける解釈を行なっていたのである〔★81〕。フィヒテは「自己定立的」な〔selbst-setzend〕、つまり他のどんなものにも条件づけられないような、ひとつのはじまり――「無条件者」〔Unbedingte〕――を記述するために「事行」という語を用いている。これは、なによりまず絶対者ないし無条件者のことだが、「事物」（Ding）とはみなされないものという意味もある。西田の主張によると、認識する主体が実在を捉えるのではない。むしろそのようにして経験された実在が、認識する主体を構成するのである。西田は、純粋経験を「事実の直覚そのまま」と定義する。ここで言う「直覚」とはドイツ語のAnschauungの日本語訳だ［★82］。つまりここでは、主体とは絶対者ではなく純粋経験である。それはフィヒテ的な「自我」の分離主義を乗り越えるとともに、王陽明の「良知」を知的直観とみなす牟宗三の説明とも共鳴しているのだ。

のちに西田は、王陽明から離れて親鸞《しんらん》（一一七三－一二六二年）や禅師・道元［★83］による無の教えに移行しつつ、このような直観の可能性の条件についてより踏み込んだ探求を行なった。西田はこう語る。西洋では有〔＝存在〕が実在の根底をなすと言うのなら、東洋では無が根底とされる［★84］――無

★81　K. Kosaka, 'Nishida Kitarō und Wang Yangming: ein Prototypus der Anschauung der Wirklichkeit in Ostasien,' in H. Hashi (ed.), *Denkdisziplinen von Ost und West* (Nordhausen: Traugott Bautz, 2015), 123-158. フィーンバーグは、この「行為的直観」はハイデガーのいう「目配り」（Umsicht）とおなじものだとしているが、これはまちがいである。のちに見るように、「行為的直観」はじつは知的直観と関連しているからだ。以下を参照。A. Feenberg, 'The Problem of Modernity in the Philosophy of Nishida,' in J. W. Heisig and J. C. Maraldo (eds.), *Rude Awakenings: Zen, the Kyoto School and the Question of Nationalism* (Honolulu: University of Hawaii Press, 1995), 151-173.

★82　J. W. Heisig, *Philosophers of Nothingness: An Essay on the Kyoto School* (Honolulu: University of Hawaii Press, 2001), 43.〔西田幾多郎『善の研究』、小坂国継全注釈、講談社学術文庫、二〇〇六年、四〇頁。〕また、第1部（第18節）を参照。そこでは、牟宗三の説いた知的直観の概念を、フィヒテやシェリングのものと区別している。

★83　F. Girard, 'Le Moi dans le Bouddhisme Japonais,' *Ebisu* 6 (1994), 97-124: 98.

は「存在しはじめることもなく、存在するのをやめることもない」ものであり、有の世界の対極にある。そして「世界のどんな現象や個体、出来事、関係性による囲い込みをも超えている」という意味で**絶対的**である[★85]。この絶対無は実在の至高の原理であり、西田はこれを「一般者の一般者」と呼ぶ。なぜなら、この無が他のすべての普遍的な思考を相対化するからだ[★86]。

このような「無」を理解するのは容易ではない。そもそも「無とは何であるか」という問いを立てること自体が矛盾を抱えている。そうすることで、この問いがただちに存在の問いに転じてしまうからだ。しかも、絶対無は実在しないと主張することもできない。じっさい西田は、絶対無は無および／または存在があらわれ出る「場所」をもつと述べる[★87]。だがこれは、無が**存在する**ことを示唆してしまっているのだ[★88]。アンドリュー・フィーンバーグは、絶対無の概念を要約して「無媒介的な主客統一の場という体験である。これは文化や活動、知識の根底にあって、それらをこの本源的統一の対象化として可能にするものだ」と述べている[★89]。西田にとって絶対無とは、正しい秩序をもたらすために「西洋の唯物論」につけ加えるべき「精神的本質」である[★90]。

西田の同僚の田辺元は絶対無の概念をさらに発展させた。かれはヘーゲル的な論理に則って、絶対無を「歴史に統一的なテロスを」[★91]与える政治的かつ歴史的な概念にしたのである。そして西谷の仕事は、田辺のアプローチをさらに推し進めたものであった。西谷にとって、絶対無はもはや理論的なものでも個人的なものでもない。かれは絶対無が具体的に民族にも適用できると信じていたのである。どうすれば絶対無はそのように理解できるのだろうか？　ニヒリズムにかんする著作のなかで、西谷はこう語っている。

★84 Heisig, *Philosophers of Nothingness*, 61.

★85 Ibid., 62.

★86 Ibid., 63.

★87 西田の「場所」の概念は、ふたつのものが関係をもつとき、その関係はかならずある場所を前提とするという考えにもとづいている。つまりAと非Aの関係を考えるとき、かならずその関係が生まれる場所があるはずというわけだ。西田の空間の概念にかんするより詳しい分析は、以下を参照。A. Berque, *Écoumène: Introduction à l'Étude des Milieux Humains* (Paris: Belin, 2000), 53, 140.〔オギュスタン・ベルク『風土学序説――文化をふたたび自然に、自然をふたたび文化に』、中山元訳、筑摩書房、二〇〇二年、九七、二四六頁。〕

★88 ハイデガーは、一九二九年に行なったフライブルク大学の就任講演「形而上学とは何か」のなかで、無の問いをとくに取り扱っている。W. McNeil (ed.), *Pathmarks* (Cambridge: Cambridge University Press, 1998), 82-96. ハイデガーが示そうとしているのは、存在者は不安のなかで消え去るということ、またそのため不安とは無のあらわれであるということだ。「不安において全体としての存在者は不安定になる。いかなる意味においてそれは起こるのか。存在者は、無を残すために、不安によって、滅失させられるのではない。不安がまさしく、全体としての存在者に対して全く無力であるのに、どうして存在者を滅失させることができようか。むしろ無は、全体として滑り去りつつあるものとしての存在者とともに、またそれにおいて、特に自らを示すのである」〔ハイデッガー『形而上学とは何か』、五一頁。訳は一部変更した〕。ここでハイデガーが欠如の論理を用いていることは大いにありうることであって、この点ではかれの思考は仏教思想に似ている。ハイデガーが「現存在とは、無に差し出された存在のことである」と語るとき、かれが意味しているのは、ひとは全体としての存在者を超えて、超越へと向かうということだ。ちなみに、ルドルフ・カルナップは「言語の論理的分析による形而上学の克服」という論考のなかでこの講演を批判しているが、ウィトゲンシュタインは、ハイデガーに共感を示す一節を草稿に書き残している。カルナップとウィトゲンシュタインのテクストは以下より。M. Murray (ed.), *Heidegger and Modern Philosophy: Critical Essays* (New Haven and London: Yale University Press, 1978).

★89 Heisig and Maraldo (eds.), *Rude Awakenings*, 160.

★90 Heisig, *Philosophers of Nothingness*, 92.

★91 Ibid., 121.

宗教と科学との間の反発関係でも、その根底にニヒリズムの問題を潜めているというのが私の考えである。このようにして、私が哲学に入る発足点であったニヒリズムの問題は、問題としても次第に大きく成長し、殆どあらゆる事象を包括するものにまでなって来た。〔……〕哲学以前と哲学とを通じて私にとっての根本的な課題は〔……〕簡単に言えば、ニヒリズムを通してニヒリズムの超克の道を求めるということであった。[★92]

西谷は、「ナショナリズムを通してナショナリズムを超克する」ことを提案する際にも、ニヒリズムの場合とおなじ準ニーチェ的な論理を適用している。かれは、近代国民国家のナショナリズムとは異なる――それどころか、その否定によって成立する――別のナショナリズムを想像している。西谷は近代国家を、共同体の根底を暴こうとする一種の「基体化」とみなす。だが、個人の自由が国家の支配を意識的に取り込む――それによって最終的には主体化する――とき、その否定が起きるという[★93]。これが、国家の絶対主義も、個人を国家から切り離すリベラリズムももたらさない、別のかたちのナショナリズムだ。西谷にしてみれば、近代国民国家の限界を超越するためには、単に日本の伝統的価値観へ回帰するだけではまったく不十分で、むしろ世界史的立場から日本民族を構築しなければならなかったのである。そうすることで、「国家的『我』の主体性から国家的『無我』の主体性への飛躍」が生じると西谷は述べる[★94]。そのとき民族は主体という形式を取り、その統一性はすべての自由な個人のもつ意志にもとづくことになる。

京都学派のプロジェクトは一九世紀の観念論と共鳴している——西谷の学者としてのキャリアが、シェリングの研究者として『人間的自由の本質』と『哲学と宗教』を日本語に訳したことから始まっていること、また西田と田辺がヘーゲルにかなり関心をもっていたことを踏まえれば、これはまったく偶然ではない。だが「世界史の哲学」で西谷が述べているように、京都学派は観念論的プロジェクトを超えるという課題も設定していたのである。

現在の世界は、ヘーゲルの世界史哲学とも、ランケの世界史学とも異なった、世界史の史学と哲学との新しい関係が考えられることを要求し、またヘーゲルの国家理性と理性的理念論、ランケのモラーリッシェ・エネルギーと歴史的理念論が、此等の偉大な人々の立場をも超えて、一層根本的に考え直されることを要求しているのである。〔★95〕

★92 Ibid., 215.〔西谷啓治「私の哲学的発足点」、『西谷啓治著作集　第二十巻　随想1　風のこころ』、創文社、一九九〇年、一九二－一九三頁。〕
★93 Ibid., 197.〔西谷啓治「世界観と国家観」、『西谷啓治著作集　第四巻　現代社会の諸問題と宗教』、創文社、一九八七年、二七八頁。〕
★94 Ibid.〔同書、三八二頁。〕
★95 Cited by C. Uhl, 'What was the "Japanese Philosophy of History"? An Inquiry into the Dynamics of the "World-Historical Standpoint" of the Kyoto School,' in *Re-Politicizing the Kyōto School as Philosophy*, 112-134: 125.〔西谷「世界史の哲学」、同書、二五三頁〕

「世界史学」や「世界史哲学」という言葉で、西谷はなにを意味していたのだろうか？　この点にかんしては、一八八〇年から一九三〇年までの時期にドイツで生じた歴史主義論争の二陣営について簡単に検討すれば理解できる。当時ドイツでは、ヴィルヘルム・ヴィンデルバントやその学生であるハインリッヒ・リッケルトら新カント派のあいだで、歴史の学術的研究のための有力なモデルが存在していた。その一方で、フリードリヒ・マイネッケの「生気論的」観点やディルタイの「世界観学」〔Weltanschauungslehr〕のような歴史の概念があり、それらは「相対主義」のきらいがあると批判されていた［★96］。この論争が終息するのは、ハイデガーが『存在と時間』で存在論を「解体」〔Destruktion〕したあとのことである。

京都学派は、世界史を精神の現実化とみなすヘーゲルの合理的で観念論的な歴史観を乗り越えようとしていた――歴史とは「神の道の正しさを示すことだ」とヘーゲルが述べているのを考慮すれば、かれの観念はライプニッツの弁神論からそう遠く離れていない［★97］。さらに京都学派は、歴史とは「モラーリッシュ・エネルギー」に駆動される一回的で特異的な出来事の集まりであると考える、レオポルト・フォン・ランケの説をも乗り越えようとしていたのだった。

要するに、京都学派の思想はドイツ哲学から強い影響を受けていた。そしてかれらは、キリスト教的な目的を置かずに世界史の哲学を定式化しなおすというドイツの哲学的課題を、意識的であれ無意識的であれ、まるで日本の責任となったかのように引き受けたのである――ちょうど『中央公論』の座談会で鈴木成高が、一九三三年のハイデガーのフライブルク大学総長就任演説とも共鳴する呼びかけのなかで、公然と述べていたように。

世界史の使命をトラーゲンする、担うということは、ヘーゲルではローマ民族であったりゲルマン民族であったりするのだが、現在日本がやはりそういう世界史的使命を自覚してきた。〔……〕日本が東亜における指導性をもつことの根拠は、世界史的使命を自覚する、その自覚にあると思う。客観的に負わされるのではなく主体的に自覚するのです。〔★98〕

この課題は、国民国家や資本主義、個人主義、帝国主義といった現行の諸形式のなかで現実となっているヨーロッパ文化の限界を、言い換えればヨーロッパ近代の袋小路を乗り越えることにある。京都学派によると、日本固有のナショナリズムや帝国主義をつうじて新しい世界史を創出し、それによってヨーロッパ文化の遺産を超克できるかどうかは日本民族の手にかかっている〔★99〕——そして

★96 以下を参照。Bambach, *Heidegger, Dilthey and the Crisis of Historicism*.

★97 P. Chételat, 'Hegel's Philosophy of World History as Theodicy: On Evil and Freedom,' in W. Dudley (ed.), *Hegel and History* (New York: State University of New York Press, 2009), 215-230.

★98 Uhl, 'What Was the "Japanese Philosophy of History"?,' 120; cited from 'Tōa Kyōeiken no Rinrisei to Rekishisei,' *Chūōkōron* (april 1942): 120-127: 127.（高坂正顕、西谷啓治、高山岩男、鈴木成高『世界史的立場と日本』、中央公論社、一九四三年、一五七－一五八頁。）

★99 T. Kimoto, 'The Standpoint of World History and Imperial Japan,' Ph. D thesis, Cornell University, 2010, 153-155.

このプロジェクト全体を実現する唯一の手段が「総力戦」なのだ〔なお「総力戦」という語はドイツ語のtotaler Kriegの翻訳である〕［★100］。「総力戦」は純化として提示された。つまりそれをつうじて、失われた日本精神からあらたな主体性が立ち上がり、数々の「種的な世界史」が「調和的かつ不可侵的に存在」できるような「普遍的世界史」［★101］の基盤となる絶対無を実現すると考えられたのである。とすると、総力戦とは、客体的全体性としての世界を超越するために国家と個人の衝突を激化しようとする、すぐれて「加速主義的」な戦略だといえる。

京都学派の哲学者にとって戦争とは、歴史を、またそれゆえ世界史を決定づける力である［★102］。そこでは観念論者の**抗争**（Streit）という概念が、戦争の概念に転生しているといってもよいだろう。シェリングやヘルダーリン、ヘーゲル、初期ロマン主義者などの観念論者は、ギリシア悲劇のなかにそのような抗争を表現する文学の形式を見いだしていた。悲劇は運命の必然性にもとづいており、悲劇の英雄は〔運命との抗争をつうじた〕みずからの自由の実現として、苦難が生じる必然性を肯定するというわけだ［★103］。しかし日本の場合では、悲劇は「プルガトリオ〔煉獄〕としての世界史」というビジョンのなかで実現される［★104］。京都学派の目には、日中戦争は帝国主義とまったく無関係であり、むしろ中国を救うという日本の道徳的義務ゆえに起こったものと映っていた［★105］。日本は東アジアのためにあらたな歴史を実現することを「義務」づけられており、大東亜共栄圏の実現はその一環とされたのである。この「正戦」という考え方は、『中央公論』誌での最初の座談会を総括した高坂正顕の発言のなかで述べられた。

人間は憤る時、全身をもって憤るのだ。心身共に憤るのだ。戦争だってそうだ。天地と共に憤るのだ。そして人類の魂が浄められるのだ。世界歴史の重要な転換点を戦争が決定したのは、そのためだ。だから世界歴史はプルガトリオなのだ。〔★106〕

このような狂信的な発言の数々を振り返ると、西谷らの哲学においては、ある種のレイシズムとナショナリズムが正当化されていることが分かる。すなわちレイシズムとナショナリズムそのものを否定するための「手段」とされるレイシズムとナショナリズムだ——この否定は絶対無へと推移し、西

★100 Ibid., 148.

★101 Ibid., 149.〔高山岩男著、花澤秀文編『世界史の哲学』、こぶし書房、二〇〇一年、四四三–四五六頁。〕

★102 Uhl, 'What Was the "Japanese Philosophy of History"?,' 115.

★103 D. J. Schmidt, *On Germans and Other Greeks: Tragedy and Ethical Life* (Indianapolis: Indiana University Press, 2001).

★104 Kimoto, 'The Standpoint of World History,' 145.

★105 『中央公論』の座談会のなかで、鈴木も「支那にはモラルというものはあったが、モラリッシュ・エネルギーというものがなかった、そういうことになる」と主張していることに注意しておこう。以下を参照。Uhl, 'What was the "Japanese philosophy of history"?,' 123; cited from *Chūōkōron* (april 1942), 129.〔高坂ほか『世界史的立場と日本』、一六二頁。〕

★106 Cited by Kimoto, 'The Standpoint of World History,' 145; from Kōsaka et al., 'Sekaishiteki Tachiba to Nihon,' 192.〔同書、一三一頁。〕樹本健は、この概念が西田に由来することも指摘している。

洋的な近代性だけが規定するものとは根本的に異なった世界史をめぐる政治的プロジェクトになってゆくのである。

中国と日本の異なる知的環境は、近代についての異なる解釈を生みだした。おそらく、日本の知識人のほうが時間と歴史をめぐる深い問題を経験していたし、かれらが乗り越えようとしていたのも、まさに歴史としての時間の問いであったといえるだろう。その一方、牟宗三のような中国の知識人は、なぜ中国では近代的な科学とテクノロジーが発生しなかったのかという問いに悩まされていた。そしてそのおおよその原因は、中国の長い知の歴史が西洋とまったく異なる哲学的気質をもつことにあるという結論を下していた。したがって、すでに見たように、牟宗三の戦略は、中国は伝統や道徳の教えを維持しながらも西洋とおなじ近代性を生みだせる、そしてヨーロッパにおける危機も回避できると示すことであった〔★107〕。だが西谷（と京都学派の他のメンバー）は、絶対無にもとづく世界史の再構成が、近代のニヒリズムを超越する唯一の道だと示そうとしたのである。

牟宗三もまた、西田と同様に王陽明を論じ、のちに仏教に取り組んだ。ところが、かれは西田とはまったく異なる読解にたどり着いた。牟の後期の著作である『円善論』（一九八五年）は、天台宗の新しい解釈にもとづいている。かれが『中国哲学十九講』（一九八三年）で認めたように、それは『現象と物自体』〔★108〕では取り組まれなかったものだ。牟にとって（『大乗起信論』の読解に由来する）「一心二門を開く」という教義は、カント的な実践理性のアンチノミーにくわえ、現象と本体の「存在論的差異」を解決しうるものだった。だが『円善論』のなかで、牟は天台宗における「円教」（完全な教え）〔★109〕

がよりすぐれたものであると気づいたのである。じつのところ、牟は『知的直観と中国哲学』（一九七一年）のなかで仏教の知的直観を説明するとき、すでに天台宗の教えが他のものよりすぐれていることを仄めかしている［★110］。その優越性は、天台宗の主張からだけでなく、その他の宗派への批判からも理解できる。たとえば天台宗は、華厳《けごん》宗は「理に縁《よ》りて九を断つ」、つまり真理の純粋性を強調する一方で、低次の世界（つまり餓鬼や畜生の世界）を切り捨てていると非難した［★111］。この批判は、じつは王陽明の仏教批判とも共鳴している。かれは、仏教は存在者に気配りをせず、ただそれらを超越することだけをめざしていると指摘しており、仏教よりも儒学のほうが、社会的、政治的な思想としてすぐれていると考えていた。天台仏教の「円教」は「一瞬の思念には〔世界の〕三千に分かれた領域

★107 京都学派の哲学者とは異なり、牟はあまり近代性の問いに触れなかった。たとえばステファン・シュミットなど、牟について論じる学者のなかには、かれの教えには隠れた指針があると主張するひともいる。それはたとえば「儒家の哲学の、儒家的制度からの知的独立を宣言すること」だという（S. Schmidt, 'Mou Zongsan, Hegel and Kant: The Quest for Confucian Modernity,' *Philosophy East and West* 61:2 (April 2011), 260-302: 276）。とはいえ、これには十分な説得力があるわけではない。じつは牟は、いまは香港中文大学の一部となっている「新亜書院」の創設者のひとりであり、その後のキャリアでも一貫して大学の教授として勤務したのである。

★108 T. Asakura, 'On Buddhistic Ontology: A Comparative Study of Mou Zongsan and Kyoto School Philosophy,' *Philosophy East and West* 61: 4 (October 2011), 647-678: 649.

★109 牟にとって「円教」とは、言語による記述では得られず、必ず言語を超越しなければならない教えのことである。牟宗三，《中國哲學十九講》，第二四八頁。

★110 牟宗三，《智的直覺與中國哲學》，第二一一-二一五頁。

★111 Ibid., 215; Asakura, 'On Buddhistic Ontology,' 661.

がある」（一念三千）という言葉にあり、牟にとってこれは「一心二門を開く」よりも完全な知的直観の表現であった。

朝倉友海が鋭く指摘しているように、牟宗三と京都学派のちがいは、牟が道徳的立場を起点とするのに対し、京都学派は宗教的立場――田辺の哲学では「絶対矛盾であり絶対自己分裂であるものとして現実を見る態度」［★112］――から出発する点にあると考えられる。牟は「執着のない存在論」のなかに「内在的超越」を追求したが、西谷が求めたのは超克だ。それは戦争をつうじた「空」の獲得という試みによって、もっとも過激なかたちを取ることになった。ところが、どちらの企てのなかでも、時間の問題と、歴史――それはヨーロッパの存在神学と、近代テクノロジーの実現が示すその完成とが規定する**時間軸**に全面的に征服されてきた――の問題が争点となっているのだ。

かれらのプロジェクトは失敗に終わった――京都学派の衰退は第二次世界大戦における日本の敗戦によるところが大きいため、理由はそれぞれ異なっているが。もしその失敗が私たちになにかを語るのなら、それは近代を乗り越えるためには、時間の問いに立ち返ることにくわえて、新しい世界史を出現させつつも、グローバル資本主義にもナショナリズムにも絶対的な形而上学的根底にも従属しないような多元主義を開くことが必要だということである。この新しい世界史は、単に近代や形而上学の終わりを宣告したり、「自然」への回帰――あるいはもっと信用できない話だが、マルチチュードの到来――を主張したりするのではなく、ある形而上学的かつ歴史的なプロジェクトに着手することによってのみ可能となるのだ。

西谷による近代の超克のプログラムの中心にある歴史的意識をさらに分析すれば、東アジア文化における歴史的意識の欠如という問いに答えられるようになるだろう。まず、中国における時間の問いにかんするグラネとジュリアンの見解が、西谷にも同様に当てはまることを念頭に置こう。一九七〇年代に、西谷は日本のいくつかの寺院で、近代化と仏教を論じる講義を行なった。これはのちに『仏教について』として出版されている。すでに示唆したとおり、おそらく西谷はつねに歴史的意識の問いに悩まされていた。じっさい、かれはある箇所で、東アジア文化には歴史的なものの概念がないと主張しているのである。「歴史的」という言葉でかれが意味しているのは、みずからを歴史的存在者として位置づける意識のこと、そして「歴史性」〔Geschichtlichkeit〕の再構築としての想起《アナムネーシス》のことだ。いまになって考えれば——少なくとも西谷がそれらの講義で述べたことや、かれのハイデガーとの個人的関係を踏まえるなら——西谷の言う世界史の概念は、ヘーゲルやランケよりもハイデガーに由来しているように思われる。

> これは仏教には割合い欠けている面です。歴史的ということを一般的にいえば、中国にもありますし、インドでも日本でももちろんあるわけです。しかし、ほんとうの意味で世界を歴史として

★112 Asakura, 'On Buddhistic Ontology,' 666.

みるということ、それはどうもほんとうにはなかったのではないかという感じがします。〔……〕〔仏教にも歴史的な概念はあると言われるが〕その見方というのはまだほんとうの意味で近代において歴史的といわれる見方とはちがうわけです。[★113]

アジアは「ほんとうの意味で世界を歴史としてみる」ことができなかったと主張するとき、西谷が言おうとしているのは、東洋的な思考は過去・現在・未来の時間化について詳しく論じていないということだ。西谷は、歴史の概念は本来キリスト教に備わるものだと考えているのである[★114]。キリスト教では原罪と終末論が、始まりと終わりを、そしてキリストの再臨による新時代の始まりを待望しうる限界を意味している。さらにキリスト教は、また別の意味でも歴史的である。それは神との関係のなかで人間を進歩主義的に捉える考え方に示されている。西谷にとって、このような歴史的意識はルネサンスのときにほんとうの意味で出現し、宗教改革のなかで頂点に達した。それは、ルネサンスにおいては、世界の秩序は神の摂理に完全に依存しているわけではなく、神と人間の人格的関係は自然科学によって切断されるという意識が示している[★115]。そして宗教改革においては、歴史は人間の産物にほかならないという気づきのうちにあらわれていた。対照的に仏教では、時間のなかには超越すべき否定性があると西谷は述べる。つまり絶対的空を獲得するためには、直線と円環の両形式において、時間の有限性を超えなければならないということだ。そのため、仏教は歴史的意識の問いを開くことができず、どんな「いま」にも「出現」の可能性を見いださないのである[★116]。西谷は続けて言う。

時を超えているというような面は、仏法ということを考える時に非常に出ているわけですが、しかし歴史的である、有〔存在〕が時であるという、さういうような面が比較的おろそか〔おろそかと言っては実は言い過ぎになりますが〕、少なくとも充分に展開されていない。展開されないというのは、やはりその時というものをどこか無情であるとか、苦の世界であるとか、いろいろなかたちでネガティブ〔否定的〕に考えるという面が非常に強かったと思うのです。〔★117〕

同書で西谷は、ハイデガーの語彙を援用して「いま」をAugenblick〔瞬間〕と翻訳している。ハイデガーにとって「瞬間《アオゲンブリック》」とは、時間の流れを垂直に切断する作用をもち〔★118〕、断絶ないし跳躍としてあらわれる非時系列的な時間を示すギリシア語のカイロスを翻訳するために用いられた語であ

★113 K. Nishitani, *On Buddhism*, tr. S. Yamamoto and R. E. Carter (New York: State University of New York Press, 2006), 40.〔西谷啓治『仏教について』、法藏館、一九八二年、三六頁。〕
★114 Ibid., 56.〔同上、六〇‐六一頁。〕
★115 Nishitan, *Religion and Nothingness*, 89.〔西谷『宗教とは何か』、一〇〇‐一〇一頁。〕
★116 Nishitan, *On Buddhism*, 50.〔西谷『仏教について』、五〇頁。〕
★117 Ibid., 49-50.〔同書、四九頁。〕

る。たしかに禅仏教にも、とくにいわゆる「頓悟《とんご》」〔一挙に悟りを開くこと〕のなかには、一種の断絶と跳躍の感覚がある。仏教徒は頓悟の瞬間に覚者となる。それは天を走る稲妻のように起きるものだ——たとえば、「古池や蛙飛び込む水の音」という松尾芭蕉〔一六四四 - 九四年〕の俳句に描かれた、一匹の蛙が池に飛び込むのを眺める瞬間がそうである［★119］。とはいえ、頓悟はすべての「いま」に生じるものではなく、長い修行の過程を必要とするわけでもない。それはいちどかぎりの体験である。なぜなら頓悟とは、新しい経験の領域や思考の様式を開く、根本的な変容もしくは上昇であるからだ。それは時間を超越しているのである。なので、西谷自身の言葉にならってそれを「超歴史」と呼ぶこともできるだろう。このように、時間と有限性の問いをめぐって、ハイデガーにかんする西谷の態度は牟宗三とは異なっている。すでに見たように牟は、現存在は有限だが、同時にみずからを超越し知的直観をつうじて無限のものへ入ってゆけることをハイデガーは理解できていなかったと主張したのだった。

さらに西谷は、ハイデガーにしたがって、歴史〔Geschichite〕と歴史学〔Historie〕を区別している。歴史学は「話をする、いい伝えをする」ことを意味する一方で、歴史とは「何かが起こる〔……〕今までにないような新しいことが起こってくる」という意味だ［★120］。西谷は、ハイデガーのように歴史を「起こる」という意味の動詞 geschehen《ゲシヒテ》 につなげる。つまり歴史としての歴史は、ある歴史的意識に条件づけられた「出来事」〔Ereignis〕に結びつけられる。そのような意識のなかでは、過去・現在・未来そのものが、互いに同時代のものとなるのだ。よってこの意識には、過去を歴史的事件の連なりとして振り返る主体ではなく、自分自身を歴史の解釈学に基礎づけられた歴史的存在者とみなす主体がともなうことになるのである。

ここで西谷の仏教解釈を牟宗三のものと直結させることは、慎重に避けねばならない。言うまでもなく、仏教がすなわち中国文化に等しいと考えるのも避ける必要がある。とはいえ、少なくともこれらの文化のいずれにおいても、時間の概念は十分に発達せず、超越すべきものと考えられていたとはいえるだろう。このような超越性は知的直観の能力に含まれており、牟の著作では、それによって主体が道徳的宇宙論、自然、そして空にアクセスできるとされているのである。

いまや私たちは、技術は原初的な問いであるというスティグレールの命題に回帰しつつ、あらためて以下のことを認めなければいけない。すなわち、ここまで語ってきた歴史的意識の条件は、（とくに宗教改革期の聖書の印刷を考えれば分かるように）複製や印刷といった一連の技術の発明によっても規定されている。つまりキリスト教の終末論だけでなく技術性もまた、「いま」を垂直な切断、いわば「出来事」として生じさせているのである。まさにこの点にかんするスティグレールのハイデガー批判にも

★118 「歴史と超歴史、永遠と時というようなことは cross するというか、切り合う。その切り合う点、そこがむかしから『いま』とか『ここ』とか『接点』とかいうことばで言われてきていると思います。ご存知のように、西洋流のことばでいうと『瞬間』Augenblick という。『いま』というのは、時の中にあって、しかし時を垂直にたち切るというような一面があ」る。Ibid., 49.〔同書、四八－四九頁。〕

★119 B. Matsuo, *Bashō's Haiku: Selected Poems of Matsuo Bashō*, tr. D. L. Barnhill (Albany: State University of New York Press, 2004), 54.

★120 Nishitani, *On Buddhism*, 74.〔同書、九〇頁。なお、読解の便宜上、ひとつめの引用箇所に読点を加えた。〕

とづくことで、西谷とスティグレールの対話が可能になるのだ。スティグレールが示したのは、ハイデガーは世界史を単なる現存在の可能性とみなすばかりで、そもそも現存在を構成するためには技術による外在化がいかに必要かを認識していないということだ。それは、『存在と時間』における世界史の概念が超越論的な言説にとどまっていることを意味している［★121］。ハイデガーが世界史をどのように定義しているかを見てみよう。

歴史的な世界内存在の実存とともに、手許的存在者や手前的存在者が、はじめから世界の歴史のなかへ引きいれられている。道具や製品、たとえば書物なども、それぞれの「運命」をもち、建造物や制度もそれぞれの歴史をもっている。［……］これらの内世界的存在者は、世界の内部で出会うかぎり、もともと歴史的に存在しているのであって、それらの歴史は、「心」の「内面」の歴史にたんに随伴するだけの「外面」というようなものではない。これらの内世界的存在者を、「世界–歴史的なもの」と呼ぶことにする。［★122］

世界–歴史的なものとは、スティグレールの言う「第三次過去把持」である［★123］。むろん、ハイデガーは技術を軽んじてはいなかった。それに、現存在の投げ入れられた世界が、かれが「事実性」として示す「すでに–そこに」あるものとして機能することをよく考えていないわけでもなかった。しかしハイデガーは、現存在の時間化について、技術という観点から検討しなかったのである——だが技術もまた時間化の条件なのだ。ハイデガーはむしろ現存在に、「死へ臨む存在」の気づきにおける究極の可能性を与える。これに対するスティグレールの批判とは、世界‐歴史的なものは「単に時間化する〈誰〉の後に、痕跡として残された結果ではな」く、「〈誰〉をその本来的〔……〕時間性において」構成するものであるということだ〔★124〕。つまりそのような歴史性は、そもそもエクリチュールや、あるいは技術による想起《アナムネーシス》をつうじて取り戻さねばならないものである。『技術と時間』第三巻でスティグレールがより踏み込んで示しているように、エクリチュールとは「過ぎ去った、そして、過ぎ去りゆく意識の時間を世界歴史性として空間化する」ことだ〔★125〕。そして技術的対象は間隔としての時間の二次的空間化であり、歴史性は記憶技術の助けを借りた想起によってはじめて可能となるのである。

ここで私たちは、西谷の言う絶対無と、世界史は必然的に技術的形式を取るというスティグレール

★121 B. Stiegler, *Technics and Time. 2: Disorientation*, tr. S. Barker (Stanford: Stanford University Press, 2009), 5.〔ベルナール・スティグレール『技術と時間2――方向喪失　ディスオリエンテーション』、石田英敬監修、西兼志訳、法政大学出版局、二〇一〇年、七頁。〕

★122 Cited by Stiegler, *Technics and Time 1*, 237; from Heidegger, *Being and Time*, 388.〔翻訳は変更した。〕〔ハイデッガー『存在と時間 下』、三三三頁。訳は一部変更した。スティグレールによる引用は『技術と時間1』、三四九頁。〕

★123 Stiegler, *Technics and Time 3*, 37.〔スティグレール『技術と時間3』、六六頁。〕

★124 Cited by Stiegler, *Technics and Time 1*, 237.〔スティグレール『技術と時間1』、三四九頁。〕

★125 Stiegler, *Technics and Time 3*, 56.〔スティグレール『技術と時間3』、九六頁。〕

の仮定とのあいだに一種の矛盾を見いだせる。つまり、絶対無はあらゆる相対性から解放された原初的根底であり、自己の基礎づけを行なう絶対的な空ないし空虚なのだが、そもそも世界史とは根本的にすぐれた想起なのである。こう述べるのは、別に西谷の歴史的意識の概念を脱構築するためではない。むしろ歴史的意識の背後にはテクノロジーに対する無意識のはたらきがあると示唆するためである。言い換えれば、東アジア文化がもつテクノロジーに対する無意識の「精神分析」をしないかぎり、西谷は決して目標を達成できなかったのではないか。

かりにスティグレールが主張するように、技術的支持体がなければどんな歴史的意識もありえないとしよう。すると中国や日本にも、歴史を記すエクリチュールや印刷術にくわえ、当時は世界のどこにも劣らぬほど緻密で洗練されたさまざまな技術があったのだから、そのかぎりで一種の技術に対する無意識があるはずだといえるかもしれない。だがそうすると、なぜ中国ではそれらの技術的支持体が、ここまで述べてきたような歴史的意識を生みださなかったのかを説明する必要が出てくる——中国のエクリチュールや印刷の技術は、古代のヨーロッパより進歩していたとはいえずとも、おなじ水準にはあった。もちろん、こうした中国や日本の技術が記憶とは一切無関係だと主張しているわけではない。ここで示したいのは以下の二点である。ひとつは、知的直観にもとづいて機能し、本体への洞察を追い求めるような哲学体系が、記憶について考慮するのを拒むということ。もうひとつは、その結果として本体的存在論と現象的存在論という二層の存在論への分割が生じ、そこでは前者の優位が後者の従属を意味するということだ。

おそらく、ここからつぎのような循環論法が導かれる。(1)歴史的意識が存在しないのは、時間の問いが詳しく論じられていないからである。(2)時間の問いが詳しく論じられていないので、これまで技術と時間の関係もまったく問われてこなかった。(3)技術と時間の関係が問われないので、想起《アナムネーシス》としての歴史的意識が生じることはない……。けれども、まさにこの論点において、さきに論じた幾何学と時間、および想起の問いが回帰してくるとともに、私たちは器と道の関係の問いに引き返せるようになるのだ。

スティグレールの用語をつかえば、器は「過去把持的対象」だといえる。技術的対象として、さまざまな痕跡や記憶を把持するからだ。だが中国では、器は存在論的に非時間的で非歴史的である。なぜなら、器は道と合致し、道を表現するからだ。器が「卓越した」ものとなるにあたって、道と合致する以上に重要なことはない。ここで言う道は宇宙論的かつ道徳的なものであり、器はその宇宙論の一部をなす。そして器を統御する原理を規定するものは、器自身ではなく、器の内部にもない。むしろ器と、人間も非人間も含めたほかの存在者との関係である。

第1部(第14–15節)で論じた、章学誠《しょうがくせい》と魏源《ぎげん》が提唱した道と器の関係についての一種の思考法を思いだそう。章は、道と器の関係を歴史的かつ時間的なものと考えるべきだと鋭く指摘していた。かれにとって、六経は歴史的な製作物であり、そのためひとつの器である。これにより道と器の関係は脱絶対化されるが、同時にその関係の書き換えも生じてしまう。理由は単純で、かれの説にしたがえば、器はその時代ごとの道を載せるだけのものになるからだ。また魏源は、二度のアヘン戦争ののちに、道を器〔としてのテクノロジー〕に書き込むことを提案したが、それは〔道の意味を変化させた章とは〕逆の試みであり、いわばテクノロジーへの意識を獲得しようとするものだった。とはいえ、そのような意識は大きな影響力をもつことができず、心としての中国思想と単なる道具としての西洋的テクノロジーとの「デカルト的分離」により、瞬時に押し流されてしまったのである。けれども、このふたつの事例は、新しいエピステーメーを生みだすため、存在論的な器道の関係を活用しようとした努力だとみなせるだろう〔★126〕。

25 ポストモダンの想起《アナムネーシス》

京都学派の終焉から四〇年後、「近代の超克」という課題は、ヨーロッパで新しいかたちを取ることになった。リオタールによって人口に膾炙した「ポストモダン」である。じっさい、西谷が引き受けた課題――絶対無によってヨーロッパの文化とテクノロジーを乗り越える――と共鳴するものが、リオタールによるポストモダンの定式化には見受けられた。ここではとくに、リオタールの一九九一年の論文集『非人間的なもの――時間についての講話』に収録された「ロゴスとテクネー、あるいは電信」というテクストを参照したい。リオタールが最初にこの論文を発表したのは、一九八六年、ポンピドゥー・センターのＩＲＣＡＭ〔フランス国立音響音楽研究所〕でベルナール・スティグレールが企画したセミネールのなかである。当時スティグレールは、リオタールのもとで修士論文を書いていた。このテクストが取り上げたのは、とくに想起《アナムネーシス》と技術の問いである。それはのちに、スティグレールの哲学の中心となる主題であった。

このセミネールのおもな主張は以下のとおりである。リオタールによると、物質と時間の関係は、習慣・追憶・想起という三つの異なる時間的総合のなかで捉えられる。習慣とは身体で表現される総合であり、追憶とはある起源やはじまりをもつ物語を追求することだ。一方で想起は、リオタールにとって相当に異質なものを意味しており、追憶とは注意深く区別しなければならない。この区別はフロイトに由来し、とくに一九一四年の「追憶、反復、徹底操作」〔Erinnern, Wiederholen und Durcharbeiten〕という論考をもとにしている。

この論考でフロイトは、精神分析にはふたつの技法があることを示そうとした。ひとつは催眠である。これは単純な追憶をつうじて、患者が無意識の内容を再構築するのを手助けすることだ〔ここで単純と言うのは、患者が現在から引き離され、それ以前の状況が問題にされるという意味だ〕。〔ふたつめの技法は反復である。それが必要となる〕もうひとつの事態は、「どんな記憶も原則として回復できない」というものだ〔★127〕。この第二の状況は、たとえば幼少期の経験で、当初は理解できないものの、のちに何らかのかたちで

★126 「エピステーメー」という言葉の使用については、本書第2節を参照していただきたい。

開示されるような出来事にともなって起きる。催眠における追憶の技法と、「覆いを取ること」の反復という技法のもっとも重要なちがいは、後者では患者が「記憶ではなく行為として再現すること、つまり自身が反復していることを当然知らないままに、それを反復する」点にある［★128］。このような症例において、分析家の仕事は「抵抗」の源泉にかかる覆いを患者が取るのを助けてやることだ。もっとも、フロイトが見抜いたように、ここにはふたつの困難がある。ひとつは、患者が問題の存在を認めない――つまり患者が追憶を拒否するかもしれないこと。もうひとつは、未熟な分析家の場合、抵抗を患者に明示したあとでも何の変化も起きないという事態にしばしば見舞われたことだ。フロイトは、まさにこの点において三つめの用語、つまり「徹底操作」を導入する。

> 私たち分析家は、患者がいまや知るところとなったこの抵抗に、患者自身がより深く精通して、これを**徹底操作**できるようにするために、つまり抵抗に逆らいつつ分析の基本原則にしたがい操作を進めることで、この抵抗を乗り越えられるようにするために、十分な時間を与えなければならない。［★129］

「ロゴスとテクネー、あるいは電信」のなかでリオタールは、疎通（frayage）、走査（balayage）、通行（passage）という記憶の三様態――それぞれ習慣・追憶・想起《アナムネーシス》に対応する――に言及することで、スティグレールによる（空間化をつうじた）記憶把持のモデルを参照している。ここでリオタールは、フロイトの徹底操作を、時間の総合の第三の類型である想起と同一視しているのである。けれども、徹底操作に対するリオタールの見解は、フロイトのものとかなり異なっている[★130]。リオタールにとって、この〔徹底操作としての〕想起にはふたつの意味があり、その微妙なちがいは注意深く区別されなければならない。ひとつめの意味の徹底操作は、自由連想というかたちを取る。リオタールが述べるように、「通行」は走査や疎通よりも多くのエネルギーを必要とする。通行にはあらかじめ確立された規則がないからだ[★131]。このひとつめの意味は、『こどもたちに語るポストモダン』という別の著作でも取り上げられている。そこでリオタールは、アヴァンギャルドのことを、近代に含まれた諸前提に対して大きな責任を負った運動と理解している。さらにリオタールは、マネからデュシャン、バー

★127 S. Freud, *Remembering, Repeating, and Working-Through*, Standard Edition vol. 12, tr. J. Strachey (London: Hogarth, 1958), 149.〔フロイト「想起、反復、反芻処理」(道籏泰三訳)、『フロイト全集13』、道籏泰三、立木康介、福田覚、渡辺哲夫訳、岩波書店、二〇一〇年、二九八頁。訳は英文より。〕

★128 Ibid., 150.〔同書、二九九頁。訳は英文より。〕

★129 Ibid., 155.〔同書、三〇五頁。訳は英文より。〕

★130 D. Scarfone, 'À quoi Œuvre l'Analyse?,' *Libres Cahiers pour la Psychanalyse* 9 (2004), 109-123 のなかで、著者のスカルフォーネは以下のように主張している。フロイトにとって徹底操作とは患者へと降下する作業であり、そのとき分析家にできるのは、ただ待ち、事が起きるようにしてやることだけだ。しかし、リオタールにおいてはその逆のことがいえる。つまり徹底操作は分析家の「第三の耳」となり、それがシニフィアンの通行を可能にするのである。

★131 J.-F. Lyotard, 'Logos and *Techne*, or Telegraphy,' in *The Inhuman*, 57.

ネット・ニューマンにいたるまで、近代の画家の作品は、精神分析療法的な意味での想起の観点から理解できると示唆している。

患者は、一見つながりのない要素の数々を自由連想によって過去の状況と結びつけ、自分が現在抱える問題について詳しく述べようとする――そうしてかれらは、自分の生活と行動のなかに隠された意味の覆いを取ることができる。これとおなじように、セザンヌやピカソ、ドローネー、カンディンスキー、クレー、モンドリアン、マレーヴィチ、そしてついにはデュシャンのことを、近代がみずからの意味に対して行なった徹底操作（Durcharbeiten）だとみなすことができるのである。［★132］

リオタールにとってこれらの芸術家が象徴しているのは、近代との断絶ではなく、むしろ近代の想起だ。そのため、かれらは規則と責任から解放されたポストモダン芸術の代表者となり、想起をつうじて書き込みの規則を超えて通行してゆくのである。ところが、（少々困惑させられるものの）より興味深いことに、リオタールは、そもそも書き込まれず、そのためエクリチュールの規則に制限されないものを求めている。それは追憶されぬ起源であり、さらにいえば、書き込まれないが忘却もされないような記憶である――その例となっているのが、幼少期の経験を、追憶されないが徹底操作すべきものとするフロイトの考えだ。

クリストファー・フィンスクはこの点にかんして、リオタールの言う想起の概念における「インファンス」〔幼年期、言葉を話せないこと〕の役割を強調しつつ、リオタールは「自分自身のことをインファンス**から**インファンス**へと**書き継いでゆくものだと理解していた」と指摘している[★133]。また「ロゴスとテクネー、あるいは電信」で想起を論じた部分のなかには、私たちの探求にとって重要な一節がある。そこでリオタールは、かれの言う「通行」や想起の意味を説明するために、印象的な仕方で道元の例を引いているのである。道元を使ったこの箇所を見れば、徹底操作としての想起と「通行」とを区別する微妙なちがいに気づくだろう。フィンスクはこのように書いている。

ここで道元を引き合いに出したのは、たとえ異国趣味としていかに有効であろうとも、単なるそうした類いのものではないと私は考えている。それはむしろ、〔リオタールが〕考えようとしているものが、概念ないし一切の理論的解明にゆだねられない――つまり、もしインファンスから思想への通行があるとしても、それは概念が打ち立てるものではない――と暗に認めるということな

★132 J.-F. Lyotard, *The Postmodern Explained: Correspondence, 1982-1985*, tr. D. Barry et al. (Sydney: Power Publications, 1993), 79-80.〔翻訳は変更した。〕〔ジャン゠フランソワ・リオタール『こどもたちに語るポストモダン』、管啓次郎訳、ちくま学芸文庫、一九九八年、一二二―一二三頁。訳は英文より。〕

★133 C. Fynsk, 'Jean-François's Infancy,' *Yale French Studies* 99, *Jean-François Lyotard: Time and Judgment* (2001), 48.

のである。［★134］

リオタールが道元に言及しているということを、私はフィンスクより深刻に受け取りたい。じっさい、リオタールはこの著作の一箇所だけではなく、さまざまな手記やインタビューのなかで繰り返し道元に触れているのである。つまりここでリオタールが考えていたことは、フィンスクが言うよりもはるかに興味深く、無気味なものだったのではないか？ それはほかでもなく、存在を本質に還元しないために西谷が駆使し、火の例で示したあの論理のことだ。私はこの論理を**ロゴスの否定**と呼ぶことにしたい。とはいえ、おそらく「否定」という言葉は完全に正しいわけではない。ここで言う否定とは、全面的な否定ではなく、（部分や強度といった）全体性の部分的な欠如でもないからだ。

ギリシア人は、この欠如と否定のあいだにちがいがあることを理解していた。ハイデガーがこのちがいを明らかにするために用いた風変わりな例をかいつまんで説明すれば、両者の区別をはっきりさせられるだろう。たとえば私が「スキーをやる時間はあるかい？」と訊かれ、「いや、時間がないな」と答えるとする。もっとも、このとき私にはまちがいなく時間はある。ただ**きみに**割く時間がないと言っているわけだ［★135］。要するに、ここで存在は、自分と反対の意向を取られ、否定されているわけではない。むしろ（「火は火を焼かず」のように）通常の文脈から取りだされることで、欠如した状態にされているのである。

この論理の好例が近代からポストモダンへの移行だ。ポストモダンとは近代の自己否定である。これは、近代のある特定の瞬間になにかが起き、そのときポストモダンが到来したということではない。むしろ近代の発展における特定の瞬間に、近代の論理が近代そのものと対立し、それを別の文脈に移植してしまったということだ［★136］。私の考えでは、リオタールが道元を参照したのは、同一の論理が、もはや近代にかぎらずロゴスそのものにも適用されていることを明示するためである。おそらくリオタールは、技術にかんする究極の問いを、たとえあいまいさに覆われていたとしても、かれなりに提示していたのではないか——つまりかれの言う想起が意味するものと、『正法眼蔵《しょうぼうげんぞう》』という禅仏教の古典で道元が「明鏡」と呼んだものの比較を試みているのではないか？　ここで、リオタールの見解を長めに引用しよう。

> 書き込まれなかったなにか（いまはそれを「なにか」と呼んでおきましょう）を思いだそうとする試みが意味をなすのは、そもそもこのなにかを書き込むことでエクリチュールや記憶の支持体が**砕かれてしまった**場合です。道元の『正法眼蔵』に収められた論考のひとつである「全機」（正しくは「古

★134　Ibid., 55.

★135　M. Heidegger, *Zollikon Seminars: Protocols—Conversations—Letters*, (ed.) M. Boss (Illinois: Northwestern University Press, 2001), 46-47.〔ハイデッガー述、メダルト・ボス編『新装版　ツォリコーン・ゼミナール』、木村敏、村本詔司訳、みすず書房、一九九一年。〕

★136　ある内面の発展から生じるこの否定は、リオタールが「非物質的なもの」展の導入文で提示した論理だ。以下を参照。J.-F. Lyotard, *Deuxième État des Immatériaux*, March, 1984 (Archive du Centre Pompidou).

鏡」〕から、つぎのような鏡のメタファーを借りましょう。そこには、鏡に映すことができず、むしろそれを粉砕するような現前があるのです。〔その故事では〕ある外国人もしくは中国人が鏡のまえにやってきます。するとかれらの姿は鏡のなかにあらわれました。ですが、道元の言う「明鏡」が鏡のまえに置かれるとき、「あらゆるものは粉砕される」というのです。道元はこのことをさらに明確に説きます。「はじめにまだなにも粉砕されていないときがあり、その後すべてが粉砕される瞬間があるのだと想像してはならない。ただ粉砕あるのみである」。したがって、決して書き込まれず、記憶もできないような、砕け散る現前があるのです。それはどこかにあらわれるものではありません。また、忘却された書き込みでもなければ、書き込みの支持体つまり反射する鏡のなかに場所や時間をもつわけでもありません。その現前は、疎通や走査によっては知りえないものなのです。[★137]

まちがいなく、この一節はリオタールの発言のなかでもっとも不可解な部分だ。たしかに、鏡や「明鏡」は途方もない隠喩的な含みをもっている。だがフィンスクも指摘するように、ある種の異国趣味に陥ることなくこの言明を分析する——二〇世紀フランスの哲学者と一三世紀日本の仏僧の対話を考える——ことは非常に困難だ。

道元についてさらに踏み込んで論じるなら、明鏡とは現象を解体する心〔あるいは知的直観〕のことだといえる。明鏡が現前させるものは、あらゆる実体の概念化のほとんど対極に位置する。なぜなら、それは空であるからだ。明鏡は、なによりまず形相としての実体ないし本質〔ousia〕を否定する。これを受けて「火は火を焼かないが、だからこそ火である」という、西谷の込み入った自己同一化の論理を思いだすひともいるだろう。およそ現象的経験は、心の「現働化」〔actualization〕によって、そのようなものとしてあらわれる。というのも、普通のひとは経験を実体化することに執着しているからだ。一方で明鏡とは、こうした実体主義的性向を欠如させるはたらきをもった、別の種類の心のことである。この心にとって、世界は絶えず変化し、まったく持続性のないものとしてあらわれる。そして明鏡を砕き、はじまりを告げるような出来事が存在するわけではない。明鏡のまえでは、むしろ絶えざる粉砕だけがあり、それによって自己の概念が破壊されるのだ〔つまり自己を鏡に映しだすことは決してできない〕。逆に言うと、明鏡のような心をもっていなければ自己を見ることができる。そのようなひとは依然として執着をもつからだ。それは形だけを頼りに進むので、現象しか見られないのである。これに対して、明鏡はそれ自体が空なので、すべてを砕かれたものとして見る。リオタールは、さきほどの箇所に続けてこう述べる。

　私には西洋——哲学的西洋——が、かつてこれを思考することに成功したという確信はありませ

★137 Lyotard, '*Logos* and *Techne*, or Telegraphy,' 55.〔リオタール『非人間的なもの』、七四頁。訳は英文より。〕

ん。その理由は、まさに西洋がテクノロジーをみずからの使命としていたからです。ひょっとすると、プラトンが本質の彼方にある善なるもの《アガトン》を考えようとしたとき、またフロイトが原抑圧について考えようとしたとき、それに成功したのかもしれません。ですが、両者ともつねに技術論理《テクノロゴス》へとふたたび陥ってしまう危険がありました。なぜならかれらは、道元の言う「取り除く言葉」を見いだそうと試みているからです。おそらくは後期ハイデガーでさえ、この粉砕の暴力を取り逃がしてしまっているのです。[★138]

リオタールが「明鏡」――この逸話は禅仏教では有名だが、作り話とされる――の歴史についてどれほど知っていたかは明らかではない。語り継がれた逸話によれば、禅宗の第五祖・弘忍《こうにん》は後継者を探しており、弟子の神秀《じんしゅう》（六〇六－七〇六年）が有力な候補とされていた。ところが、弘忍は神秀に疑いを抱き、よりふさわしい人物を見つけたいと考えるようになる。そして後継者を選ぶべく、弟子たちに心とはなにかを説く詩を書かせることにした。まず神秀が、つぎのような詩を壁に書いてみせた。

身是菩提樹　　身体は菩提樹であり、
心為明鏡台　　心は明鏡のごときものである。
時時勤拂拭　　折に触れてそれを磨き、

勿使惹塵埃　　塵や埃がつかぬようにしなければならない。

これに対し、おなじ寺の慧能《えのう》（六三八－七一三年）という無名の人物が別の詩でもって応えた。ただ、じつは慧能は読み書きができなかったので、ほかのひとに書いてもらわねばならなかった（これは読み書きの能力が重要な長所だとみなされないという、禅仏教の実践のひとつの特徴を示している）。そして、その詩が弘忍の称賛を勝ち取り、慧能は禅仏教の第六祖となったのである。この詩では、明鏡は禅仏教が獲得しようとする心だとされる。

菩提本非樹　　菩提樹は樹木ではなく、
明鏡亦非台　　明鏡もまた鏡ではない。
本来無一物　　もともとなにひとつとして存在しないのだから、
何處惹塵埃　　どこに塵や埃が集まるというのか。

しかしリオタールは、明鏡を**エクリチュール**の問いに、またそれゆえロゴスの問いに変形するので

★138　Ibid., 55.〔同上。訳は英文より。〕

ある。ここで私たちは、以下の問いをつうじて、支持体ないしヒュポケイメノン〔hypokeimenon、基体〕という実体のもうひとつの意味に出会う。はたして存在は、ヒュポケイメノンに支えられずに存在できるだろうか？　もしくは、『非人間的なもの』に収録された最初のテクストでリオタールが問いかけたように、「思考は身体がなくとも発生するのか」？　またロゴスは、ロゴスによって書き込まれないような想起を促進できるのか？　言い換えれば、ロゴスは、またここでは**技術論理**《テクノロゴス》は、想起を決定づけるのではなく、むしろ非決定的な仕方で想起を引き起こせないだろうか？　こうしてリオタールは、ニーチェや西谷が**ニヒリズムをつうじてニヒリズムを超克しようと**したように、**ロゴスをつうじてロゴスを乗り越えようと**望むのである。

道元もまた、「明鏡」とは別の似たような一節のなかでこれとおなじ論理を示している。そこにおいて、この禅師はつぎのように説く。「**思考しないことを思考せよ**〔思量箇不思量底〕。どうすれば思考しないということを思考できるのか。非思考〔非思量〕によって考えるのである。これこそが座禅の本質的な技法なのだ」［★139］。道元はここで思考〔思量〕と不思考〔不思量〕の対立を作り上げている。思考は不思考ではありえず、また不思考も思考ではありえない以上、この対立は純粋な否定である。とはいえ、道元にとって思考と不思考のあいだには、**非**思考〔非思量〕という第三の方法がある。それは思考を欠如させることで、思考と不思考の両方を否定するものだ。

リオタールの考えでは、ロゴスの欠如によって、ロゴスによって書き込まれておらず、そもそも書き込むことのできない領域がもたらされる。かれ自身がこの論理を用いたのは、美術家のブラハ・リヒテンベルク・エッティンガーの展覧会の開催にあたって行なわれた研究会での講演――これはのちに「可視的なものの想起」として出版された――のなかである。そこでかれは、「**私は自分がもはや記憶していないということを記憶しています**」という言い回しで、彼女の作品を説明したのであった〔★140〕。私たちは、このようなダブル・バインドこそが想起の論理だといえるかもしれない。つまり、非ロゴスはロゴスの内側でロゴスを否定することによって可能になるのだろうか？　リオタールは、「ロゴスとテクネー、あるいは電信」の最後の段落でつぎのように問いかけている。これは序論でも引用したものだ。

> 通行することは可能でしょうか。この通行は、あらたなテクノロジーの特徴となる新しい書き込みや記憶化の様態**とともに可能となるのか、それとも**その様態**によって認められる**のでしょうか。そのテクノロジーは総合を、それも以前のいかなるテクノロジーによるものよりはるかに深いところで魂に生じる総合を強いてはいないでしょうか。〔★141〕

★139　C. Olsen, *Zen and the Art of Postmodern Philosophy: Two Paths of Liberation from the Representational Mode of Thinking* (New York: State University of New York Press, 2000), 68.
★140　J.-F. Lyotard, 'Anamnesis: Of the Visible,' *Theory, Culture & Society* 21 (2004), 118.
★141　Lyotard, '*Logos* and *Techne*, or Telegraphy,' 57.（強調は引用者。）〔同書、七六頁。訳は英文より。〕

リオタールが問いかけているのは、このような新しいテクノロジーは未知の可能性を開くのか、もしくはその逆に、よりいっそう効率的で覇権的な総合、つまり自動化《オートメーション》を促進するだけなのかということだ。この問いは、エクリチュールの哲学者や、**記憶技術**の哲学者に対して提起されたものである。**技術論理**によって明鏡を実現できるのかを思考するため、ロゴスは明鏡に直面させられるのだ。

すでに示唆したとおり、こんにちから見れば、リオタールが言及した想起は、西谷の提示する空とよく似ていないかと問うことができる。じっさいこのふたつの概念は、おなじ禅師に依拠していないとしても、おなじ仏教の伝統に由来しているのである。リオタールは、ヨーロッパ的な近代性を乗り越えようとするとき想起に依拠したが、かれも承知のとおり、それは東アジアの思考の根底をなすものだった。だがおそらくかれは、東アジアの思考が近代化に直面したとき、この想起こそが最大の弱点となったことに気づいていなかった。そのうえかれの分析は、歴史や技術論理、地政学にかかわる現実のほんとうの問題に触れていない。いわばリオタールは、「明鏡」がシステムのもつ全体化の傾向を否定し、集立としてのシステムからの脱出を可能にするだけでなく、かれが「共通の時間」と呼ぶ時間軸からも逸脱することで、記憶の産業化が握る覇権に抵抗しうるだろうという願望を抱いているのだ［★142］。その意味でかれは、ポストモダンは非近代的なものを取り上げて、近代を乗り越えるための概念的な道具としてそれを活用できるはずだと考えているのである。しかし、単純な非近代と近代の対立は問題視すべきだ。それにポストモダンは、ヨーロッパにとどまらないグローバルなプロジェクトでもあろうとするかぎりで、さまざまな存在論やエピステーメーの非互換性を解決しようとする一種の止揚として、みずからを位置づけなおす必要がある。

グローバル化をつうじて覇権を握っているこの地球規模の時間軸についても、ここでいくつか述べておこう。さきほど私は〔第23節で〕、地球という天体の視覚的イメージには包摂と排除の問いが含まれているため、そこから離れなければならないと示唆していた。天球および「家」としての宇宙《コスモス》の概念は、古代ヨーロッパの宇宙論を起源としている。ペーター・スローターダイクが正しく主張したように、プトレマイオスの宇宙論的モデルに代表される「すべてを包み込む天球という刺激的なイメージ」は、「二〇世紀になるまで」生き残った〔★143〕。このようなイメージとは対照的に、スローターダイクは「泡」の理論を提唱し、それを「多宇宙論」と呼んでいる。かれが「存在の離散的理論」の基礎として提示するこの視覚的で空間的な泡という形態は、ひょっとすると魅力的に思えるかもしれない〔★144〕。けれども、難民政策にかんする最近のかれの意見を見れば、相互に独立した泡という考えには、排他的で一見ファシズム的な傾向が隠れていないかと問いかけたくなるはずだ。たとえばス

★142 Ibid., 47.〔同書、六二頁。訳は英文より。〕
★143 P. Sloterdijk, *In the World Interior of Capital: Towards a Philosophical Theory of Globalization*, tr. W. Hoban (London: Polity, 2013), 28.
★144 P. Sloterdijk, 'Spheres Theory: Talking to Myself about the Poetics of Space,' *Harvard Design Magazine* 30 (Spring/Summer 2009), 1-8: 7.

ローターダイクは、ドイツの政治系雑誌『キケロ』の二〇一六年一月号に掲載されたインタビューのなかで、アンゲラ・メルケルの難民政策を批判してこう語っている。「私たちは、いまだに国境を賛美［Lob］することを学んではいません」、「遅かれ早かれ、ヨーロッパ人は効果的な共通の国境政策を作りだすことでしょう。長い目で見れば、領土をめぐる要請が勝るのです。結局のところ、われわれは自滅すべきだという道徳的な責務などないわけですから」［★145］。はたして複数の泡の分配という考えは、ただ単に国境は削除しきれないことを裏づけるだけなのだろうか？　個々の泡のもつ誘惑は、やはり私たちを領土や包摂－排除の問いに閉じ込めつづけるのではないか？

グローバル化の真の危険性は、ふたつの要素から成り立っている。ひとつはさきほど検討したように、テクノロジーによって時間も物事の生成もすっかり規定され、それに従属してしまうこと。もうひとつは近代性を乗り越えようとする試みのなかにある。つまりこうした試みはみな、あまりにも容易に「根なし草の人々」に反発するファシズム的で狂信的な運動に転換してしまうのだ。ここではまず、ひとつめの点について結論を出しておく。ふたつめの点は次節から取り組むことにしよう。

『身ぶりと言葉』の終盤にかけて、ルロワ＝グーランはリズムの問題を提起している。それはテクノロジーのシステムがもつ同期効果にともなって生じるものだ。「こんにち、個人は単一のリズム性に染め抜かれ、条件づけられている。そのリズム性は、（ヒト化と対照的な）機械化がほとんど全面化した段階に到達しているのである」［★146］。地球や宇宙の空間的隠喩から時間的経験への移行を呼びかけることは、遠隔通信や物流、金融など日常生活のあらゆる領域に存在し、すべての地域にゆきわたっている地球規模のテクノロジーシステムの勝利によって起きる、同期や均質化のプロセスに含まれるリズムの再考をうながすことである。この再考こそが、リオタールのポストモダン的な「方向の喪失／東洋の消失《ディスオリエンテーション》」のあとに「再方向化／再東洋化《リオリエンテーション》」するというプログラムの主要課題とならなければいけないのだ。このプログラムのねらいは、グローバルなものと、文化や政治のアイデンティティを構成するものとしてのローカルなものとの対立を超えていくことにある。その際、テクノロジーも伝統も否定してはならない。むしろ、すでにあるものを変形させることによって、宇宙技芸の多元性やリズムの多様性に開いてゆくべきである。そのための唯一の道は、技術やテクノロジーとして広く受け入れられているカテゴリーを解体し、作りなおすことだ。

リオタールと比べるなら、近代性を乗り越えようとした東洋の試み——戦争による超克という京都学派の狂信的提案であれ、良知からの下降による超越という牟宗三の楽観的なプログラムであれ——が失敗に終わった理由は、どれも近代のテクノロジーに対する無意識が構成する時間軸を、グローバルな規模で乗り越えることができなかったからだといえる。西谷の戦略は、この時間軸に絶対無という新しい根底を与えるために〔無の概念で〕包み込むことによって、そこから抜け出すというものだっ

★145 P. Sloterdijk, 'Es Gibt Keine Moralische Pflicht zur Selbstzerstörung', *Cicero: Magazin für Politische Kultur*, 28 January 2016.

★146 Leroi-Gourhan, *Gesture and Speech*, 310.〔ルロワ＝グーラン『身ぶりと言葉』、四八七頁。訳は英文より。〕

た。また牟の戦略は、かれが「一心二門を開く」と言うときのように、この時間軸を熟考することで、それと統合できるよう望みつつ、〔本体的存在論から〕下降してゆくことであった。結局のところ、問題なのはどちらの場合でも二元論が解決策として提示されていることだ。もっとも、この二元論はそれほどデカルト的なものではない――それどころか、両者はデカルト的二元論の問題点を明確に意識しており、それを乗り越えることもまた、かれらの哲学のねらいだった。かれらを二元論的と言うのは、現存在と世界史性を構成する技術が、単に「心」がもつ可能性のひとつに切り下げられているからである。

結論としては、三人の試みはすべて失敗だったと言ってよいだろう。けれども、かれらが問いを提起した方法から別のプログラムを定式化することは可能なはずだ。じっさい、リオタールの思弁的な問いは、こんにちでもまったく力を失っていない。というのも、ほんとうの問いは、中国や日本の伝統が科学とテクノロジーを生みだせるかどうかではなく、むしろどうすればこれらの伝統は、リオタールが〔逆向きではあったが〕描いてみせたように、自身のために新しい領域を根本から切り開くべく、グローバルな時間軸を自分たちのものにできるのか、またいかにして二元論へ後退せずにこれを成し遂げられるのかであるからだ。

26 故郷回帰のジレンマ

近代を乗り越えようとしたこれらの試みから、私たちが受け取るべきものは何だろうか？　結局、ハイデガーによる哲学やテクノロジーの解釈に忠実な立場を取った試みは、形而上学的ファシズムに行き着いてしまった。京都学派は、大東亜共栄圏を樹立するために、第三帝国の理論となったヘーゲル的な弁証法やハイデガーの説いた哲学の使命を取り入れたが［★147］、それは形而上学的な誤りを引き起こしただけでなく、許すことのできない犯罪にもつながったのである。けれども、単なる義憤か

★147　「共栄圏の論理について」（一九四二年）のなかで、田辺元はひとつのヘーゲル的弁証法としての〈大東亜共栄圏の〉計画を提示している。かれによると、それによって諸国家の平等性がもたらされるという。なお、田辺は一九三三年に、ハイデガーの学長就任演説に応答した「危機の哲学か哲学の危機か」という記事を、三回にわたって日本の新聞に寄稿している。そこでかれは、ハイデガーがアリストテレスのテオレイン〔観想すること〕を優位なものとしたことに反論し、ちょうど二度にわたるプラトンのシラクサ訪問が示すように、哲学を政治的危機にもっと積極的に参与するものとみなすべきだと主張している。田辺のふたつのテクストは以下に収録されている。D. Williams, *Defending Japan's Pacific War: The Kyoto School Philosophers and Post-White Power* (London: Routledge, 2005).〔「危機の哲学か哲学の危機か」は『田邊元全集第8巻　時事論文集』（筑摩書房、一九六四年）一−九頁に収録されているが、「共栄圏の論理について」は全集に収められていない。これは二〇〇〇年に発見された「大島メモ」という史料に残された講演録であり、その全文は、同史料に焦点を当てた大橋良介『京都学派と日本海軍──新史料「大島メモ」をめぐって』（ＰＨＰ新書、二〇〇一年）の二二七−二四四頁に掲載されている。〕

らかれらを批判するだけでは不十分だ――ハイデガーが指摘していたのは、伝統の破壊やあらゆる「故郷」の消失という、テクノロジーの惑星化がもたらす問題だったのだから。それはむしろ、テクノロジーのグローバル化によって生じる重大な帰結をあらためて考えるため、単なるナショナリズム批判を超えて取り上げなければいけない問いなのだ。もしこの「故郷回帰」〔homecoming〕のジレンマを理解できなければ、総力戦という犠牲を払ってまで世界史を再建しようとした京都学派や、あるいはテロリズムによってグローバル化による問題を乗り越えられると信じているイスラーム過激主義のような、狂信的な言動に帰着してしまうだろう。テクノロジーのグローバル化と正面から向きあわないかぎり、狂信の燃えさしが絶えることはない。そして、それはさまざまなかたちでヨーロッパ内外の随所へ広がってゆくことだろう。じっさい、二一世紀の最初の二〇年間は、まさしく私たちには近代を乗り越える力がないことを映しだしていたといえる。

テクノロジーの惑星化に対する応答として哲学の「故郷回帰」を利用する近年の傾向については、ロシアの新右翼でハイデガー派の思想家であるアレクサンドル・ドゥーギンの理論をその代表例として挙げることができる。ドゥーギンは、ファシズム、共産主義、自由主義という二〇世紀のおもな政治理論に代わるものとして、「第四の政治理論」なるものを提唱している［★148］。このあらたなプログラムは「保守革命」という運動の延長線上にある。それは一般的に、ハイデガーをはじめ、エルンスト・ユンガーとフリードリヒ・ユンガー、カール・シュミット、オスヴァルト・シュペングラー、ヴェルナー・ゾンバルト、オトマール・シュパン、フリードリヒ・ヒールシャー、エルンスト・ニーキッシュや、より悪名高い人物としてはアルトゥール・メラー・ファン・デン・ブルック（一八七六―一九二五年）などと結びつけられている。なおファン・デン・ブルックが一九二三年に書いた『第三帝国』は、近代テクノロジーを伝統への大いなる危険とみなし敵意を抱いていた、ドイツのナショナリズムの運動に大きな影響を与えている。

ドゥーギンは近代性を伝統の消滅と考えているが、一方でポストモダン性とは「究極の存在忘却。いわば裂け目という裂け目から無（ニヒリズム）が滲出しはじめる『真夜中』である」という［★149］。近代性とポストモダン性をともに乗り越えようというドゥーギンの提案は、「保守派こそが革命を主導しなければならない」と述べることで、ファン・デン・ブルックの足跡をそのままたどっているのである［★150］。ドゥーギンのアイディアは、要するにロシアの伝統に回帰し、それをテクノロジーによる近代性への抵抗戦略として駆り出そうというものだ。この考えは、かれの言う「ユーラシア運動」のなかで具体化されている。これは政治理論であると同時にひとつのエピステーメーである。というのも、この運動は「科学、政治、文化、人類学を含む近代性の唯一のエピステーメーに対立する」エピステーメーとして、伝統を利用しているからだ［★151］。新しいエピステーメーをあらためて打ち立

★148 A. Dugin, *The Fourth Political Theory*, tr. M. Sleboda and M. Millerman (London: Arktos Media, 2012).
★149 Ibid., 22.
★150 Ibid., 132.

てようというドゥーギンの提案は、ここまで私たちが論証してきたことと共鳴している。だが、たとえそうだとしても、かれはそれを何らかの哲学的プログラムに発展させてはおらず、単なる保守運動にしてしまっているのだ。

「保守革命」というものは、どれもみなテクノロジーによる近代化に対する反動的な運動だ。ハイデガーは、はじめてそれを形而上学的な問い、つまり形而上学の完成としての近代テクノロジーの問いに変形させた思想家だった。けれども、ハイデガーはソクラテス以前の哲学者へ「故郷回帰」を果たす可能性を閉ざさなかったのである。あるいは、かれはそうすることで、『ヒューペリオン』というヘルダーリンの叙情的小説へ間接的に触れていたのかもしれない。この小説は、一八世紀ギリシアの青年ヒューペリオンとその恋人、そしてとあるドイツ人の対話者のあいだで交わされる書簡で構成されている。その書簡から読者は、かつてヒューペリオンが故郷を離れ、アポロン的合理性を得るためにドイツへ旅をしたことを知る[★152]。ところが、ヒューペリオンはドイツでの生活に耐えられないと感じ、世捨て人になろうとギリシアに引き返すのだった。ヘルダーリンにとって古代ギリシアとは、技術と自然が緊張と矛盾のなかで現前している特異な歴史的瞬間の「経験」であり、「知識」である[★153]。ハイデガーは現代のテクノロジーの状況を診断するなかで、この考えを自分のものとし、ひとつの「再開」として提示したのだった。こうした故郷回帰の概念のなかに、ハイデガー、京都学派、ドゥーギンという三者の政治的プログラムに共通する根底を見て取るのは難しいことではない。

一九三〇年代から四〇年代のハイデガーは、テクノロジーの特徴は「工作機構」(Machenschaft)にあると考えていた。これは「集立」という用語に先立つものである。ハイデガーにとって、近代性を超えた再開としての哲学の故郷回帰は、このようなテクノロジー〔やそれをもたらした西洋形而上学〕の拒否だけを意味するわけではない〔★154〕。形而上学の放棄は、より「本来的な」もの――つまり存在の真理――を明らかにできるという希望にもとづいているのである。ところが、存在の真理は普遍的なものではない。それは故郷に回帰したひとにだけ明かされるものであり、故郷にいないひとや、まして民族〔Volk〕と故郷回帰のはざまに置かれた人々には決して明かされないからだ。この最後の人々は「大衆」〔das Man〕というカテゴリーに含まれる。もちろん、このカテゴリーに入るものとして『黒表紙のノート』で真っ先に挙げられるのはユダヤ人だ。この本はドナテッラ・ディ・チェーザレの言う「形而上学的反ユダヤ主義」に支配されており、そこで展開される形而上学の歴史の解釈においても、ユダヤ人は形而上学的な「根こぎ」を完成させ、増幅させた者とされている。

世界ユダヤ性〔Weltjudentum〕の役割についての問いは、人種にかんする〔rassisch〕問いではな

★151 Ibid., 136.
★152 J. Young, *The Philosophy of Tragedy: From Plato to Žižek* (Cambridge: Cambridge University Press, 2013), 101.
★153 Schmidt, *On Germans and Other Greeks*, 139.
★154 I. Farin, 'The Black Notebooks in Their Historical and Political Context,' in I. Farin and J. Malpas (eds.), *Reading Heidegger's Black Notebooks 1931-1941* (Cambridge MA: MIT Press, 2016), 301.

く、ある種の人間性〔Menschentümlichkeit〕にかんする形而上学的な〔metaphysisch〕問いである。この人間性は、あらゆる帰属から自由になり、すべての存在者〔Seiendes〕を存在〔Sein〕から根こぎにするという世界‐歴史的課題を担うことができる。〔★155〕

ユダヤ人問題と存在の問いはひとつの存在論的差異を構成している。だがハイデガーにとってユダヤ人とは、手前的存在のように静止したものではなく、西洋を存在の深淵へ追いやる力のことである。ユダヤ教は西洋形而上学の近代的な展開を占有しており、「空虚な合理性」や「計算能力」を拡散しつづけている。要するに、ユダヤ教は有害な近代形而上学と手を取りあって歩んでいるというわけだ。

ユダヤ教が一時的に力を増大させているのは、西洋形而上学が、少なくともその近代的な展開において、単なる空虚な合理性や計算能力でしかなかったはずのものが拡散してゆく起点を与えたからである。こうした能力は、結果として「精神」〔Geist〕のなかに住みか〔Unterkunft〕を確保した。にもかかわらず、それは自身から離れてしまい、隠された決断領域〔Entscheidungsbezirke〕を把握できなくなっているのである。そのため未来を見据えた決断や問いが、より原初的で、自分自身のなかに捉えられたところから着手されるほど、この「人種」には到達しえないものとなるのだ。〔★156〕

とはいえ、悪しき形而上学的な力として、また存在の問いへの到達をさまたげるものとして描かれているのはユダヤ人だけではない。ハイデガーはさらに「アジア人」も標的にしており、「野蛮で、根なし草で、大地を異にする者」と言っている［★157］。この「アジア人」の意味には不透明な部分もあるが、そこに「非ヨーロッパ人」という一般的意味が含まれていることは明らかだ。ハイデガーは、一九三六年四月八日にローマのカイザー・ヴィルヘルム研究所ヘルツィアーナ図書館にて「ヨーロッパとドイツ哲学」という講演を行なった。そこでかれは、ヨーロッパ哲学の課題を定義することから語りはじめている。

私たちの歴史的現存在は、ますます高まる緊急性や明白さとともに、自分たちの未来が避けがた

★155 M. Heidegger, *GA 96 Überlegungen XII-XV Schwarze Hefte 1939-1941* (Frankfurt am Main: Vittorio Klostermann, 2014), 243; cited and translated by D. D. Cesare, 'Heidegger's Metaphysical Anti-Semitism', in *Reading Heidegger's Black Notebooks 1931-1941*, 181.

★156 Ibid., 46; cited and translated by Cesare, 184.

★157 初期ギリシア人とアジア人の対比にかんするハイデガーの議論をまとめながら、チャールズ・バンバックはこのように述べている。「［アジアは］野蛮で、根なし草で、大地を異にする者の通称となっている——かれらの根は土着的なものではない。かれらは他所からきているのだ。ハイデガーにとって、アジアは純粋な他性を意味している。それは祖国の存続を脅かす他者性である」。C. Bambach, *Heidegger's Roots: Nietzsche, National Socialism, and the Greeks* (Ithaca and London: Cornell University Press, 2003), 176-177.

い二者択一に直面していることを感じています。それはヨーロッパを救済するか、〔さもなくば〕破滅させるかというものです。ですが、救済の可能性はふたつのことを要求しています。

1．アジア人〔Asiatischen〕からヨーロッパ民族を守る〔Bewahrung〕こと。

2．ヨーロッパ自身の根なし草性と分裂を克服すること。〔★158〕

西洋形而上学の運命とされる空虚な合理性や計算能力の拡大には、どんな歴史的意義があるのだろうか？　それは危機として、つまりヨーロッパ哲学には対処できない緊急事態として表される。なぜなら、それはもはや惑星規模の現象であるからだ。ヨーロッパ内外のどちらにいようとも、「アジア人」はヨーロッパへの脅威とみなされる。もっとも、ヨーロッパの外部にあるアジア人の国家もテクノロジーによる近代化とは向きあえていなかったし、京都学派にいたっては故郷性の**思考**への撤退をめぐってハイデガーにしたがおうとしていたのである。この思考こそが、ハイデガーや京都学派、そしてより近年の同類であるロシアの保守派に共通する「転回」において、一種の「形而上学的ファシズム」を正当化したのだ。

以上のことから、西洋形而上学の歴史や（自然の歴史としての）技術の歴史にかんするハイデガーの見解がもつ限界が明らかになる〔★159〕。だがそれと同時に、なぜハイデガーの形而上学的分析が東洋でこれほど強い共感を呼んだのかを問う必要もあるだろう。その理由はやはり、かれの論述したこと、つまり伝統の破壊が否定できないからである——ある村が伝統的な生活形式を失い観光地になっていくときがその一例だ［★160］。かれのいちばんの関心であったヨーロッパの運命からは外れる論点だが、おそらくハイデガーは、このような近代の経験がヨーロッパの内部よりも外部で深刻になると考えていたように思われる——たとえばかれが、もし共産主義が中国で権力を握るなら、中国はテクノロジーにとって「自由」な国になれるだろうと書いたときがそうだ。一〇〇年にわたる近代化を経て二一世紀になっても、中国か日本か、あるいはイスラームかアフリカかを問わず、あらゆる哲学の「故郷回帰」が、加速する方向喪失のためにますます懸念すべきものになってゆくだろう。では、どうすれば総力戦やテロリズムといった狂信的言動や「保守革命」——つまりファシズムへの抵抗を主張する形而上学的ファシズム——を回避できるのだろうか？

たしかにすべてのひとや文化には「故郷」が欠かせない。けれども、それが実体をもった排他的な場所である必要はないのだ。私たちは別の選択肢《オルタナティヴ》を追求すべきであり、それは技術の問いを、普遍的な技術論理《テクノロゴス》ではなくさまざまな宇宙技芸の問いとして切り開くことによって、可能となる——このことを示すのが本書のねらいだった。そこには、ある文化のもつ形而上学的なカテゴリーを内側から取

★158　M. Heidegger, 'Europa und die Deutsche Philosophie', cited by L. Ma, *Heidegger on East-West Dialogue*, 112. もとのテクストは以下に復刊されている。H. H. Ganders (ed.), *Europa und die Philosophie* (Frankfurt am Main: Vittorio Klostermann, 1993), 31-41.

★159　Heidegger, *GA 95*, 133.

★160　Ibid., 80.

り戻すこと、そしてその文化を変形させつつ、近代的なテクノロジーを取り入れることが含まれている。

一九四九年以降、中国の共産主義者は経済や軍事における競争の手段としてテクノロジーを自分たちのものにしたが、新儒家が取った近代化のアプローチはそれとは異なるものだった。かれらは伝統的な哲学へ回帰したものの、幸運にも京都学派と同様の形而上学的ファシズムに訴えることはなかったのである。新儒家が失敗した理由は歴史的で哲学的なものだ。ひとつめの理由は、近代化がじつに驚くべき速さで起きたので、何であれ哲学的反省を行なうための時間がどんどんなくなっていったからである。この点は、中国哲学の体系が、その内部で「技術《テヒニク》」というカテゴリーを特定することに絶えず失敗してきたことを思えばとりわけそうだった。もうひとつの理由としては、テクノロジーを概念化しなおそうとする当時の思潮が、きわめて観念論的なアプローチを取ったために、テクノロジーについて一切深く理解しないまま、文化的なプログラムへ組み込まれてしまったことがある。これを受けて宇宙技芸が提唱するのは、道徳と倫理を優先しつつ自己とテクノロジーを同時に再発明することにより、もういちど近代性の問いに取り組むことにほかならない。

27 人新世における中華未来主義

かつて中国の社会や政治の生活を統御していた伝統的な形而上学や道徳的宇宙論は、近代になって破壊された。その後みずからの伝統に固有であり、なおかつ西洋の科学とテクノロジーにも適合するような根底の再構成が試みられたものの、それは思惑とは逆の効果しか生まなかった。最終的に、ハイデガーがヨーロッパにおけるさし迫った危険として予期していた――だがアジアにおいてはるかにすさまじい速度で進行した――「根こぎ」〔Entwurzelung〕が生じたのである。

かくして、中国における技術への問いは、いまやほとんど余すことなく示された。私たちはここで歩みを止めることもできただろう。だがここで止まるわけにはいかない。私たちは哲学の「故郷回帰」の問題系と向きあい、それを越えてゆく必要がある。というのも、もはや中国人には科学とテクノロジーを完全に拒否することなど明らかに不可能だからだ。かれらにとって科学とテクノロジーは、事実上、自分たちはいちども生きたことがないのに手渡されてしまった過去となっているのである。こんにちのアジアに広く伝統喪失の感覚をもたらしているテクノロジーの状況について、さらに探究を進めることは喫緊の課題だ。そしてこれに応答しうるただひとつの道は、テクノロジーをめぐる新しいかたちの思考と実践を提案することなのだ。

一九五八年のとある座談会のなかで、西谷は並々ならぬ苦悩を示しながら、この根こぎについて語っている。

日本では宗教が無力だから、本当の無神論もない。ヨーロッパの場合は、伝統と遊離して来る反面に、いつでも伝統との対決がたえず行われざるを得ない。とにかくぶつかって行くものがある。そこから内面性というか、内省的になって行く方向が出て来ると思うのです。人間が考える人間になっていくところがある。ところが、日本人の場合には［……］伝統との間が切断され、自分の背後に対決すべき重荷がなくなって、真空状態のようなものしか背後にない。［★161］

おそらく中国のほうが、日本よりも急速な近代化を経験しているだろう。その理由は、日本がヨーロッパ近代の洗礼を受けた国とされる一方で、中国は「近代性なき近代化」を成し遂げた国だと考えられていたし、いまもそうみなされているからだ。大躍進政策、文化大革命、四つの近代化（農業、工業、国防、科学とテクノロジー）、市場経済などなど、二〇世紀後半は中国にとって実験につぐ実験の時期だった。その後、ここ三〇年にわたって非常に大きな変化が起きている。それは、速さ、革新、軍事競争を特徴とするグローバルなテクノロジーの時間軸と同期したものだ。すでに見てきたように、また西谷も述べているように、テクノロジーのシステムは道徳的宇宙論からすっかり切り離されてしまっている。いまや宇宙論は天文学となり、精神は迷信として軽蔑され、宗教は「民衆のアヘン」になっているのだ。西谷が懸念していた伝統と近代的生活の分断は増幅され大きくなる一方だが、中国では、社会主義陣営のもっとも偉大な加速主義者である鄧小平《とうしょうへい》による改革のもとで、この隔たりがさらに拡大されることになった。第1部で論じたように、鄧が主導した加速は、「自然弁証法」の思想家の助言にもとづき、中国を西洋とおなじテクノロジーの時間軸にそのまま位置づけるものだった。しかし、このように組み合わされた加速と同期のあとで、遅れを取ってしまうのはやはり中国思想である。道と器との関係は、テクノロジーのシステムが導入した新しいリズムのもとで崩壊してしまった。つい「夜が迫っている」というハイデガーの言葉を、ここで繰り返したくなってしまう。じっさい、いま目につくものといえば、伝統の消失と、文化産業であれ観光であれ、浅はかな文化遺産の市場化ばかりなのだ。くわえて、この国の景気向上のただなかに、ひとつの終わりが到来しつつあることを感じるひともいるだろう。この終わりは、やがて**人新世**というあらたな状況のなかで現実となるのである。

地質学者は、人間の文明の発達に対して安定した地球システムを提供していた完新世という地質時代のつぎにくるものが、人新世であると考えている。それはいわば、人間の活動が以前は想像もつかなかったようなかたちで地球システムに影響を及ぼしていく、新しい時代あるいは時間軸である。こ

★161 Cited in Heisig, *Philosophers of Nothingness*, 192.〔久山康編『戦後日本精神史』、基督教学徒兄弟団、一九六一年、三四一頁。〕

の問題を論じる人々によると、人新世のはじまりについては大まかな合意があり、それは一八世紀末、産業革命の引き金となったジェームズ・ワットの蒸気機関が発明されたころだという。それ以来、産業的人間《ホモ・インドゥストリアリス》［★162］とそのテクノロジーに対する無意識は、地球の変容における主要な力になり、人間が「人類史を理解する際に因果関係を説明しうるカテゴリー」［★163］へと格上げされるにつれて、さまざまな破局の創造者となってきた。二〇世紀になると、地質学者の言う「大加速」が見られた。それは一九五〇年代に始まった現象で、冷戦期の経済と軍事の競争や、石炭から石油への移行によって示される。また、マクロな次元では長らく気候変動や環境破壊が目のあたりにされており、ミクロな次元でも、人間の活動がこの星の地球化学的なプロセスに実際に影響を及ぼしていることが、地質学者によって観測されてきた。つまり、私たちの時代を概念として把握するうえで、もはや地質学的時間と人間的時間は切り離されたふたつのシステムではないのだ。

人新世を認識することは、テクノロジーへの意識が頂点に達するということだ。そのとき、知識人の業界だけでなくより広い社会で、生物圏の破壊や人類の未来に対してテクノロジーがもつ決定的な役割が意識される。じっさい、有効な緩和策を取らなければ、このさき二〇〇年のあいだに人類は気候変動によって終わりを迎えると概算されているのである［★164］。人新世は近代性の再考というプロジェクトと密接にかかわっている。というのも根本的にいえば、私たちを現在の苦境へ陥れた物事は、宇宙や自然、世界、人間にかんする近代の存在論的解釈によって構成されているからだ。人新世と近代性はおなじ時間軸のうえにある。だから両者はほとんど区別できない。

人新世の潜在的な危険性に対しては、およそふた通りの応答がある。ひとつは気候工学《ジオエンジニアリング》。これは近代的なテクノロジーを駆使して地球を修復できると信じるものだ(エコロジカル・モダニズムはその一例)。もうひとつは文化の複数性や存在論的多元主義を訴えることである。本書で取り組んできたのはこの第二の応答だった。いままで、この主題をもちだすために人類学や神学、政治学、哲学などの垣根を越えて多くの努力がなされてきた――とくにブルーノ・ラトゥールの「近代をリセットする」というプロジェクトや、フィリップ・デスコラの自然の人類学がその例である。多くの人類学者は、人新世をもたらしたおもな要因のひとつが、近代における文化と自然の分割にあると考えている。モンテベロが主張するように、生物、人間、神を問わないすべての存在者の共同体について語るイオニア派の宇宙論とは対照的に、デカルト的二元論は人間を特別な種類の存在者に、つまり自然から分離され、それを対象とする者に変えてしまう[★165]。デカルト的二元論を一種の「原罪」として非難することはあまりに安易だが、かといってこれを近代のプロジェクトのパラダイムとみなさないのな

★162 「産業的人間」という用語は以下より採用した。M. S. Northcott, *A Political Theology of Climate Change* (Grand Rapids: Eerdmans, 2013), 105.
★163 C. Bonneuil, 'The Geological Turn: Narratives of the Anthropocene,' in C. Hamilton, F. Gemenne and C. Bonneuil (eds.), *The Anthropocene and the Global Environmental Crisis: Rethinking Modernity in a New Epoch* (London and New York: Routledge, 2015), 25.
★164 Northcott, *A Political Theology of Climate Change*, 13.
★165 Montebello, *Métaphysiques Cosmomorphes*, 103.

ら、それもまた無知というものだろう。近代性のはじまりはコギトにある。これはいわば意識への信頼だ。それによって人間は、世界を支配し、コギトの自己基礎づけをつうじて知の体系を発展させ、進歩あるいは発展というプログラムに着手することが可能になるのである。神学者のマイケル・ノースコットは、近代とは西洋における神学的意味の喪失や政治神学上の失敗と同時に生じたものだと考えている。かれはつぎのように述べる。

人新世のはじまりの日を産業革命の開始におくことは、じっさい、神学的な視点から見ても最適である。というのも、宗教改革以後のヨーロッパでは、石炭、光学および商業の隆盛とともに、キリスト・教会・宇宙の協同という感覚が失われるからだ。〔★166〕

ヨーロッパでは産業革命がひとつの断絶として経験されたが、この断絶は外的勢力の侵入の結果ではなくヨーロッパ内部の力から生じたものなので、そこには依然として一種の連続性があった。この点を除けば、ノースコットの見解は西谷と共鳴している。くわえて、人新世にかんする近年の考察のなかで、何人かの非常にすぐれた知識人が政治神学と宇宙論の再発明を提案しているのも事実である。ノースコットのような思想家は、人新世を変化のとき、つまり摑むべきカイロス〔一瞬の時間、好機〕として示している〔★167〕。かれは、スコットランドの地質学者ジェームズ・ハットンが一八世紀末ごろに発見した地球の「ディープタイム」をクロノス〔chronos、連続する時間〕と解釈しつつ〔★168〕、人新世を神の介入しない黙示録《アポカリプス》として、つまり人間にこの危機の責任を取るよう命じるカイロスとみなすのである。

ところが、こうした提案は共通して近代の問題を過小評価している。かれらはまるで近代が単なるStörungつまり「妨害」でしかないかのように考えているのだ。「近代をリセットする」というラトゥールのプロジェクトを例に挙げよう。これについては、ラトゥール自身が用いる隠喩をつうじて理解できる。

> 方向を見失ってしまったとき——たとえば、携帯電話のデジタルコンパスがおかしくなったとき——あなたはどうするだろうか。リセットするだろう。方角を見失ったせいで、ちょっとしたパニック状態にあるかもしれない。けれども落ち着いて、説明書の指示にしたがってコンパスを調整しなおし、リセットしなければならない。〔★169〕

★166 Northcott, *A Political Theology of Climate Change*, 48.
★167 M. Northcott, 'Eschatology in the Anthropocene: From the *Chronos* of Deep Time to the *Kairos* of the Age of Humans,' in *The Anthropocene and the Global Environmental Crisis*, 100-111.
★168 ハットンは、地球の年齢はおよそ六〇〇〇年だという聖書にもとづく信念とは異なり、地球が八〇〇億年以上も存在しつづけていると示した最初の人物だ。ハットンの発見は、教会に異議を唱えただけでなく、近代地質学の基礎とされる「地球というシステム」の理論を提唱したものでもあった。

この隠喩の問題点は、近代とは故障した機械ではなく、むしろそこに組み込まれた論理にしたがって**あまりにも快調に**作動している機械であるということだ。なのでリセットされた瞬間、その機械はまたおなじ前提や手続き《プロシージャ》によって再起動することだろう。まるでボタンを押すように近代をリセットできるなどとは到底信じられない——あるいは、これはこれで疑わしい話だが、ヨーロッパではそのような近代のカイロスがありうるのかもしれない。だとしても、ヨーロッパの外側でそのように機能することはありえないだろう。この点は、中国と日本による近代の乗り越えの失敗を語ることで示してきたとおりだ。最終的にこうした試みは、中国では近代性を増幅させ、日本では狂信と戦争をもたらしたのである。「方向の喪失《ディスオリエンテーション》」とは、単に道に迷い、どの方向を選べばよいか分からなくなることだけを意味するのではない。そこにはさまざまな時間性や歴史、形而上学の非互換性も含まれている。「方向の喪失」とはむしろ「**東洋**の消失」なのだ。

本書で提唱してきたのは、「自然への回帰」や「近代のリセット」を訴えかけることではなく、宇宙技芸の再発見という形而上学的でエピステーメーにかかわるプロジェクトである。今後さらに定式化していくべきなのは、このプロジェクトのなかで近代テクノロジーがもちうる役割についての問いだ。おそらくこれこそが、いま近代を乗り越えるにあたって根本的な問いである。それは、人新世における中国の役割とはなにかというよりも——中国が人新世の加速の大きな要因となっているのは周知のことだが［★170］——むしろ近代テクノロジーが構成する地球‐人間的な時間軸の巨大な力との関係のなかで、（たとえば）中国がどのように自身を位置づけなおすのかというものだ。

本書で解き明かそうとした宇宙技芸の概念をテクノロジーへの意識に結びつけるにはどうすればよいだろうか？ いま、「中華未来主義」と呼べるものがさまざまな領域に姿をあらわしつつある。だがそれは、道徳的宇宙技芸の思考とは逆方向に進んでいる。結局のところ、それはヨーロッパ的な近代のプロジェクトの加速にすぎない。いま中国のデジタル化のなかで起こっていることに注目すれば、こうした見解の裏づけが得られるだろう。たとえば中国は、FacebookとYouTubeがやってきたとき、それらを検閲してほとんどおなじ見た目をした「人人網《レンレンワン》」や「優酷《ヨウクー》」を開発している。また、Uberがやってきたときにも、それを取り入れて「優歩《ヨウブー》」と名づけているのである。こうした現象には歴史や政治にまつわる原因があり、それは理解できる。だが、これはそのような複製を中断すべき契機であり、また近代の問いをもういちど提起する契機であるともいえる。

「イギリスを追い抜き、アメリカに追いつく」〔超英趕美〕ことは、二度のアヘン戦争ののち、中国が抱いた夢だった。それは二〇一五年に、中国のとある企業がイギリスのヒンクリーポイントに原発を建設する契約を結んだことが確認されたとき、ある意味実現されたように思われる。中国は一九六四

★169 B. Latour, 'Let's Touch Base!,' in B. Latour (ed.) *Reset Modernity!* (Karlsruhe and Cambridge, MA: ZKM/MIT Press, 2016), 21.

★170 たとえば、二〇〇八年以来、中国は二酸化炭素の排出量がもっとも多い国となっている。W. Steffen et al., *The Anthropocene: From Global Change to Planetary Stewardship*, *AMBIO* 40: 7 (2011).

年に原爆実験を、そして一九六六年に水爆実験を成功させた。それによってこの国は第一級の軍事大国の仲間入りを果たしたわけだが、こうした原子力の開発計画は、まだ中国の国境内部にとどまっていたのである。ところが、イギリスに原発を建設するというのは象徴的に異質な出来事だった。二〇一五年一〇月、駐英中国大使だった劉暁明《りゅうぎょうめい》は、BBCに迎えられてこの発電所について話している。そのとき、イギリスも中国に原発を建設できるのかと尋ねられた劉はこう答えた。「まずお訊きしますが、あなた方にはそのお金がありますか? テクノロジーがありますか? 専門家がいますか? [……] そのすべてがあるなら、ええ確かに、われわれは協力したいと思ったでしょう。フランス人のようにね。じっさい、フランスとは協力していますから」。

二〇一六年二月、春節を祝うために国有のCCTVが毎年放送する有名なテレビ番組は、つぎのような場面でクライマックスを迎えた——ステージでは五四〇体のロボットが踊っている。上空には一二台のドローンがレーザーライトのあいだを前後に縫うように飛んでおり、そのしたで歌手が歌声を響かせている。「突き進め、突き進め、突き進め、世界の頂上へと……」。おそらくこれは、中国の人新世にいかにも起こりそうな未来をもっとも象徴する場面である。何台ものロボットやドローンは、自動化《オートメーション》や殺人、内面の監視やナショナリズムの象徴だ。なかには、大衆の想像力は、かつて中国の伝統の中心にあった生活形式や道徳的宇宙論からどれほど切り離されてしまったのかと、驚くひとともいるだろう。だがこの場面の背景にあるのは——それを認めるのがどれほど厄介だとしても、またそれによってどれほど伝統喪失の嘆かわしさが際立つとしても——中国は近代の時間軸の構築に参与できたうえ、その主要なプレイヤーのひとりになったという事実だ（もちろん、これは中国だけではなくほかの多くの発展途上国にも当てはまる）。この点は、急速に進行している中国の近代化や、この国がアフリカで行なっているインフラ整備の事業を考えればなおさらそうである。こうして中国文化にとって偶発的だった「近代的なもの」は、自国のなかで増幅されるだけでなく、第三世界のパートナー国でも増殖している。この意味で、**そこでは近代的なテクノロジー**（ハイデガーによれば存在神学）**をつうじてヨーロッパ的近代性が拡張されているのだ。**

そのため人新世の問いとは、たとえば汚染物質の削減といった具体的な対策の問題にとどまらない。それはいまの時間軸と向きあうという問題でもある。ハイデガーが言ったように、私たちはこの時間軸によって深淵に引き込まれようとしている。むろん、具体的な改善策が重要ではないと言うつもりはない。それは**必要**だが十分ではないのである。より根本的なのは、文化と自然を規定する人間と宇宙の（また天と地の）関係だ。ハイデガーが予測したように、これらの関係はゆるやかに消滅しており、存在を用象とみなす全体的な理解にその地位を明け渡しつつある。いまでは資本主義がこの惑星を支配する**もっとも有力な**宇宙技芸なのだ。社会学者のジェイソン・W・ムーアは、正当にも資本主義を「世界的生態系」と呼んでいる。いわばそれは、生態系を維持するために絶えず天然資源と報酬なき労働を搾取しつづけているわけだ［★171］。また、経済学者のシムション・ビクラーとジョナサン・ニッツァンは、（コスメオー〔kosmeo、秩序づける〕というギリシア語が示唆するように）権力に秩序を与え、さらに秩序づけなおすような「権力様式」として、資本主義を捉えようと提案している［★172］。ビクラーとニッツァンはこう述べる。資本主義の進化とは、単に近代的な科学とテクノロジーを取り込むだけではなく、それらと宇宙の力学についての理解を共有することでもある——たとえば一九世紀後半と二〇世紀前半のあいだには、機械的な権力様式から不確実性と相対性を優先する権力様式への移行があったのである。

人間と宇宙の関係を共存や統治および生の原理として概念化しなおすには、どうすればよいだろうか？　この問題にかんして、古代の知恵のなかに手がかりを見つけられるのは事実だ。たとえば『孟子』には、孟子と梁の恵王の有名な対話がある。そこで孟子は、戦争を非難したのち、〔自国の人民が増えないことを嘆く〕恵王に対して、「四時」にしたがって国を治めるという別の方法を説いている。

王様、もしそれがお分かりでしたら、隣国よりも人民のふえるのを望むわけにはいきますまい。すべて農繁期をさけて人民を使うようにすれば、穀物はとても食べきれないほどよくとれるものです。池や沼には目の細かい網を入れさせなければ、魚やすっぽんの類はとても食べきれないほどよく繁殖するものです。秋と冬だけしか、斧《まさかり》や斤《きこ》で木伐りをさせないようにすれば、材木はとても使いきれないほどよく繁茂するものです。かように穀物も魚やすっぽんも材木も使いきれないほど豊かになれば、人民の生活は安定して、父母や妻子を養うにも、死者を弔うにも、なにひとつ遺憾なくできるものです。これこそ王道政治の手始めなのです。[★173]

孟子と同時代の荀子（前三一三－前二三八年）の著作にも、季節にしたがった統治にまつわる似たような考えが見られる［★174］。この数十年間、生態学的な危機や荒々しいほどの産業化の進展を考える際に、こうした古代中国の知恵が何度も繰り返し説かれてきた。にもかかわらず、私たちが耳にしてきたのは、しょっちゅう起きる破局ばかりである。いまや「礼」はすっかり形骸化し、まったく馬鹿げたことに、より多くの利益を得るために大地をもっと搾取できますようにと天に祈るまでになっている。

けれども、問題に対する意識がないわけではない。むしろプラグマティックな理性――グローバル化から利益を得るために適応しようとする理性――が、宇宙技芸とエピステーメーにかんするより深い問いの提起を阻んでいるのだ。産業的な生産様式のなかでは、ほとんどの場合、人間と宇宙との宇

★171　J. W. Moore, *Capitalism in the Web of Life: Ecology and the Accumulation of Capital* (London: Verso, 2015).〔ジェイソン・W・ムーア『生命の網のなかの資本主義』、山下範久監訳、山下範久、滝口良訳、東洋経済新報社、二〇二一年。〕

★172　S. Bichler and J. Nitzan, 'Capital as Power: Toward a New Cosmology of Capitalism', *Real-World Economics Review* 61 (2012), 65-84.

★173　Mencius, *Mencius*, tr. I. Bloom (New York: Columbia University Press, 2009), Book I, 3.〔『孟子（上）』、小林勝人訳注、岩波文庫、一九六八年、四一－四二頁。訳は一部変更した。〕

★174　人間の本性は善だと提唱した孟子とは対照的に、荀子は人の本性は悪であり、だからこそ教育が重要なのだと主張した。とはいえ荀子は、生態系の問題にかんしては孟子に同意している。それによると、王は聖人として法を課すことで、たとえば草木が生育するときには斧やまさかりの類いを森に入れさせないというように、天然資源が成長しているときにはそれらを守る必要がある。〔『荀子（上）』、金谷治訳注、岩波文庫、一九六一年、一六五－一六六頁。〕

宙技芸的関係——それは親密さだけでなく制約でもある——は考慮されていない。資本主義に押しつけられたグローバルなエピステーメーが世界を支配し、数えきれないほどの多様な知識や特殊技能に取って代わっているのである。その覇権的な同期を断ち切り、新しい共存の方法を生みだすため、私たちはテクノロジーによる世界の生成に対して挑戦しなければならない。とはいえ、「精神的なもの」を浅はかに支持したり、古代の言い伝えから生じたと考えられている「自然哲学」のなかにテクノロジーを書き込んだり、あるいは方向の喪失《ディスオリエンテーション》／東洋の消失がもたらす不安を和らげるだけの癒やしの形而上学（たとえば消費者のための「自己向上」としての「ゼン」や「タオ」の様式）を提供したりすることで、この問題に応答できるわけではない——むろん、グローバルな時間軸の進展によって中国哲学の原理が完全に廃れているとか、時代遅れになっているなどと甘んじて認めるつもりもないが。

　テクノロジーをふたたび自分たちのものにする。この試みは「近代の超克」というプロジェクトをより複雑にするだろう。なぜなら、それはかならずグローバルな事業となるからだ。つまり、ある共通の時間軸に構成されつつも、それに抵抗するような事業になる。グローバルなものの問いからの撤退は、どういうものであれ、ゆるやかな崩壊以上の解決をもたらさないだろう。だからこそ、このグローバルな事業という立場から世界史にアプローチしなければならないのだ。

28 もうひとつの世界史のために

このような共通の時間軸や世界史を仮定することは、ポストコロニアリズムの研究者が論じるような歴史主義に陥っており、ヨーロッパ近代を世界史の軸とする一種の「物語《ナラティヴ》」を受け入れていることを意味するのだろうか？〔★175〕たしかにこれは注意すべき問いである。古い問題に新しい服を着せて飾り立てるのは危険なことであるからだ。とはいえ、これは単なる物語《ナラティヴ》の問いではない。むしろ言説の次元だけには還元できない技術的な現実の問いである。世界史はひとつの物語にすぎない、だから別の物語をつうじてそこからの出口を見つけられる――このような主張にはいくつか危険性がある。そのひとつは、世界史の物質性を無視し、技術と思考の関係、また道と器の関係をテクストの問題としてのみ捉えてしまうことだ。よく知られているように、およそ一八八〇年から一九三〇年にかけてドイツの歴史学者や新カント派のあいだで発展した歴史主義は、じっさい、二度にわたる世界大

★175　D. Chakrabarty, *Provincializing Europe: Postcolonial Thought and Historical Difference* (Princeton and Oxford: Princeton University Press, 2000).

戦のあとで破綻している［★176］。つまり問題は物語としての歴史ではなく、むしろ物質的な観点において歴史がどのように機能するかである。新しい時間や、またそれゆえ新しい世界史を構成するのは、単なる新しい物語ではなく、むしろ近代の時間軸には全体化されないような、あらたな**実践**と**知識**であると、私は主張したい。これはポストコロニアル批評と関連して強調しておかねばならない立場のちがいである。

このような考えのもとで、ポストコロニアリズムの研究者で歴史学者のディペシュ・チャクラバルティのアイディアを簡単に検討してみよう。それは『ヨーロッパを地方化する』という素晴らしい問題作のなかで提示されたものだ。この本でもっぱら行なわれているのは、ヨーロッパは近代の歴史的物語の軸だという観念や、歴史主義に対する徹底的な批判である。チャクラバルティは、マルクスの歴史の概念を「歴史1対歴史2」のパラダイムとして問題視している。議論を立てるために、かれはハイデガーを、とくにその手許的（zuhanden）なものと手前的（vorhanden）なものの対比を用いている。

ハイデガーは、客体化された関係性（おそらく歴史1はこちらに属する）の重要さを軽視してはいない――ハイデガーの翻訳者の訳文では、こうした関係性は「手前的存在性」と呼ばれている。本来のハイデガー的な「了解」の枠組みでは、むしろ手前的なものと手許的なものの両方が重要性をもっており、一方が他方に対して認識論的な優越性を得ることはない。つまり歴史2が自身を歴史1へ止揚することなどありえないのである。［★177］

この数ページのちにチャクラバルティは、かれの言う「歴史1」と「歴史2」の意味をより明確に述べている。哲学史的カテゴリーとしての資本が、翻訳をつうじた歴史1の変遷として分析されるとき、それは普遍的で空虚な抽象概念となる。だが歴史2は「歴史的差異」を開くものであり、そのため異なる種類の翻訳、つまり還元不可能な**差異**によって構成される翻訳を含んでいる。かれが歴史1の「認識論的な優越性」に抵抗するためにハイデガーの手許的なものを駆使できるのは、こうした意味においてである［★178］。

歴史1は、あくまで分析された歴史にすぎない。しかし歴史2の観念は、人間の帰属をめぐるより**情動的な**物語へと私たちを招いている。そこでは、生きるものは互いに〔閉じておらず〕多孔的であるものの、抽象的労働のような等価性をもった第三項をつうじて交換可能であるようには見えないのだ。［★179］

★176 以下を参照。Bambach, *Heidegger, Dilthey, and the Crisis of Historicism*.
★177 Chakrabarty, *Provincializing Europe*, 68.
★178 Ibid., 239.
★179 Ibid., 71.

ここまでの分析全体が抱える問題は、手許的なものが説明されていないことだ。私の別の本ですでに示したように、手許的なものとは、根本的には日常生活における技術的対象のことである。それらは手前的なもの、つまり主体に対して（gegen）立つ（stehen）対象（Gegenstand）ではない。手許的なものの時間性は道具性（Zeuglichkeit）に規定される。たとえばハンマーを使うとき、それを〔意識のなかで〕主題化する必要はなく、もともとよく知っているものとして扱うだろう。ハイデガーの手許的存在性〔Zuhandenheit〕とは、技術的対象と技術システムの時間的力動を構成する、言説的関係と実存的関係が組み合わさったものである［★180］。

私たちの生きる世界は、ますます多くの技術的対象によって構成されている。それらはさまざまな歴史上の時代のなかで開発され、さまざまな時間性を備えているものだ。そして、根本的なカテゴリーとしての歴史学《ヒストリー》と歴史《ゲシヒテ》や、**手前的**と**手許的**という対比では、歴史性そのものを説明するには不十分である。本書では、まさにこの点によって、世界史性の解釈をめぐるスティグレールと西谷の対決を演出できたのだった。チャクラバルティは手許的存在性を「生活世界」として描いている。それは、植民地化の歴史に対抗してまったく別の歴史の概念を形成する方法として直観的に理解できるものであり、じっさいきわめて興味深い。手許的なものはあらゆる本質への還元に抗うからだ。けれども、以下の点を認識しないかぎり、手許的なものにもとづいて歴史の概念を導きだすことはできない。すなわち、手許的なものは技術的対象としての性質をもつが、しかし技術的対象として単独で存在することはできず、世界——ますます統一化され、グローバル化されたシステムになりつつある世界——のなかでだけ存在しうるということだ。

チャクラバルティが言うように、地球全体のさまざまな活動を同期させている時間軸は、いよいよ強力で均質的になりつつある。これこそ「近代化」と呼ばれるものにほかならない。とはいえ、この時間軸を単純に物語へ還元し、それによって容易に「地方化」できるというかれの考えには賛同できない。チャクラバルティの批評は、多くのポストコロニアル理論が抱える問題のよい例となっている。それらは政治的で物質的な問いの数々を、比較文学における「間テクスト性」の領域に還元する傾向があるのだ。

テクノロジーに対する無意識としての近代性は、**必然的に**ほかの文化や文明のなかで増殖しつづけるだろう。ヨーロッパにおける近代の終わりを宣言することは、近代性一般が終わりを迎えたことを

★180 拙著『デジタルオブジェクトの存在について』〔未邦訳〕の第三章を参照。そこでは、私の言う「論証的」関係と「実存的」関係のあいだの力学を描く、関係の存在論を提唱している。このふたつの種類の関係を、中世の哲学で「言説による関係」〔relationes secundum dici〕と「存在による関係」〔relationes secundum esse〕と呼ばれたものと混同してはならない。というのも、それらは依然として実体の概念を維持しているのだが、私の言う関係の存在論はそこから離れようとするものだからだ。端的に言うと、**論証的**関係とは、語ることができ、さまざまなかたちで物質化できるものだ——たとえば絵に描くことや書き記すこと、また〔自動車のエンジンにおける〕プーリーとベルトの物理的接触、電流、データ接続などがそうだ。この関係には因果関係も含まれる。他方、**実存的**関係とは、論証的関係の具体化によってつねに変更されていく世界との関係のことである。

意味していない。なぜなら、そのようなテクノロジーへの意識が（ニーチェのニヒリズムにおけるように）ひとつの運命として、また同時にあらたな可能性として捉えられるのは、ヨーロッパのなかだけであるからだ。近代性の増殖がほかの諸文化にとって**必然的**なのは、地球規模の軍事と経済の競争がテクノロジーに対する無意識を促進し、結果としてテクノロジーによる近代化が避けがたいものとなるからである。まさにこうした条件のもとで、中国は技術発展の加速が必然であることを知った——冷戦をつうじたソ連およびアメリカとの恒常的な緊張関係や、その後の市場経済の到来は、中国に対して、GDPの絶え間ない成長を維持するために天然資源と人的資源を一切合切使い果たせとひたすら強要したのである。だから問題は、単なる新しい物語の展開とか、世界史をアジアないしヨーロッパの視点から眺めるといったことではない。むしろ、近代性**をつうじて**近代性を乗り越える、つまり近代のテクノロジーおよびそれに対する無意識をふたたび自分たちのものにすることで近代性を乗り越えるため、この時間軸と向きあうことが問われているのだ。

カントが『永遠平和のために』（一七九五年）のなかで、また『世界市民的見地における普遍史の理念』（一七八四年）の公共体の生成にかんする見通しのなかで予見したような、**世界市民権**としてのグローバルな商業活動が構成する一種の世界市民主義は、こんにち力をふるっている種々のネットワーク化のテクノロジーによって、ある程度まで実現されている（それはたとえば、さまざまな形式のネットワークや輸送機関、遠隔通信、金融取引、反テロリズムなどのことだ）。もっとも、ユルゲン・ハーバーマスのように、カントが描いたような理性はまだ到来しておらず、啓蒙のプロジェクトは依然として未完であると論じるひともいるだろう。しかし、もはや問いはカント的かつ／あるいはヘーゲル的な意味での普遍的理性を完成させることではなく、近代性が構築してきたグローバルな時間軸に抵抗できる多様な宇宙技芸を再構成することであるように思われる。カントは、ヨーロッパの植民地主義者や貿易商人を批判したのち、中国と日本がそうした外国からの訪問者に対抗する政策を採ったのは賢明だったと述べている。中国は外国人による接触を許可したものの、領土に入ることは一切認めなかった。また日本は、接触をオランダ人だけに制限すると同時に、かれらをまるで犯罪者のように扱ったのである［★181］。だがグローバル化という背景においては、このような「知恵」はもはや実行できないことが明らかになっているうえ、その手の鎖国状態へ戻ることも不可能である。それは（貿易のように）かつて外側にあったものが、いまや（金融やその他のネットワークをつうじて）国家の内側にあるからだ。

とはいえ、こんにちにおいて、近代性をつうじて近代性を乗り越えるという課題を立てれば、かならず特殊性と地域性の問いが生じる。地域性とは、安心感をもたらすグローバル化の代替案などではなく、むしろグローバル化の「普遍的産物」である［★182］。いまいちど地域性について語りたいのな

★181　I. Kant, 'Toward Perpetual Peace,' tr. D. L. Colclasure, in *Toward Perpetual Peace and Other Writings on Politics, Peace, and History* (New Haven and London: Yale University Press, 1996), 83.〔カント「永遠平和のために」、『永遠平和のために／啓蒙とは何か　他3編』、中山元訳、光文社古典新訳文庫、二〇〇六年、一八七頁。〕

★182　The Invisible Committee, *To Our Friends* (Cambridge MA: Semiotext(e), 2014), 188-189.

ら、認識しておくべきなのは、地域性とはもはや隔離されたもの——グローバルな時間軸から分断され、あるいは遠く離れていた、かつての日本と中国のような自主的な鎖国——ではなく、むしろ単純にグローバルなものに生産、再生産されずに、それを自分のものにするような別の概念にならなければいけないということだ。グローバルな時間軸に抵抗しうる地域性は、ただ単に美学的な価値を付与するのではなく、この時間軸を自覚的に根本から変形させることで、それと向きあえるもののことである。ローカルなものは、グローバルなものの対極に位置づけられてはならない。さもないと、それはある種の「保守革命」に敗れるか、形而上学的ファシズムを促進してしまうおそれがあるのだ。

本書で試みたのは、中国哲学を単なる道徳哲学とみなす慣習的な読解から脱却するための第一歩を踏みだすこと、そして中国哲学を宇宙技芸として再評価し、伝統的な形而上学のカテゴリーを私たちと同時代のものとして提示することだった。それにくわえて、私がめざしたのは、還元しえないさまざまな形而上学的カテゴリーから構成される、いくつもの宇宙技芸としての技術の概念を切り開くことである。宇宙技芸の立場にたって近代的なテクノロジーを取り戻すためには、ふたつの段階が必要になる。まずは、本書で試みたように、器道の関係などの根本的な形而上学的カテゴリーをひとつの根底として設計しなおすこと。それから、この根底のうえでエピステーメーを再構築することだ。このエピステーメーは、もはや単なる模倣や反復とはならないように、翻って技術の発明や発展、革新の条件を規定してゆくだろう。

中国、あるいは広く東アジアを語るにあたり、私たちの論述の中心となった問いは、本書第1部で素描した器道の関係が、多様性や多元主義をめぐる議論にどのように貢献しうるのかというものである。私たちが器道の関係の系譜を描きだすなかで意図しているのは、器と道の「原初的」ないし「本来的」な関係への回帰を提案することではなく、グローバルな時間軸との関連において、道についての新しい理解を力強く切り開くことだ。過去に例を探れば、（儒家や道家などを含む）諸氏百家や宋明理学、新儒家の出現は、どれも政治的危機や精神の衰退への応答であり、それぞれが形而上学的カテゴリーを用いた伝統の再解釈にもとづいて、エピステーメーの更新を図っていたのである。そしてこのエピステーメーが、翻って政治的、美学的、社会的、精神的な生（もしくは生活形式）の条件を規定し、創造の力や知への制約という機能を果たすことになった。たとえば茶や書道がそうである。そこでの器の使用は、もはや〔飲む、書くなどの〕決まった目的ではなく、まったく異なる体験をめざしている。こうした例のなかで、器はより高次の目的に向けて変形される。それをカントにならって「目的なき合目的性」と呼んでもよいだろう。こうしたかたちの美的実践は、中国では古代から現在にいたるまで広く行なわれてきた。日常生活の近代化の結果、このような実践は——たとえその一部が消費社会のマーケティング戦略という文脈で蘇りつつあるとしても——かつてほどに普及しなくなってきている。といっても、いま求めるべきなのは、単に美的経験に引きこもることではない。むしろ、そこに含まれているかもしれない哲学的思考を洗練させることなのだ。中国における技術哲学をたどり、追求すること。この提案の中心をなすのは、宇宙的秩序と道徳的秩序の統一と、技術との関連性を体系的に考察することだ——これによってもういちど、テクノロジーの生産と使用をめぐる考察に着手できるようになるだろう。

より深く考え、具体的に実験すべき問いがまだいくつも残っている。たとえば、コンピュータやスマートフォン、ロボットなどの情報技術との関係のなかで、そうした類いの美的経験を想像するにはどうすればよいだろう？　また、ジルベール・シモンドンが技術的対象の存在様態について論じるときに例として挙げた二極管《ダイオード》や三極管《トライオード》、トランジスタとの関連において器道の関係を語るにはどうすればよいだろうか？　そして、一〇〇年に及ぶ近代化のあとで、私たちはどうすれば非人間的なものとの関係を更新できるのだろうか？　技術発展は、いにしえの宇宙技芸の枠組みから溢れだし、道家思想や仏教、さらにはストア派の思想といった古き教えの数々をドグマに変えた。その結果、こうした教えはただの自己修養のメソッドとして受け入れられてしまっている。じっさい、それらは「最善の」事例でも「カリフォルニア・イデオロギー」のようなものに変形されてしまっているのである[★183]。けれども、こうした問いをあらたに提起しなおして、宇宙から「気」にいたるさまざまな指標にしたがいつつ——放下からではなく——宇宙技芸の観点からアプローチすることは可能なはずだ。すでに（第2節で）論じたシモンドンのTVアンテナの分析は、宇宙技芸的思考と近代テクノロジーの両立可能性を想像する方法についての好例だと思われる。

したがって、宇宙論を超えた宇宙技芸の概念の望みは、技術の問いとその多元的な歴史をふたたび開くことにある。言い換えれば、私たちが中国を一例として使い、近代のテクノロジーを自分たちのものにするための根底および制約として、器道の宇宙技芸を取り上げようと提案するのには、以下のねらいがある。すなわち、生活形式と宇宙技芸を更新して、テクノロジー的な世界の均質な生成から意図的にみずからを引き抜き、逸脱してゆくものに変えることだ。伝統を再解釈して新しいエピステーメーに**変形**させないかぎり、それは不可能である。くわえて、そこでは別のかたちの翻訳が必要になるだろう。それは、たとえばメタフィジックスを「形而上学《シンアルシャンシュエ》」と訳し、テクネーを「技術《ジイシュ》」と訳すような**同義**にもとづく翻訳ではなく、**差異**にもとづく翻訳であり、ある**転導**〔transduction〕を引き起こす**翻訳**のことだ。

シモンドンが解釈するとおり、転導は入力された情報が引き起こす、システムの漸進的な構造転換を意味する。これは文明の個体化の一部をなしており、そこでは進歩とは「内的共鳴」だとされる。「人間の進歩の限界——批判的研究」〔★184〕というシモンドンの論文は、レイモン・リュイエが一九五八年に書いた同題の論文に応答するものである。リュイエは、人間の進歩が抱える限界との関係におけるテクノロジーの加速をめぐる問いを論じているが、一方シモンドンが提唱しているのは、技術的対象が物質として具体化することを、文明に課された限界として考えようということだ。リュイエは、テクノロジーの進歩とは一定の直線的な成長であるというアントワーヌ・クールノーの考えを否

★183 一九六〇年代アメリカのヒッピー・ムーブメントでは、かなり西洋化されたかたちの禅仏教が、ハッカーたちの宗教として受け入れられた。

★184 G. Simondon, 'The Limits of Human Progress: A Critical Study' (1959), *Cultural Politics* 6:2 (2010), 229-236.

定し、むしろそれを「加速する爆発」と表現したうえで、テクノロジーの指数関数的な加速はある地点で停止するだろうと論じた［★185］。ここでリュイエの議論に詳しく立ち入ることはできないが、ひとつ興味深い点に触れておこう。かれは論文の末尾で、一八世紀および一九世紀前半の産業革命は大部分の人々に苦痛をもたらしたが、しかし「ひとたび技術の骨組みが安定すれば、世の中はまた新しく遊びや好きなことを始められるようになる」と述べているのである［★186］。かれの議論は、おそらく中国のプラグマティストと共鳴している。つまりこういうことだ——なりゆきにまかせて発展しましょう、そして破局を耐えてください。「自然」はそのあと修復できるでしょうから……。これに対してシモンドンが提案するのは、人間の進歩の明確な終点を前提するのではなく、人間と対象の具体化との内的共鳴を特徴とする循環にもとづいて、人間の進歩を理解することである。

ある自己限定的な循環からつぎの循環へ移行するにあたり、人間が対象の具体化とともに形成するシステムにおいて自身が関与する部分を増大させるとき、はじめて人間が進歩したといえる。人間と宗教のシステムが人間と言語のシステムよりも内的な共鳴を授かるとき、また人間とテクノロジーのシステムが人間と宗教のシステムよりも内的な共鳴を授かるとき、進歩は存在するのである。［★187］

ここでシモンドンは、「人間と言語」、「人間と宗教」、「人間とテクノロジー」という三つの循環を特定している。そのうえで、かれは「人間とテクノロジー」のなかに新しい対象の具体化を見いだしている。それは自然言語や宗教的儀式ではなく、「技術的個体」の生産によるものだ。もっとも、技術的具体化がまったく内的共鳴を生みださず、そのため人間を新しい循環に導かないこともありうる。この点が、シモンドンによる近代性への批判を構成しているといえるかもしれない。じっさい、こんにちの中国やアジアのほとんどの地域のなかに、この批判の具体例を見いだすことができる。そこでは、（支配的な宇宙技芸である）資本主義によるエントロピー的生成変化［★188］が、人間をどこにも導かず、どんな共鳴もともなっていないことに気づく――つまり、デスコラが言う意味での自然主義の

★185 R. Ruyer, 'Les Limites du Progrès Humain,' *Revue de Métaphysique et de Morale* 63: 4 (1958), 412-427: 416.

★186 Ibid., 423.

★187 Simondon, 'The Limits of Human Progress,' 231.

★188 私は「エントロピー的」という語を、レヴィ゠ストロースが『悲しき熱帯』で「エントロポロジー」と呼んだものと関連づけている。これは、かれが自分の研究分野である人類学を名づけなおすために提唱した用語で、人類学は西洋の拡大がもたらす攻撃のもとで生じる文化の崩壊を描くものだということを意味している。「文明の、この崩壊の過程の最高度の表現を研究することに捧げられた学問の名は、人類学《アントロポロジー》よりもむしろ『エントロポロジー』と書かれるべきかもしれない」。C. Lévi-Strauss, *Tristes Tropiques*, tr. J. Weightman and D. Weightman (New York: Penguin Books, 1992), 414.（レヴィ゠ストロース『悲しき熱帯II』、川田順造訳、中公クラシックス、二〇〇一年、四二六頁。訳は一部変更した。）近年では、ベルナール・スティグレールがこの用語を援用している。かれは、人新世《アントロポセン》が絶えず過度《ヒュブリス》な自信を生みだしているという意味で、これを「エントロポセン」と呼んでいる。以下を参照。B. Stiegler, *Dans la Disruption: Comment ne pas Devenir fou?* (Paris: Les Liens qui Libèrent, 2016). また、ジェイソン・W・ムーアは人新世を「資本新世」と呼んでいる。というのは、人新世とは根本的に資本主義の世界的生態系がもつひとつの局面であるからだ。Moore, *Capitalism in the Web of Life*.

普遍化である。これこそが、人新世において私たち全員に突きつけられている危険なのだ。そのため、内的共鳴の生産が翻訳の課題となる。

ここで追求されている「内的共鳴」は、器と道という形而上学的カテゴリーの統一に等しい。このような統一に対しては、私たちの時代に固有の意味や力が付与されなければいけない。たしかに、科学とテクノロジーを変形できるようになるためには、まずそれらを理解する必要があるだろう。だが一世紀を超える「近代化」を経たいま、中国だけでなくほかの諸文化にも、新しい実践のかたちを追求すべきときが訪れている。いまこそ想像力は宇宙へ飛び立ち、その努力を結集すべきなのだ。本書のねらいは、差異にもとづく新しい翻訳を提示することだった。このような差異をともない、またそれを物質的観点から述べる能力と想像力をもつとき、はじめて私たちはもうひとつの世界史への権利を主張できるのである。

解説　「宇宙技芸」の再発明

中島隆博

1

技術への問いを今日いかにして問うのか。ユク・ホイはそれをハイデガーとともに始める。しかし、そのハイデガーこそ「形而上学的ファシズム」を体現し、ハイデガーを読解した京都学派に「形而上学的ファシズム」を伝染させた哲学者である。そうであれば、技術への問いは、どうしてもハイデガーとは異なるオルタナティブな道に向かわなければならない。それこそが「宇宙技芸 cosmotechnics」という見慣れない複合語が開こうとする道である。

ハイデガーの「技術への問い」（一九五三年）において、技術の本質とされたのは Ge-stell である。本書では「集立」という直訳調の訳語が採用されているが、「総駆り立て体制」という近年の訳語の方がイメージしやすいだろう。それは、人間を駆り立てて、自然を用立てる対象

（「用象」）として利用し尽くしたり、「在庫」化したりするものだ。さらにそれだけにとどまらず、人間自身を人的資源のように用立てる対象にまでしてしまうのである。

ホイはこのGe-stellとしての技術を決してみくびってはならないと考えている。技術は単なる道具ではなく、わたしたちの生や存在のあり方を根底的に条件づけているものだからだ。言い換えれば、技術への問いは、生や存在への問いに先立つほどなのだ。

とはいえ、他方で、技術は生や存在を含めた人間の全体的な位置づけのなかで可能になるものでもある。技術だけが人間のあり方を規定するわけではなく、人間のあり方もまた技術を規定しているのだ。その人間の全体的な位置づけこそ、「宇宙cosmos」という概念でホイが述べようとするものだ。技術は「宇宙技芸」というより広い文脈で考察されなければならない。そうすることによって、Ge-stellにのみ帰着するような技術ではない、別の技術のあり方が展望されうる。これこそが本書でホイが探究しようとする方向性である。

ホイは予備的な定義として、「宇宙技芸とは、技術的な活動をつうじた、宇宙の秩序と道徳の秩序の統一である」（五一頁）と述べる。しかし、よりわかりやすいのは、その直前にある説明である。

技術は人類学的に普遍ではない。異なる文化のさまざまな技術は、それらの文化がもつ宇宙論の理解に影響され、ある特定の宇宙論的背景のなかでのみ自律性をもつ——技術はつ

ねに**宇宙**技芸である。(五〇―五一頁)

技術はそれぞれの文化が有する宇宙論に規定されている。もしそうであるのならば、Gestellとしての技術を規定している西洋近代の宇宙論に代えて、新しい宇宙論を提示することで、別の技術を考えることができるはずだ。たとえば、中国の宇宙論を刷新することで、新しい「宇宙技芸」を発明できるのではないか。

とはいえ、ホイはそれほど楽観的ではない。先ほどの引用は、ホイの考えるアンチノミーの一項をなすものであった。もう一項は次の通りである。

技術は人類学的に普遍である。技術とは身体機能を延長し記憶を外在化することにあるのだから、異なる文化のあいだに生じた差異は、実際の状況が技術的傾向を屈折させた程度に応じて説明できる。(五〇頁)

ひょっとするとこちらの項の方が、わたしたちの「常識」には馴染みやすいかもしれない。技術は普遍的なもので、文化的な差異は「普遍的な技術的傾向」(三七頁)を多様化する「技術的事実」(同上)に寄与するにすぎないのではないか[★1]。

別の言い方をすれば、西洋近代の宇宙論に支えられた技術が人類にとってはすでに普遍となっていて、文化的な差異を持ち出したところで、それは単に「美学的な要素を付与する」(二二五頁)にすぎないのではないか。このことは、「近代」を考えてみればよくわかることだ。ホイは全面的西洋化を唱えた胡適を念頭に置きながら、次のように述べる。

つまり近代以後は、西洋的なもの、すなわち科学やテクノロジー、民主主義や立憲主義が社会の発展を推進する主要な力として機能してゆくのに対し、中国文化はただそこに美学的な要素を付与するだけになるということだ。(同上)

普遍としての西洋近代に対して、中国はその特殊な文化によって中国的なるものを付け加えたり、中国的なるものに変形したりするだけだ。それが「美学的な要素を付与する」ことの意味である。

ところが、ホイはこうした見方に対して根本的な疑義を申し立てる。張東蓀《ちょうとうそん》に言及しながら、「問題は**西洋化自体のよしあしではなく、そもそも中国に西洋文明を取り込む能力がある**

★1 「技術的傾向」と「技術的事実」の関係について、ホイは「たとえば、車輪の発明はひとつの技術的傾向だが、車輪にスポークがつくかどうかは技術的事実の問題である」(三七頁)と述べている。

のかどうかではないか」（同上）と問いかけたのだ。「西洋文明」すなわち西洋近代の宇宙論とそれに裏打ちされた技術を、中国は取り込むことができないのではないのか。その証拠に、西洋近代が問うた「技術への問い」を、中国は前近代はもちろんのこと、近代においても、さらには現代においても問うことすらできていないではないか。

そうであるなら、現在の中国における技術は、中国の伝統的な「宇宙技芸」にも支えられておらず、また西洋近代の「宇宙技芸」にも支えられていない、徹底的な「根こぎ」（六八頁）状態で展開していることになる。徹底的と述べたのは、この「根こぎ」が二重であるからだ。すなわち、Ge-stellとしての技術はそれ自体が「根こぎ」すなわち「生活形式の断片化」（同上）を引き起こすのだが、「技術への問い」すら立てられない中国においては、「根こぎ」を反問する契機もなしに、「根こぎ」になっているからだ。

ではどうすればよいのか。ホイの戦略は、「技術への問い」を中国においても問い直し、西洋近代の「宇宙技芸」を乗り越えて、二重の「根こぎ」を脱出するような、新たな「宇宙技芸」を再発明することである。言うまでもないが、これはきわめて困難な道である。それでもしばらくホイの道行きをなぞってみよう。

2

まずは中国における技術への問いである。これが本書第一部の課題である。ここでホイが訴えたのは、器と道というカテゴリーである。

中国における技術への問いに答えるというのは、経済や社会の側面から技術発展の詳細な歴史を伝えることではなく――これはジョゼフ・ニーダムのような歴史学者や中国学者が、いろいろと見事なやり方ですでに行なっていることだ――むしろ器というカテゴリーの、道との関係における変化を記述することである。（七〇頁）

ここでいう器こそ中国における技術であり、道は宇宙論を構成するものだ。だからこそ、ホイは第一部で、器と道との関係、すなわち中国の「宇宙技芸」が中国思想史においてどのように変化していったのかを詳細にあとづけることになる。儒家と道家における「道器合一」（七一頁）や「天と人間の共鳴」（一二七頁）、仏教に対する批判として唐代の古文運動が行なった器と道の再統一（一八六頁）、宋の張載《ちょうさい》や明の宋応星《そうおうせい》（『天工開物』の著者）による「気」の導入（一九一頁)、章学誠《しょうがくせい》による道の歴史的対象化(二〇六頁)、アヘン戦争後に起きた器と道の断絶(二一〇頁)、そして辛亥革命後の器道の関連の崩壊(二一八頁)などである。それはそれで思想史的には興味深いのだが、「究極の課題は[……]道器の関係そのものを再発明することなのだ」(七二頁)とあるように、最終的に目指すのは、新しい中国の「宇宙技芸」である。

しかし、その前にいわゆる「ニーダムの問い」を見ておくことにしよう。それは、「近代科学はなぜ中国で成立しなかったのか」(二二七頁)を問うものだ。ホイによれば、ニーダムは二つの観点からこの問いに答えている。ひとつは、科挙に代表されるような「中国の社会経済システムが、技術的文化が近代的な形式へと発展するのをさまたげた」(二三二頁)という社会的要因である。しかし、より重要なのはもうひとつの哲学的要因である。すなわち、「ニーダムは、古代の中国には機械論的な世界観がなく、その代わりに(すでに論じたように)有機的で全体論的な世界観が中国思想を支配していたと主張している」(二三一－二三二頁)というものだ。その帰結は重大なもので、ホイは「機械論的かつ因果論的な見方がなかったということは、法によって十分に秩序づけられたシステムという考え方が生まれなかったことを意味している。そのため中国には、機械論的な因果律によって効果的に存在者を理解し、操作しようとするプログラムがまったくなかったのである」(二三五頁)とまで述べるに至る。

では、「有機的で全体論的な世界観」が支配していた中国思想が、西洋近代の「機械論的かつ因果論的な見方」に出会った際に、どのような反応が生じたのか。ここでホイが取り上げたのが、新儒家の牟宗三《ぼうそうさん》である。

儒学は古代において墨家と道家とのライヴァル関係において洗練されたし、仏教との対決を経て宋明理学という新儒学として復興した。それに倣って、西洋近代との対決の後に登場した儒学のことを新儒家と言う。牟宗三はその新儒家を代表し、カント哲学を吸収しつつそれを乗り越える「道徳的形而上学」を主張した哲学者である。では牟宗三の課題は何であったのか。簡単に述べると、西洋近代の民主と科学という新しい「外王」と、伝統的な儒学における修養(「聖人になる」)としての「内聖」をどう結びつけるかということであった。

ホイも指摘しているように、その両者の間に直通の道はなく、曲通の道しかない(二五五頁)。それは、**「良知の自己否定ないし自己抑制**(良知的自我坎陷)」(二五一頁)によってはじめて見出されるまわり道なのだ。別の言い方をすれば、従来の「内聖」を自己否定したことではじめて新しい「外王」に接続できると考えたのである。

しかしながら、こうした牟宗三の道行きでさえも、技術への問いとしては不十分なのだ。テクノロジーの問いに関連する牟の哲学的な仕事はここで終わりを迎える。ほかの思想家とちがって、かれはこの問題をカント的な哲学体系や伝統的な中国哲学に適合するような形而上学的領域にまで引き上げた。けれども、かれはそれ以上さきには進まなかった。かれの思想は根本において観念論的なところがあるからだ。(二五六頁)

その後、中国において生じたことは、エンゲルスの『自然弁証法』にもとづいた「科学技術社会論」であった（二五八頁）。それは、中国的な宇宙論である「形而上学《シンアルシャンシュエ》の終わり」（同上）を告げるものだ。西洋近代の技術を中国も同じように理解できるはずだという素朴な信憑が広がり、「根こぎ」が徹底化されたのである。

3

では、このような二重の「根こぎ」にあって、いかにして新たな「私たちの時代の宇宙技芸を再発明」（二七一頁）していけばよいのか。これが本書の第二部の課題である。

その際にホイが批判的に参照するのが、戦前の日本の「近代の超克」論である。批判的にと述べたのは、「近代の超克」論が「戦争と形而上学的ファシズム」（二七〇頁）を招いてしまったからだ。その失敗からどう学ぶのか。それがホイにとっての課題となる。

ホイが中心的に取り上げるのは京都学派の西谷啓治である。なぜなら「京都学派の西谷啓治は、時間の問いとの関連のなかでテクノロジーへの深い哲学的批判を定式化した、二〇世紀前半のアジアにおける数少ない哲学者のひとりだった」（三二一頁）からだ。ホイにとって、技術への問いは、時間の空間化としての幾何学（二八〇頁）なしでは問うことができなかったが、中国や日本にはそうした幾何学も時間意識（歴史意識）もなかった。ところが、西谷は、技術への問いを時間との関連で問うことができたのだ。

西谷にとって喫緊の問いはニヒリズムの克服であった。それが技術とどう関わるのか。ホイは次のように述べる。

> テクノロジー化された世界は、人間の本性にも自然そのものにも沿わない虚偽にしたがって構築される。虚無の根底はこうして開かれるのだ。なぜなら〔科学を奉じる〕人間は自然法則だけを信じるのだが、その法則はまずそれ自体として人間を自然と真理から引き離し、さらにテクノロジーに実装され日常生活に埋め込まれることで、再度人間を真理から引き離してしまうからである。（三二四頁）

では、西谷は技術が招いた虚無をどうやって乗り越えるのか。それは「虚無の立場から空の立場への転換」（三二五頁）によってである。ホイはこの転換の意義をこうパラフレーズする。

西谷による空の把握は、「排中律」を無効とするあらたな論理にもとづいている――つまりこの論理は肯定的でも否定的でもない。それは、肯定（存在）と否定（不在）のはざまに

ある欠如の論理（非在）ともいえるだろう。（三二六頁）

それは「実体主義的思考」の対極にあるものだ。たとえとして挙げられるのは、「火は火を焼かず」（同上）という命題である。

西谷は火の「自体のもと」を見つけたいと考えていた。それは、火としての現実性にも、ものを焼く可能性にもなく、むしろ「非燃焼」つまり「自らを焼かぬということ」によって規定される火の根底にある。ところが、これは科学的観察からではなく、仏教的意味での「空」という欠如から導かれるのだ。（三二八頁）

ここでの「空」の論理は、西谷の師である西田幾多郎の「絶対無の概念」（三三二頁）と響き合う。どちらも西洋的な存在のさらなる根源を、存在でも不在でもなく、「非在」として示すものだ。西谷は「ニヒリズムを通してニヒリズムの超克の道を求める」（三三六頁）と述べる。単なる虚無を超えた虚無としての「空」を設定することで、新たな形而上学を打ち立てようとしたのである。それは一見すると魅力的なものだ。ホイもまた「私たちはこの論理によって、近代的な科学とテクノロジーをめぐる東アジア的な思考を展開できてしまうのではないか？」（三二九頁）と尋ねるほどだ。しかし、この形而上学が実際に引き起こしたのは、戦争による日本の競り上げを肯定することであった。

京都学派によると、日本固有のナショナリズムや帝国主義をつうじて新しい世界史を創出し、それによってヨーロッパ文化の遺産を超克できるかどうかは日本民族の手にかかっている——そしてこのプロジェクト全体を実現する唯一の手段が「総力戦」なのだ（三三九－三四〇頁）

こうした「形而上学的ファシズム」に陥ってしまった京都学派の失敗から何を学ぶことができるのだろうか。ホイはここで同時期の中国の新儒家の運動も失敗だとした上で、こう結論づける。

かれらのプロジェクトは失敗に終わった——京都学派の衰退は第二次世界大戦における日本の敗戦によるところが大きいため、理由はそれぞれ異なっているが。もしその失敗が私たちになにかを語るのなら、それは近代を乗り越えるためには、時間の問いに立ち返ることにくわえて、新しい世界史を出現させつつも、グローバル資本主義にもナショナリズムにも絶対的な形而上学的根底にも従属しないような多元主義を開くことが必要だということである。この新しい世界史は、単に近代や形而上学の終わりを宣告したり、「自然」

への回帰――あるいはもっと信用できない話だが、マルチチュードの到来――を主張したりするのではなく、ある形而上学的かつ歴史的なプロジェクトに着手することによってのみ可能となるのだ。（三四四頁）

「グローバル資本主義にもナショナリズムにも絶対的な形而上学的根底にも従属しないような多元主義」に開かれた「形而上学的かつ歴史的なプロジェクト」が今や必要である。これこそが今求められている「宇宙技芸」なのだ。それはリオタールのポストモダンですらない。なぜならそれもまた西谷と同様に、**「ロゴスをつうじてロゴスを乗り越えようと望む」**（三六六頁）構造を有している以上、失敗に終わるからだ。あるいは近年の保守主義的な言説が好むような「故郷回帰」（三七四頁）でもない。

では、その具体像は何であるのか。残念ながら、それに対する明確な答えは本書では示されていない。新たな「宇宙技芸」を再発明することがきわめて困難な道であると述べたゆえんである。しかし、何であってはならないのかは十二分に示されたと思う。来るべき「宇宙技芸」は、いくつもの陥穽を避けて、再発明されなければならないのだ。そしてその際、方向の喪失であり東洋の消失でもあるディスオリエンテーション（二六五頁）を乗り越えて、再方向化であり再東洋化であるリオリエンテーション（三七一頁）が不可欠の条件となることだろう。そのための一歩を踏みだすために、本書は貴重な出発点となるはずである。

4

以上が本書の解説であるが、中国哲学の研究者として贅言を付け加えておきたい。

ホイは道と器を手がかりに中国の宇宙論を再構築しようとしているが、実は器というよりもむしろ道こそが一種の技術ではないのか。より正確にいえば、大文字の道に対して、技法としての小文字の道が複数あり、わたしたちの生のあり方を規定しているように思われる[★2]。道は生の道具でもあるのだ。もしそうであれば、この二重化された道を今日どのように翻訳し、理解するのかが問われなければならない。

近代のヨーロッパでは道をロゴスや理性として翻訳し、理解しようとしてきたが、最大の課題は、道が神に先立つのではないかという問いであった[★3]。それは大文字の道について論

★2 大文字の道と技術としての複数の道に関しては、アンヌ・チャン『中国思想史』(志野好伸、中島隆博、廣瀬玲子訳、知泉書館、二〇一〇年)、とりわけ九七–九八頁を参照のこと。

★3 道の翻訳に関しては、中島隆博「『老子』読解の近代——日本とヨーロッパの中国学の交差」、『思想』二〇二一年一月号(岩波書店)、とりわけ二一四–二一五頁を参照のこと。

じたもので、神による創造というヨーロッパの宇宙論の核心を撃つものであった。なぜなら、それに先行する神秘があると、道によって示されたからである。

しかも、その道は同時に小文字の道、すなわち生のあり方を規定する技術でもある。決して、神秘はどこか遠くにあるのではなく、日常のただ中にあって、それを規定しているのだ。『荘子』に次のようにある。これはホイもまた引用して論じている一節である。

東郭子《とうかくし》が荘子にたずねた。「道というものは、どこにあるんだい」
荘子「どこにだってある」
東郭子「具体的に言ってほしい」
荘子「ケラやアリのなかにある」
東郭子「そんなつまらんものにあるのかい」
荘子「稗《ひえ》のなかにある」
東郭子「なんと、ますますつまらんものになってきた」
荘子「瓦のなかにある」
東郭子「なんと、ますますひどいものだ」
荘子「糞尿のなかにある」
東郭子は黙ってしまった。(二〇七−二〇八頁)

「道は屎尿にあり」。神秘に見える大文字の道が、最も卑近な屎尿にあるというダイナミックな転倒である。そして、ホイはそれを「道はすべての存在者のうちにあらわれているが、一切の対象化から逃れ去るものでもある。道は『無条件者』〔das Unbedingte〕」なのだと読解している(一〇八－一〇九頁)。

しかし、ここで論じられているのは、「無条件者」である道が、同時に存在者の生のあり方を規定する技術であるということなのだ。こうした二重体としての道こそが中国の「宇宙技芸」の核心をなすのである。

そうであれば、道を今日どう翻訳し理解するかがあらためて問われなければならない。それは、理性でもロゴスでもないし、「タオ」と音訳されるものではなおのことない。林文孝はかつて道を時間性として理解しようとした［★4］。ホイの議論と重なり合う可能性があるが、ここには再びハイデガーの影が差し込むので注意が必要だ。

わたしとしては、道はあらゆる生の根拠であり、同時に生のあり方を規定する技術だと捉えてみたい。それは生のあり方としての性という概念に再び息を吹き込むことにもなり、その性

★4　林文孝「時について」、中島隆博編『コスモロギア――天・化・時』、法政大学出版局、二〇一五年、六一頁。

を変容させながら完成させる努力に光を当てることにもなると思うからだ［★5］。そこから、新たな「宇宙技芸」を再発明する道が一筋見えてくることを念じている。

★5　性を変容させながら完成させる努力については、中島隆博『中国哲学史——諸子百家から朱子学、現代の新儒家まで』（中公新書、二〇二二年）の「第四章　孟子、荀子、荘子——変化の哲学」を参照のこと。

訳者あとがき

二〇一九年二月、大学卒業を目前にひかえたぼくは、一週間ほど香港へ旅行し、ホイさんに会いに行った。いわゆる「逃亡犯条例」の改正をきっかけとする大規模な民主化運動が起きるひと月まえのことである。

思い返せば、香港は大都市特有のせわしなさや騒がしさよりも、どこかのどかさや温かみを感じられる場所だった。もっとも、直後のデモの激しさゆえに、ぼくの記憶のなかで平和さがかえって強調されている可能性はある。あるいは、友人と興味本位で泊まった重慶大廈《チョンキンマンション》が意外なほど平穏だったからかもしれない。

その日は二月とは思えない暑さだった。ぼくはジャケットを腕にかけて九龍塘《ガウロントン》のショッピングモールに向かい、汗をぬぐいながらホイさんを待った。ほどなくして現れたかれは紺のTシャツ姿で、少々猫背ながら骨格は割合がっしりしているのが見て取れた。のちに知ることだが、かれは立禅《りつぜん》の修行をしているらしい。軽く挨拶を交わしたあと、「大学の会議の合間をぬって来たんだ」と、ホイさんは微笑んで言った。

すでに本書の翻訳に着手していたぼくは、その内容や解釈について多くのことを訊ねた。かれはひとつひとつ丁寧に答えてくれた。二時間ほど話し込み、やがてぼくが付箋だらけの原書を取りだすと、ホイさんは嬉しそうにスマホで何枚も写真を撮り、とても堅実な筆致でサインをしながらこう語った。「これは、今後の人生のなかで私が取り組んでゆく仕事の目次になる本なんだ」。

ユク・ホイの『中国における技術への問い』は、かれの二冊目の単著で、博士論文をもとにした『デジタルオブジェクトの存在について』（未邦訳）とおなじ二〇一六年に刊行されたものだ。「目次」という表現のとおり、本書には以降のかれの仕事の根本的なアイディアが散りばめられている。たとえば、有機的な思考とサイバネティクスの問題を論じた『再帰性と偶然性』（二〇一九年、邦訳は原島大輔訳、青土社、二〇二二年）は、本書の第17・1節の議論を延長させたものとみなせる。あるいは山水画に焦点をあて、芸術の観点から技術多様性について考えた『芸術と宇宙技芸』（二〇二一年、未邦訳）［★1］は、第28節で提起された美的経験における器《チィ》のはたらきにかんする問いを発展させたものだといえる。きっと、今後あらたに発表される仕事のアイディアもこの本に秘められていることだろう。

もちろん、主張が変化しているところもある。たとえば本書では、西洋と中国の思考が機械論と有機体論として比較されている。一方『芸術と宇宙技芸』では、「悲劇者の論理 tragist logic」と「道家の論理 Daoist logic」という新しい対比が用いられる。これが意味するのは、有機的な思考は西洋にも中国にも存在するが、じつは両者には複雑な差異があるということだ。

おそらく、かれのこうした変化を象徴するのが、ジョゼフ・ニーダムに対する評価である。本書では、「有機的で全体論的な世界観が中国思想を支配していた」というニーダムの主張について、「気づけばニーダムの意見に賛同している自分がいた」と言われている（二三二頁）。ところが、『芸術と宇宙技芸』にはつぎのような記述がある。

> サイバネティクスは、機械のうちで実現可能な有機体論を保証している。だがそのような機械的挙動は、計算によって、より正確には計算可能性によって制限されているのである。ニーダムが読者に提供したのは、中国思想は有機体論であるという印象論にすぎない——ちなみに有機体論は、かれが中国学へ移る以前に所属していた学派である。要するにニーダムは、数学的な基礎をもつ有機体論と中国の「有機的」な思考のちがいをきちんと説明しなかったのだ。印象は特定の観念を比較するときに役立つが、あまり早急に一般化

★1 単行本『芸術と宇宙技芸』は未邦訳だが、『ゲンロン10』（二〇一九年）、『ゲンロン11』（二〇二〇年）、『ゲンロン12』（二〇二一年、いずれもゲンロン）に同名の連載が掲載されている（訳者は第1回が仲山ひふみ、第2・3回が伊勢康平）。厳密には単行本版と同内容ではないが、論旨はある程度共通しているので、関心のある読者はぜひ参照してほしい。

しすぎないよう注意すべきでもあるだろう。[★2]

ここではニーダムの議論が「印象論」と批判され、機械そのものの有機体論的な側面が強調されている。その背景には、『再帰性と偶然性』で語られるように、サイバネティクスの発展によって、機械論と有機体論の対比が機械の側から乗り越えられているという認識がある。つまり現代のテクノロジーにおいては、機械が有機体の動作や意思決定を取り込み高度に有機化しているため、有機的という概念自体の複数化が必要になったわけだ。とすると、ユク・ホイの議論の「変化」とは、ほんとうは深化や進展と言ったほうが正しいのだろう（ちなみに、原著もあわせて参照する注意深い読者なら、ある版において、本書のニーダムに関する記述にある留保が加わったことに気づくかもしれない）。

＊＊＊

ホイさんとはじめて会ったのは二〇一九年だが、本書との出会いはさらに二年ほどさかのぼる。

ぼくは中高生の頃から漢詩文を好んでいたが、大学に入ると、近代文学から文芸批評を経由して西洋哲学を読むようになった。ただその結果、自分を形成してきた東洋文化への思いと、あらたに出会った西洋哲学への興味をどう関連づければよいか、いやそもそも関連させるべきなのか、迷いつづけることになった。つまりホイさんがまえがきに書いた「大きな困難」は、まさにぼく自身の葛藤でもあったのである。

これに対して、当時のぼくはふたつの手がかりを見いだした。中国古来の文学理論の再解釈と、オギュスタン・ベルクの「風土学」である。そこで、中国の古典を学び、その風景や庭園の文化を知るために、北京大学へ留学に行った。ところが、やがてこの方針はがらっと転換してしまう。

きっかけは、北京の書店に足を運んだことだった[★3]。およそ中国の書店、とくに学術書をあつかう店には「中国現代哲学」の棚が置かれている。これはいわゆる共産党思想ではなく、単に近現代の西洋哲学を研究する中国人の著作でもない。むしろ西洋哲学の文脈と向き合いつつ、中国の伝統思想を再解釈してあらたな哲学を作りだそうとするものだ。

★2 Y. Hui, *Art and Cosmotechnics* (New York: e-flux, 2021), 232.

★3 北京にいるあいだ、ぼくは調べうるかぎりすべての書店に行った。けれども、地理的な要因もあって、やはり大学の近くや構内にある書店に足しげく通うことになった。たとえば北京大学と清華大学のあいだにある「万聖書園」や、北京大学の地下深く、埃っぽい土産物屋の奥にあった「博雅堂書店」と「野草書店」がそうである。万聖書園のなかには猫が何匹も住んでいて、ときに平積みになった本を手に取るにも、まずは本のうえで寝ている猫としばらく遊んでやる必要があった。博雅堂書店と野草書店は近年地下施設ごと破壊され、構内の別の場所に移転したときく。感染症が落ち着いたら、またいつか訪れたい。

ぼくは中国にこのような試みがあり、しかも書店で棚を形成できるほど展開されていることに感銘を受けた。それは、京都学派の遺産が十分に継承されないまま、「東洋思想」の棚に旧態依然とした固有名が並びつづけている日本とはまったく異なる光景だった——むろん例外はあるし、古いもの自体がわるいわけではまったくない。だがぼくにとっては、これこそが探していた答えだったのだ。こうして、ぼくはときに授業そっちのけで書店や図書館に通いつめ、中国の現代哲学を読み漁るようになった。

そんな折、おなじ関心をもつ中国の友人が紹介してくれたのが『中国における技術への問い』だった。ちょうどその頃、杭州の中国美術学院でホイさんが開いたシンポジウムに石田英敬さんと東浩紀さんが招かれたこともあり、かれの仕事は日本でも認知されはじめていた。一読してすぐに、ぼくはこの本が、自分が北京で出会った中国現代哲学の最先端であることを理解した——もっとも、いまやこの本は一〇近い言語に翻訳されており、「宇宙技芸」にかんするシンポジウムも世界各地で開催されているのだから、むしろ世界的に新しい哲学だと言うべきなのだろう。

本書の「世界的」な新しさは、さまざまな側面から見いだせるだろう。「宇宙技芸」という概念の斬新さはもちろんだが、本書は加速主義や人類学の存在論的転回といった昨今の思想的潮流への応答でもあり、また多くの課題を抱えながら急速な技術発展をつづける中国に、ひいては世界に向けた哲学的な提言にもなっている。

一方で中国哲学の文脈から見れば、新儒家の牟宗三《ぼうそうさん》との対決がひとつのテーマになっている。牟の名が本書の全体をつうじて何度も登場するのは、かれが二〇世紀において、諸子百家から仏教思想、宋明理学にいたる中国の伝統思想の全面的な「再発明」を試み、もっとも体系的な仕事を打ち立てた人物だからである。牟宗三はいわば中国現代哲学のひとつの到達点なのだ。

だがユク・ホイにとって、牟は乗り越えるべき対象でもある。かれは「根本において観念論的なところがある」（二五七頁）ために、技術と思考の関係を十分に反省しないまま近代について考えようとしたからだ。だからユク・ホイは本書の第二部で、技術と時間および記憶の関係を起点に、近代や歴史の問題を、あくまで技術への問いとの関連において深めてゆく。

牟に対する本書の批判は正当だ。けれども、じつは牟の問題はもっと根深い。そしておそらく、ユク・ホイの思想には、本書で自身が語る以上に根本的な乗り越えの可能性がある。以下では、その文脈を補足しておこう。

本文で述べられたように、牟は中国哲学が人間の知的直観を認めていると主張していた。中国哲学では、人間が感性的直観などの有限性を超えた状態を「聖人」（儒家）や「真人」（道家）、「ブッダ」（仏教）と呼び、「心」がそこに到達する（＝知的直観を獲得する）可能性を認めていたというのである。そもそもなぜ、牟はこのように主張できたのだろうか？

まず牟は、現象と物自体の区別は「価値意味的」な問題だと主張する。両者は同一の物のふたつの側面であり、なんらかの基準のもとで意味づけをする人間の心のありかたにしたがって、どちらかの側面が得られるというわけだ。そして牟は、その基準とは中国的にいえば「執着」であると考えた。これは仏教に由来する言葉だが、牟にとっては、人間の経験的な認識によって形成される制限一般を表している。具体的には、たとえば仏教の「識」や宋明の儒学の「見聞の知」など、五感にもとづく知がそれにあたる。

さらに牟は、この執着をカントの感性や悟性に対応させる。このような等置が妥当なら、執着を完全にとりはらったとき、心は認識の制限を超えて作動することになる。しかも中国哲学では、こうした心がもつ能力を「智」や「徳性の知」と言い表しているので、そこにはなんらかの知的な作用が存在するといえる。牟はその作用こそが知的直観にほかならないと考えたのだ。

こうして、心の二通りのありかたが想定される。対象を認識する「執着の有限心」と、知的直観をもつ「執着のない無限心」である。とはいえ、読者のなかには「徳性の知」という言葉に引っかかるひとがいるかもしれない。「徳性の知」は人間の道徳的本性にかんする知を意味するわけだが、それが執着のなさや無限性をもつのはなぜだろうか？　じつはここには、儒家の文脈に依拠した大胆な飛躍がある。それこそが牟の「道徳的形而上学」を理解するカギであると言っても過言ではない。

どういうことか。孟子をはじめ儒家のなかには、人間にそなわる道徳的な「性」すなわち本性は、天から賦与されたものだという考え方がある。つまり道徳にかんしていえば、人間は天とおなじ性を共有している。とすると、道徳的な行為や教育をつうじて性を涵養すれば、人間は徐々に天という存在に近づいてゆけることになる。そこで牟は、つぎのように述べる。

> 道徳的意識のなかには、道徳的主体を挺立すること、道徳的行動の根源をひらくこと、そして（徳性を体現した）徳性人格の極致が含まれる［……。その極地とは］孔子が仁を実践することで天を知り、孟子が心を尽くし性を知ることで天を知ること、それを通じて、仁を起点とし、性において［……］天命に通暁することである。これはいわば、天道や天命が仁および性と打成一片《たじょういっぺん》するということ、別の言い方をすれば、天道、命、性が相貫通してひとつになるということだ。そのため道徳的主体は［……］ただ単にひとの生命を統べるだけでなく、まさに宇宙の生命をも統べるのであって、したがってかならず乾坤を覆うのである。［★4］

★4 牟宗三，《心體與性體》第一卷，《牟宗三先生全集》第五冊（台北：聯經出版社，二〇〇三年），第三三八頁。

中国の伝統において、天は人間の道徳を基礎づける価値のみなもとであるとともに、万物を生成するものでもあった（本書第7節参照）。そのため、心に宿る道徳的な性の発展をつうじて天との一体化（「打成一片」）を遂げた人間は、宇宙的な生成の原理をも備えることになる。これはおどろくべき話だ。天は物を生成する。それはよいとしても、人間の心に生成の原理が賦与されるとは、いったいどういう事態なのか？　牟は、この宇宙的な心と物の関係をめぐって、「心外無物」（心の外に物はない）と述べている。それはつぎのような意味だという。

心・性・命・理、これらはみなおなじひとつの実体の異なる表現である。「心外無物」といっても、心が物にほかならないと言うことはできない。［……］ただ、本体的な心が物とともに明朗と現れると言っているだけなのである。［……］この本体的な知の明覚の感応には、ある種の知的直観が含まれている。［★5］

かれはまた別の箇所で「渾沌とした感応のなかで、［心の］明覚と物は分かれずに分かれ、分かれながらも分かれることなく、一体となって明朗と現れる」とも述べている［★6］。要するにそこでは、主体と対象、心と物、内部と外部といった境界が解消され、絶えざる「感応」の運動とそこからの**立ち現れ**によって、心と物の両方が一元的に捉えられるのである。このような運動を知的な作用とみなすなら、たしかにそれは、概念をつうじて対象を構成するのとは異なる知的能力だといえるかもしれない。牟はそれを根拠に、中国哲学の道徳的な「無限心」には知的直観があると主張したのである〔★7〕。

ユク・ホイも指摘していたように、牟の哲学はしばしば観念論的だと言われる。じつは牟自身もそう考えていた。かれは自分の思想を「徹底的唯心論」と呼んでおり、いわば観念論の可能性を極限まで突きつめたものとみなしていたのである〔★8〕。とはいえ、あくまで牟のテクストそのものにしたがうなら、こうした理解はあまり正しくないように思われる。その手がかりは、「心・性・命・理、これらはみなおなじひとつの実体の異なる表現である」という一文にある。これは明らかに、心よりも根源的な「実体」があり、心はそのひとつの表現でしかないことを示している。では、その実体とはいったい何だろうか？『心体と性体』という本のなかで、牟はそれを「**本体宇宙論的実体**」と名づけている。少し長くなるが、牟の議論を引用しよう。

★5 牟宗三，《現象與物自身》（台北：學生書局，一九九〇年），第九七－九八頁。

★6 牟宗三，《現象與物自身》，第四四〇頁。

★7 念のため補足しておくと、牟宗三のカント読解、とくに「知的直観」という言葉の使用については、すでに中国の哲学研究者から相当に批判されている。たとえば以下を参照。鄧曉芒，《康德哲學諸問題》（北京：生活・讀書・新知三聯書店，二〇〇六年）。

★8 牟宗三，「鵝湖之會——中國文化發展中的大綜合與中西傳統的融合」，《牟宗三先生晚期文集》，《牟宗三先生全集》第二七冊（台北：聯經出版社，二〇〇三年），第四五七頁。

この本体宇宙論的実体にはさまざまな名がある。いわく天、帝、天命、天道、太極、太虚、誠、神、仁、中、性、心〔……〕などなど、みなそうである。この実体はまた、天理または理（categorial reason）という総合的な名を得る。これは、超越しつつ内在する動的な生成変化の理であり、存在の理、または〔行為や諸存在の〕実現の理なのである。この理は、創造の根源という側面からいえば「一」（monistic）であり、万事万物へ散らばって諸存在を定めるという側面からいえば「多」（pluralistic）である。「一」の側面からいえば、これは動態の理（活理 active reason）であり、「多」の側面からいえば、これは静態の理だ。動態の理の側面からいえば、これは本体論的存在（ontological being）であり、宇宙論的活動（cosmological activity）である。要するにそれは、**「存在にして活動」**である「本体宇宙論的実体」（onto-cosmological reality）なのだ。［★9］

無限心が無限である根拠は、道徳をつうじた天との一体化にある。だがその一体化が可能なのは、牟にとって天も心もおなじ「本体宇宙論的実体」の別の表現でしかないからなのだ。言い換えれば、牟の道徳的形而上学は、議論のもっとも抽象的な次元において、天も道も理も心も物も包摂する絶対的な存在－力動の原理を前提することで成り立っている。その意味で、根本的には、牟の思想体系はむしろ力動一元論だと言うべきではないだろうか。

この点が重要なのは、こうした力動論が近代以来の東アジアにおいて、形而上学的な思考のひとつの型となってきたように思われるからだ。西洋哲学との対比のなかで東洋の古代思想を再解釈するとき、いにしえの宇宙論を近代的な用語で語りなおし、思考と存在の二元論を無限の力動性に回収するような一元論があまりにも反復されてきたのである。ここでは、その種の一元論をかりに「唯動論」と呼んでおこう。これこそが、さきほど述べた「もっと根深い」問題にほかならない［★10］。

それを乗り越えるうえで重要なヒントになるのが、ユク・ホイの「宇宙技芸」である。この概念が意味するのは、技術はつねに自然観や時間概念の総体である宇宙論と密接につながっており、そのかぎりで宇宙と人間、あるいは宇宙的秩序と人間的秩序（道徳）をつなぐ役割をもつということだ。

ではこれを裏返して、宇宙論はつねに技術とつながっていると言うことはできるだろうか？　宇宙技芸の定義から直接そう断定するのはむずかしいかもしれないが、しかしまったく

★9　牟宗三，《心體與性體》第二巻，《牟宗三先生全集　第六冊》（台北：聯經出版社，二〇〇三年），第二〇－二一頁。強調は筆者。

★10　ぼくは、このような唯動論の系譜を描き、乗り越えることを研究者としての課題にしている。さしあたっては、台湾の呉汝鈞《ごじょきん》という哲学者に取り組むことになるだろう。日本での知名度は皆無だが、かれは京都学派や新儒家、ベルクソン、ホワイトヘッドなどを読み込んだすえ、大部をもって「純粋力動」の哲学を提唱している。

無理な主張というわけでもない。少なくとも、そうである**べき**だとはいえる。なぜならユク・ホイは、技術とのつながりを欠いた宇宙論や自然哲学を繰り返し批判しているからだ。

私は、この種の「自然」の概念への回帰やその再発明、あるいはいにしえの宇宙論への回帰といったものが、近代性を乗り越えるのに十分なのかについては懐疑的である。[……]私のねらいは、本書が縁取る道筋を伝ってひとつの**宇宙技芸**を再発明することであって、ただ単に宇宙論への信仰に回帰することではない。(九〇 - 九三頁)

本書において、こうした批判の理由はおもにふたつある。まず、伝統的な宇宙論や自然哲学だけでは、近代的なテクノロジーと科学的宇宙論がもつ均質化の力に対してあまりに無力だと思われるからだ。逆にいえば、技術とのつながりをもつことではじめて、伝統的な宇宙論や自然哲学は技術多様性の問題に接続され、現代のテクノロジー的な状況に応答できるようになる。

もうひとつの理由は、どんな思考であれ、伝統的なものだけに依拠するかぎり、つねに「故郷回帰」の危険性が生じるからである。「自然[の哲学]」や宇宙論への回帰だけを提唱する人々は、二〇世紀における『近代の超克』というプロジェクトの失敗から優雅に目を背けているように見える」(三一九頁)。

このような批判はおもに、「先住民の存在論」をつうじて自然概念の複数性を説く人類学的なアプローチや、ジルベール・シモンドンを自然の哲学者とみなすような考えに向けられている。だが同時に、中国的な宇宙論を全肯定し、それだけを「無限心」の根拠にしていた牟宗三にも強くあてはまるものだろう（牟の図式においては、中国の宇宙的な無限心を自己否定しなければ、人間は科学やテクノロジーに関与できなかったことを思いだそう）。またそうすることによって、「宇宙技芸」というプロジェクトは、牟個人への批判を越えて、近現代の東アジアにおける唯動論の枠組み自体を乗り越える可能性をもちはじめるのである。

もっとも、この技術なき宇宙論への批判については、まだ展開の余地があるように思われる。ひとつめの理由はともかく、「故郷回帰」の危険性は、根拠として少し弱いところがあるからだ。むろん、それはきわめて正しく、何度でも強調すべき論点ではある。けれども厄介なことに、そもそも政治的な危うさの指摘というものは、それを危ういと認識しうるひとにしか効果がない——率直にいえば、ある種の開きなおりにはめっぽう弱いのだ。

だからこそ、より理論的な補強が必要だ。たとえばベルナール・スティグレールが、現存在の構成における技術の役割を明確にしたように、宇宙技芸的な思考を発展させ、**宇宙論にとっての**技術の必然性を深く考察することはできないだろうか？　もしそれが可能なら、この批判はより強力になり、さらには東アジアの哲学が直面する無限の力動性への誘惑を断ち切ることができるかもしれない。

ここまで、東アジアの現代哲学という側面に焦点をあてて、本書がもつ可能性を簡単に考察してきた。もちろん、ここに提示したのはその一端にすぎず、ほかにも読者の関心によってさまざまな展開ができるだろう。それほどにも本書の議論は広範なのだ。

なので、その訳出はきわめて有意義な仕事だったが、同時に困難の連続でもあった。くわえて、この作業には独特の緊張感があった。それは、原著者が（プログラミング言語まであやつる）類いまれな多言語話者であり、じつは日本語学習者でもあることに由来している。

＊＊＊

京都学派を原文で読むためだろうか、二年ほどまえにホイさんから日本語の先生を探していると相談を受けた。残念ながらぼくみずから教えることはできないので、日本語教師の友人に頼んでレッスンをしてもらうことになった。さいわい、首尾は上々だったらしい。ぼくは友人と会うたび、ホイさんがめきめき日本語力を向上させていることを知らされた。たとえばホイさんは、レッスンを始めて数か月ほどのある日、会話練習のなかでこう語ったそうだ。「全体主義はどこにもありません。ですが、どこにでもあります……カール・シュミットは興味深いですが、邪悪です」。

これだけならちょっとしたエピソードかもしれない。けれども、昨年の秋、自分が翻訳したホイさんの論考を収めた『ゲンロン12』を香港に送ったとき、ぼくはその意味を悟ることになる。なんとかれは、すぐにぼくの訳文を読み、「great work」だったとお礼の連絡をくれたのである。

ぼくは水を浴びたような気がした。かれがぼくの日本語訳を読み、そのよしあしを吟味していることがわかったからだ。著者に訳文を読まれうるということは、どれほど緊張感のあることか。それはもはや、「読解の多様性」などとお茶を濁せなくなってしまうことを意味しているのだ。当然、それまで翻訳で手を抜いたことは一度もなかったけれど、やはりこの件は訳者としての心構えを見なおす重要なきっかけになった（と同時に、英語圏の翻訳者は日頃どれほどの気苦労をしているのかと心から同情した）。ぼくはこの邦訳が、ホイさんにとっても満足のいく仕上がりであることを祈っている。

ここで翻訳についても補足しておこう。訳者として悩ましかった点はいくつもあるが、特筆すべきは technics と technology をどう訳すかという問題だった。いっけん、これはさほど難しくないように思える。序論の注3に、つぎのような明確な定義があるからだ。

本書では技術《テクニックス》、テクネー、テクノロジーという語の用法を区別する。**技術**とは、あらゆるかたちの制作や実践の一般的なカテゴリーを指している。［……］**テクノロジー**はある根源的な転回を指している。それはヨーロッパの近代に起こり、たえず増大しつづける自動化《オートメーション》へと発展してゆき、その結果ハイデガーの言う集立を導いたのである。(三三頁)

ここから明らかなように、原著では technics が技術にかんするもっとも一般的な概念を指し、technology は近代のヨーロッパで生まれたそのひとつの(だが現状は支配的な)形態を意味する。だから、前者にはなるべく広い意味の言葉をあて、後者にはその一部分とみなせる訳語を選ぶのが妥当だろう。くわえて、technology が日本やアジア諸国にとって異質だったというニュアンスを示すことも必要だと思われた。そのため、この邦訳では technics を「技術」、technology を「テクノロジー」と翻訳している。なお、cosmotechnics を「宇宙技術」ではなく「宇宙技芸」としたのは、『ゲンロン7』から『ゲンロン9』に本書の序論を訳出した仲山ひふみさんにしたがってのことだが、その根拠はおもに、日本語の「宇宙技術」が一般に宇宙開発のテクノロジーを意味する点にある。つまりこの訳語の背景には、cosmotechnics という概念の独特さをなるべく反映し、読者がそれをすぐに狭義のテクノロジーに結びつけないようにしたいというねらいがある。

このように、technics と technology の区別ははっきりしている。だが困ったことに、それを機械的にあてはめられない場合がいくつかあった。たとえば本書の議論の出発点である「技術への問い」というフレーズがそうだ。これはハイデガーの講演および著作のタイトルで、本書のタイトルもまたそれを下敷きにしている。ところが、ハイデガーによるドイツ語の原題がDie Frage nach der Technik である一方、英題はふつう The Question Concerning Technologyと訳されており、technics と technology（Technik と Technologie）のあいだにねじれが生じているように見える。もちろん、言語学などの見地からいろいろな説明ができるかもしれないし、あるいは本書が設ける technics と technology の区別自体、普遍的ではないのかもしれない。しかし、本書の基準で考えれば、すでにここに翻訳の困難があるといえる。

　最終的に、固有名か一般的表現かを問わず、the question concerning technology というフレーズを一種の術語とみなし、「技術への問い」と訳すことにした。その根拠は、ハイデガーの講演が狭義のテクノロジーだけをあつかったものではないこと、そして日本のハイデガー研究における既存の訳語を用いて、その文脈に敬意を表するためである。なお、より一般的な言い回しと思われる the question of technics/technology については、それぞれ「技術の問い」「テクノロジーの問い」とした。

　これにともない、technology という語のいくつかの翻訳を慎重に検討する必要が生じた。むろん、あくまで原文にしたがうべきだという見方もある。ぼくも原則としてそう考えている。けれども、序論に示されたユク・ホイの定義に沿って、日本語の読者がきちんと論旨を把握できることを優先し、一部の technology を例外的に「技術」と訳すことに決めた。

　このような判断を下すにあたっては、盧叡洋《ろえいよう》と蘇子瀅《そしえい》による中国語訳『論中国的技術問題

――宇宙技術初論』（中国美術学院出版社、二〇二一年）を参考にした。本文でも説明されているように、中国語には「技術《ジィシュ》」と「科技《クァージィ》」という言葉があり、本書の基準では前者がtechnicsに、後者がtechnologyにあたる。だがこの中国語訳では、technologyが「技術」と訳されている箇所がいくつかある。もちろん、中国語訳にすべて合わせているわけではない。それは訳者としての解釈の相違や、日本語と中国語のちがいのためである。

＊＊＊

はじめに書いたとおり、ホイさんはこの本を「目次」と呼んだ。それがぼくにとって印象的だったのは、なによりそれが言い得て妙だったからだが、この本に直接そう書いていないからでもあったと思う。本文ではむしろ「素描 sketch」や「概説 outline」といった言葉が目立つ。といっても、あらためて考えれば、これらの表現にほとんどちがいはない。将来の仕事の目次を本にするということは、本来それぞれ単行本で論じてゆくべき諸問題を、いわば一種の青写真として一冊にまとめるということなのだから。つまりこの本はひとつの壮大な哲学的アウトラインなのだ。なので、本書の記述に不十分なところがあると感じる読者もいるかもしれないが、訳者としては、それもやがて補完されていくであろうことを念頭においてほしいと思う。

くわえて、このアウトラインはすでに公開されているのだから、それはもはやかれだけのものではなく、われわれに与えられた課題でもある。地域性の「再発明」を行なうには、具体的にどうすればよいだろうか？　宇宙技芸をつうじて地域性を思考するとき、それはどれほどミクロなものでありうるのだろうか？　とくに、歴史上多くの技術や思想、あるいは道徳を中国から学び、近代には西洋から学んできた日本には、どのような固有の宇宙技芸がありうるのだろうか？

日本語版のまえがきにあるように、おそらく日本にも固有の宇宙技芸を問う「資質」はあるのだろう。だがその一方で、日本の宇宙技芸とはなにかという問いは、なかなか厄介であるように感じられる。この邦訳をきっかけにして、日本やアジアにおける技術への問いや、多様な宇宙技芸をめぐる問題に取り組むひとが少しでも増えれば幸いだ（手前味噌で恐縮だが、ぼくはゲンロンのウェブサイトで「料理と宇宙技芸」という連載を書いている。これは中華料理をひとつの宇宙技芸とみなし、ときに中華鍋を振りながら「中華料理の哲学」を探求するものだ）。

本来であれば、本書はもっと早く出版できていたはずだった。ホイさんはアジアの哲学者として、またすぐれた日本語学習者として、この邦訳の完成をとても心待ちにしてくれていた。かれはとてつもなく忙しいはずなのに、本書について質問をするとすぐに答えてくれたうえ、折に触れてぼくをはげましてくれた。

また「ゲンロン友の会」のみなさんには、約二年にわたり本書の刊行を予告しておきながら、結果としてここまで時間をかけてしまった。それでも、ゲンロンカフェのイベントや総会で出会い、ぼくが訳者だと知ってはげましてくれた会員の方もいる。待たせてしまった方々に心から申し訳なく思うと同時に、とにかく無事に出せてとてもほっとしている。ぼくは（少なくともあとがきを書いている時点では）自分の仕事が、かけた時間に見合うだけのものになっていると信じている。とはいえ、きっと改善の余地はあることだろう。読者のみなさんのご批判をいただければ幸いだ。

ぼくにとってこの翻訳は、単行本というかたちで行なったはじめての仕事になる。ゲンロン創業者の東浩紀さんと代表の上田洋子さんが、何の実績もない学生だったぼくを抜擢し、翻訳者として鍛えてくださらなかったら、いまの状況は想像もできなかった。ほんとうに感謝してもしきれない。

中島隆博先生には、解説の執筆をご快諾いただいただけでなく、訳稿の編集にあたりとても貴重なアドバイスをいただいた。一〇代のころに『残響の中国哲学――言語と政治』（東京大学出版会、二〇〇七年）や『共生のプラクシス――国家と宗教』（東京大学出版会、二〇一一年）、『『荘子』――鶏となって時を告げよ』（岩波書店、二〇〇九年）に出会い、多大な衝撃を受けたぼくにとって、これはとても光栄なことだった。また、草稿を読んでくれた本郷の中国思想文化学研究室のみなさんにも感謝している。

それから、仲山ひふみさんの尽力に感謝したい。そもそも『中国における技術への問い』の翻訳は、さきほど触れた仲山さんによる序論の訳出からはじまった。その仕事がなければ、本書の企画は動きだしていなかっただろう。もとは全訳も共同で進める予定であり、仲山さんが第7、8節と第2部を、伊勢が第1部の残りを担当して作業に取り掛かっていた。けれども、仲山さんが体調不良により翻訳の完遂がむずかしくなったので、相談のすえぼくの単独訳という方針に変更された。そのため、仲山さんの担当だった箇所は、かれの訳を参考にしつつ、伊勢が訳出したものになっている。また、序論の訳文も全面的に再検討した。なので、この邦訳のすべての文責はぼくにある。

『再帰性と偶然性』の訳者の原島大輔さんには、訳語の決定に際して何度か議論していただいた。原島さんのご意見はとても貴重であり、たいへん参考になった。記して感謝したい。

ほかにも感謝したいひとがたくさんいる。まずはとても綿密な仕事ぶりで作業を支えてくれたゲンロン編集部の横山宏介さん。横山さんは料理と珈琲と革製品の趣味を共有する友人でもある。そしておなじくゲンロン編集部の福冨渉さん。福冨さんには、翻訳業の大先輩として、原文の訳出やその他いくつもの困難な局面で助け舟を出していただいた。そのほか、本書に携わった多くの編集スタッフの方々にもお礼を言いたい。また、きわめて丁寧に原稿を見てくださった校正の円水社さん、すばらしいデザインで本書を飾ってくださった装丁の水戸部功さん、そしていつもぼくを支えてくれている家族や友人にも心から感謝したい。

香港でホイさんと会ってから三年になる。仕事を終えたいま、三年という年月はじつに短かったように思う。だがそれは世界が変容するには十分な長さだった。当時のぼくは、自分が本を一冊翻訳するあいだにイギリスがＥＵから離脱し、黒死病と比較されるほどの歴史的なパンデミックが起き、そしてかくも古典的な侵略戦争が勃発するとは思ってもいなかった。未来は見えない。だからこそぼくは、この哲学書が未来を切り開き、読者にとってのアリアドネの糸になるよう願っている。

伊勢康平

二〇二二年　春
東京

や

ら

ま

は

な

た

さ

か

事項索引

あ

ま

や

ら

わ

な

た

さ

・以下は原著の巻末に付録された索引の訳出である。項目は原著に倣い、並びは邦訳にあたり五十音順にあらためた。また原著では一部の人名が事項索引に含まれているが、人名索引に移動した。ほか、明らかな事項の重複や誤記は著者に確認のうえ修正した。
・ページ数は本邦訳のものである。解説と訳者あとがきは除外した。
・一部の項目には子項目が存在する。子項目が親項目の語を含むとは限らない。これらは当該のページで扱われる主題を示しており、正確に項目どおりの表現が見られるわけではない。
・参考のため原著での項目名を付記した。子項目については割愛したほか、中国人・日本人のアルファベット表記は省略している。別の言語で示された同一の概念など、訳語が同じになった項目は統合し、原語を複数併記するかたちにした（たとえば中国語の「徳」と英語の「virtue」は「徳」の項目に統合している）。
・原著では親項目にページ数が付されていない場合があったが、邦訳では示した。その際、ページ数が親項目と同一になった子項目は、著作名をのぞき削除している。

人名索引

あ

本書の序論は、
第1節は『ゲンロン7』(2017年)、第2節は『ゲンロン8』(2018年)、
第3節から第6節は『ゲンロン9』(2018年)に掲載された
仲山ひふみによる訳をもとに、全面的な改訳を行った。
その他の部分は訳し下ろしである。

Yuk Hui, *The Question Concerning Technology in China*
(Falmouth: Urbanomic, 2016)

First published in Japan in 2022 by Genron Co., Ltd.
Translated by Kohei Ise

編集協力=佐藤正尚

ゲンロン叢書｜012

中国《ちゅうごく》における技術《ぎじゅつ》への問《と》い

発行日　二〇二二年八月一〇日　第一刷発行
二〇二三年四月　五　日　第二刷発行

著者　ユク・ホイ
訳者　伊勢康平《いせこうへい》

発行者　上田洋子
発行所　株式会社ゲンロン
一四一－〇〇三一　東京都品川区西五反田二－二四－四　WEST HILL 2F
電話：〇三－六四一七－九二三〇　FAX：〇三－六四一七－九二三一
info@genron.co.jp　https://genron.co.jp/

翻訳協力　仲山ひふみ
装幀　水戸部功
本文デザイン　LABORATORIES
組版　株式会社キャップス
印刷・製本　株式会社シナノパブリッシングプレス

ISBN 978-4-907188-46-7 C0010

小社の刊行物　2023年4月現在

ゲンロン　東浩紀編

ソーシャルメディアによって言葉の力が数に還元される現在。その時代精神に異を唱え、真に開かれた言説を目指し創刊された批評誌シリーズ。
2530〜3080円。

ゲンロン叢書002

新記号論　脳とメディアが出会うとき　石田英敬＋東浩紀

脳科学とメディア論を横断する新たな記号論。インターフェイスに囲まれて生きる現代人必読の書。
3080円。

ゲンロン叢書004

新しい目の旅立ち　プラープダー・ユン　福冨渉訳

タイ・ポストモダンのカリスマが「新しい目」で世界と出会う。小説でも哲学でもある、思考の旅の軌跡。
2420円。

ゲンロン叢書005

新写真論　スマホと顔　大山顕

写真は人間を必要としなくなるのではないか。自撮りからデモまで、SNS時代を読み解く画期的な写真論。
2640円。

ゲンロン叢書006

新対話篇　東浩紀

政治優位の時代に、哲学と芸術の根本に立ち返る対話集。梅原猛、鈴木忠志、筒井康隆ら12人との対談・鼎談を収録。2640円。

ゲンロン叢書007

哲学の誤配　東浩紀

韓国の読者に向けたインタビュー、中国での講演を収録。誤配から観光へ展開した著者の思想を解き明かす。1980円。

ゲンロン叢書008

新プロパガンダ論　辻田真佐憲＋西田亮介

安倍政権、五輪、コロナ禍。嘘と宣伝が飛び交う政況を、気鋭の論客ふたりが切る。分断を越えるための政治分析。1980円。

ゲンロン叢書009

新復興論　増補版　小松理虔

震災から10年、福島のアクティビストは何を思うのか。大佛次郎論壇賞受賞作に、書き下ろしを加えた決定版。2750円。

ゲンロン叢書010

新映画論　ポストシネマ　渡邉大輔

あらゆる動画がフラットに受容されるいま、「シネマ」とはなにを意味するのか。新たな映画の美学を切り開く。3300円。

ゲンロン叢書011

世界は五反田から始まった　星野博美

祖父の手記に綴られた家族の物語と「もう一つの大空襲」。大宅壮一ノンフィクション賞作家が、戦争を生きる知恵を描く。1980円。

価格はすべて税込みです。